풍석 서유구 연구 下

실시학사
실학연구총서
10

〔풍석 서유구 연구 下〕

楓石 徐有榘

❖ 김왕직 · 이민주 · 송지원 · 문석윤 · 이봉규 저

❖ 재단법인 실시학사 편

實學研究叢書를 펴내며

실학(實學)이 우리나라 학계에 연구주제로 떠올라, 정식의 학술논문으로 학술지에 등재(登載)되기 시작한 것은 1952년 이후의 일이다. 천관우(千寬宇)의 「반계 류형원(磻溪 柳馨遠) 연구」가 『역사학보(歷史學報)』 2・3집에 발표된 것이 그 시발점이다. 지난 계몽기(啓蒙期)의 몇몇 선학(先學)들이 실학에 대한 관심을 표명해 왔으나 일반 신문・잡지에 논설조(論說調)로 내놓은 것이 고작이었던 것에 비하면, 천관우의 글은 당시 비록 한편에서 저널리스트식 필치로 써내려 온 것이란 비판이 있었지만 일단 수미정연(首尾整然)한 체제를 갖춘 논문으로 주목할 만하였다. 그러나 당시 연구자의 수가 많지 않고 학계의 관심도 분산되어 있어서 개별 실학자에 대한 연구가 간헐적으로 있는 정도였고 그리 활발한 편은 아니었다. 그중에서 1961년에 한우근(韓沽劤)의 성호(星湖) 이익(李瀷)에 관한 연구가 『이조후기(李朝後期)의 사회(社會)와 사상(思想)』이란 책으로 나와, 그의 실증사학(實證史學)으로서의 견고한 학풍을 보여 주었다.

그러다가 1970년에 이우성(李佑成)의 「실학연구서설(實學研究序說)」이 나와, 그동안 유동적이었던 실학의 명칭문제가 일단 타결된 듯이 보이고, 나아가 실학의 내용을 경세치용(經世致用)·이용후생(利用厚生)·실사구시(實事求是)의 세 파로 나누어 설명함으로써 그 학문의 성격을 용이하게 파악할 수 있게 하였다. 또한 경세치용파를 근기지방(近畿地方)의 농촌토착적 환경에서, 그리고 이용후생파를 서울의 도시적 상황 속에 형성된 것으로 이해하면서 「18세기 서울의 도시적 양상」을 묘사하여 이용후생파의 성립 배경을 밝히려고 하였다. 다시 나아가 다산(茶山) 정약용(丁若鏞)에 이르러 위의 양파(兩派)가 회합(匯合)되는 동시에 호한(浩汗)한 경전해석(經典解釋)으로 실사구시파(實事求是派)를 추동(推動)시킨 느낌이 있어, 다산학이 실학의 대성을 의미하는 것이라고 언급하였다. 이후 계속해서 실학의 후속 학자로 최한기(崔漢綺)와 최성환(崔瑆煥)을 연구하여 최한기가 『기학(氣學)』과 『인정(人政)』을 저술하는 한편 서양 과학지식을 대폭 수용하고, 최성환은 중인(中人) 출신으로 국왕(國王)의 자문에 응한다는 취지에서 『고문비략(顧問備略)』을 저술하여 전반적 제도 개혁을 주장한 것을 높게 평가하였다. 특히 최성환의 바로 뒤에 중인층의 후배들이 개화운동의 배후 공작자로 활약하게 된 것을 말함으로써 실학사상(實學思想)과 개화사상(開化思想)의 연결관계를 미루어 알게 하였다.

한편 '실학국제회의(實學國際會議)'를 구성하여 한·중·일 삼국의 학자들이 각자 자국의 실학을 중심으로, 2년마다 돌아가면서 국제회의를 개최하도록 함으로써 동아시아 세계로 실학의 지평을 넓혔다. 그리고 '한국실학학회(韓國實學學會)'를 조직하여 국내 학자들을 수시로 발표시키고 1년에 두 차례 학보를 발행하여 우리나라 실학연구를 다소 진작되게 하기도 하였다.

실시학사(實是學舍)가 서울에서 근기(近畿) 쪽으로 옮긴 뒤에도 나는 젊은 학도들과 강독 및 연토(研討)를 지속해 오고 있지만 연로신쇠(年老身衰)한 처지에서 불원 철수 은퇴할 것을 생각하고 있었다. 뜻밖에 나의 친구 모하(慕何) 이헌조(李憲祖) 형이 거액의 사재를 출연하여 실시학사를 재단법인으로 만들고 그 기금으로 실학연구에 박차를 가해 줄 것을 권유해 왔다. 나는 사회와 학문에 대한 그의 열정에 감동하여 사양치 않고 그의 뜻에 따랐다. 즉시 연구계획을 세우고 국내외 학자들을 널리 동원하여 1차 연도에 성호·다산을, 2차 연도에 담헌(湛軒)·연암(燕巖)과 실학파 문학을, 그리고 3차 연도에 반계(磻溪)와 초정(楚亭)을, 4차 연도에 농암(聾庵)과 풍석(楓石)을 다루기로 하였다. 각 팀에 5명을 한 단위로 하여 1년 동안의 공동 연구 끝에 각자 논문을 제출하여 한 권의 책을 내기로 하였다.

어느덧 적지 않은 세월이 흘렀다. 여러 연도의 성과가 이미 여러 책으로 나왔다. 집필자들은 모두 해당 분야의 전문 연구자로서 가장 정예(精銳)로운 분들이라고 생각한다. 이제 5차 연도의 성과로 풍석 서유구(楓石 徐有榘)의 하책(下冊)과 실학시대의 역사학 연구의 두 책을 동시에 내기로 한다. 국내외 학계 여러분의 성원과 협조를 기대하여 마지않는다.

이 글을 마치려 함에 있어, 거듭 모하(慕何) 형에게 고마움을 표하면서 앞으로 그 뜻을 살려 더욱 성과를 내게 될 것을 다짐한다.

2015년 10월

實是學舍에서 李佑成

2012년부터 재단법인 실시학사에서 두 연구 모임을 구성하여 풍석 서유구의 『임원경제지』에 대한 공동 연구를 진행하였다. 그 결과 2014년 9월에 『풍석 서유구 연구』 상권이 간행되었고, 본 공동 저서는 그 하권에 해당한다. 본 저서의 연구 모임은 2013년 10월에 결성되어 건축(김왕직) · 복식(이민주) · 음악(송지원) · 양생(문석윤) · 예학(이봉규) 등의 분야를 중심으로 공동 연구를 진행하였다. 연구자들 사이에 세 차례 공동 세미나를 가졌는데, 문석윤 교수의 발제로 판본에 대한 검토 과정을 거쳤고, 연구 진행과정에 대한 중간발표를 가졌다. 각자 논문을 완성한 뒤에는 내부 집담회를 열어 공동 연구 결과의 의의와 연구 방향에 대하여 논의하였고, 그 내용을 이 책의 끝에 실었다. 이하 독자의 이해를 돕기 위해서 다섯 편 논문의 주요 논지와 더불어 본 공동 연구의 의의를 간략히 소개한다.

김왕직은 『임원경제지』, 「섬용지」 가운데 권1 '영조지제(營造之制)'와 권2 '영조지구(營造之具)' 등 건축 관련 기술을 주요 분석 대상으로 삼았다. 연구 중점은 서유구가 조선과 중국 건축술의 장단점을 비교하면서 당시 조선 건축의 문제를 해결하기 위해 제시한 내용들에 관해 비교사적 관점에서 재조명하는 것에 있다. 특히 건축에 대한 『임원경제지』의 기술 내용이 건축학 지식으로서 지니는 성격, 서유구가 제시한 해결방안들이 지식과 기술의 측면에서 가지는 타당성 정도와 그 유의미성을 『임원경제지』의 논점에 갇히지 않고 건축학의 시야에서 객관적으로 재평가하였다.

김왕직은 서유구의 건축 관련 기술들 가운데 건물의 배치와 평면 형식, 건물의 몸체와 지붕의 비례, 지붕잇기 방식, 온돌 제도, 창호 제도 등 다섯 가지 영역을 중심으로 관찰하였다. 이들 부분에서 서유구가 중국과 조선의 건축 양식과 비교하여 다룬 내용이 비교적 선명하게 드러나 있기 때문이었다. 김왕직은 배수의 방식, 건물 몸체와 지붕의 비율, 기와 양식, 캉(炕) 제도 등과 관련한 서유구의 설명들에서 실증적으로 타당하지 않은 점을 지적하고, 서유구가 건축학에 대한 전문 지식을 갖추지 않은 인문 지식인으로서 문헌에만 의지하여 중국의 건축 제도를 이해하는 한계로 인해 초래된 결과로 해석하였다. 그렇지만 온돌 제도를 연료의 과다 소비로 인한 산림의 황폐화나 여러 사람이 좁은 공간을 함께 이용함으로써 발생하는 사회적 문제와 연계하여 설명하는 것, 방범과 단열 보강을 위한 창호 개선 방식 등은 건축을 사회적 문제와 연관해서 이해하는 시야나 실용적 기술의 측면에서 뛰어난 안목을 보여 주는 것으로 평가하였다.

김왕직의 연구를 통해 볼 때, 중국 건축에 대한 서유구의 지식은 당시 연행 경험을 통해 얻은 북학파의 지식을 수용하고 있으며, 문헌에 의존하는 간접적 지식에 국한되어 있음을 알 수 있다. 또한 조선의 건축이 지니는 문제를 해결하기 위해 중국 건축의 지식을 활용하면서, 중국 건축이 지니는 문제에 대해서는 정확히 이해하지 못할 뿐 아니라 부지불식간에 중국 건축을 높이 평가하는 한계가 있음을 발견할 수 있다. 이러한 점들은 『임원경제지』에 기술된 내용을 지식의 방대함과 다양함의 측면에서 높이 평가할 수 있으나, 지식의 객관성과 실용성에서 평가할 때 조선의 실학이라는 일국적 시야에서 벗어나 세밀하게 성찰해야 함을 일깨워 준다.

이민주는 『임원경제지』, 「섬용지」 가운데 권5 '복식지구(服飾之具)'와 권6 '관즐지구(盥櫛之具)' 등 의생활 관련 기술을 주요 분석 대상으로 삼았다. 필자는 서유구 이전 또는 당대의 복식 관련 자료 가운데 『산림경제』, 『성호사설』, 『규합총서』, 『송남잡지』 등의 서술 내용을 차례로 개괄하고 나서, 『임원경제지』의 기술 내용을 관건(冠巾)·의구(衣裘)·대구(帶屨)·잡식(雜飾)·회조제기(頮洮諸器)·즐총제기(櫛總諸器)로 세분하여 정보 내용을 분석하였다. 이를 통해 17세기 이후 조선에서 복식(服飾)과 관련하여 사대부들이 관심을 두는 정보 내용들을 조망하면서 서유구의 기술이 지니는 의미를 파악할 수 있는 시야를 제공하고 있다.

이민주는 서유구가 복식과 관련한 정보 내용을 실생활과 긴요하게 관련되는 36개의 항목에 집중하여 기술하고 있음을 주목하면서, 사대부가 물러나 있을 때 사대부의 정체성을 발휘하는 삶을 견지하는 것 곧 '향거양지(鄕居養志)'에 그 중심적인 지향점이 있음을 밝혔다. 그는 구체적 특징으로 망건 등 신체와 접촉하는 물품에서 위생과 양생 관념의 실천, 편복을 통해서도 장신구의 활용으로 사대부의 품위를 견지하는 것, 보관 기술을 통한 절제된 생활을 영위하는 것, 복식의 제작과 관리를 사대부의 필수 지식으로 포섭하는 생활 관념, 청결과 동시에 미용 관념을 반영하는 것, 그리고 정보에 대한 개방적 수용의 자세 등을 서유구 복식론의 주요한 특징으로 지적하였다.

복식과 관련한 『임원경제지』의 기술 내용은 성격상 학술적 지식이라기보다는 실용적 지식의 성격을 지닌다. 이민주의 연구를 통해 볼 때, 복식과 관련한 서유구의 정보 내용은 실용성을 충분히 살리는 방향으로 편제되어 있으며, 절제된 생활 속에서도 삶의 질을 충분히 구현하기 위한 문화적 활용 기술이 세심히 발휘되어 있음을 알 수 있다. 그런 점에서 필자가 실용백과사전의 측면으로 접근하여,『임원경제지』의 기술 내용을 삶의 문화적 질을 높이기 위한 당대 가장 뛰어난 성과로 재평가하고 실학의 '향거양지(鄕居養志)'로 강조한 것은 적어도 복식과 관련해서 매우 의미 있는 해석적 지평이라고 할 수 있다.

송지원은『임원경제지』,「유예지」와「이운지」의 음악 관련 기술을 주요 분석 대상으로 삼았다.「유예지」에서는 권6 '방중악보(房中樂譜)'에 기술된 거문고〔玄琴〕·금(琴)·양금(洋琴)·생황(笙簧) 등 4종의 악기 지식과 악보를 당시 사대부의 음악 생활과 관련하여 분석하였고,「이운지」에서는 서유구가 사대부의 생활 속에서 음악과 관련하여 구현하려는 이상을 금(琴)과 거문고 등 여러 악기에 대한 서술, 연주 공간과 연주법에 대한 서술을 통해 분석하고, 마지막으로 이익의『성호사설』에 기술된 음악 관련 내용들과 비교하면서『임원경제지』내용의 실용적 성격을 밝혔다.

「이운지」를 비롯한 음악 관련 내용들에 관해서는『문슬신화(捫虱新話)』,『동천청록(洞天淸錄)』,『동천금록(洞天琴錄)』,『준생팔전(遵生八牋)』,『율려정의(律呂精義)』등 송 대와 명 대의 전적뿐 아니라『악학궤범(樂學軌範)』,『동국문헌비고(東國文獻備考)』의「악고(樂考)」, 그리고 서유구 자신의『금화경독기(金華耕讀記)』등 중국과 한국의 자료들을 두루 활용하여 정리한 것임을 밝혔다. 그는 '방중악보'에 수록된 영산회상(靈山會上)·가곡(歌曲)·보허사(步虛詞)·시조 등의 악보는 조선 후기에 발달하여 서유구 당시 유행하던 거문고와 양금(洋琴)으로 연주하는 방중악의 실상을 보여 주는 것이라고 분석하였다. 또한 중국에서 가져온 당금(唐琴)과 관련해서는 악기의 특성을 위주로 설명되고 있음을 주목하여, 서유구 당시에는 아직 악보가 유행하지 않은 상태로 이후 19세기 후반에 이르러 관련 악보가 만들어져 연주된 것으로 파악하였다.

송지원은 또한『임원경제지』의 음악 기술 내용을 북학파를 위주로 한 당시 사대부의 음악 활동과 연관해서 재조명하였다. 서유구의 음악 취향과 관련하여 18~19세기 경화사족의 줄풍류 문화 성행에 연암 그룹의 기여가 있었고, 그러한 흐름이 『임원경제지』에 반영되었을 뿐 아니라, 현대의 현악 영산회상으로 계승되고 있음을 밝혔다. 이와 함께 서유구가 서실(書室)에 금을 두고 매일같이 아악(雅樂)을 대하여 성정(性情)을 수양하게 유도하는 차원에서 음악을 중시하였다는 것과, 사대부의 집 안에 '금실(琴瑟)'이라는 연주 공간을 마련하여 적절한 음향효과를 산출하기 위한 공간 구성 방식에 관해 중국의 사례를 이용하여 논하고 있음을 밝혔다. 송지원의 분석을 통해, 『임원경제지』의 음악 관련 기술들이 사대부의 생활에서 성정의 수양과 동시에 생활문화의 질을 높이는 것에 주안점을 두고 실용적 지식의 차원에서 제시된 것임을 파악할 수 있다.

문석윤은 『임원경제지』, 「보양지」의 양생 또는 섭생 관련 기술을 주요 분석 대상으로 삼았다. 그는 「보양지」의 내용들이 한편으로 『동의보감』으로부터 『산림경제』와 『증보산림경제』로 이어지는 조선에서의 양생 관련 문헌들의 전통을 계승하면서 명(明) 대 출판가였던 호문환(胡文煥)의 『수양총서(壽養叢書)』에 집성된 문헌들을 기반으로 삼아 송·원·명 시기 중국의 양생학(養生學)을 함께 두루 포괄하였음을 밝혔다. 「보양지」 각 편의 내용들의 전거를 일일이 추적하여, 총서의 경우 『양생유찬』이, 권2~3의 경우 『삼원연수서(三元延壽書)』와 『섭생요의(攝生要義)』가, 권4~5의 경우 『양생도인법(養生導引法)』, 『섭생요의(攝生要義)』, 『유수요결(類修要訣)』, 『본초강목(本草綱目)』 등이, 권6~7의 경우 『수친양로서(壽親養老書)』, 『후생훈찬(厚生訓纂)』, 『증보산림경제(增補山林經濟)』, 『제중신편(濟衆新編)』 등이, 권8의 경우 『보생심감(保生心鑑)』, 『양생월람(養生月覽)』 등이 주로 활용되었는데, 일부는 『증보산림경제』의 내용을 다시 계승한 것임을 밝혔다.

문석윤은 「보양지」가 편제 구성에서는 체계성·종합성·고증성 세 측면을 충실히 갖춘 것에, 내용에서는 불교와 도교 계열에서 축적해 온 양생론 지식들을 유교 사대부의 생활 관념을 반영하여 실용적으로 선택, 재편한 점에 기본적 특색이 있음을 밝혔다. 서유구 자신이 부가한 안설(按說)이 기본적으로 실용성을 강화하고, 개인적 차원을 넘어서 가족 공동체의 보전과 향촌 공동체의 유지와 유익을 지향하고 있음을 지적하면서, '이용후생(利用厚生)'에 충실한 유교 사대부의 실천적 태도로 파악하였다. 또한『임원경제지』의 기술은 수기(修己)를 출사(出仕)의 치인(治人)을 위한 과정에 종속시키는 전통적 구도를 넘어서, 생산과 관리를 사대부의 삶의 본질적인 부분으로 이해하는, 곧 생산인과 동시에 문인 교양인으로서 향촌에서 향촌 공동체를 이루며 자신의 독자적 삶을 영위하는 향거수양(鄕居修養)의 새로운 사대부상을 제시한 점에 그 유교사적 의의가 있다고 파악하였다.

18~19세기 인류사가 도시적 삶의 발전과 노동의 분업화라고 하는 방향으로 나아간 것에 비추어 보면, 서유구가 지향한 사대부의 삶은 기본적으로 향촌에서의 통합적 삶을 지향하고 있었다는 점에서 방향이 상반된다. 그러나 문석윤은 노동 행위와 그 행위의 주체로서의 몸에 대한 새로운 시각을 제시한 점에서『임원경제지』에 담긴 삶의 양식이 근대를 지나 현대의 파편화된 삶을 넘어서는 통합적 삶의 한 모델을 보여 주는 것으로 재평가한다. 『임원경제지』의 섭생(攝生) 기술은 질병의 예방과 치료에 대한 19세기 지식론보다는 문화를 향유하는 통합적 삶의 한 문화권적 방법으로서 재조명할 필요가 있음을 문석윤의 연구는 일깨워 주고 있다.

이봉규는『임원경제지』,「향례지(鄕禮志)」와「예규지(倪圭志)」를 주요 분석 대상으로 삼았다.「향례지」의 향례와 가례 규정과「예규지」의 가정 경제에 대한 지침들을 분석하여, 서유구의 예학과 경제관을 살펴보는 데 중점을 두었다.「향례지」의 예식 규정에서 서유구가 증조부 서종옥 이래 축적된 가학의 예학 전통과 정조 대『향례합편』의 편찬 경험을 반영하였으며,「예규지」의 가정 경제 운용에 대한 기술들에서는 송 대 이래 중국의 관련 성과와 성호학파·북학파 등 조선의 성과들을 수용하여 수립한 것임을 밝혔다. 특히 『증보산림경제』에서 예학과 경제 관련 지침을 「가정(家政)」으로 편제하였던 것을 『임원경제지』에서는 「향례지」를 통해 향례와 가례 등 예학을 다루고, 「예규지」를 통해 재화의 운영과 증식 방법을 다루어 세분화했음을 밝혔다.

이봉규는 『임원경제지』의 경제론이 재화의 재생산 차원에 머무르지 않고, 예치(禮治)라는 유교 공동체의 생활 이념을 지속 가능한 형태로 구현하는 가정 경제의 방략을 제시한 점에서 중국의 『농정전서』나 일본의 『농업전서』와 차이가 있음에 주목하여, 19세기 전반 동아시아 유교사회가 도달한 사대부 가정경제론의 집대성으로 그 학술적 의의가 있다고 파악하였다. 또한 「예규지」에 담긴 경제관념은 국민 경제와 가정 경제 두 차원이 함께 포함되어 있다고 파악하였다. 국민 경제 차원에서 서유구는 운송수단의 개발과 유통의 활성화 등 이익·박지원 등 당시 조선 학자들의 의견을 수용하여 물가의 불균등과 재화의 지역간 편차를 해소하는 방법을 제시하고, 시장을 중심으로 전국을 네트워크화하여 이동거리와 시장 개설 일시, 주요 품목을 낱낱이 정리하였을 뿐 아니라, 도시간의 이동거리를 도표로 제시하였음을 밝혔다. 이러한 서유구의 작업은 경제공간의 관계망으로 조선 전국을 파악할 수 있게 할 뿐 아니라, 상품의 유통을 전국의 차원에서 운용 가능하게 하는 지적 기반을 제공하였기 때문에 실용의 차원에서뿐 아니라 학술상으로도 진일보한 성취라고 평가하였다.

이봉규는 사족의 가정 경제 차원에서 서유구가 수입의 30%를 저축하고, 가례 수행에 필요한 재정을 확보하기 위해 상업 이윤의 획득을 일정 정도 활용하는 방식으로, 가정 경제의 안정적 재생산을 도모하였음을 지적하였다. 나아가 서유구의 경제론을 가정 경제에서 가례의 수행을 우선시하고

부의 독점적 추구를 지양하면서 이웃을 고려하여 일정한 소비를 권장하는 상자상생(相資相生)적 경제 공동체를 수립하려는 유교적 경제관념의 전형으로 재해석하였다. 또한 안정적 재생산을 지속적으로 가능하게 하기 위하여 재화의 겸병적 축적을 막고, 이웃을 고려한 일정한 소비를 권장하는 것은 공생이라는 사회적 정의를 실현하는 차원에서 경제를 다루는 정의 경제적 관념을 반영한 것이라고 보았다. 이러한 서유구의 경제론은 자본의 축적과 이윤의 추구를 우선시하는 근대 시장 중심 자본주의 체제와 상이한 노선이지만, 근대 체제의 안착 과정에서 자본주의 체제의 폭력성을 억제하고 사회가 전체적으로 발전하는 문화적 자산이 되었을 것으로 평가하였다.

이상 소개한 것처럼 본 공동 연구는 학계의 연구에서 미처 다루지 못한 미시적 분야들에서 서유구의 성취와 시야가 지니는 학술사적 의의를 밝히는 것에 주안점이 두어져 있다. 제출된 연구 성과들을 종합해 볼 때, 향후 『임원경제지』를 비롯한 서유구의 학술적 업적에 대한 연구는 동아시아 각국에서 이룬 유사한 성취들을 함께 고려하면서 비교사적 시야에서 상관성과 차이점을 밝히는 연구로 더 확대하고 객관화할 필요가 있다. 또한 미시적 분야의 성취들을 모으는 수준에서 더 나아가, 『임원경제지』에 담겨진 인간과 사회의 근본 관념을 학술사적으로 재성찰하는 전체적 연구로 진전시킬 필요가 있다.

2015년 10월
집필진을 대표하여 이봉규

| 차 례 |

楓石 「贍用志」를 통해 본 楓石의 건축론
| 김왕직 |

楓石 楓石의 복식 분류와 '鄕居養志'
| 이민주 |

『林園經濟志』를 통해 본 楓石의 음악 생활
| 송지원 |

楓石 徐有榘 「葆養志」의 형성에 대한 연구
| 문석윤 |

18

| 楓 石 |

「贍用志」를 통해 본 楓石의 건축론

김왕직 | 명지대학교 건축대학 교수

1. 서론

1) 『임원경제지』를 통한 건축 연구사

『임원경제지(林園經濟志)』는 풍석(楓石) 서유구(徐有榘, 1764~1845)가 당시의 생활문화 전반을 16개 분야로 나누어 십육지(十六志)로 편찬한 책이다.[1] 16지 중에서 건축을 다루고 있는 것은 여러 편이지만 가장 집중되어 있는 것은 「섬용지(贍用志)」로서, 건설 과정과 재료를 중국과 비교하면서 비판적으로 서술하고 있다. 이 외에도 「상택지(相宅志)」에서는 집터를 고르는 법, 주변 환경 조성과 좌향 등 입지와 환경을 다루고 있다. 「이운지(怡雲志)」에서는 원림을 짓고 생활하는 데 필요한 배치 기법과 건물의 종류를 다루고 있으며, 「유예지(游藝志)」에는 화론과 도법, 「향례지(鄉禮志)」에는 각종 통과의례와 향촌 행사를 다루어 유교 건축공간을 이해할 수 있도록 하였다. 「본리지(本利志)」는 토지의 이용과 척도 및 측량, 물길의 이용방법 등을 다루었고, 「예규지(倪圭志)」에는 방범과 방화의 방법 등이 제시되어 있다.[2]

이처럼 『임원경제지』는 여러 곳에서 조선 후기 한국 건축에 관한 비교적 구체적인 평론이 실려 있는 책으로 조선시대 건축의 이해를 위해

---

[1] 염정섭 외 3인 공저(2011). 이 책에서는 『임원경제지』의 편찬 과정과 구성, 판본에 관한 내용 등이 자세히 소개되어 있다.

[2] 이강민(2010). 이 논문에서는 『임원경제지』16지의 내용과 건축기사의 분포 상황을 개괄하였고 건축기사가 함축되어 있는 「섬용지」에 대해서는 인용 서목과 빈도수, 「섬용지」 영조기사의 구성과 특성, 『증보산림경제』와 내용 비교 등 영조기사의 구성과 특징을 상세히 분석하였다.

서는 반드시 보아야 할 책 중의 하나이다. 인문학 분야에서는 일찍부터 『임원경제지』에 대한 연구와 분석이 있었으나 건축 분야에서는 김성우·안대회에 의해 비로소 번역 소개되기 시작하였다. 1987년부터 1990년까지 19회에 걸쳐 「섬용지」, 「이운지」, 「상택지」의 건축 관련 내용을 발췌하여 번역 소개하였다.[3] 필자 안대회는 국문학 전공으로 번역 과정에서 건축적인 내용은 건축과 김성우 교수의 도움을 받아 진행하였다. 이 선구적인 연구를 바탕으로 2005년에는 쉽고 체계적으로 정리하여 『산수간에 집을 짓고』라는 대중서로 발간하였다.[4]

비슷한 초창기 건축 관련 직접적인 연구로는 박명덕 교수의 「임원십육지의 섬용지 중 옥삼분법(屋三分法)에 대한 소론」과 김용환·홍석주 교수의 「『임원경제지』의 동서사택론에 관한 연구」가 있다.[5] 옥삼분(屋三分)은 건물의 입면비례를 상중하로 나누어 해석한 것인데, 지붕 부분인 상과 몸체 부분인 중이 중국은 1:1 정도이기 때문에 배수가 원활하고 습기를 차단할 수 있으나 한국 건축은 2/3에도 못 미쳐 배수문제가 있다는 것을 지적한 내용이다. 이에 대해 박명덕 교수는 조선시대 목조의 생산체계를 중심으로 변천을 살펴 이에 대한 반론을 제시하였다. 따라서 북학파 중의 한 사람인 서유구의 중국 건축 기록을 바탕으로 한 한국 건축에 대한 비평은 높이 살 만하지만 중국 건축 기술을 찬양일변도로 받아들이려는 태도와 우리 자체의 문제점에 대한 지적 없이 단순하게 비교한 것에 대한 문제점을 제시하였다. 실학의 실용성과 과학성이 현장 검증 없이 문헌기록에만 의존하여 기술한 것에 대한 비판적 관점을 제시

---

3 김성우·안대회(1987~1990),
4 안대회(2005).
5 박명덕(1992); 김용환·홍석주(1996).

한 사례라고 할 수 있다. 김용환·홍석주 교수의 연구는 『임원경제지』, 「상택지」에 기록되어 있는 건물과 문의 배치 관계 기록을 바탕으로 실제 건물 사례에 적용, 분석하여 현대 주택에 적용 가능성을 제시하였다. 분석 결과 동사택 방위에 속하는 건물은 동사택 방위에 문을 냈고 서사택 방위에 속하는 건물은 서사택 방위에 문을 냈음을 알 수 있었으며 안채는 사생활 보호를 위해 외부에서 보이지 않도록 했다. 또 건물의 향은 겨울철에 북서풍을 직접 맞지 않도록 했으며 채광이 유리한 남향집이 가장 좋고 남동향, 남서향, 동향집은 좋으나 북향과 북동향, 북서향, 서향은 좋지 않은 집으로 현대건축 계획론과도 무관하지 않으며 적용 가능성을 제시하였다.[6]

2000년대 들어서는 박동필의 「임원경제지의 생기(生氣) 관점에서 본 양동마을 주거연구」라는 석사학위논문이 처음으로 발표되었으며,[7] 퇴계학연구원의 신영주는 「이운지」의 내용을 바탕으로 전원에서 정원을 가꾸고 꾸미는 일을 소개하였다. 『산림경제』에서 소개한 '용도서(龍圖墅)'와 '귀문원(龜文園)'를 인용하여 이상적인 정원을 꾸미려는 선비들의 열정과 나무 심고 울타리를 꾸미고 연못을 만드는 법 등을 소개하였다.[8] 정확히 건축 연구는 아니지만 성균관대학교 대동문화연구원의 조창록 연구원은 중국 건축기술서로서 고전으로 평가받고 있는 주례의 『고공기(考工記)』와 서유구의 연관성을 설명하면서 고공기의 체계와 성격을 규명하였다.[9] 가장 최근의 연구는 국가한옥센터 이강민 센터장에 의한 『임원경제지』의 건축 관련 기사에 대한 서지학적 분석을 다룬 「서지학

---

6 김용환·홍석주(1996), 5∼19면.
7 박동필(2002).
8 신영주(2005).
9 조창록(2012).

적 분석을 통한 임원경제지 섬용지 영조기사의 구성과 특징 연구」가 있다.[10] 이 연구에서는 먼저 『임원경제지』의 어느 부분에서 건축적인 내용을 다루고 있는지를 살펴보았는데 건축적인 내용을 직접 다루고 있는 「섬용지」, 「상택지」, 「이운지」 외에 간접적으로 조선시대 사람들의 향리에서의 생활과 토지 측량, 방범과 방화 기술을 다루고 있는 「본리지」, 「향례지」, 「유예지」, 「예규지」의 내용 등을 추가로 발굴하였다. 또 「섬용지」의 건축 기사 내용을 구성과 체계, 인용 서목과 빈도, 『증보산림경제』 내용과의 비교를 통해 상세히 분석하였다. 이강민은 또 2014년에 서유구 탄생 250주년 기념학술대회에서 「서유구의 건축론과 현대적 활용성」이라는 논문을 발표하여 조선 후기 건축인식이 예학담론에서 실학담론으로 옮겨 가는 과정과 당시 사회적 여건에 따른 한옥의 변모 과정에서부터 현대 한옥에서의 『임원경제지』 활용 가능성까지를 제시하였다.[11]

이처럼 건축 분야에서 『임원경제지』에 대한 연구는 1990년대는 번역과 개괄적인 내용의 소개에 그쳤다면 2000년대 이후에는 재해석과 사례에 대입을 통한 검증, 현대화 가능성의 모색 등으로 진일보하였음을 알 수 있다. 『임원경제지』는 유서(類書)로 분류되는 것으로 서유구의 주관과 철학이 반영되었다기보다는 당시 보편적 통념을 정리한 것이기 때문에 개인의 건축론을 들여다보기는 어려울 것이다. 그러나 당시의 보편적 건축인식을 분석해 본다는 차원에서는 반드시 다루어야 할 중요한 고전임에는 틀림없다.

---

10 이강민(2010).
11 이강민(2014. 5).

2) 『임원십육지』, 「섬용지」의 구성과 연구 방법

「섬용지」는 각종 도구 및 재료와 공법을 설명한 것으로 총 4권에 걸쳐 14개 대목(大目)과 67개 세조(細條), 608개의 예(例)로 구성되어 있다. 이 중에서 집 짓는 방법과 재료를 소개한 건축과 직접 관련된 대목은 권1의 '영조지제(營造之制)'와 권2의 '영조지구(營造之具)'이다. 이 두 개의 대목에는 총 20개의 세조와 92개의 예가 수록되어 있다.[12]

〈표 1〉 「섬용지」 '영조지제'와 '영조지구'의 항목 구성

卷	大目		細條	例	비고
卷一	營造之制	1	堂屋廂寮位置 배치	華制	중국의 제도
				東制	한국의 제도
		2	基址 기초	華制	중국의 제도
				東制	한국의 제도
		3	尺度 비례와 간살	屋三分	건물의 삼분할
				間架	간살
		4	蓋覆 지붕잇기	華制	중국의 제도
				東制	한국의 제도
				艸蓋	초가지붕
				石蓋	돌너와 지붕
				灰蓋	석회 지붕
		5	房炕 온돌제도	房炕異制	구들과 캉의 차이
				炕制	캉 제도
				堗制	구들 제도
				複窯法	이중 온돌

---

12 이강민(2010), 62면; 정명현 외 3인 공저(2012), 938~943면; 안대회(2005), 196~327면.

卷	大目		細條	例	비고
		6	圬墁 미장법	仰壁	앙벽 바르기
				牆壁	벽 바르기
				甃甎壁	벽돌 쌓는 법
				砌甎時候	벽돌 쌓는 시기
				砌甎須塡陷	벽돌벽 줄눈 메우기
				長生屋法	내구성 있는 집 짓기
				影壁	영벽
				磚縫中艸不生法	벽돌틈에 풀 나지 않는 법
		7	牕牖 창호	牕制	창 제도
				映牕	영창
				圓牕	원창
				粧子	장지
				分閤	분합
				假粧子	가장지
		8	軒樓 마루	廳板	청판
				廳底禁築牆	마루 밑 고막이벽 쌓기 금지
				樓制	누마루 제도
		9	廚竈 부엌과 부뚜막	廚屋	부엌
				竈制	부뚜막 제도
				連珠鍋法	솥 이어걸기 법
				辟蟻法	개미 없애는 법
		10	庭除 뜰	三善	세 가지 좋은 점
				換土法	흙 바꾸기
				禦淖法	진창 막는 법
				牕濕法	습기 제거법
				棚架	시렁
				花階	화계

卷	大目		細條	例	비고
		11	庫廩 곳간	庫制	곳간 제도
				蔭庫	지하 곳간
				土庫	흙 곳간
				搬庫	이동식 곳간
		12	廐閑 마구간	廐制	마구간 제도
				槽制	구유 제도
				牛馬宜異廐	소와 말은 외양간을 달리함
		13	溷厠溝渠 뒷간과 도랑	浴室	욕실
				厠室	뒷간
				溺庫	소변 저장고
				灰屋	잿간
				溝制	도랑 제도
		14	墻垣 담장	牆制	담장 제도
				土築	토담
				石築	돌담
				哥窯牆	가요담
				玲瓏牆	영롱장
				蓋牆	담장 지붕 얹기
				板障	판장
		15	井(附水庫) 우물	甃深井法	깊은 우물 쌓는 법
				甃淺井法	얕은 우물 쌓는 법
				甃平地井法	평지 우물 쌓는 법
				鑿井雜法	기타 우물 파는 법
				架木引泉法	나무를 걸쳐 물 끌어오는 법
				鑿丹井法	단정 뚫는 법
				禳井沸法	우물이 끓어오르는 것을 막는 법
				水庫	수고

卷	大目		細條	例	비고
卷二	營造之具	1	木料 목재	品第	품질과 등급
				伐材法	벌목법
				聚材法	목재 모으는 법
				禁忌	주의사항
		2	石料 석재	品第	품질과 등급
				治材	치석법
		3	土料 흙	石灰	석회
				蠣灰	여회
				白土	백토
				沙壁土	사벽토
		4	瓦甎 기와와 벽돌	燔瓦法	기와 굽는 법
				燒甎法	벽돌 굽는 법
				窯第	가마 제도
				選瓦甎法	기와와 벽돌 고르는 법
				去新甎燥性法	새 벽돌의 건조성을 없애는 법
				結社燔瓦法	계를 조직하여 기와 굽는 법
				論甓利	벽돌의 이로움
		5	塗料 도배	壁塗	벽 도배
				牕塗	창 도배
				油書牕法	서재 창에 기름 먹이는 법
				天板塗	천장 도배
				埃上塗	장판지 도배
				糊	풀

『임원경제지』, 「섬용지」의 성격은 인용 문헌을 보면 짐작할 수 있다. 이러한 분석은 이강민의 탁월한 연구 성과가 있다. 「섬용지」의 기사는 18권의 책에서 인용되었는데 나라별로는 중국 서적 10권, 조선 서적 6권,

일본 서적 1권, 서양 서적 1권이다. 그중에서 10회 이상으로 빈도수가 높은 인용 서적은 『금화경독기(金華耕讀記)』(86회), 『증보산림경제(增補山林經濟)』(13회), 『열하일기(熱河日記)』(12회) 등인데 모두 조선에서 18세기 후반 이후에 편찬된 서적이라는 공통점이 있다. 이들은 「섬용지」 영조 기사의 75%를 차지하여 압도적인 구성비를 갖는다. 서유구는 자신의 경험을 담은 『금화경독기』와 중국을 보는 창으로서 『열하일기』 및 『증보산림경제』를 주요 소재로 삼아 「섬용지」 영조 기사를 구성하였다. 『열하일기』가 일반적인 건축 현상에 대한 기사가 많은 반면, 『증보산림경제』에는 좀 더 구체적인 행위에 대한 기사가 많은 특징이 있어서, 두 책은 함께 인용되기보다는 따로 인용되는 경향이 있다. 「섬용지」 권1에서 두 책이 전혀 인용되지 않은 세조(細條)는 창문〔牕牖〕과 마루〔軒樓〕 단 두 곳이다.[13]

중국에 대한 지식은 대부분 『열하일기』에 의존하고 있으며 『임원경제지』보다 약 반세기 앞서 간행된 『증보산림경제』가 모본이 되었음을 알 수 있다. 서유구는 연보를 통해 고찰해 보면[14] 중국을 실제 방문한 적이 없으며 중국에 대한 지식은 문헌을 통해 습득하였다. 따라서 북학자로서 실증학이 목표이지만 현장과 체험을 통한 학습이라기보다는 문헌적 접근이므로 구체성과 현실성은 재고해 보아야 할 것이다. 하지만 인용된 문헌들은 역사적 경험이 축적된 것이고 사회 보편적 통념으로 알려져 있는 것이므로 건축 전공자 입장에서 비평적 시각으로 내용을 검증해 보고자 하는 것이 이 글의 목적이다.

『임원경제지』가 쓰여진 18세기 말에서 19세기는 건축에서도 실용화·

---

13 이강민(2014. 5), 112~113면.
14 재단법인 실시학사 제공 「풍석 연보」 초안 유인물.

표준화·기계화 등이 활발히 논의되었으며 임노동자 층의 형성에 따른 근대적 생산체계가 시작되는 단계로 경제적 관점에서 건축을 고려하기 시작한 시점이기도 하다. 그러나 사회적으로는 농번국가로 집에서는 추수한 곡물을 보관하는 곳간이 중요한 기능을 하였고 노동력과 운송수단을 위해서는 말과 소를 기르고 이용하는 것이 필수적이어서 마구간과 외양간은 중요한 건축 구성 요소였다. 또 농촌에서는 상하수시설이 없기 때문에 우물이 생활에서는 가장 중요한 필수 요소이기도 했다. 하지만 현대 사회는 일부를 제외하면 이러한 건물들은 용도가 사라짐에 따라서 남아 있지 않는 것이 현실이다. 따라서 본 논문에서는 「섬용지」의 모든 내용을 검증하기보다는 현재까지 이어지고 있거나 미래에 활용 가능한 건축 요소들만 추려서 취사 선택하여 새로운 항목으로 묶어 검증해 보고자 한다.

2. 배치와 평면 형식

건물의 평면 형태와 배치에 따른 단점을 중국 건축과 비교하여 「섬용지」 '영조지제(營造之制)'의 '당옥상료위치(堂屋廂寮位置)' 조에서 설명하였다. 중국 건축은 『열하일기』를 인용하여 설명하였고 한국 건축은 『금화경독기』를 인용하여 설명하였다.

중국 건축은 모두 일자형으로, 꺾어서 짓거나 연달이 붙여 짓는 일이 없다. 제1옥은 내실(內室), 제2옥은 중당(中堂), 제3옥은 전당(前堂), 제4옥은 외실(外室)이며 각 당(堂)은 전면 좌우에 익실(翼室)이 있는데 이것이 바로 낭무요상(廊廡寮廂)이다. 각 당 정중앙 한 칸에는 반드시 출입문을 두고 앞뒤로 이런 건물이 3~4중으로 겹쳐 있기 때문에 출입문은 6~8중

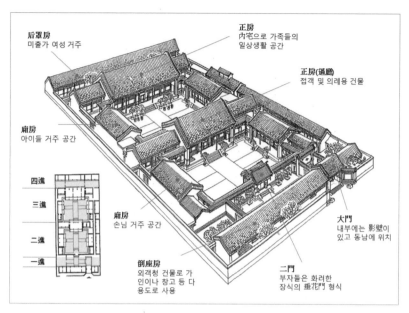

后罩房
미출가 여성 거주

正房
內宅으로 가족들의
일상생활 공간

正房(過廳)
접객 및 의례용 건물

廂房
아이들 거주 공간

四進
三進
二進
一進

廂房
손님 거주 공간

大門
내부에는 影壁이
있고 동남에 위치

倒座房
외객청 건물로 가
인이나 창고 등 다
용도로 사용

二門
부자들은 화려한
장식의 垂花門 형식

〈그림 1〉 중국 사합원(四合院)의 전형적인 배치 모습

이 된다. 그래서 문을 열면 내실문에서 외실문에 이르기까지 하나로 관통
되어 조망할 수 있어서 마치 화살이 나는 것처럼 곧다.[15]

이 내용은 중국 북경 사진식(四進式)[16] 사합원의 전형적 모습과 대비
해 볼 수 있다.[17] 내실(內室)은 사합원의 가장 안쪽에 배치된 미출가 여

---

15 徐有榘, 『林園十六志』 卷二, 376면; 안대회(2005), 196면.
16 四進式 : 중국 북경의 사합원은 규모에 따라 一進~四進으로 구분하고 있다. 마당을 중심
으로 공간을 구분한 것인데 일진은 가족이 기거하는 정방(正房) 하나로만 구성된 최소한
의 사합원이라고 할 수 있다. 이진식은 정방(正房)과 외행랑이라고 할 수 있는 도좌방(倒
座房)이 있는 경우이며, 삼진식은 가족실이라고 할 수 있는 정방(正房)을 뒤에 배치하고
그 전면에 객청이라고 할 수 있는 과청(過廳)이 별도로 갖추어진 집을 이른다. 사진식은
미출가 여성들이 거주하는 전용 공간인 가장 후미에 배치된 후조방(后罩房)이 있는 경우
이다(馬炳堅 編著, 1999, 15~20면).

성이나 노부모가 기거하는 후조방(后罩房), 중당(中堂)은 가족들의 일상 생활 공간인 정방(正房), 전당(前堂)은 접객과 관혼상제 등의 의례용으로 사용되는 과방(過房), 외실(外室)은 가인들이나 창고 등 다용도로 사용하는 도좌방(倒座房)으로 대체될 수 있다. 사합원은 중국 사대부가들의 전형적인 주택양식이라고 할 수 있는데, 규모에 따라서 주전 건물의 숫자는 차이가 있다. 규모가 가장 작은 것은 가족들의 생활 공간만으로 구성된 정방(正房) 하나로 구성된 집이다. 정방 앞에 중정을 두고 좌우에 아이들의 거주 건물인 상방(廂房)이 있고 전면에는 대문이 있는 최소한의 사합원이다. 규모가 조금 커지면 마당이 두 개 생긴다. 그래서 이를 이진식(二進式)이라고 하는데 대문과 중문 사이에 좁고 좌우가 긴 마당이 하나 더 생긴다. 그리고 대문 옆으로는 가인들이 생활하는 도좌방(倒座房)이 갖추어진다. 일상적인 사합원이라면 이 정도의 규모가 가장 보편적이다. 규모가 좀 더 커지고 접객 전용 건물이 생기면 삼진(三進) 이상으로 해야 한다. 삼진 이상은 정방(正房)과 도좌방(倒座房) 사이에 접객과 의례 전용 건물이라고 할 수 있는 과청(過廳)이 갖추어진 집이다. 과청 앞에도 정방형의 마당이 만들어지며 마당 좌우에는 정방과 같이 상방(廂房)이 배치된다. 정방 공간의 상방은 아이들의 거주 공간이 되지만 과청 좌우의 상방은 객인(客人)이 거주하는 건물이다. 삼진 이상의 사합원은 과청이 전체의 중앙에 배치된다. 사진식은 정방 뒤에 길게 후조방(后罩房)을 두어 출가 전의 여성이나 노부모가 기거하게 된다. 후조방 앞에도 긴 마당이 형성되어 4진을 구성한다.

사합원은 대개 남향으로 배치되며 대문은 정중앙에 오는 경우는 드물고 대개는 동쪽으로 치우쳐 배치한다. 대문을 들어서면 가림벽인 영

---

17 孫大章(2004), 80~82면.

벽(影壁)을 두어 내부 전체가 조망되는 것을 막았으며 여기서 서쪽으로 꺾여 이문(二門)을 통해 중원(中院)으로 들어서게 된다. 3진 이상의 사합원은 중정을 들어서면 과청(過廳)과 만나게 된다. 과청 뒤에는 중심축 선상에 대칭으로 정방(正房)을 두고 좌우에 상방을 배치한다. 정방 앞에도 정방형의 마당이 있는데 규모와 형식이 과청과 거의 같다. 이를 내원(內院)이라고 할 수 있다. 정방 뒤에 놓이는 후조방(后罩房)은 좌우로 길며 전면 마당도 앞뒤가 좁고 좌우로 길다. 사합원은 대문 이외에는 출입이 어렵고 후문이 없는 경우가 많다. 따라서 이문(二門)과 과청, 정방이 중심축 선상에 배치되며 정중앙에 문이 있기 때문에 「섬용지」의 설명처럼 출입문이 6~8중으로 열려 하나로 관통되어 조망된다고는 할 수 없다.

중국의 당옥(堂屋)은 모두 일자형으로 서로 연결되지 않는 반면, 한국은 방당상무(房堂廂廡)가 하나로 연결되어 있다. 따라서 지붕과 용마루가 꺾이고 구부러져 그 형상이 'ㅁ'자, '日'자와 같으며 어떤 집은 '二'자, 'ㄱ'자가 서로 마주 보고 있는 형태이다. 이러한 집들은 여섯 가지의 결점이 있다.[18]

〈표 2〉 한국의 꺾음집에 의한 6가지 결점

순번	요소	결점	현황
1	회첨 부위 발생	물길이 서로 모이는 곳인데 회첨골이 폭이 좁고 얕아서 누수에 의해 목재가 썩는다.	회첨골과 너새기와 부분은 지금도 누수의 원인이 됨.
2	'ㅁ'형 평면구성	중정이 좁고 건물 그림자가 드리워서 곡식과 과실 말리기가 불편하다.	'ㅁ'형 평면은 경상도 지역에 제한적으로 분포.

---

18 徐有榘, 『林園十六志』卷二, 376면; 안대회(2005), 197~201면.

순번	요소	결점	현황
3	배수	중정의 배수구가 작고 자주 막혀 폭우 시 물이 가득하다.	대부분의 사례는 아님.
4	배연	건물이 사면을 에워싸 통풍이 어렵고 배연이 되지 않아 건물이 그을음으로 검어짐.	난방 방법의 차이에 의한 결점으로 보아야 함.
5	방화	건물이 연이어 있어서 한 모퉁이에서 불이 나도 집 전체가 잿더미가 된다.	방화는 문제가 있음.
6	내외의 구분	안팎을 구분해야 되지만 바깥채와 내실을 연결시키고 심지어 창호를 마주 보게 하여 내실의 소리가 바깥까지 들린다.	안팎 건물간의 거리가 달라지는 조선 전후기의 차이점으로 보는 것이 타당함.

서유구는 중국 사합원(四合院)을 사례로 우리 한옥과 비교하여 결점을 나열하였다. 그러나 사합원만이 아니라 부분적으로 "중국 남쪽에는 꺾어 짓는 집의 사례가 있음을 알 수 있으나 네 모퉁이를 모두 꺾어 'ㅁ'자형으로 하는 우리나라 제도와는 다르다."고도 하였으나 무엇이 다른지에 대한 구체적인 기술은 없다.

중국 섬서성 남부나 소주(蘇州)의 민가에서는 'ㅁ'자형의 배치가 보인다. 섬서성 민가는 사합원을 기본으로 하고 있는데 북경 사합원과는 달리 좌우의 상방(廂房)이 정방(正房)과 붙어서 지붕에서 한국과 같이 회첨이 생겼다. 귀주성(貴州省)의 토가족(土家族) 민가에서도 양쪽 날개채가 본채에 붙어서 회첨이 발생하였다. 강소성(江蘇省) 소주(蘇州)의 민가들도 작은 중정을 중심으로 사방에 건물을 두어 'ㅁ'자형 배치를 하였다.[19] 북경의 사합원도 주 건물이 붙지는 않았지만 복도각이 연결되어 전체적으로는 중정을 중심으로 사방의 건물이 연결되는 'ㅁ'자 배치이다.

---

19 孫大章(2004), 130면, 136면, 152면.

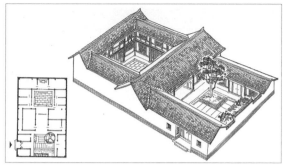

〈그림 2〉 중국 섬서성 남부에
위치하는 약양장택(略陽張宅)

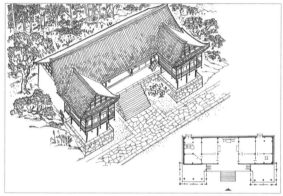

〈그림 3〉 귀주성의
토가족(土家族) 민가

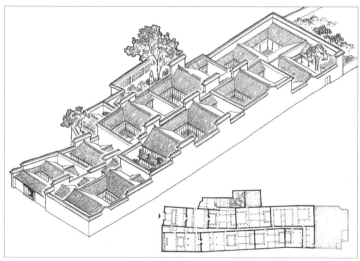

〈그림 4〉 강소성 소주(蘇州)의 민가

〈그림 5〉 서백당 배치도 (목심회 제공)　　　　〈그림 6〉 한국 양동마을 서백당 전경 (김석순 제공)

　　강소성 민가는 중정의 크기가 한국보다 작은 경우가 많다. 양동마을의 서백당과 같은 사례가 중정을 갖는 'ㅁ'자형 평면의 전형적인 모습이라고 할 수 있는데 한국 전체의 민가를 대상으로 한다면 그 수량은 많지 않다. 같은 유형으로는 양동 관가정, 예천 의성 김씨 남악종택, 안동 귀봉종택, 경주 독락당, 봉화 거촌리 쌍벽당 등의 사례를 들 수 있다. 같은 'ㅁ'자형 배치처럼 보이지만 양동마을의 상춘헌고택이나 낙선당, 두곡고택, 하회마을의 북촌댁과 남촌댁, 청송 송소고택 등은 건물 사이가 떠 있기 때문에 온전한 'ㅁ'자로 보기 어려우며 그 사이로 통풍과 배수 등은 자유롭게 이루어진다.

　　양동마을의 서백당은 양동마을에서 가장 오래된 가옥으로 월성 손씨의 대종가댁이다. 서백당은 1460년 전후에 지은 것으로 추정되는 몇 안 되는 조선 전기의 주택이다. 안채와 사랑채가 분리되어 있지 않으며 안채와 사랑채 모두 홑집의 3량가라는 것이 시대적 특징을 반영하고 있다. 봉화의 쌍벽당이나 양동의 관가정 같은 유형이지만 사랑채가 강조되고

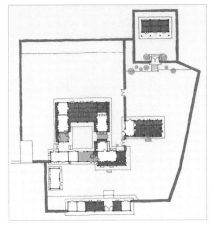

〈그림 7〉 봉화 쌍벽당 배치도 (목심회 제공)

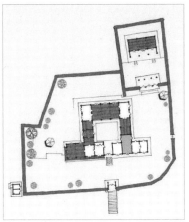

〈그림 8〉 양동 관가정 (목심회 제공)

〈그림 9〉 양동 두곡고택 (목심회 제공)

〈그림 10〉 양동 상춘헌고택 (목심회 제공)

가구가 5량가를 이루는 변화를 볼 수 있다. 이러한 'ㅁ'자형 배치는 경상
도 지역의 안동·양동·경주·봉화 등지에서 집중적으로 나타나며 호서
지방과 중부지방에서는 드문 사례이다. 따라서 한국의 민가를 모두 'ㅁ'
자형의 중정이 있는 민가로 해석하여 통풍이나 배연의 어려움이 있다고

판단하는 것은 오류이다.

　중국 북경의 사합원과 남부 강소성의 민가들도 기본적인 배치는 'ㅁ'자형이라고 할 수 있으며 건물들이 연이어 있는 것도 다르지 않다. 그러나 한국 경상도 지역의 민가들과 비교해 본다면 맞배건물을 서로 이었기 때문에 지붕에 회첨이 적은 것은 사실이며 대부분 양측 벽을 벽돌로 하고 회를 발라 마감한 것이 차이점이다. 서유구가 지적한 우리나라 'ㅁ'자형이나 'ㄷ'자형 민가에서 가장 큰 문제점은 회첨부가 생겨 누수에 의한 목재의 부식이었다. 그런데 양동 서백당의 경우는 'ㅁ'자형 건물이지만 회첨을 만들지 않았다(〈그림 5〉, 〈그림 6〉 참조). 양동마을 민가의 특징이기도 한데 조선 전기의 3량가 전통을 그대로 이으려고 노력했으며, 5량가가 사용된 경우는 무첨당의 별당, 향단의 사랑채, 수졸당의 사랑채 등 몇몇의 예에 지나지 않는다. 지붕 형태에서도 양동마을의 집들은 맞배지붕을 원칙으로 하면서 꺾임부에서는 맞배지붕의 한쪽 면만을 이용해 높이차가 나게 서로 연결하는 회첨이 없는 지붕을 구성하였다는 것이 특징적이다.[20] 따라서 양동마을의 조선 전기 집들은 비록 평면은 꺾임집이지만 지붕에 회첨이 생기지 않는 방식을 선택하였다는 점에서 최소 한국 건축의 단점으로 지적한 회첨부 부식은 없었음을 알 수 있다. 따라서 서유구가 지적한 'ㄷ'자형이나 'ㅁ'자형 평면구성에 따른 지붕 회첨부의 발생으로 인한 결점은 조선 후기에 주로 나타난 현상이라고 볼 수 있으며 지역적으로는 경상도 지역과 중부 지역의 'ㄱ'자형 건물에서 나타날 수 있는 현상이었으며 한국 건축 전체적인 결점은 아니었음을 알 수 있다. 서유구는 회첨부가 생기는 것이 어쩔 수 없다면 회첨 부분의 기와가 폭이 좁고 깊이가 얕아서 모이는 물을 다 받아내지 못하기 때문에 발생하

20　경주시(2010), 69~72면.

〈그림 11〉 의성 만취당 회첨부

〈그림 12〉 구례 운조루 회첨부

는 문제이므로 기와를 특별히 제작해 사용해야 한다고 개선점을 제시하기도 하였다. 탁월한 지적인데 이후 건물에서 회첨부를 위한 특수 기와가 제작되어 사용된 사례를 찾을 수 없다. 또 서유구가 지적하지 못한 부분 중에는 너새기와 부분의 누수와 부식이 있다. 중국 건물은 측벽을 대부분 벽돌로 하고 내림마루 부분에 너새기와를 사용하지 않는다.[21] 그러나 한국 건물은 목기연을 얹고 그 위에 기와를 옆으로 하여 잇는다.

---

21 馬炳堅 編著(1999), 95~97면.

〈그림 13〉 서울 김형태 가옥　　　　〈그림 14〉 경기 이항로 생가　　　〈그림 15〉 이항로생가
　　　　회첨부 부식 상태　　　　　　　　　회첨부 부식 상태　　　　　너새기와 부분 부식

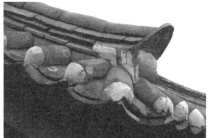

〈그림 16〉 중국 건물의 내림마루 부분　　　　　　〈그림 17〉 한국 건물의 내림마루 부분

이를 너새기와라고 하는데 경사를 따라서 기와가 가로로 놓이기 때문에 빗물이 스며들어 목기연과 개판이 부식되는 사례가 매우 흔하다.

　너새기와 부분을 포함하여 한국 건축이 중국 건축에 비해 회첨 부분이 많은 것은 사실이며 이에 따른 목재의 부식에 대한 결점은 인정되는 부분이다. 그러나 두 번째에서 네 번째의 결점으로 지적한 "중정이 좁고 건물의 그림자가 드리워 곡식과 과실 말리기가 어렵다."는 지적은 경상도 일부 지역의 'ㅁ'자형 건물에서 일부 나타나는 현상이며 전체로 해석하는 것은 무리가 있다. 또 중국의 사합원과 중국 남부 소주 지방의 민가들은 중정이 더욱 작거나 폐쇄적이어서 통풍에는 더 불리하다는 것을 간과하고 있다. 중정의 배수문제에서도 사방이 막힌 일부 한국 건축을 제외하고는 '口'자 배치라고 해도 건물 사이가 떠 있는 튼'口'자 배치가 많고 경사지를 활용하여 큰 문제가 없었다고 할 수 있다. 중국의 사합원은 평지에 있으며 마당이 포장에 의해 진창은 아닐지라도 물이 고이는 현상은 자주 일어나는 일이었으므로 사합원에 비해 한국 건축이 배수가 결점이라는 것은 인정되지 않는 부분이다. 특히 강소성의 민가는 중정이 더욱 작고 지붕이 중정을 향한 편경사가 많아 중정에 물이 고이는 현상은 아주 빈번하였다.

네 번째 건물이 사방으로 둘러싸여 배연의 문제가 있다는 지적은 상대적으로 트인 건물에 비해 그렇다고는 할 수 있으나 중국 건물과 비교해 취약하다는 설명은 인정하기 어렵다. 중국 사합원 식 건물이 더욱 폐쇄적이며 트인 부분이 없어서 한국과 같은 구들이었다면 견딜 수 없을 정도의 문제점을 야기시켰을 것이다. 중국의 캉[炕]은 침대 크기 정도로 작은 것으로 한국 구들과 같이 많은 연기를 배출하지 않는다. 따라서 배연의 문제는 중정형의 폐쇄적인 평면의 문제가 아니라 난방 방식의 차이에서 오는 것이므로 관점을 달리해야 한다. 다섯 번째 방화의 문제는 인정하는 부분이다. 중국은 벽돌로 측벽을 막았으며 회를 바르는 면적이 한국 건축에 비해서는 많기 때문에 불이 나도 연소되는 확률은 훨씬 적다고 할 수 있다.

한옥이 중국 사합원처럼 될 수 없는 또 하나의 이유는 한국인 고유의 조형성이다. 사합원은 좌우 대칭이며 중문에서 후원에 있는 정방(正房)까지 중앙 문을 열면 관통해 보일 정도로 중축선이 강하다. 중원과 내원의 마당도 정방형에 가까운 방형이며 좌우 상방도 대칭으로 배치한다. 이러한 강한 중축선과 좌우대칭은 매우 강한 권위성을 갖고 있으며 정제되고 정돈된 느낌은 줄 수 있으나 위압적이고 이성적이다. 그러나 한국인은 감성적이고 자유로우며 역동성이 있는 비대칭을 선호하는 조형성을 갖고 있다. 따라서 한옥이 정확히 대칭을 이루는 집은 하나도 없다. 일부 경상도 지역의 'ㅁ'자형 한옥에서 대칭성이 보이기는 하지만 나머지 부속건물은 자유롭게 비치하여 전체적으로는 비대칭으로 배치하였다. 비록 부분적으로 대칭성을 갖는다고 하여도 경사가 많은 지형을 활용하여 높이차에 의한 채광과 배수 등을 해결하였기 때문에 사합원이 갖지 못하는 장점이 있음을 알 수 있다. 따라서 서유구의 주장처럼 사합원이 이상적인 모델은 아니라고 할 수 있으며 다만 방화와 회첨부에서 한옥이 약간 불리한 측면은 있으나 이 정도는 한옥의 조형성을 손상시키지 않는 범위에서 손쉽게 보완할 수 있는 정도라고 할 수 있다.

3. 건물의 비례

「섬용지」 '영조지제(營造之制)'의 '척도(尺度)' 항에서는 건물의 입면과 단면비례를 비교해 한국 건축의 단점을 서술하였다. 척도 항은 두 개의 예(例)로 구성되었는데 '옥삼분(屋三分)' 예에서는 심괄(沈括)의 『몽계필담(夢溪筆談)』에서 유호(喩皓)의 『목경(木經)』을 인용하여 작성된 『금화경독기』의 내용을 인용하였다.

가옥에는 삼분(三分)이 있다. 도리 이상은 상분(上分), 집 바닥 이상은 중분(中分), 기단은 하분(下分)이다. 건물의 모든 부재와 부위는 비례가 있으며 서로 대응을 이룬다. 옛 사람들이 척도에 연연한 것은 이와 같은 이유 때문이다. 하분이 지면으로부터 멀리 떨어지면 벽체가 습기를 먹지 않고 상분이 높이 솟아 있으면 기왓골이 물을 배수하기가 쉽다. 재주가 뛰어난 장인은 특별히 유의해야 한다. 중국의 궁실지제(宮室之制)에 따르면 지면에서부터 용마루까지의 높이를 계산하여 처마가 그 중간에 있어야 한다고 하였다. 즉 상분과 중분의 크기를 똑같이 한다는 의미이다. 이렇게 해야 물이 쉽게 배수되고 누수되지 않는다. 우리나라의 오래된 집 중에는 물매가 가파르기 때문에 마치 수직으로 기와를 이은 듯한 집이 있는데 이는 물이 순조롭게 흘러내리게 하기 위함이다. 근세에 장인 중에는 집의 미관만을 취하여 척도를 고려하지 않고 처마를 높이 들어 올려 짓는다. 그래서 상분이 중분의 2/3에도 미치지 못하고 중간은 완만하고 끝은 들어 올려 물길이 순조롭지 못하다. 폭우가 한번 지나가면 지붕에서 빗물이 뚝뚝 떨어지고 기둥이 썩고 대들보가 꺾여 집 전체가 못쓰게 된다.[22]

내용에 따르면 건물 몸체와 지붕의 입면비가 같은 1:1이 되어야 배수가 원활하다는 의미이다. 중국 건축은 1:1이 충분하지만 한국 건축은 2/3 정도도 못 미치기 때문에 누수현상이 있고 5량가로 장연과 단연이 만나는 부분이 꺾여 지붕곡이 완만해 배수가 원활치 않다는 의미이다.

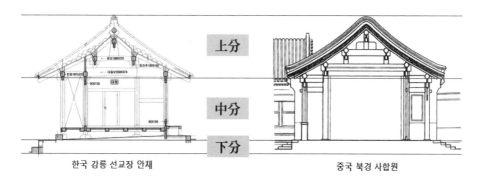

한국 강릉 선교장 안채   중국 북경 사합원

〈그림 18〉 한국 강릉 선교장 안채와 중국 북경 사합원의 상분(上分)과 중분(中分)의 비례

---

22 徐有榘, 『林園十六志』 卷二, 377면; 안대회(2005), 205~206면.

『임원경제지』가 쓰여진 시기와 비슷한 1748년에 건축된 강릉 선교장의 안채와 북경 사합원의 정방(正房)의 몸채와 지붕 비례를 분석해 보면 공교롭게도 상분과 하분이 1 : 1로 정확히 일치하며 한옥과 사합원에서 차이가 없다는 것을 알 수 있다. 오히려 한옥이 1 : 1에 더 근접하고 사합원은 상분이 중분에 비해 약간 작은 것을 알 수 있다.[23] 수치상으로도 선교장 안채는 기단 바닥에서 도리 하단까지가 2,780㎜이고 도리 하단에서 용마루까지 2,690㎜로 상분이 조금 작은 듯하지만 처마가 빠져 내려오기 때문에 입면에서 보는 지붕의 높이는 몸체보다 약간 높다. 따라서 몸체와 지붕의 입면 비례는 1 : 1이라는 것을 알 수 있다. 하분은 대체로 한옥이 구들을 들이기 때문에 사합원보다는 높은 것이 일반적이다. 따라서 수치로만 본다면 사합원에 비해 하분이 크므로 벽체에 수분이 스며들지 않는 구조이며 상분도 사합원보다는 미세하지만 크기 때문에 배수도 더 원활하다고 할 수 있다.

중국 사합원 정방의 규모는 측면 길이가 7m에 이르고 정칸의 폭은 3.9~4.2m 정도이며 양쪽 협칸은 3.3m 전후이다. 평주의 높이는 3.3~3.5m이고 가구는 2평주 7량으로 서까래는 장연과 중연, 단연 3단으로 건다.[24] 장연의 물매는 0.5, 중연의 물매는 0.7, 단연의 물매는 0.9로 용마루 쪽으로 갈수록 된 물매를 사용하였다. 평균으로는 0.7물매로 이것은 곧 지붕 물매와 같다. 입면 비례에서는 청(清) 대 민도리 건축의 경우 정칸의 폭과 기둥 높이의 비례는 10 : 8로 통상 기둥 간격이 10자이면 기둥 높이는 8자이다. 기둥 높이와 기둥 직경의 비례는 11 : 1 정도이

23 馬炳堅 編著(1999), 239면; 문화재청(2007), 209면.
24 馬炳堅 編著(1999), 84면.

다. 청 공부(工部)의 『공정주법칙례(工程做法則例)』의 규정에 따르면 기둥 간격의 8/10이 기둥 높이이고 또 7/100이 기둥 직경이 된다. 즉 기둥 간격이 11자이면 기둥 높이는 8.8자가 되며 기둥 직경은 7.7치가 된다. 이러한 계산이라면 처마 내밀기는 주고의 3/10이므로 (8.8×3)÷10이 되어 2.64자가 된다.[25] 한 자를 개략 30cm로 가정한다면 792㎜ 정도이다. 조선시대 한옥의 처마내밀기 평균인 1,266㎜와 비교한다면 60% 정도임을 알 수 있다.[26]

조선 후기 한옥은 대개 5량가로 바뀌었으며 지붕 구조도 중도리를 기준으로 장연과 단연으로 분절되어 두 단으로 걸었다. 서까래 물매는 장연과 단연이 다르고 건물의 형식과 규모, 기능, 장인의 기문에 따라서도 약간의 차이가 있다. 그러나 대체로 기와지붕의 장연 물매는 4~5치 물매가 일반적이다. 단연은 8~10치 물매로 평연에 비해 세다. 이때 평균 지붕 물매는 6~7.5치 물매를 이룬다.[27] 따라서 지붕의 평균 물매는 사합원의 0.7물매와 일치한다고 할 수 있다. 다만 사합원은 중연이 있어서 지붕 물매와 서까래 물매가 완만하게 일치하지만 한옥은 단연과 장연으로만 구성되기 때문에 서유구의 지적과 같이 중도리 부분에서 꺼지는 단점이 있다. 그러나 꺼지는 것은 서까래뿐이고 실제 지붕 구조에서는 꺼진 부분에 적심(積心)을 채워 보정하기 때문에 지붕이 중간에서 꺼지는 일은 없다.

---

25 馬炳堅(2003), 4~7면.
26 김왕직(2012), 180면.
27 배지민·전봉희(2003. 4), 398면. 5치 물매란 수평거리 10치에 대해 높이 5치를 이루는 것으로 각도가 θ일 때 tanθ 값으로 나타내어 5/10물매로 표기해야 하지만 편의상 5치 물매라고 표현한다.

서유구의 주장과 같이 한옥의 지붕 물매가 사합원에 비해 약하고 중도리 부분이 꺼져 누수가 되어 목재가 썩는 것은 아니다. 적심을 지저깨비나 솔가지, 왕겨 등으로 부실하게 채웠을 때 기와 무게에 의해 가라앉는 경우가 있었으며 전통 한식 기와가 고압으로 성형한 것이 아니기 때문에 약간의 공극으로 인해 장마 기간에는 기와 밑까지 물이 누지는데 보토를 충분히 하지 않았을 경우는 목재 부식의 원인이 되기도 한다. 따라서 적심 위에는 보토를 충분히 해 주는데 보토가 또 너무 많으면 지붕 무게를 상승시키는 원인이 된다. 아무튼 서유구의 주장처럼 한옥이 사합원보다 지붕 물매가 약해 누수된다는 것은 사실이 아님을 알 수 있었다. 또 건물의 물매는 조형성과 미학의 차이에서 발단된 것이 아니고 목재의 생산과 공급에서 기인된다는 주장도 있다. 박명덕은 논문에서 "18세기 이후부터는 우리나라 목재 생산이 큰 위기를 맞는 시기이다. 따라서 자연히 이러한 이유에 의해 민가에서는 퇴 구조가 발달하고 3량 집보다는 5량 집이 많았으며 서까래도 장연과 단연으로 구분되어 나타나고 있다. 중국의 경우에도 송에서 명으로 오면서 목재의 생산량이 현저하게 격감되어 벽돌 건축이 일반화되는 이유와 궤를 같이한다."고 주장하였다.[28] 한옥이 처마내밀기가 더 길고 규모는 작지만 5량으로 두 단의 서까래가 걸리기 때문에 서까래 길이는 더 긴 것을 사용했음을 알 수 있다.

---

[28] 박명덕(1992), 89면.

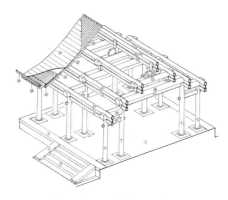

〈그림 19〉 중국 사합원의 가구 구조

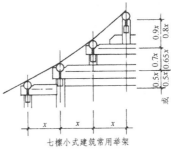

七檁小式建築常用舉架

〈그림 20〉 중국 청 대 민도리집의 서까래 물매

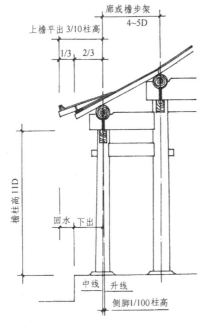

〈그림 21〉 청 대 민도리 건축의 단면 비례

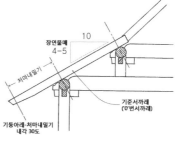

〈그림 22〉 한옥의 장연물매

4. 지붕잇기

중국과 한국의 지붕잇기에서 오는 결점은 『열하일기』를 인용하여 설명하였고 보강 방법이나 기와 이외의 초가와 돌너와 지붕에 대해서는 『금화경독기』를 인용하여 설명하였다.

중국은 기와가 대나무를 네 갈래로 쪼갠 듯하며 기와 하나의 크기가 양 손바닥을 붙인 크기와 같다. 민가에서는 암수 기와를 사용하지 않고 서까래 위에 산자를 얽어 놓지도 않은 채 여러 겹의 갈대자리〔蘆簟〕만을 깐다. 자리 위에 기와를 덮는데 진흙을 깔지 않고 한 번은 젖혀 깔고 한 번은 엎어 깔아 서로 암수가 되게 하고 회(灰)를 이용하여 기와 틈을 메운다. 한 켜 한 켜 사이를 단단하게 붙이기 때문에 참새나 뱀이 지붕을 뚫는 일이 저절로 사라진다.[29]

중국 지붕에 대한 이러한 설명은 궁궐이나 사찰을 제외하고 민가를 중심으로 설명한 것임을 알 수 있다. 중국의 기와지붕은 기와의 종류와 형식에 따라 종류를 나누고 있다. 황색의 유리기와는 고대에서부터 궁궐 및 종묘 건축에 사용해 왔으며 황궁이 아닌 친왕과 세자, 군왕의 궁궐은 녹색 유리기와를 사용하도록 규제하였다. 회색의 점토기와는 포와(布瓦)라고 부르는데, 이 기와는 궁궐과 종묘를 제외한 대부분의 건물에 널리 사용되었다. 암수 기와가 구분되어 있는 기와지붕을 통와옥면(筒瓦屋面)이라고 하는데, 수키와를 사용하는 지붕은 궁궐과 사묘 등 관영건축과

---

29 徐有榘, 『林園十六志』 卷二, 378면; 안대회(2005), 208~214면.

문루와 정자 등에 사용되었다. 민가에서 수키와를 사용하는 것은 극히 제한되어 있었는데 영벽(影壁)과 중문인 수화문(垂花門) 등에서 사용할 수 있었다. 그러나 그 크기는 가장 작은 10호[30](수키와 길이 14.4㎝, 폭 8㎝, 암키와 길이 13.76㎝, 폭 12.16㎝)로 제한되어 있었다. 하지만 산서(山西)와 섬서(陝西)는 이러한 규제를 받지 않았다. 『임원경제지』에서 언급한 암수 기와의 구분 없이 젖히고 엎어 까는 기와지붕은 중국에서는 합와옥면(合瓦屋面)이라고 부른다. 합와(合瓦)는 북방 지역에서는 음양와(陰陽瓦)라고 부르며 남부 지방에서는 호접와(蝴蝶瓦)라고 부른다. 이러한 지붕은 소규모 민도리집에서 볼 수 있는데 북경과 하북 지역의 민가, 강남 지역의 대부분의 민가가 이러한 지붕이다. 이러한 지붕은 바탕에 회를 깐 것도 있고 깔지 않은 것도 있다. 회를 깔지 않을 경우에는 서까래 사이에 바닥기와를 걸쳐 깔고 기왓골 사이에 덮개기와를 얹어 마감한다. 때로는 덮개기와를 사용하지 않고 기왓골 사이를 회로 채워 마감하기도 하는데 이를 앙와회경옥면(仰瓦灰梗屋面)이라고 한다. 때로는 회 대신에 쫄대목으로 처리하기도 하는데 이를 간사와목면(干槎瓦屋面)이라고 한다. 이러한 지붕은 하남과 하북 지역에 분포하는데 와초 등이 자라지 않는 장점이 있다. 기와를 사용하지 않는 지붕에는 평지붕의 경우 회를 발라 마감하는 지붕과 돌판지붕·초가지붕·철판지붕 등이 있다.[31]

중국 민가에서 가장 많이 사용된 기와지붕은 암수 구분 없이 작은 토제기와를 젖혀 깔고 엎어 까는 합와옥면(合瓦屋面) 방식임을 알 수 있다.

---

30 田永復(2008), 131면. 기와의 크기는 청(淸) 대 『工程做法則例』에 기재하여 반포하였는데 규격은 頭號·二號·三號·十號 네 종류로 구분하였다. 가장 큰 두호의 경우도 28.8×25.6㎝에 불과해 한국의 가장 작은 기와인 소와 33×27㎝에도 못 미침을 알 수 있다. 2호는 25.6×22.4㎝, 3호는 22.4×19.2㎝이다.
31 劉大可(2001), 160~162면.

〈그림 23〉 통와옥면(筒瓦屋面) 도면

〈그림 24〉 통와옥면(筒瓦屋面) 사례

〈그림 25〉 합와옥면(合瓦屋面) 도면

〈그림 26〉 합와옥면(合瓦屋面) 사례

〈그림 27〉 합와옥면(合瓦屋面) 사례

〈그림 28〉 앙와회경옥면(仰瓦灰梗屋面) 사례

　　기와의 바닥면 처리도 한국과 차이가 있다. 암수 기와가 구분되어 있는 기와는 소위 공포가 있는 대식건축(大式建築)에 사용하는데 서까

래 위에 긴 나무 널인 개판을 깔고 그 위에 백회(白灰)와 마(麻) 여물을
50 : 1로 배합하여 1~2㎝로 깔고 다시 그 위에 진흙과 여물을 5 : 1로
혼합한 흙을 3㎝ 전후 두께로 2~3층 깐다. 마감으로는 다시 백회와 마
여물을 100 : 3~5로 혼합한 것을 매층 2㎝ 두께로 3층 이상 깐 다음,
다시 청회(靑灰)를 한 층 깔고 그 위에 기와를 잇는다. 기와는 알매흙과
홍두깨흙으로 고정한다. 대략 계산하면 보토와 생석회 층의 전체 두께
가 15~20㎝ 정도이다. 공포가 없는 소형 소식건축(小式建築)의 경우에
는 조금 차이가 있다. 서까래 위에는 개판 대신에 갈대나 대나무로 발
을 엮은 산자를 깔고 그 위에 진흙에 짚여물을 섞은 군새를 1~2층 치
고 그 위에 청회(靑灰)를 한 층 깐 다음 기와를 잇는다. 전체 두께는
5~8㎝로 매우 얇다.[32] 그나마 앙와회경옥면(仰瓦灰梗屋面)이나 간사와
목면(干樵瓦屋面)에서는 전혀 흙과 석회를 지붕에 올리지 않았다. 현대
식 건축에서는 소식건축에서도 개판과 개판 대신에 벽돌을 서까래 사이
에 깔아 바탕을 만들기도 한다.

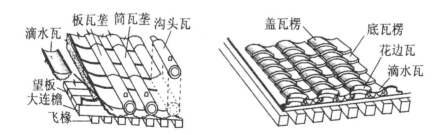

〈그림 29〉 통와옥면(筒瓦屋面)과 합와옥면(合瓦屋面)의 구성 비교도

---

32 田永復(2008), 120~121면. 이 책에서는 보토층을 방수층, 생석회층을 보온층이라고 설
명하였으나 물성을 고려하면 타당하지 않다고 할 수 있다.

〈그림 30〉 황색 유리기와 샘플　　　　〈그림 31〉 개판으로 벽돌을 깐 사례(소주 졸정원)

　　서유구는 중국 민가의 합와옥면(合瓦屋面) 사례를 중심으로 한국 건축
의 지붕과 비교하여 장단점을 피력하였다. 첫째 기와가 크기 때문에 변형
이 심하고 무거우며 기와를 이었을 때 틈새가 생겨 참새와 뱀 등이 깃드
는 단점이 있다고 하였다. 기와가 커서 굽는 과정에서 변형이 일어나는
단점은 어느 정도 인정할 수 있다. 그러나 커서 단점이라는 것은 납득할
수 없는 부분이다. 중국의 유리기와는 한국의 기와와 크기에서 차이가
없다. 유리기와는 800도 정도의 저온에서 굽기 때문에 강도가 약하고
방수 능력이 떨어진다. 따라서 유약을 발라 방수 능력을 향상시킨 것이
다. 한국 기와는 이보다는 높은 온도에서 굽기 때문에 강도 면에서도 성
능이 뛰어나다. 또 기와가 작으면 강풍이 불 때 반대편 지붕면에서 부력
에 의해 역류하는 빗물을 막을 수 없다. 기와가 작으면 두께도 얇은데
얇은 만큼 강도가 약해 깨지기 쉽다. 그래서 기와 잇기 간격을 촘촘히
해야 한다. 아무리 얇게 해도 한계가 있기 때문에 경사가 완만한 지붕에
서는 너무 촘촘히 이으면 역구배가 생겨 배수의 문제가 발생한다. 따라서
당시 기와를 굽는 온도, 강도, 방수 능력 등을 고려할 때 기와는 큰 것이
훨씬 유리하다. 다만 무거워서 구조체에 영향을 주고 시공성이 떨어지는
단점은 있다. 중국 건물에서도 대식건축(大式建築)에 속하는 궁궐과 대형

건축에서는 크기가 큰 암수 기와를 사용한 것만 보아도 알 수 있다. 또 소식건축에 해당하는 민가에서는 암수 기와를 사용할 수 있는 경우가 중문이나 영벽 정도로 극히 제한되어 있었고 그 규격도 법적으로 규제했기 때문이므로 성능에 의해 선택할 수 있는 것이 아니었음을 알 수 있다.[33] 따라서 서유구의 주장과 같이 작은 기와를 사용했던 것은 성능과 기능이 뛰어나서라기보다는 규제에 따른 것이라고 보아야 한다. 또 대식건축에서는 큰 규격의 암수 기와가 사용되었기 때문에 오히려 한국의 민가는 중국 궁궐의 품격을 갖고 있었다고 해석하는 것이 옳을 것이다.

두 번째 단점으로 설명한 것은 기와 아래 지붕가구의 구성이다. 한옥에서는 5량가가 대부분인데 단연과 장연이 만나는 중도리 부분이 꺼져 있어서 지붕곡을 잡기 위해 보토라고 하는 흙을 두껍게 채운다. 그런데 이 흙이 겨울에는 얼었다가 녹기 때문에 솟아올랐다 가라앉기를 반복하여 기와를 이완시키고 지붕 무게를 증가시키며 기와에 습기를 제공하여 쉽게 손상된다는 것이다. 그래서 대안으로 제시한 것이 건와법(乾瓦法)이다. 산자엮기를 한 다음 흙을 올리지 않고 치목에서 나온 대패밥이나

〈그림 32〉 적심과 보토

〈그림 33〉 홍두깨흙

---

33 田永復(2008), 131면.

나무껍질 등을 채우고 알매흙이나 홍두깨흙을 사용하지 않고 기와만을 잇는 방법이다.

지금은 기와가 기계로 생산됨에 따라 밀도가 증가하여 강도와 방수 능력은 좋아졌지만 무게가 증가된 것이 문제점으로 지적되고 있다. 여기에 보토가 두꺼워서 골조에 영향을 주는 것도 현실적인 문제이다. 그래서 덧서까래를 거는 방법 등이 제시되고 있으나 덧서까래를 걸면 하중전달 시스템이 바뀌고 지붕이 너무 가벼우면 수직 자중에 의해 안정을 유지하는 한옥의 구조적인 특성에 반하여 문제점이 발생할 수 있다. 그리고 생석회를 사용하지 않는 한옥에서는 보토가 일정 두께를 유지해야 누진 수분을 머금고 있을 수 있기 때문에 목재에 영향을 주지 않는다. 또 『조선왕조실록』에는 지진과 강풍으로 기왓장이 날아갔다는 기록도 빈번하기 때문에 한국 여건에서는 기와가 크고 무거운 것이 유리하며 너무 과중하지만 않다면 지붕 무게가 어느 정도 있어야 구조적인 안정을 취할 수 있다. 서유구가 제시한 건와법은 민가에서 사용한 사례가 있는데 대패밥이나 나무껍질 등을 보토 대신 넣으면 무게는 줄일 수 있으나 시간이 지남에 따라 주저앉아서 기왓골을 춤추게 하는 단점이 있다. 따라서 서유구가 주장한 중국 기와처럼 작은 기와를 건식으로 잇자는 주장은 강수량이 대체로 많고 바람이 센 한국의 자연환경을 반영하지 못한 것으로서 합리적인 주장이 아니다. 다만 보토가 기와에서 누진 습기를 머금고 있을 정도를 벗어나 너무 두껍게 하는 것은 구조체에 영향을 미치기 때문에 개선되어야 하는 부분이다. 또 방수를 위해 석회를 사용하는 것은 그동안 강회다짐이라는 것으로 검증되었는데 아무런 효과가 없었기 때문에 재고해야 한다.

5. 온돌 제도

「섬용지」 '영조지제(營造之制)'의 '방항(房炕)' 조에서는 한국 온돌방과 중국 캉(炕) 제도를 비교하여 온돌방의 단점과 개선방안을 제시하였다. 『열하일기』에서 제시한 온돌의 6가지 결점에 서유구가 생각하는 6가지 해독을 본인의 저서 『금화경독기』를 인용하여 더하여 설명하였는데 이를 요약 정리하면 아래의 표와 같다.[34]

〈표 3〉 온돌의 결점과 해독

종류	6가지 결점〔六失〕	6가지 해독〔六害〕
1	구들장 괴임석의 유동으로 구들이 내려앉음.	땔감의 낭비가 심함.
2	구들의 두께가 일정치 않아 고루 따뜻하지 못함.	산림이 황폐해짐.
3	고래가 높고 넓어서 불꽃이 구들장에 고루 이르지 못함.	민둥산으로 인한 홍수 피해.
4	성근 벽체로 바람이 들어와 불길이 역류함.	겨울 한 방에 여러 식구가 거해 다툼의 원인이 됨.
5	불목이 연이어 있지 않아서 불이 멀리 가지 못함.	연기로 인한 집의 오염.
6	방을 말리는 데 많은 땔감이 들어감.	구들 보수에 따른 장판지의 낭비.

『열하일기』를 인용한 6가지 결점 가운데 5가지는 구들의 구조와 연관된 것이다. 한국의 온돌은 구들장을 사용하는데 구들장은 두께와 크기가 일정치 않기 때문에 괴임돌의 크기도 다르고 흙으로 접합하기 때문에 쉽게 구들장이 내려앉는 구조적인 결함이 1, 2번째 결점이다. 고래가 넓고 높아서 불길이 구들장에 고루 접하지 못하며 벽체 및 굴뚝이

---

34 徐有榘, 『林園十六志』 卷二, 379~380면; 안대회(2005), 217~220면.

얇고 구멍이 있을 경우 불길이 역류하며 불목의 구조상 불길이 멀리 가지 못해 열효율이 떨어진다는 것이 3~5번째 결점이며 전면구들이기 때문에 땔감이 많이 들어가는 것이 6번째 결점이다.

6가지 해독이라고 추가한 중에 1~3번까지는 땔감이 많이 들어가기 때문에 연동되어 산림의 황폐화와 이에 따른 홍수의 피해를 언급한 것이다. 『열하일기』와 다른 관점에서 새로운 시각으로 제시한 것 중에 흥미로운 것은 네 번째 땔감이 귀한 까닭에 가난한 집에서는 며느리와 시어머니가 한 방에 거처하므로 "방안에 빈 공간이 없으면 며느리와 시어머니가 싸우게 된다."는 장자(莊子)의 비아냥거림을 초래한다는 것, 또한 남자가 내실에 머물게 되어 "내실에 거하면 조문(弔問)을 해도 좋다."는 『예기(禮記)』의 경계를 어기는 단점이 있다는 것이다. 이것은 구들의 결점에 따른 가족 간의 불화를 주장하는 인문적 관점에서의 새로운 해석이라고 볼 수 있다. 다섯 번째 결점으로는 여러 날 불을 때지 않으면 온갖 벌레와 쥐가 벽에 구멍을 뚫고, 어느 날 갑자기 불을 때면 연기가 불길을 끌어들여 벽대(壁帶)까지 불이 달라붙어 집 전체를 잿더미로 만든다는 것이다. 연기에 의한 집의 오염을 다룬 것으로 일리가 있는 말이다. 여섯 번째는 온돌 바닥에는 유둔(油芚)[35]이라는 장판지를 까는데 유둔은 비싸기 때문에 부유한 집이 아니면 깔 수 없으며 굴뚝에 가까운 부분은 불이 미치지 못하여 습기로 인한 부식이 문제점이다. 또 3년 정도마다 한 번씩 구들을 다시 들이는데 이때마다 유둔을 다시 깔기 때문에 낭비하게 되는 단점이 있다고 하였다. 이러한 단점은 모두 타당하다

---

35 경기문화재단(2007), 301면. 유둔(油芚)은 기름을 먹인 두꺼운 종이로 여러 장을 이어 붙여 사용한다. 유둔 중에서 가장 많이 사용된 것은 6장을 겹친 육유둔(六油芚)과 4장을 붙인 사유둔(四油芚)이다. 유둔은 대호지(大好紙)와 소호지(小好紙)를 만들고 남은 종이 부스러기를 물에 풀어 만들며 들기름을 입혀 제작한다.

고 할 수 있다. 그러나 그 해결방안에서 "서둘러 (중국의) 캉(炕) 제도에
의거하여 바꾸는 것이 옳다."는 것에는 동의할 수 없는 부분이 있다. 이
는 서유구의 캉에 대한 이해 부족에서 기인된 측면도 있다. 중국의 캉
(炕) 제도는 『열하일기』를 인용하여 설명하였다.

중국의 캉(炕) 제도는 먼저 한 자 남짓 높이로 캉의 기초를 쌓고 바닥을
평평하게 고른다. 다음 벽돌을 잘라 바둑돌 놓듯이 굄돌을 놓고서 그 위에
벽돌을 깐다. 벽돌의 두께가 원래 일정하므로 잘라서 굄돌을 만들면 절름
발이가 되거나 기우뚱하지 않고 벽돌의 크기가 일정하므로 나란히 깔면
자연히 틈이 생기지 않는다. 방고래는 높이가 겨우 손을 뻗쳐 드나들 정도
이므로 굄돌이 번갈아 가면서 불목구멍이 된다. 불이 불목구멍을 만나면
안으로 잡아당기기라도 하듯 넘어 들어간다. 불꽃이 재를 휩쓸어 세차게
들어가면 많은 불목구멍이 번갈아 삼켜 연달아서 전해 주므로 거꾸로 나
올 겨를이 없이 굴뚝에 이르게 된다. 굴뚝에는 깊이가 한 길이 넘는 개자
리가 파져 있다. 재는 언제나 불길을 휩쓸고 방고래 속에 가득 떨어진다.
3년에 한 번씩 온돌을 열어 그 일대의 재를 쳐낸다. 부뚜막은 한 길 정도
땅을 파서 아궁이를 위로 향하도록 만들어 땔나무를 거꾸로 집어넣는다.
부뚜막 옆에는 큰 항아리만큼 땅을 파고 그 위에 돌 덮개를 덮어서 부엌
바닥과 나란하게 한다. 그러면 빈 속에서 바람이 생겨서 불길을 불목구멍
에 몰아넣기 때문에 연기가 조금도 부엌으로 새어 나오지 않는다. 또 굴뚝
은 큰 항아리만큼 땅을 파고 탑 모양으로 벽돌을 쌓아 올린다. 그 높이가
지붕과 나란하다. 연기가 숨을 들이쉬고 혀로 빨 듯이 항아리 속으로 빨려
들어간다. 그러므로 연기가 밖으로 새거나 바람이 스며들 걱정이 없다.[36]

---

36 徐有榘, 『林園十六志』卷二, 379~380면; 안대회(2005), 216~217면.

중국과 한국의 온돌 제도를 살펴보기 전에 전체적인 집의 구조와 연계하여 온돌의 구성을 살펴본 부분이 있다. 한국의 집은 방 앞뒤로 창이 있고 방과 마루 사이에는 장지[障子]가 있어서 여름에는 열어 놓고 겨울에는 닫아 놓는다. 그래서 겨울에는 따스하고 여름에는 시원하여 늘 거하기가 편하다고 하였다. 중국의 집은 한가운데 출입문이 있고 남쪽으로만 창이 있으며 창가 면에 벽돌로 캉을 만들고 동서와 북면은 벽돌로 처마 밑까지 막고 목재를 감싼다. 따라서 한가운데 문만 닫으면 저절로 성곽과 같이 되어 도적이 침입할 염려가 없고 비바람에 견디고 불에 탈 걱정이 없다고 하였다.

〈그림 34〉 북경 사합원(四合院)의 구성(馬炳堅 編著, 1999, 239면)

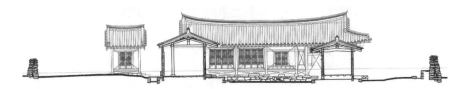

〈그림 35〉 한옥의 구성(아산 외암리 참판댁, 아산시, 2010, 200면)

북경의 양반 주택이라고 할 수 있는 사합원(四合院)은 대개 좌우대칭으로 건물들이 배치되고 전면은 창호로 개방적이지만 좌우와 배면은 처마 밑까지 벽돌로 감싸 마감했다. 이러한 내용은 정확히 설명이 맞다. 또 한국 집에 대한 설명도 정확히 맞다. 중국에서도 도시의 귀족주택에서 주로 목구조를 벽돌로 감싸 마감한 집들이 나타나며 시골의 농가는 목구조가 그대로 노출되거나 벽돌조이거나 흙구조가 많다. 일본의 경우도 도심을 중심으로 본채가 아닌 중요 물건을 보관하는 창고건물을 흙으로 두껍게 감싸 바르고 회로 마감한 토장조(土藏造) 건물이 있다. 모두 목구조의 화재 취약점을 보완할 목적으로 만들어진 것들이다. 한국에서도 시골에서는 이러한 유형이 나타나지 않았지만 한양에서는 금화도감(禁火都監)[37]을 설치하고 방화 대책으로 기와 사용을 권장했으며 방화장(防火墻)을 쌓도록 하였다.[38] 중국처럼 벽돌로 처마 밑까지 완전히 감싸지는 않았지만 중방 이하에서 벽돌을 이용해 화방벽(火防壁)을 쌓아 불이 연소되어 가는 것을 막으려는 노력이 있었음을 알 수 있다. 또 5호마다 우물을 두어 화재시 구화(救火)하도록 했다.

---

[37] 『조선왕조실록』, 세종 8년 2월 26일 5번째 기사. "도성 안에 금화(禁火)의 법을 전장(專掌)한 기관이 없어 거리에 사는 지각 없는 무리들이 주의하여 잘 지키지 못하고 화재를 발생시켜 가옥이 연소되어 재산을 탕진하게 되오니, 백성의 생명이 애석합니다. 따로 금화도감(禁火都監)을 설치하여 제조(提調)가 7, 사(使)가 5, 부사(副使)와 판관(判官)은 6명씩으로 하여, 제조 7명 중에 병조판서와 의금부도제조가 삼군(三軍)의 우두머리가 되고, 도진무(都鎭撫)와 군기감(軍器監)이 우두머리 제조(提調)가 되게 하여, 판한성부사(判漢城府事)가 실제 사무를 맡고, 그 밖의 2명은 때에 따라 임명할 것이며, 사(使) 5명 중에 의금부가 우두머리가 되게 하고, 진무·군기판사(軍器判事)·선공판사(繕工判事)·사재판사(司宰判事)를 이에 임명하며, 부사(副使) 6명 중에 삼군의 호군과 사복이 우두머리가 되게 하고, 소윤과 월차소(月差所)가 우두머리 호군이 되게 하며, 판관 6명 중에 병조와 무비사(武備司)의 정랑으로 하는데, 공조가 우두머리 정랑이 되게 하되, 한성부의 판관을 임명하는 것으로 일정한 규례를 삼고, 그 나머지는 구전(口傳)하여 상설 기관으로 하고 폐지하지 말아 화재 방지하는 것을 사찰하게 하소서."

[38] 『조선왕조실록』, 세종 8년 2월 20일 6번째 기사. "서울의 행랑(行廊)에 방화장(防火墻)을 쌓고, 성내의 도로를 넓게 사방으로 통하게 만들고, 궁성이나 전곡(錢穀)이 있는 각 관청과 가까이 붙어 있는 가옥은 적당히 철거하며, 행랑은 10칸마다, 개인 집은 5칸마다 우물 하나씩을 파고, 각 관청 안에는 우물 두 개씩을 파서 물을 저장하여 두고, 종묘와 대궐 안과 종루의 누문(樓門)에는 불을 끄는 기계를 만들어서 비치하였다가, 화재가 발생하는 것을 보면 곧 쫓아가서 끄게 하며, 군인과 노비가 있는 각 관청에도 불을 끄는 모든 시설을 갖추었다가, 화재가 발생했다는 소식을 들으면 곧 각각 그 소속 부하를 거느리고 가서 끄게 하라."

벽돌로 온전히 감싸는 것이 방화에는 유리한 측면이 있으나 한국에서는 습기가 많기 때문에 통풍이 매우 중요한 건축 요소이다. 따라서 중방 이하에서 화방벽 정도를 설치하였고 앞뒤로 창호를 내고 장지문을 달아 가변적으로 여름과 겨울의 개방성을 조절하는 구조였음을 알 수 있다. 즉 한국의 주택은 겨울도 중요하지만 여름에 통기성을 확보해야하기 때문에 중국 집에 비하면 개방적일 수밖에 없는 차이점을 인식해야 한다.

중국의 캉(炕)은 중국 사합원 주택에서 흔하게 사용된 것은 아니다. 사합원은 침상을 놓고 난로를 사용하여 취난하는 것이 일반적이고 캉은 서민들의 민가와 농촌에서 주로 사용하던 것이었다. 또 캉은 벽돌을 사용한 중국 고유의 온돌 제도 같지만 그 기원은 한국에 두고 있다.

"중국 지역에서 오늘날까지 쓰이고 있는 실(室)의 일부분을 구들로 하고 있는 캉(炕)은 고구려의 구들이 만주 일대에서 계속 사용되면서 구들의 초기 단계에서 중국 주거문화에 접목되어 계속 발전된 것이라고 할 수 있다. 특히 기록상으로 금(金)나라 때부터 캉에 대한 기록들이 집중적으로 나타나고 있는 것으로 보아 북만주 지역에서 세력을 키운 금나라 사람들이 정복 왕조로서 중원 일대까지 퍼뜨린 것으로 보인다. …… 따라서 캉은 구들의 한 형태로 보아야 하고 구들 역사의 한 부분으로 이해하여야 한다."[39] 따라서 온돌의 분포나 시기, 기록을 참고한다면 온돌의 기원은 중국이 아니며 중국의 캉(炕)도 온돌의 일부가 전파되어 금나라 이후에 정착된 것임을 알 수 있다. 우리가 온돌(溫突) 하면 방 전체에 고래를 들인 전면온돌(全面溫突)을 생각한다. 그러나 초기 온돌은 전면온돌이 아니었다. 방 일부에 고래를 설치하는 것인데 이를 '쪽구들'이라고 부른다. 쪽구들은 고래가 한 줄인 외줄고래 형식과 두줄고래, 세줄고

---

39 김남웅(2011), 333면.

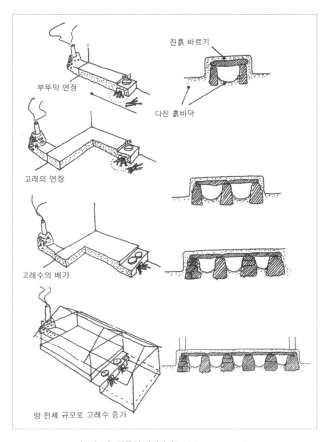

부뚜막 연장

진흙 바르기

다진 흙바닥

고래의 연장

고래수의 배가

방 전체 규모로 고래수 증가

〈그림 36〉 구들의 발전단계(김남응, 2011, 337면)

〈그림 37〉 훈족만족자치향 민가의 캉

〈그림 38〉 훈족만족자치향 민가의 캉

래 형식으로 규모가 확대된다. 처음에는 아궁이와 굴뚝 사이에 짧게 구들을 들인 부뚜막 연장형이 있는데 2~4세기 백제 풍납토성의 움집에서 대부분 나타난다. 쪽구들은 벽면을 따라 'ㄱ'자 형태로 놓이기도 하는데, 발해 상경 용천부의 서구 침전터에서는 쌍줄고래를 'ㄱ' 형태로 만든 구들이 발굴되었다. 또 익산의 미륵사지 10호 건물지에서도 쌍줄 곱은자 구들이 발굴되었다.[40] 이러한 쪽구들은 한반도에서도 발견되지만 고구려와 발해 지역에서 집중적으로 나타난다.

"초기철기시대 두만강을 중심으로 한 만주 동부와 연해주 일대에서 쪽구들이 집중적으로 별견되고 이곳으로부터 한반도 북부로 일부 파급되어 간 현상도 찾을 수 있다. 따라서 쪽구들의 최초 발명지는 고구려가 아닌 북옥저인이었을 것이다. 고구려 시대가 되면 초기에는 외곽지대로 전파되었다가 중기 이후에 중심지로 유입되었다고 할 수 있다. 발해가 건국된 뒤로는 쪽구들의 중심 분포지는 상경(上京)을 비롯한 오경(五京) 일대가 된다. 발해의 곱은자형 쪽구들은 고구려 유적에서도 나타나는 것으로 미루어 고구려의 전통과 쪽구들이 발해로 계승되었음을 알 수 있다. 발해 쪽구들은 'ㄱ'자형 두줄고래가 가장 많은 데 비해 초기철기시대와 고구려 때에는 'ㄱ'자형 외줄고래가 가장 많다. 발해 멸망 후 여진 시기에는 'ㄷ'자형 3줄고래가 주류를 이룬다. 이러한 쪽구들의 전통은 여진 이후에도 계속 이어졌으나 만주 지역에서는 끝내 전면온돌로 전환되지 못하고 오늘에 이르렀다. 이에 비해서 한반도에서는 전면온돌로 발전하여 오늘에 이르렀다. 쪽구들의 전통은 한반도에서도 조선 전기까지 지속되었으며 전면온돌은 땔감 공급에 부담이 없는 사찰에서 고려시대부터 축조하기 시작하였다. 그러던 것이 17세기 쪽구들의 확산과 더

---

40 장경호(1992), 515~521면.

불어 전면온돌도 지배층을 중심으로 보급되었던 것 같다. 그리고 이러한 난방장치는 18세기에 와서 전국적으로 퍼져 나갔을 것이지만 제주도에서는 이 당시까지 예외적으로 보급되어 있었다."[41]

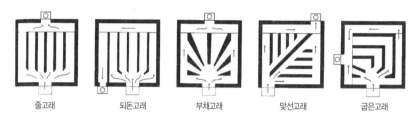

<그림 39> 전면온돌의 고래 유형 (한국건축가협회, 2013, 641면)

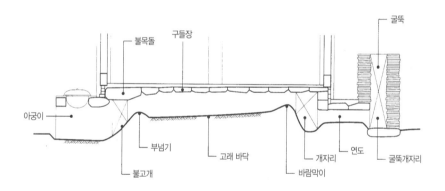

실제 유구를 통해서 살펴보면 고려 말에 조성되었다고 추정되는 양주 회암사지에서는 전면온돌이 발굴되었다. 또 최근 서울의 시전행랑 등의 발굴 결과에 따르면 조선 전기에는 서민들의 주택과 시전행랑의 작은방 정도에서 전면온돌이 나타나고 양반들의 규모 있는 주택에서는

---

41 송기호(2006), 53~56면.

전면온돌이 발견되지 않았다. 그러나 조선 후기가 되면 서민과 양반 주택에서 모두 전면온돌이 발견되었다. 따라서 전면온돌은 한반도에서 고려 말 사찰에서 먼저 시작되어 조선 초 서민 주택에 보급되고 조선 후기에 전면적으로 확대 보급되었음을 알 수 있다.

　지금까지 온돌 연구 결과를 토대로 보면 중국의 캉은 한국의 온돌 발전과정 중 하나의 유형으로 정착된 것이며 북방 지역에서 유행했던 쪽구들의 하나로 볼 수 있다. 한반도에서는 쪽구들이 계속 발전하여 조선 후기에는 보편화되었다. 따라서 구들의 발전과정으로 보면 전면온돌이 구들의 완성 형태라고 볼 수 있다. 서유구는 한반도의 완성형 전면온돌과 쪽구들을 비교한 결과가 된다. 따라서 이것은 비교의 대상이 될 수 없으며 집의 구조와 자연환경을 아울러 고찰한다면 같은 조건에서 한

〈그림 41〉 전면온돌 (양주 회암사지-고려시대)

〈그림 42〉 허튼고래 (김선조가옥 문간채-조선시대)

〈그림 43〉 서울 청진지구 온돌 유적 (조선 전기)

〈그림 44〉 서울 송현동 온돌 유적 (조선 후기)

동등한 비교라고 보기는 어렵다. 또 "캉의 제도에 의거하여 온돌을 바꾸는 것이 옳다."는 주장은 합당하지 않다. 역사 발전과정에서 하나의 유형이었던 쪽구들로 돌아가자는 것은 역사적 관점에서 있을 수 없는 일이다. 다만 현재 전면온돌의 단점을 개선하고자 하는 의미라면 충분히 수용 가능하다고 할 수 있다.

이처럼 서유구는 온돌의 분포와 발전과정에 대한 연구는 없었으며 『열하일기』의 기록과 현재 한반도 전면온돌의 현황을 비교하여 단점을 보고 개선을 주장한 정도라고 할 수 있다. 전면온돌에 대한 단점은 현재를 살고 있었기 때문에 누구보다도 잘 알고 있었다고 판단된다. 중국 주택이 목구조와 외벽을 벽돌로 감싸 화재에 강한 구조라는 것과 연료가 적게 들고 변형 및 유지관리가 편리하며 연기에 의한 오염이 없다는 것은 정확한 지적이다. 또 전면온돌이 연료소모량이 많아 산림을 황폐화시키고 이로 인해 홍수의 위험이 있다는 것은 명확한 사실이며 온돌의 단점이다. 또 캉은 규모가 작고 아궁이와 굴뚝 사이가 가까워 불길이 들이지 않거나 따뜻하지 않을 수 없는 구조이다. 하지만 온돌은 고래가 길고 규모가 크며 복잡하다. 또 여름에는 중국보다 습기가 많기 때문에 불길이 들이지 않고 관리가 어려운 것도 사실이다. 그렇다고 해서 캉과 같은 쪽구들로 돌아갈 수 없는 것은 문화적인 차이라고 볼 수 있다. 지금의 현대 주택이 모두 전면온돌로 하는 것과 같은 원리로 쪽구들보다는 전면온돌이 발전된 유형이기 때문이다. 구들에 재가 쌓여 정기적으로 수리해야 하고 이에 따른 장판지 등의 낭비와 구들장의 꺼짐 등 구조적인 문제는 온돌이 안고 있는 근본적인 문제였으며 개선되어야 할 부분임에는 틀림없다. 중국의 캉은 벽돌로 만들기 때문에 기밀하고 꺼지는 일이 없다고 하였으나 우리와 같은 전면 온돌에는 적용하기 어렵다. 먼저 구들장을 벽돌로 하면 허튼고래 형식으로 조밀하게 받침 벽돌을 세워 대야 하는데 전면온돌과 같은 구조에서는 먼저 구조적으로 문제가 있고 또 아궁이에서 들어가는 불을 고래별로 골고루 분배하는 불목의 구조가 어렵기 때문에 전면온돌에서는 허튼고래가 한계가 있다. 캉과 같은 구조에서는 크게 문제가 되지 않는 부분이다. 따라서 한국에서는 작은 방에서는 허튼고래법을 사용하지만 대부분은 줄고래법을 사용한다. 그리고 벽돌은 내화 벽돌을 사용하지 않는 이상 고열에 파손되기 때문에 구들장으로 사용할 수 없다. 축열기능도 돌보다는 떨어지기 때문에 적합하지 않다. 따라서 전면온돌에서는 고래가 있고 넓은 구들장을 사용하는 것은 당연하다고 할 수 있다. 그러나 흙으로 고이고 접착하기 때문에 건조하면서 틈이 생기고 주저앉는 단점은 온돌에서 연료 과다 소모와 함께 개선해야 하는 부분임에는 틀림없다.

연기가 새고 골고루 뜨겁지 않으며 연료가 소모되는 단점을 보완하는 방법으로 서유구는 '복요법(複窯法)'을 제시하였다. 이중온돌을 만드는 방법인데 구들장을 두 층으로 구성하는 것으로 위층 구들장은 고래 뚝이 없으므로 구들장이 골고루 덥혀진다는 장점이 있다. 또 이중으로 막아 주기 때문에 연기의 누수도 그만큼 줄어들 수 있다.[42] 이 방법은 탁월한 제안이 될 수 있으나 구조가 복잡하고 구들장이 내려앉는 것, 유지관리에서는 큰 차이가 없을 것으로 판단된다. 다만 열효율이 어떨지는 실험에 의해 검증해 보아야 할 것이다.

온돌은 원적외선이 방출되는 복사난방 방식이라는 장점과 아랫목·윗목의 온도 차이에 따른 대류현상 등의 장점이 있으므로 서유구가 제시한 연료 과다 소비와 유지관리의 문제를 개선하여 현대화하는 것은 오늘날 우리의 과제이기도 하다.

---

42 안대회(2005), 222면.

6. 창호 제도

「섬용지」 '영조지제(營造之制)'의 '창유(牕牖)' 조에서는 한국과 중국의 창호를 비교하였는데 장단점을 나열하여 비교한 것은 아니고 각각의 특징들을 서술한 정도이다. 모두 본인의 저서 『금화경독기』를 인용하여 설명하였다.

중국의 창호는 모두 남쪽 벽면에 가설하며 길이와 넓이가 벽면의 크기와 같다. 창살은 성글게 짜고 창호지를 바깥쪽에 바르는데 햇빛을 많이 받아들이고 바람을 막기 위해서다. 각 벽면에는 모두 겹창을 가설하여 방 안을 밝게 하려면 바깥 창을 들어 올리고 바람을 들어오게 하려면 안팎의 창을 함께 들어 올린다. 좋은 제도라고 하겠다. 우리나라의 창호는 모두 크기가 작고 창살을 빽빽하게 짜며 살의 깊이가 깊다. 또한 창호의 안쪽에 창호지를 바른다. 따라서 햇빛을 받아들이는 데 상당히 방해가 된다. 이 때문에 근래 가옥에서는 꼭 영창(暎窓)을 설치하는데 바람을 막고 햇빛을 잘 받아들이는 점에서 중국의 겹창과 아무 차이가 없다.[43]

중국 사합원(四合院)과 같은 상류 주택에서 가장 많이 사용하는 창호 유형은 〈그림 45〉와 같이 정칸에 격선문(隔扇門)이라고 하는 4짝 여닫이 출입문을 달고 양쪽 협칸에 상하로 오르내리는 지적창(支摘窓)이라는 창을 대칭으로 설치하는 것이다. 가운데 격선문(隔扇門)은 하단은 3단으로 청판을 끼우고 상단은 세살로 구성한다. 문살의 형태는 다양하지만

---

43 徐有榘, 『林園十六志』 卷二, 384면; 안대회(2005), 235면.

가장 일반적인 것은 그림과 같은 숫대살 형식이다. 상하단에 문둔테가 있어서 접이문 형식으로 열린다. 출입문은 홑문이며 청판의 높이는 전체 문 높이의 4/10 정도의 비례이다. 양쪽 협칸의 지적창은 화방벽〔檻墻〕 위에 설치한다. 화방벽의 높이는 격선문과 관계가 있는데 대개는 4/10 정도가 일반적이다.[44]

〈그림 45〉 중국 사합원(四合院)의 창호 (馬炳堅 編著. 1999. 104면)

〈그림 46〉 중국 소주 졸정원의 창호

〈그림 47〉 중국 소주 주장의 창호

---

44 馬炳堅 編著(1999), 104면.

지적창(支摘窓)은 거주용 건축에서 대부분 채용하는 창호 형식으로 가장 널리 이용되고 있다. '화합창(和合窓)'이라고도 부르는데 창호의 기밀성이 좋다. 상하 두 단으로 나뉘어 있으며 내외 이중으로 구성하기도 한다. 상단을 '지창(支窓)'이라고 하며 들어 열면 통풍과 환기의 기능을 한다. '적창(摘窓)'은 하단에 설치되며 철물을 사용하여 문얼굴에 고정하여 겨울에 보온이 될 수 있도록 하며 여름에는 떼어 낸다. 남방의 원림에서는 3단으로 만들어 상하는 고정하고 가운데 창을 움직이도록 하여 실용성과 장식성을 갖추었다. 지적창의 창살은 창호지를 붙이는 역할과 함께 장식적 기능을 한다.[45]

　　중국의 창호는 서유구의 주장과 같이 북쪽과 동서 측면은 벽돌로 모두 감싸기 때문에 창호는 남쪽 벽에만 설치되며 남쪽은 벽 없이 모두 창호로 채워진다. 다만 좌우 협칸은 창 하단에 화방벽을 설치하는 정도이다. 화방벽의 높이와 중앙 출입문의 청판 높이는 한국에 비하면 매우 높다. 중국은 창호가 바닥에 바로 맞닿아 있기 때문이며 한국은 마루 위에 설치되기 때문에 출입문이라고 할지라도 청판의 높이가 높을 필요가 없고 창은 화방벽이 아닌 머름 위에 설치된다. 창은 양쪽으로 창 폭만큼의 벽이 만들어진다는 것이 중국과의 차이점이라고 할 수 있다. 한국은 툇마루가 발달하여 대청 앞 출입문이든 방 앞 창이든 실내 공간에 붙는 창호의 개념이라면, 중국은 건물 안팎을 구분 짓는 서양식 창호와 비슷한 개념이다. 중국의 지적창은 추운 지역에서는 내부에 여닫이창을 하나 더 설치하여 이중으로 하기도 하지만 일반적으로는 홑창의 형태이다.

45　嘉禾 編著(2008), 90면.

〈그림 48〉 안동 권씨 능동재사 창호　　　〈그림 49〉 하회 옥연정사 대청 앞 분합문

〈그림 50〉 일본 사쿠라마을 武居家 창호 외경　　　〈그림 51〉 일본 사쿠라마을 武居家 창호 내경

"홑창의 경우 창호지는 통상 안쪽에 바르지만 중국 동북 지역은 바람이 강하고 눈이 많이 내려서 창호지가 바람에 뚫리거나 창틀에 눈이 쌓여 얼어서 창호지가 파손되는 것을 방지하기 위해 밖에 바르는데 다른지역 사람들은 이를 신기하게 여겨서 동북 지역 3대 기이한 습속으로 꼽는다고 한다."[46]

이처럼 창호지를 밖에 바르는 것이 채광 이외에 유지관리와 관련이 있으며 중국의 보편적인 현상이 아니라 동북 지방의 특수한 상황임을 알 수 있다. 일본의 경우도 우리처럼 마루 위에 창호가 설치되는 것은

---

46 중국 청화대학(淸華大學)에서 건축역사학으로 박사학위를 받고 현재 명지대학교에 재직 중인 백소훈 교수의 증언.

동일하다. 그러나 창호지는 대부분 밖에 바르는 것이 일반적이다. 그 이유에 대한 통설은 아직 없다. 여기는 눈에 의한 유지관리의 어려움은 아닐 것이지만 비바람은 우리보다 많고 세다고 봐야 하기 때문에 이러한 이유가 숨어 있지 않을까 추정할 수 있다. 건물의 채광은 기단의 높이 및 마당의 마감과도 관계 있다고 볼 수 있다. 삼국 중에 한국이 기단이 가장 높으며 그 다음은 중국이고 일본은 민가에서는 기단을 설치하지 않는다. 중국은 마당을 포장하거나 조경으로 꾸미는 경우가 많지만 한국은 화강석이 풍화되어 만들어지는 석비례를 까는 경우가 많기 때문에 반사광에 의한 채광량이 많아 집이 가장 밝다.

서유구가 주장하는 것과 같이 비록 한국의 창살이 조밀하게 배치되고 깊이가 깊어도 더 밝은 것은 기단과 마당의 역할이 중요하다고 할 수 있다. 한국에서는 주로 세살창호를 많이 사용하는데 간격이 조밀한 것은 방범 때문으로 추정된다. 내부의 영창은 '용자살' 정도로 성글게 하여 채광 중심으로 하는 것을 보아도 알 수 있다. 세살창의 살이 조밀하고 깊기 때문에 한국에서는 외부에서 보았을 때 창살이 얇아 보이게 하고 채광량을 조금이라도 늘리기 위해 '투밀이'살을 사용한다. 투밀이는 살의 양 볼을 둥글게 쳐내는 것으로 변탕대패를 이용해 가공한다.

일반적으로 투밀이살을 사용하는 창호는 외부와 만나는 부분에 설치하는데 이는 투밀이살이 시각적 경쾌함과 다른 살보다 채광에 유리하기 때문이다. 또 시각적·물리적으로 창호를 경량화할 수 있으며 입면구성의 단조로움을 없애 주는 효과가 있다.[47] 중국과 일본의 창호에서는 투밀이와 같은 상세가 없다. 방범의 기능을 충족하면서도 채광과 시각적 무거움을 줄여 주는 뛰어난 조형성이라고 할 수 있다.

---

[47] 조찬형(2013), 56~57면.

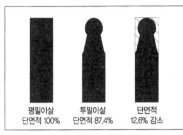

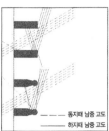

평밀이살   투밀이살   단면적
단면적 100% 단면적 87.4% 12.6% 감소

평밀이와 투밀이의 단면적 비교   **투밀이 대패의 모양**   **투밀이살과 햇빛의 유입**

〈그림 52〉 한국 창호 투밀이살의 역할과 의미 (조찬형, 2013, 56면)

창호 제도를 언급한 말미에 한국의 창호에서도 "근래 가옥에서는 꼭 영창(暎窓)을 설치하는데 바람을 막고 햇빛을 잘 받아들이는 점에서 중국의 겹창과 아무 차이가 없다."는 구절이 있다. 그리고 이어서 영창의 상세를 설명하고 있다.

영창의 제도는 겉창의 크기에 맞추어 위아래에 창틀을 단다. 창틀의 크기는 기둥의 길이보다 높이와 넓이가 한 치 정도 차이가 나게 한다. 위아래 창틀에다 각각 두 줄의 홈을 파고 나서 널문(板門) 두 짝, 만자창(卍字牕) 두 짝을 단다. 창틀에 홈을 두고 미닫이로 여닫을 수 있게 한다. 널문은 외부에, 만자창은 내부에 설치한다. 어둡게 할 때는 널창을 닫고, 밝게 할 때는 널문을 연다. 어둡기와 밝기를 적당히 하고 싶을 때는 겉창을 닫고 널문을 열며 바람을 통하게 하여 시원하게 하고 싶을 때는 세 개의 창을 모두 연다. 창문 좌우 벽면에는 창틀에 격자살을 들여 장지문(粧子門) 만드는 법과 마찬가지로 전후지(錢厚紙)를 바른다. 널문과 만자창을 밀어 넣을 때에는 장지 안으로 숨어서 보이지 않는다. 세상에서는 이것을 두꺼비집〔蟾家〕이라 부르니 그 안에 숨을 수 있음을 뜻한다.[48]

〈그림 53〉 외부에서 본 쌍창과 용자살 영창   〈그림 54〉 내부에서 본 쌍창과 두꺼비집[甲窓]

〈그림 55〉 외부에서 본 쌍창과   〈그림 56〉 내부에서 본 쌍창과   〈그림 57〉 내부에서 본 영창과
　　　　　 아자살 영창 　　　　　　 용자살 영창 　　　　　　 갑창의 서화장식

　　현재 남아 있는 일반적인 한옥의 영창 제도와는 조금 차이가 있는 듯
하다. 3중창을 할 경우 가장 바깥쪽에는 여닫이 세살창으로 하고 그 안
쪽에 이중으로 미닫이를 다는데 가운데 있는 것만을 영창(映窓, 影窓)이
라고 한다. 영창은 아자살과 만자살도 있지만 대부분은 용자살[用字箭]
이 일반적이다. 창호지를 붙일 정도의 최소한의 살대만으로 구성되어야
채광량을 늘릴 수 있기 때문이다. 가장 바깥쪽의 쌍창을 조밀한 세살로

---

48 안대회(2005), 235~236면.

하는 것은 방범 때문이다. 내부 영창마저 조밀한 아자살 또는 만자살로 할 경우는 살이 중첩되어 실내가 어둡기 때문에 영창은 최대한 살이 없는 용자살이 일반적이다. 가장 안쪽에는 흑창(黑窓)을 미닫이로 다는데 장지와 같이 격자살을 짜고 여기는 창호지가 아닌 벽지를 양쪽으로 발라 마감한다. 흑창을 닫으면 암실이 될 뿐만 아니라 겨울에는 보온력이 뛰어나다. 대개는 쌍창과 영창으로 구성되는 이중창이 일반적이지만 19세기부터는 흑창을 더하여 삼중창을 사용하는 것이 일반화한 것으로 추정된다. 물론 궁궐 및 고급 주택에서는 그 이전부터 모습은 달라도 삼중창이 사용되었을 것이다.

궁궐과 사묘 건축의 준공기록인 『영건도감의궤(營建都監儀軌)』를 분석하면 '영창'의 경우는 17~18세기의 의궤에서는 나타나지 않으며 1800년에 작성된 『화성성역의궤(華城城役儀軌)』에서 '만자영창(卍字影窓)'이 나타나는 것을 시작으로 이후 20세기 초 의궤서까지 꾸준히 나타난다. 그러나 20세기 초 의궤에서는 '영창(影窓)'이라는 한자 대신에 '영창(映窓)'을 사용하고 있다. 한글표기는 모두 한자의 음대로 '영창'이라고 하면 될 것이나 한자로 표기할 때는 '영창(影窓)'과 '영창(映窓)'이 똑같은 비중을 갖는다.[49]

따라서 쌍창과 영창, 흑창으로 구성되는 것은 19세기 이후로 추정할 수 있다. 서유구의 기록으로는 영창은 일치하지만 흑창에 해당하는 널창〔板窓〕이 장지와 같이 격자살로 만들어지는 것이 아니라 나무 판재로 만들어진다는 것이 다르며 위치도 실내 쪽이 아니라 쌍창과 영창 중간이라는 차이점이 있다. 현존하는 한옥에서는 이러한 유형이 없어서 확인할 수는 없다. 그러나 널창이나 흑창은 구성만 다를 뿐 모두 보온과

---

49 영건의궤연구회(2010), 808면.

차광의 역할을 한다는 측면에서는 일치한다. 영창과 흑창이 양쪽으로 열리면서 벽속으로 들어갈 수 있도록 한 두꺼비집을 일반적으로는 갑창(甲窓)이라고 한다. 지금도 장지와 같이 격자살로 구성하고 벽지를 바른 다음 시서화를 붙여 장식하기도 한다.

보온을 위해서 겨울밤에는 쌍창과 영창, 갑창을 모두 달면 3중창이 되기 때문에 중국 이중창에 비해 훨씬 따뜻하다. 따라서 창호는 결코 중국에 비해 성능이 뒤지지 않으며 또 툇마루 안쪽에 달리기 때문에 비바람에 의한 피해와 유지관리에도 훨씬 유리한 측면이 있다. 또 여름에는 쌍창을 열고 영창만을 달아 놓으면 채광이 충분히 되며 영창을 방충창 역할을 하는 사창(紗窓)으로 바꾸면 방충뿐 아니라 바람이 소통되어 통기에도 매우 유리한 구조이다. 따라서 창호에 관해서는 한·중 간에 면밀한 비교가 없었음을 알 수 있다. 중국은 현재 유지관리 문제로 대부분 유리로 바뀌었다.

창호제도 속에는 원창(圓窓)에 대한 설명도 있으나 원창의 구성에 대해서만 설명하였을 뿐 장단점이나 한국 건물에 도입해야 된다는 주장 등이 없기 때문에 따로 분석할 필요는 없었다. 다만 중국의 원창은 벽돌벽 측면에 설치하는 것이 일반적인데 한국에서는 측면에 창을 잘 두지 않기 때문에 크게 관계는 없다고 판단된다. 다음은 장지(粧子)에 대해 언급한 부분이 있다.

동방의 제도에 방과 대청의 경계에 격자살을 성글게 짠 문합(門閤)을 설치한다. 문짝이 네 개인 것도 있고 여섯 개인 것도 있다. 방의 넓이에 따라 문짝 수를 결정하며 안팎 모두 전후지(錢厚紙)를 바르는데 세상에서 이것을 장지라고 부른다. 그런데 장지는 격자살을 성글게 짜고 종이로 발라 놓았기 때문에 도둑이 구멍을 뚫고 들어오는 곳이 언제나 여기이다.

그러므로 장지의 두께를 반으로 나누어 반쪽 면에는 나무판자를 빈틈없이 배열하고 다른 편 반쪽 면에는 얇은 격자살을 만들어 나무판자에 못을 박아 서로 합쳐 문짝을 만든다. 그런 다음에 안팎으로 종이를 바른다면 도둑이 뚫고 들어올 염려를 끊을 수 있다. 특히 기물을 수장하고 있는 누각의 문은 이 제도를 쓰는 것이 옳다.[50]

여기서 장지라고 부르는 문은 현재 방과 대청 사이에 주로 다는 '불발기분합문'을 가리키는데 의궤 기록 등에는 연창이 있는 장지라는 의미로 '연창장지〔煙窓障子〕'라고도 표기하였다.[51] 장지는 빛이 투과될 수 없는 구조이기 때문에 문 중앙에 불발기창〔煙窓〕을 두어 구성한 장지문을 이렇게 불렀다. 주로 대청과 방 사이에 설치하는데 걸쇠에 들어 거는 방식이 일반적이다. 단열을 위해 궁궐건축에서는 장지(분합) 안쪽에는 다시 미닫이문을 겹으로 설치하기도 한다. 그러나 일반 민가에서는 불발기분합 홑겹이 일반적이다. 분합문의 불발기창은 눈높이 정도에 설치하며 방형·팔각형 등이 많고 살대 모양도 격자살·빗교살·아자살 등으로 다양하다. 이 부분에만 창호지를 발라 빛이 투과될 수 있도록 하고 위아래는 도배지를 발라 빛을 차단한다. 서유구가 장지라고 한 불발기분합문은 불발기창 부분은 살대가 조밀하여 방범에 문제가 없으나 위아래 부분이 비록 두꺼운 종이를 안팎으로 바른다고 하여도 살이 격자로 성글기 때문에 방범에 취약한 것은 사실이다. 서유구의 주장대로라면 격자살 한쪽에 판재를 대서 방범에 유리하도록 하자는 주장이다. 이러한 개선방안은 합리적이고 좋은 견해라고 판단된다. 그러나 아직까지 한국의 창호에서는

---

50 안대회(2005), 238면.
51 영건의궤연구회(2010), 824~825면.

판재를 댄 장지의 사례는 없었다. 다만 일본 창호에서 명장지 밖의 덧문에 판재를 붙여서 만든 사례가 있다. 일본에서는 이를 아메쇼지〔雨章子〕라고 하는데 판문으로 분류하며 살은 가로살만 있는 경우와 격자살로 하는 경우가 있다. 덧문이 일반 판문과 다른 점은 판재의 두께가 현격히 얇다는 것이다. 일본에서는 때로는 미닫이 장지가 아닌 들어걸개 외부 덧문인 시토미(蔀)도 얇은 판재를 댄 격자문으로 만들기도 한다. 이러한 덧문은 방풍과 방우, 방범의 목적으로 설치되는 문이다.[52]

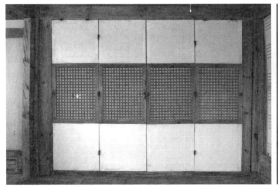

〈그림 58〉 방과 대청 사이의 장지(불발기분합문)

〈그림 59〉 내부의 명장지

〈그림 60〉 일본의 아메쇼지
(坂道の城下町−大原邸)

〈그림 61〉 일본의
아메쇼지(平等院)

〈그림 62〉 일본의
아메쇼지(大安寺)

52　木造建築研究フォラム 編(1995), 157면.

또 서유구는 분합(分閤)을 설명하고 있는데 지금의 분합 개념과 차이가 있고 어느 부분의 어떤 창호를 지칭하는지 불명확하다. 마지막으로 가장지[假粧子]를 설명한 부분이 있다.

방실의 창문 바깥에 만일 반가(半架)의 툇마루 돌퇴[楯軒]의 툇마루간이 있거든 격자살을 성글게 짠 합자(閤子)를 설치하고 종이를 한 겹 바른다. 낮에는 열고 밤에는 닫아 바람과 추위를 막는다. 가래나무로 창살을 짜서 만자형(卍字形)으로 만든 것이 아름답다.[53]

가장지는 대청이나 툇마루 끝에 덧문 형식으로 다는 것을 지칭한 것으로 추정된다. 한국에서는 고주열에 창호를 달고 평주열인 툇마루 끝에는 창호를 달지 않고 개방시켜 놓는 것이 일반적이다. 따라서 고주열에 설치된 창호를 통해 단열을 하게 되는데 창호가 한 층이기 때문에 한계가 있다. 따라서 툇마루 끝에도 창호를 설치하면 이중창의 효과가 있기 때문에 보온에는 매우 유리하다. 현존하는 전통 건축에는 거의 설치한 사례가 없는데 근대기 한옥에서 툇마루 끝에 유리창호를 달아 이와 같은 모습으로 마감한 한옥은 다수 존재한다. 근대기에 단열을 고려하여 개선한 것이라고 할 수 있다. 그렇다고 전통 한옥에 전혀 없는 것은 아니다. 다만 이중창호를 할 경우 실내가 어둡기 때문에 채광 면에서는 불리한 구조이다. 따라서 선택에 따라 설치한 집과 설치하지 않은 집이 있게 마련인데 선택하지 않은 경우가 많다는 의미이다. 다만 근대기가 되면 유리가 생산되었기 때문에 창호지 대신 유리를 끼우면 채광에도 문제가 없고 보온에도 유리하기 때문에 덧창이 쓰인 것으로 볼 수

---

[53] 안대회(2005), 238면.

<그림 63> 윤보선 대통령 생가 사랑채 가장지 모습 　　　　〈그림 64〉 각심재 가장지 모습

있다. 서유구의 덧창에 대한 생각은 보온 측면에서는 합리적인 생각이
지만 유리가 사용되기 이전 전통 한옥에서는 탈부착의 불편함과 채광은
고려해 보아야 할 문제점이다.

7. 결론

　풍석(楓石) 서유구는 19세기 초반에 활약한 조선 지식인 중 다산 정
약용(1762~1836), 오주 이규경(1788~1856)과 함께 3대 박학(博學)으로
꼽히는 인물이다. 정약용과 함께 정조 사후 20년 간 귀양지에 억류되어
재야에서 고생한 것도 공통점이며 외국으로부터 첨단 기술을 수용하려
는 학술 경향의 유사점이 있다. 그러나 학분 분야에서는 정약용이 경제
와 제도, 국방 등 국가제도의 개량에 주안점을 두었다면 서유구는 실생
활과 밀접한 농학·의학·산업에 관심을 가졌다. 연암 박지원, 이정 이
덕무, 탄소 유금, 초정 박제가 등의 북학파 학자들의 영향을 받았으며
청나라 문물을 수용하자는 사람들과도 어울렸다.

서유구의 대표적인 저서 『임원경제지』는 농사와 일상생활에서 건축·의학을 넘나드는 방대한 내용의 백과사전과 같은 저서이다. 많은 참고와 인용 문헌을 통해서도 서유구의 박학다식함을 짐작할 수 있다. 당시 한국 건축의 단점을 지적하면서 중국과 일본에서 배워야 할 것들을 상세히 제시하였다. 건축학자는 아니지만 당시의 건축이 구체적이고 방대하게 잘 소개되어 있으며 인문학자로서 한국 건축의 비평적 시각을 볼 수 있는 훌륭한 건축서이기도 하다. 하지만 중국 건축에 대해서는 부분적으로 구체성이 떨어지고 실증적 관점이 약한 것도 사실이다. 따라서 본고에서는 이러한 부분을 감안하여 서유구의 건축관을 건축 전공자의 입장에서 다시 들여다보고자 한 것이다. 모든 항목을 망라할 수는 없었으며 한옥을 구성하는 가장 기본적인 배치와 평면형식, 미학적 관점의 비례, 구조와 시공 관점의 지붕 잇기 정도를 살펴보았다.

　　배치와 평면 형식에서는 우리나라 'ㅁ'자형의 중정형 건물과 'ㄷ'자, 'ㄱ'자 등의 꺾음집에 대한 단점을 중국 사합원과 비교하여 6가지로 제시하였다. 일단 'ㅁ'자형은 통풍과 채광, 배연 등의 문제를 지적하였는데 우리나라에서 온전한 'ㅁ'형은 안동·경주·양동·봉화 등지에서 나타나는 것으로 일부분이기 때문에 전체로 해석하는 것은 문제가 있다. 꺾음집이기 때문에 회첨골이 생겨 누수에 의한 목재의 부식은 인정되는 부분이지만 배수문제는 우리는 경사지를 이용하고 튼'ㅁ'가 더 많기 때문에 특별이 문제가 되지 않으며 오히려 중국 사합원이 더 심각한데 이러한 부분은 지적하지 못하였다. 내화구조에서는 한국 건축은 연이어 있어 연소되기 쉽다고 했는데 오히려 건물간의 간격은 중국 사합원보다 멀다. 물론 중국은 벽돌을 많이 사용해 내화구조라는 측면에서 우리보다 유리한 것은 인정이 된다. 그러나 중국 사합원처럼 중심축이 있는 대칭배치를 주장하는 것은 비대칭성의 자유로움과 역동성을 미학으로 하는 한국 건축의 조형성을 이해하지 못한 것이라고 판단된다.

　건물의 비례에서는 건물 몸체와 지붕의 비례가 사합원은 1:1로 같아 배수가 원활하지만 한국 건축은 지붕 비례가 몸체의 2/3도 못 미쳐 누수의 문제가 있다고 하였다. 그러나 분석 결과 차이는 없지만 오히려 한국 건축의 지붕 비율이 중국보다 높다는 것을 알 수 있었다. 이 부분은 실증적으로 접근하지 못한 것으로 증명되었다.

　지붕잇기에서는 한국의 기와가 너무 크고 변형이 있어서 중국 민가의 암수 구분이 없는 작은 기와가 유리하다고 하였으나 검증 결과 중국에서 작은 기와를 사용한 것은 법적 규제 때문이지 자연환경과 성능을 중심으로 자연스럽게 나타난 것이 아님을 알 수 있다. 오히려 궁궐과 같은 고급 건축에서는 암수가 구분된 대형 기와를 사용하는 것을 보면 이러한 주장은 설득력이 없으며 구체적이고 실증적인 주장이 아님을 알 수 있다. 모든 내용을 살펴보지는 못했지만 서유구는 중국을 한 번도 방문한 적이 없고 오직 책을 통해서만 정보를 입수했기 때문에 실증적이고 구체적인 논증 없이 보편적 정보를 정리해 놓은 것임을 알 수 있다.

　온돌 제도에서는 『열하일기』에서 주장하는 6가지 결점에 6가지 해독을 덧붙여 설명하였다. 『열하일기』가 주로 온돌 자체의 구조적인 결점을 이야기했다면 서유구는 연료 과다 소비에 따른 산림의 황폐화와 홍수 문제, 연료를 절약하기 위해 식구들이 모여 살았을 때의 사회적인 문제를 제기했다는 측면에서 새로운 주장이라고 할 수 있다. 또 유지관리의 문제와 장판지의 과다 소비 문제를 제기한 것도 탁월한 주장이다. 한국 온돌에 대한 결점과 해악을 주장한 것은 현실을 살면서 관찰한 것이기 때문에 설득력이 있으며 누구나 공감할 수 있는 주장이다. 그러나 그 개선방안에서 중국의 캉(炕)을 모방할 것과 이중온돌 방식의 제안은 현실적이지 못함을 알 수 있었다. 중국의 캉은 동북 지방에만 분포하는 것으로 특정 지역에 한정되어 있고 옛 고구려와 발해로 이어지는 북방문화권, 특히 한민족문화권의 특정 산물로서 중국 문화라고 보기는 어렵다. 온돌의 기원은 한반도이며 북방의 쪽구들이 조선 후기 한반도에서 전면온돌로 발달한 것으로, 발전과정에서 보면 캉은 쪽구들의 한 유형이다. 따라서 쪽구들의 단점을 개선하여 전면온돌로 발전한 것인데 다시 캉으로 돌아가자는 것은 역사를 거꾸로 돌리는 것으로 역사의식의 문제가 있다고 본다. 또 캉의 장점만 보고 문화 및 자연환경의 차이에 따른 특성을 고려하지 않고 캉으로 돌아가자는 주장은 캉에 대한 구체적인 지식이 없었음을 나타내는 것이다.

창호 제도에서는 중국과 한국을 특별히 비교하여 중국 창호를 사용할 것을 주장한 것은 없다. 다만 중국의 창호는 창살이 성글고 창호지를 밖에 발라 집이 밝은데 근래 한옥에서도 영창(映窓) 제도가 사용되어 차이가 없다고 하였다. 또 대청과 방 사이의 불발기분합문은 종이로만 하지 말고 한쪽에 판재를 대서 방범에 유리하도록 하자는 주장은 매우 설득력이 있다고 하겠다. 또 툇마루 끝에는 장지를 대서 단열을 보강하자는 주장은 근대기 한옥에서 나타나는 것으로 미래를 예견한 주장이라고 할 수 있다. 그러나 유리가 발견되기 이전에는 툇마루 끝에 장지를 설치하면 채광이 매우 어렵고 비바람에 창호지가 바로 맞닿아 유지관리의 문제가 발생할 수 있다는 점을 간과하고 있다.

본 원고는 서유구의 『임원경제지』, 「섬용지」의 권1 영조지제(營造之制) 15개 항과 권2 영조지구(營造之具) 5개 항 중에서 중국과 비교하면서 장단점을 논하고 개선방안을 제시한 5개 항을 토대로 그 진위를 논증하여 보았다. 분석한 5개 항은 건물의 배치와 평면에 관계된 '당옥상료위치(堂屋廂寮位置)'와 비례에 관한 '척도(尺度)', 지붕잇기에 관한 '개복(蓋覆)', 온돌 제도에 관한 '방항(房炕)', 창호 제도에 관한 '창유(牕牖)'

항 등이다. 나머지 항에서는 중국과 비교한 것이 드물고 논증이 어려워 다음 연구로 미루기로 한다.

5개 항을 기준으로 살펴본 결과 한국 건축에 관한 부분은 문제점을 상세히 알고 있었으며 현실적이고 구체적이지만 중국 건축과 관련된 부분은 구체성과 역사문화성, 현실성 등이 매우 빈약하고 떨어짐을 알 수 있었다. 이것은 중국에 대한 직접 경험 없이 당시 『열하일기』와 같은 한정된 기록을 통해 정보를 접할 수밖에 없었던 시대적 한계가 있었다고 볼 수 있다. 따라서 막연히 중국 건축을 이상적인 모델로 삼아 한국 건축의 개선방안을 제시한 것은 분명 문제점이라고 지적하지 않을 수 없다. 다만 서유구도 무조건 중국 건축을 모방하자는 것은 아니었을 것이고 한국 건축의 반성을 중국 건축에 빗대어 설명하고자 하여 중국 건축이 강조된 측면이 있다고 추정된다. 이런 의미에서 건축학자가 아니기 때문에 구체적이고 현실적이지는 못하지만 사회를 이끄는 지도자로서의 번민과 고민은 충분히 이해할 수 있었다. 또 어떤 책보다 건축에 대한 서술이 방대하고 구체적인 것은 실로 큰 업적이라고 할 수 있다. 그러나 서유구의 이런 생각이 당시 사회에서 보편적인 생각인지에 대해서는 의문이다. 왜냐하면 풍석 서유구는 경화사족(京華士族)으로서 당시 첨단 정보에 대한 빠른 접촉과 독점을 하고 있어서 일반 지방 사대부들과는 다른 세계관을 가지고 있었을 개연성이 충분히 있기 때문이다. 이러한 조건들을 고려해 볼 때 서유구를 일반적으로 생각하는 실사구시, 실증으로 대변되는 실학자로 분류하는 것은 문제가 있다고 결론을 내릴 수 있다. 앞으로 다른 항에 대해서도 구체적인 논증과 연구가 필요하며, 서유구의 주장이 당시 보편성과 일반성에 관계가 없다고 할지라도 앞으로 한국 건축의 건축계획론적 바탕을 만드는 데 중요한 역할을 할 수 있을 것이다.

參 考 文 獻

민족문화추진회, 『국역 산림경제』 1-2, 한국학술정보(주), 2007.

徐有榘, 『林園十六志』 卷二, 영인본, 민속원, 2005.

서유구 지음, 정명현·김정기 역주, 『임원경제지 본리지』 1·2·3, 소와
　　　당, 2008.

홍만선 저, 유중임 증보, 국역 『증보산림경제』, 농촌진흥청, 2003.

경기문화재단(2007), 『화성성역의궤 건축용어집』.

경주시(2010), 『경주 양동마을』.

국제온돌학회(2014), 「세계문화유산과 지속가능 건강건축」, 『국제온
　　　돌학회지』 통권 13호.

김남응(2011), 『구들이야기 온돌이야기』, 단국대학교출판부.

김성우·안대회(1987~1990), 「임원경제지」, 『꾸밈』, 토탈디자인.

김왕직(2012), 「한옥 평연의 치목기법에 관한 연구」, 『대한건축학회논
　　　문집』 28권 6호.

김용환·홍석주(1996), 「『임원경제지』의 東·西四宅論에 관한 연구」,
　　　『박물관지』 5호, 충청전문대학박물관.

문화재청(2005), 『한국의 전통가옥-의성 소우당』.

　　　　　(2007), 『한국의 전통가옥15-강릉선교장』.

박동필(2002), 『임원경제지의 生氣 관점에서 본 양동마을 주거연구』,
　　　서울시립대학교 석사학위논문.

박명덕(1992), 「임원십육지의 섬용지 중 屋三分法에 대한 소론」, 『건축』
　　　36-4, 대한건축학회.

배지민·전봉희(2003. 4), 「전통목조건축의 지붕곡 결정과정」, 『대한
　　　건축학회 학술발표대회논문집』 23권 1호.

송기호(2006), 『한국 고대의 온돌』, 서울대학교출판부.

신영주(2005), 「『이운지』를 통해 본 조선 후기 사대부가의 생활모습」, 『한문학보』 13, 우리한문학회.

아산시(2010), 『한국의 전통가옥기록화보고서－아산외암마을』.

안대회(2005), 『산수간에 집을 짓고』, 돌베개.

염정섭 외 3인 공저(2011), 『풍석 서유구와 임원경제지』, 소와당.

영건의궤연구회(2010), 『영건의궤－의궤에 기록된 조선시대 건축』, 동녘.

이강민(2010), 「서지학적 분석을 통한 임원경제지 섬용지 영조기사의 구성과 특징 연구」, 『한국주거학회논문집』 21-4, 한국주거학회.

_____(2014. 5), 「서유구의 건축론과 현대적 활용성」, 『풍석 서유구 탄생 250주년 기념학술대회 논문집』.

장경호(1992), 『한국의 전통건축』, 문예출판사.

정명현 외 3인 공저(2012), 『임원경제지－조선 최대의 실용백과사전』, 씨앗을뿌리는사람.

조찬형(2013), 『전통창호 만들기』, 한국문화재보호재단.

조창록(2010), 「풍석 서유구의 『금화경독기』」, 『한국실학연구』 19, 한국실학학회.

_____(2012), 「풍석 서유구와 『주례』, 「고공기」」, 『동방한문학』 51, 동방한문학회.

한국건축가협회(2013), 『한국건축개념사전』, 동녘.

嘉禾 編著(2008), 『中國建築 分類圖典』, 化學工業出版社.

馬炳堅 編著(1999), 『北京四合院建築』, 天津大學出版社.

馬炳堅(2003), 『中國古建築木作營造技術』, 科學出版社.

木造建築研究フォラム編(1995), 『圖說 木造建築事典』, 學藝出版社.

孫大章(2004),『中國民居研究』, 中國建築工業出版社.

劉大可(2001),『中國古建築瓦石營法』, 中國建築工業出版社.

田永復(2008),『中國仿古建築設計』, 化學工業出版社.

| 楓 石 |

楓石의 복식 분류와 '鄕居養志'

이민주 | 한국학중앙연구원 연구원

I. 머리말

우리에게는 조선시대 사대부에 대한 편견과 오해가 많다. 그중에서도 생활과 관련된 분야는 더욱 그렇다. 사대부라면 집안에 쌀이 떨어졌는지, 추위를 견딜 옷은 있는지 등의 사소한 일에는 초연한 채 글이나 읽었을 것이라고 생각한다. 이러한 오해는 어디에서 기인한 것일까? 이는 생활사 연구의 부족에서 기인한다. 다행히 최근 생활사 연구가 본격화되면서 사대부에 대한 잘못된 인식이 바뀌고 있다.

사대부 역시 생활인이기 때문에 그 누구도 살림살이에서 자유로울 수 없으며, 이를 해결하기 위한 경제활동을 어떻게 할 것인가에 대한 고민이 있었음은 당연하다.

물론 조선시대 사대부 중에는 살림을 나 몰라라 하고 공부에만 전념할 수 있었던 사람들도 있었다. 택당 이식(1584~1647)은 가정 내의 살림살이는 내외의 일을 막론하고 일체 부인에게 위임했으며, 엄하게 다스리지 않아도 일이 순조롭게 진행되었음을 자랑스럽게 생각했다. 그리고 그 이유에 대해서는 부인 신씨 집안이 예전부터 재화가 넉넉하였고 부인이 집안을 잘 통솔했기 때문이라고 하였다.[1]

살림을 뒷전에 둔 인물 중 빼놓을 수 없는 사람이 순암 안정복(1712~1791)이다. 그는 중년에 재산을 다 탕진했다. 그러나 부인이 어려운 살림살이를 맡아 애써 모으고 빈틈없이 꾸렸기 때문에 집안 살림에 대한 걱정을 하지 않아도 되었고 그 결과 훌륭한 인물이 될 수 있었다고 했

---

1 이식, 『택당집』, 택당선생 별집 제9권, 「행장」 중.

다.[2] 결국 한 가정이 잘 돌아가기 위해서는 부인의 살림 솜씨가 좋아야 했으며, 그보다 부인이 갖고 있는 재화가 얼마나 풍부한가에 따라 내조의 정도도 달랐다.

그렇다면 아내만 믿고 살림살이를 돌보지 않아도 되는 사람이 몇이나 되었을까? 퇴계 이황(1501~1570)은 살림살이에만 신경을 쓰면 속인이 되지만 문장을 하면서 살림살이를 하는 것은 오히려 가풍에 해로울 것이 없다고 했다. 그가 아들에게 보낸 편지를 보자.

살림 등의 일도 사람으로서 하지 않을 수는 없는 것이다. 그러므로 네 아비인 나도 평생 그 일을 비록 서툴게는 했지만 그렇다고 어떻게 전혀 하지 않을 수야 있었겠느냐. 다만 안으로는 문장을 오로지하면서 밖으로 혹시 살림살이를 해 가면 사풍을 떨어뜨리지 않아서 해로움이 없을 것이다. 그러나 만일 문장을 완전히 저버리고 살림살이에만 정신을 팔면 이것은 농부의 일이며 시골 속인들이 할 일이기 때문에 이렇게 여러 말을 하는 것이다.[3]

이처럼 이황은 사대부가 살림살이에 신경을 쓰기 위한 목적이 공부에 있기 때문에 살림살이에 관여하는 것은 당연하다는 명분을 내세우고 있다.

성호 이익(1681~1763)도 요즘 세상의 선비들이 학문에만 뜻을 두고 집안 살림살이를 하지 않아 집안이 어지러워지는 것을 개탄하였다. 이익은 조카 이병휴를 높이 평가했다. 그것은 바로 농사일을 잘 맡겨 살림

---

2 안정복, 『순암집』 제26권, 「행장」, 처사 불우헌 정공 행장.
3 이황, 『퇴계집』, 「언행록」, 유편, 가훈.

살이가 편안하고 뽕나무를 기르고 목화를 심어 식구들이 입을 거리를 걱정하지 않아도 되었을 뿐 아니라 제수(祭需)로 사용할 수 있는 과수까지 재배하는 등[4] 살림살이를 잘했기 때문이다.

결국 내로라하는 조선시대 대학자도 살림살이에 신경을 썼으며, 살림살이가 넉넉해지는 방법을 찾고자 고민하였던 것으로 보인다. 그중 대표적인 인물이 조선 후기 다산 정약용(1762~1836)이다. 그는 살림살이를 윤택하게 할 수 있는 최고의 방법으로 뽕나무 심기를 꼽았다. 그 이유는 첫째, 공부하는 선비로서 이득을 추구하면서도 체면을 손상시키지 않는 것이 농사인데, 그중에서도 뽕나무가 제일 환금성이 좋기 때문이었다. 둘째, 뽕나무를 심으면 당연히 누에를 치게 되고 누에를 치면 직물을 짤 수 있는데, 길쌈은 부녀자들의 노동력을 가장 많이 요하는 것이므로 집안에서 놀고먹는 사람이 없어 살림을 늘리기에 충분한 조건이 된다고 생각했기 때문이다. 셋째는 뽕나무의 열매인 오디는 술을 담그거나 약재로 사용할 수 있어 활용도가 높아[5] 무엇 하나 버릴 것이 없기 때문에 뽕나무를 심으면 살림살이가 윤택해질 수 있다고 믿었기 때문이다.

즉 뽕나무 심기의 최종 목표가 살림살이를 늘리는 것이라 할지라도 사대부에게는 살림을 늘리기 위한 명분이 중요했다. 따라서 최고의 이윤을 남기기 위해서는 장사를 하는 것이 바람직하다 할지라도 사대부로서 품위를 지키기 위해서는 농사를 지어야 했고, 농사를 짓는 데 있어서 가장 환금성이 좋은 것을 찾았을 때, 체면을 유지하면서 최고의 이윤을 낼 수 있는 뽕나무야말로 최고의 상품가치를 가진 농작물이라고 생각했

---

4 이익, 『성호사설』, 「인사문」, 위학치생(爲學治生).
5 정약용, 『다산시문집』 제18권, 「가계」, 학연에게 보여 주는 가계.

던 것이다.

풍석 서유구(1764~1845)도 같은 생각이었다. 오히려 한 발짝 더 나아가 농사를 지으면서 물고기를 잡고, 장인의 일을 익혀 돈을 벌고, 관리하는 일에 신경을 쓰면서 공부를 해야 한다고 생각했다.[6]

따라서 당시 사대부들과 비교해 볼 때 임원에서의 삶을 풍요롭게 하기 위해 저술한 『임원경제지』가 이상할 것도 특별할 것도 없으며, 오히려 당대 최고의 학자관료 집안의 후손으로서 향촌에 살면서 공부를 하기 위해서는 당연히 경제가 우선시되어야 한다고 생각했을 것이다.

『임원경제지』는 113권 54책으로 완성된 거질의 실용백과사전이다. 지금까지 복식 분야에서는 『임원경제지』를 '백과사전'으로 인식하고 서유구가 수록해 놓은 복식 자료에 대한 일차적인 연구가 진행되었으며,[7] 이 후 서유구가 수록해 놓은 복식 관련 자료를 토대로 서유구의 복식관[8]에 주목하기 시작했다. 그러나 『임원경제지』에 수록해 놓은 복식 관련 자료는 단순히 복식 자체에 대한 연구나 서유구의 복식관을 파악하는 정도에 그치기에는 복식 자료의 분류나 깊이가 전문적이고 박식한 것이 주지의 사실이다.

『임원경제지』에 수록된 복식 관련 내용은 「전공지」와 「섬용지」에 있다. 먼저 「전공지」에는 '누에치기와 길쌈' 상·하가 있고, '삼·모시·어저귀·칡 재배와 길쌈'이 있으며, '목화재배와 길쌈'이 있다. 여기서는 주로 길쌈을 위한 농사와 제직(製織)과 관련된 것으로 최소한의 노동으로 최대의 효과를 올릴 수 있는 기술적인 방법과 함께 그림 자료를 소개

6 서유구 지음, 임원경제연구소 옮김(2007), 234면.
7 장숙환(2010); 홍나영(2009).
8 차서연(2011).

하고 있다.

다음 「섬용지」에는 실생활과 관련한 내용을 복식지구·관즐지구·기거지구·설색지구로 구분하고, 그중에서도 의생활과 관련된 부분을 복식지구와 관즐지구로 구분하였다.

본 연구에서 관심을 갖는 것은 「섬용지」에 분류해 놓은 '복식지구'와 '관즐지구'이다. 특히 지금까지 관즐지구를 복식지구와 별개의 것으로 분류해 놓은 자료가 없는 시점에서 서유구의 분류가 갖는 의미를 파악하는 것은 『임원경제지』에 수록된 복식 관련 자료의 특징을 밝히는 데 결정적인 요인이 되기 때문이다.

지금까지 복식에 관심을 갖고 자료를 수집한 조선시대 학자는 홍만선을 비롯하여 이익·빙허각 이씨·조재삼 등이 있다. 그러나 서유구처럼 의생활과 관련된 내용을 복식지구와 관즐지구로 구분해 놓은 학자는 없었다. 더욱이 복식뿐 아니라 머리손질 및 보관이나 관리에까지 관심을 가진 경우는 더더욱 없다.

이에 본 연구에서는 첫째, 서유구의 집안과 그의 성장 배경을 살펴보고자 한다. 이는 한 사람의 인식이 형성되는 데에는 그가 나고 자란 집안의 분위기가 무엇보다 중요하기 때문이다. 특히 실생활과 직접 관계된 것은 억지로 만들어지는 것이 아니라 자연스럽게 체득된 생활문화이기 때문에 어려서부터 몸에 밴 사고와 생활방식은 중요하다. 둘째, 서유구와 동시대에 살았던 18~19세기 사대부 중 복식 관련 자료를 수록해 놓은 문집을 검토하고 각각의 특징을 살펴보고자 한다. 이는 의생활과 관련된 서유구의 사고가 다른 사대부와 어떤 차이가 있는지를 밝히기 위한 기초자료로 활용할 수 있기 때문이다. 셋째, 서유구가 『임원경제지』에서 분류해 놓은 '복식지구'와 '관즐지구'를 살펴보고자 한다. 이는 결과적으로 임원에서 추구하고자 한 '향거양지'의 구체적 내용이 무엇인지 파악함으로써 넷째, 풍석이 임원에서 어떠한 삶을 살고자 하였으며, 그가 추구한 일상적인 삶이 무엇이었는지를 조망해 볼 수 있는 계기가 될 것이기 때문이다.

Ⅱ. 경화세족(京華世族)으로서의 서유구 집안

경화세족이란 서울이란 도시를 삶의 근거로 하여 형성된 독특한 문화적 에토스(ethos)를 가진 양반층을 말한다. 이들의 특징은 서울을 주생활 공간으로 하는 서울에 세거(世居)하는 양반가로서 청요직의 획득 가능성이 다른 지역에 비해 높고 그 가능성이 사회적 통념으로 공인된 가문이 주류를 이룬다[9]고 하였으므로 서유구 집안은 분명 경화세족 중에서도 대표적인 경화세족이라고 할 수 있다.

풍석 서유구(1764~1845)의 할아버지 보만재(保晚齋) 서명응(徐命膺, 1716~1787)은 18세기 소론계의 명가인 달성 서씨의 후예로 태어나 문·무반의 고위 관직을 두루 역임한 실무형 학자관료이다.[10] 1754년(영조 30)에 문과에 급제하여 구경(九卿)을 역임하고 보국(輔國)의 계자(階資)에 이르러 치사하고 봉조하(奉朝賀)에 이르렀다.[11]

또 아버지 서호수(徐浩修, 1736~1799)는 1766년 홍문관 부교리로 벼슬을 시작했으며, 1776년 정조가 즉위한 후에는 바로 도승지로 임명되어 정조의 최측근에서 고위 관료직을 수행하였다.[12]

---

9 강명관(1998), 6~7면.
10 김문식(1999), 151면.
11 『정조실록(正祖實錄)』, 11년(1787) 12월 계축(癸丑).
12 문중양(2003), 57면.

서유구도 1790년(정조 14) 증광문과에 병과로 급제하여 외직으로 군수·관찰사를 역임하였으며, 내직으로는 대교(待敎)·부제학·이조판서·우참찬을 거쳐 대제학에 올랐다. 그는 82세로 생을 마감할 때까지 30년간 관직생활을 하였다.

경화세족은 수많은 장서를 수집하며 자신의 경제력을 기반으로 장서는 물론 서화·골동을 수장하거나 이를 감상하는 등 다양한 문화적 취향을 보여 줄 뿐 아니라, 시는 물론 글씨와 그림에 대해서도 단순한 감상을 넘어서 스스로 창작을 통해 성취를 이루려는 의식이 강했다는 것으로 볼 때[13] 서유구 집안이 경화세족으로서 타의 추종을 불허하는 장서가 집안이며, 거질의 책을 편찬한 학자 집안이었음에 틀림없다.

서명응은 많은 서적을 널리 섭렵하고 역학에 능하였기 때문에 당대 최고의 학자인 정조도 무릇 경사(經史)에 의문이 생기면 서명응에게 손수 질문을 할 정도였다.[14] 1786년 정조에게 진상한 그의 대표작 『보만재총서(保晚齋叢書)』에는 역학 관련 저술인 『선천사연(先天四演)』을 비롯하여 지리학 저서인 『위사(緯史)』, 천문학 저술인 『비례준(髀禮準)』과 『선구재(先句齋)』, 농학 저술인 『본사(本史)』, 음악학 저술인 『시악묘계(詩樂妙契)』와 『원음론(元音論)』, 참동계학 저술인 『참동고(參同攷)』, 유서류 서적인 『고사십이집(攷事十二集)』 등이 포함되어 있다.[15]

서호수 역시 『역상고성(歷象考成)』, 『수리정온보해(數理精蘊補解)』, 『율려통의(律呂通義)』, 『비례약설(比例約說)』 등의 수학서와 천문학서를 비롯하여 농서인 『해동농서(海東農書)』 등이 있다. 현재 『해동농서』와 『수리정

13 진재교(2003), 246면.
14 『정조실록(正祖實錄)』, 11년(1787) 12월 계축(癸丑).
15 박권수(2006), 110면.

온보해』를 제외하면 대부분의 서적은 남아 있지 않지만 당대 최고의 학자였으며,[16] 이러한 가학은 서유구에게 그대로 이어져 『임원경제지』를 집대성할 수 있는 토대가 되었을 것으로 본다.

한편 서유구 집안은 관료학자로서 백성들의 삶에 천착했다는 점이 다른 경화세족들과 다른 점이다.

서명응은 『본사』에서 농정은 천하의 대본이며 그 역사는 역사 중에서도 근본이 된다고 하면서,[17] 『본사』를 지은 목적을 '천하의 어리석은 백성이 책을 한 번 펼치는 즉시 작물을 재배하고 가꾸는 법을 환히 깨달아 실용에 쓰도록 하기 위함'이라고 했다.[18] 서호수도 『해동농서』를 편찬해 당대까지의 농업기술을 정리했고 특히 수리학에서는 조선 수리학이 나아갈 길을 보여 주었다.[19] 그는 농사에서 가장 중요한 물 관리를 위해 수차를 만들어 각 고을에 반포하여 재해를 극복하고 구휼을 해야 한다고 상소를 올렸으며, 수차를 만드는 데 주도적인 역할을 맡기도 하였다.

가뭄이나 홍수로 흉년이 드는 것은 나라로서는 면할 수 없는 바이기에 옛적의 성인들은 저수(貯水)와 하수(下水)의 설비를 하여 가뭄과 홍수에 대비하였고 조적(糶糴)하는 행정을 마련하여 흉년에 대비해 온 것이니 …… 만일 이번에 사고가 정교한 공장(工匠)을 얻어 한결같이 농서의 기록에 의해서 수거(手車) 10여 구를 만들어 내도록 하고 아울러 사용하는 방법도 곁들이어 팔도(八道)와 양도(兩都)에 반포하게 하고 또한 각 도의 감

---

16 박권수(2006), 114면.
17 한국학중앙연구원, 한국민족문화대백과사전, '보만재집' 항목.
18 정명현(2012), 140면.
19 염정섭(2003), 408면.

영(監營)과 병영(兵營)에서 만들어 각 고을에 반포하도록 한다면, 강과 냇가의 광막한 들판이 설사 오랜 가뭄을 만나게 된다 하더라도 즉시 관개해 가게 될 수 있을 것입니다…….[20]

이와 같이 서유구의 집안에서는 백성들의 삶을 윤택하게 할 수 있는 것이 무엇일까에 대한 관료로서의 고민을 하였으며, 그 결과 『본사』에서 시작된 농서는 『해동농서』를 거쳐 『임원경제지』에 이르게 되었다.

이 외에도 경화세족과 또 다른 점은 도성에서 살고 싶어하지 않았다는 것이다. 당시 경화세족들은 도성 근교에 있길 원했다. 이는 인조반정 이후 세력을 잃고 영호남으로 내려간 사람들은 더 이상 도성으로 돌아오기 어려웠기 때문에 이런 현실을 알고 있는 사람들은 권세를 잃더라도 하방(遐方)으로 내려가는 것을 원치 않았다.[21] 심지어 경화세족이 아닌 사람들도 한번 도성에 들어오면 고향으로 돌아가는 것을 꺼려 할 정도였다. 그러나 서유구는 이러한 세태에 대하여 "근세의 벼슬아치들은 성 바깥 십 리 너머의 땅을 거의 황폐한 변방이나 더러운 시골구석이라고 하며, 하루도 살 수 없는 곳처럼 보아 벼슬이 떨어진 뒤에도 자손을 위하여 번화한 도성에서 한 발짝도 벗어나지 않는다."[22]고 비판할 정도였다.

오히려 서호수는 고향으로 가 시골에서의 여유로운 삶을 희망했다. 서호수가 청나라의 문신 우촌 이조원(李調元, 1734~1802)에게 보낸 서찰을 보자.

20 『정조실록』, 7년(1783) 7월 계사(癸巳).
21 이종묵(2008), 569면.
22 이종묵(2008), 569~570면.

〈그림 1〉 동여도(http://www.kostma.net/고지도)　　　〈그림 2〉 『여지도』 중 경기도(서울대학교 규장각한국학연구원 소장)

　　저의 관직은 비록 높으나 뜻은 산림에 있습니다. 한양에서 백 리 떨어진 곳에 백학령(白鶴領)이 있는데 그 구릉과 골짜기가 제법 뛰어납니다. 제가 그곳에 새로이 정자를 짓고 '견일정(見一亭)'이라 이름하였으니 '임하에서 한 사람을 언제쯤 볼 수 있으려나[林下何曾見一人]'라는 구절의 뜻을 위한 것입니다. 이곳을 주제로 시를 한 수 지어 주신다면 가지고 돌아가서 전원생활의 사치로 삼고자 합니다.[23]

　　서호수가 말하는 '백학령'은 그의 고향인 장단의 백학산으로 일명 학산(鶴山)이라고 한다. 학산은 서호수의 호이기도 하다. 이곳 장단은 서울에서 약 100리 정도의 거리에 있는데 이곳에 '견일정'이라는 정자를

23　청간본 『청비록』 권4, 「이우촌」, "僕官雖淸華, 志在林泉, 去京百里之地, 有白鶴嶺, 頗有邱壑之勝. 新建一亭, 名曰見一亭, 取林下何曾見一人之意也. 乞題詩携歸, 以侈園林之觀." 조창록(2008), 188면 재인용.

지어 놓고 산림에서의 삶을 꿈꾸었다.

　백학산이 있는 장단면은 비옥한 평야가 형성되어 벼농사의 중심지이다. 주요 농산물은 쌀·콩·조 등이 있으며 특산물은 면화·대마 등이다. 특히 콩은 품질이 우수하여 연천과 함께 '장연대두(長漣大豆)'라 하여 국제시장에서도 거래되었다.[24] 장단은 경화세족들의 눈으로 보면 다소 먼 곳일 수 있다. 그러나 임원에서의 경제를 일으키고자 했던 서유구 집안에서 보면 농사의 기본이 되는 곡식과 길쌈의 원재료인 대마와 면화가 잘되는 곳이니, 그들의 지식을 시험해 볼 수 있는 최적의 장소로 생각했을 것이다. 또 서유구는 임원의 좋은 터를 잡기 위해 두릉(현 경기도 남양주시 조안면)까지도 진출[25]했으니 도성 근처에서 살고자 한 다른 경화세족과는 분명 다른 의식을 갖고 있었음을 알 수 있다.

　여기에 서유구는 실천하는 학자 관료가 아닌가! 서유구는 인간 생활에 가장 기초적인 의식주의 해결을 밑바탕에 깔고 문화생활과 여가생활의 개념을 접목한 인물이기에 일상생활에서의 소소한 다반사(茶飯事)를 운치 있게 경영하고자 했다. 특히 인생의 이런저런 즐거움을 놓치지 않으려고 하였기에 구체적인 사물과 기예에 더 관심을 가졌다.[26] 그 결과 임원에서의 운치 있는 풍요로운 삶을 누리고자 박학을 토대로 거질의 『임원경제지』를 저술할 수 있었던 것이다.

24　한국학중앙연구원, 『한국민족문화대백과사전』, '장단군' 항목.
25　정명현(2012), 135면.
26　이현일(2010), 206면.

Ⅲ. 17~18세기 의생활 문화

의생활 관련 자료는 사대부의 일반 문집보다는 백과사전 식 자료에
더 풍부하게 수록되어 있다. 그중에서도 대표적인 자료는 홍만선(1643~
1715)의 『산림경제』, 이익(1681~1763)의 『성호사설』, 빙허각 이씨(1759~
1824)의 『규합총서』, 조재삼(1808~1866)의 『송남잡지』 등이다. 서유구가
『임원경제지』를 쓴 시기는 19세기이고, 『임원경제지』를 작성할 때 『산림
경제』나 『성호사설』 등이 참고자료로 활용되었다. 따라서 복식을 통한
서유구의 '향거양지'를 파악하기 위해서는 먼저 17~18세기 조선시대 학
자들은 복식을 어떻게 이해하고 있었는지 살펴볼 필요가 있다.

1. 홍만선의 『산림경제』

홍만선의 『산림경제』는 총 4권으로 구성되어 있으며, 17개의 대항목
과 386개의 소항목으로 구성되어 있다. 그중에서 의생활과 관련된 내용
은 4권 「선택(選擇)」의 대항목에 옷을 마르는 데 좋은 날이 수록되어 있
으며, 「잡방(雜方)」에 베개와 요를 만드는 법, 피 묻은 옷을 빠는 법, 유
묵(油墨) 묻은 옷을 빠는 법, 먹 묻은 옷을 빠는 법, 기름 묻은 옷을 빠는
법, 의복의 때를 빼는 법 등을 수록하고 있다.[27] 따라서 『산림경제』에
수록된 의생활 관련 내용은 옷을 만들 때 날을 가려 만들었다는 점과
빨래하는 방법을 소개하고 있다는 점이 특징적이다. 복식에 대한 인식
이 실용적이며, 실질적이었음을 방증하는 것이라고 할 수 있다.

---

27 홍만선, 『산림경제』.

<표 1> 『산림경제』 속 의생활 관련 내용

항목	내용	비고
선택	옷을 마르는 데 좋은 날	재봉(裁縫)
잡방	베개와 요를 만드는 법	침구(寢具)
	피 묻은 옷을 빠는 법	세탁
	유묵(油墨) 묻은 옷을 빠는 법	
	먹 묻은 옷을 빠는 법	
	기름 묻은 옷을 빠는 법	
	의복의 때를 빼는 법	

2. 이익의 『성호사설』

이익의 『성호사설』은 총 30권으로 「천지문」 223항목, 「만물문」 368항목, 「인사문」 990항목, 「경사문」 1천48항목, 「시문문」 378항목으로 구성되어 있다. 그중 의생활 관련 내용은 「만물문」에 37항목이 수록되어 있으며, 이들은 구체적으로 의복·대·관모·신발·직물 등으로 세분할 수 있다. 「인사문」에 있는 34항목은 혼례나 제례 등의 의례제도와 사상·문화·풍속 등과 관련된 내용으로 분류할 수 있다. 이 외에 「경사문」에 있는 16항목은 역대 사서(史書)나 사실(事實)·인물·제도·풍속 등의 내용으로 분류할 수 있다.[28] 이를 정리하면 다음의 <표 2>와 같다.

---

28 이민주(2007), 147면.

〈표 2〉『성호사설』속 의생활 관련 내용

분류	내용	분류	내용	분류	내용
만물문	珮袋	인사문	鞓帶總環	경사문	綠衣黃裳
	裘		禫服		雜佩
	幅巾		同僚服		胡服
	尺		侈俗		白衣
	地桑		婦女爲尼		葛屨
	原蠶		紅衣草笠		緇衣巷伯
	度量		科頭		朝服立阼
	白甲		世弟被髮		爲母期
	道袍		國婚揀擇		卑服田功
	蠶導		種綿法		婚禮
	指尺		侈		緇衣
	女帽		進士巾服		婦爲舅姑服
	椰冠		婦女衣服		緦布
	彩色		繼體服		笄
	火浣布		先蠶		新羅俗
	折風笠		追服		
	木棉		帶		
	婦人服		紅衣		
	丹注指環臂環		甲冑		
	牧丹		男巫女服		
	摺扇墜		婦人無外事		
	披肩		白衣踰嶺		
	綀布		綵棚		
	四十升布		進士襴衫		
	薄絹		仙人冠服		

분류	내용	분류	내용	분류	내용
	髻粧		壬辰亂後 公服		
	冪䍦		貧士嫁女		
	木屐		婦女之敎		
	木綿		婦人服		
	蠶綿具		師服		
	綿具		衣食閒逸		
	髮髢		惡衣食		
	胭脂		官品服色		
	玉纓		祭器祭服		
	襴衫				
	袴褶腰褶				

　이상을 정리하면 복식과 관련된 내용은 패대·구·복건·백갑·도포·여모·야관·절풍립·피견·멱리·난삼·대·홍의·갈구·치의·계 등이 있으며, 농상과 관련된 내용으로는 지상·원잠·잠도·화완포·목면·가포·사십승포·박견·종면법·선잠·시포 등이 있다. 그 외 재봉과 관련된 것은 도량·지척 등 단위와 관련된 내용이다. 이상의 자료를 분석한 결과 왜 「만물문」, 「인사문」, 「경사문」으로 분류하였는지 그 의미는 크게 드러나지 않는다. 그러나 『성호사설』에 수록해 놓은 복식관련 자료를 볼 때 첫째, 복식의 기원을 찾는 고증적 자세를 통해 '예(禮)'를 추구하고자 하였다. 둘째, 시대가 변화함에 따라 달라지는 복식제도에 대한 유연한 사고를 통해 풍속을 유지하고자 하였다. 셋째, 잘못된 복식은 비판적 사고를 통해 합리적 실용화를 추구하고자 하였다. 이와 같이 이익의 복식 관련 자료는 많은 부분이 복식의 기원 및 복식제도

의 변화를 살피는 데 주력하고 있는 것으로 보아 사전으로서의 역할에
충실하고자 하였음을 알 수 있다.[29]

3. 빙허각 이씨의 『규합총서』

빙허각 이씨의 『규합총서』는 총 4권으로 구성되었으며, 의생활 관련
내용은 2권의 「봉임측(縫紝則)」과 4권의 「청낭결(靑囊訣)」에 수록되어
있다. 「봉임측」에는 먼저 옷 마르기 좋은 날과 꺼리는 날을 수록하고
심의 · 복건 · 조복 · 관대 · 흉배 · 도포 · 휘항 · 족두리 · 원삼 · 당의 · 깨
끼적삼 · 여혜 · 초혜 · 귀주머니 · 두루주머니 · 수저집 · 이불감 · 처네 ·
요 등을 만들기 위한 직물의 소요량과 함께 만드는 방법의 노하우를 적
고 있다. 또한 옷과 이불에 솜을 두어 만지는 법과 솜옷을 만드는 법도
적고 있다. 이 외에 주머니를 장식하기 위한 매듭 만들기, 진주 얽기 등
실제 복식을 제작하기 위한 방법과 옷을 꾸미기 위해 수를 놓거나 그림
을 그리는 법을 기록하였다. 이 외에도 염색하는 법, 색상별 다듬이질
하는 법, 바느질을 할 때 실이 엉키지 않게 하는 법, 바늘을 녹슬지 않
도록 보관하는 법, 빨래하는 법 등 실제 의복을 만들고 관리하며 보관하
는 법까지 상세하게 기록하였다.[30] 그 내용을 정리하면 다음의 〈표 3〉
과 같다.

---

29 이민주(2007), 153~164면.
30 빙허각 이씨, 『규합총서』.

〈표 3〉 『규합총서』 속 의생활 관련 내용

분류	내용	세부내용
縫紝則	裁衣吉日	복건, 구, 도포, 철릭, 심의, 학창의, 복건, 도복, 관대, 흉배,
	裁衣忌日	도포, 남자 큰옷과 속옷, 휘항, 족두리, 원삼, 당의, 깨끼적삼, 신부치마, 여례, 초혜, 다래주머니, 귀주머니, 두루주머니, 수저집, 이불감, 처네, 요
	雪綿子	양누비솜, 목화, 핫이불, 남자 핫바지솜
	冬至日襪銘	동짓날 버선 본을 뜨고 쓰는 일
	자루주머니 진주 얽기	색시 머구리부리 당기 진주 얽는 법
	주머니 끈 갖은 매듭	해낭, 바늘 두는 법, 실 가리는 법, 가위 보존법
	織造	화완포, 베날기, 선초무늬, 섞이, 아롱주, 쌍주, 문주, 허리띠
	繡線	수놓는 법, 大明文武胸背 繡品, 우리나라 흉배 수품, 朝服後綬, 봉침 · 태극침 · 팔괘침
	畵法	그림 그리는 법
	染色諸法	高麗紫的, 진홍, 연지 올리는 법, 연지, 자적, 쪽빛, 옥색, 초록, 삼뵈초록, 두록, 파류청, 보라, 목홍, 반물, 닭의 풀꽃이청, 잿빛, 약대빛, 베빛, 주황빛
	擣砧法	비단, 진홍, 무명과 모시, 자적, 옥색, 보라, 야청, 흰명주, 모시뜯개
	洗衣法	다홍, 자적, 쪽빛, 짙은 옥색, 초록, 조색, 생베, 다목물 든 것, 약물 · 괴화물 묻은 것, 곰팡 슨 것, 얼룩진 곰팡, 침수하여 곰팡 슨 데, 기름 묻은 것, 기름 온통 묻은 것, 누른 물 묻은 것, 옷의 때 안 지거든
	衣帛不虫法	가죽붙이, 털옷, 초피, 서피에 좀 안 먹게 하는 법
	養蠶桑	養蠶吉日, 出蠶浴蠶吉日, 大忌日, 원잠, 누에 치는 방, 누에가 꺼리는 것, 누에 미역 감기는 법, 고치 켜기, 중국 누에 치는 법, 뽕 기르기, 嫁法, 계각상, 백상, 산뽕, 누에 병 들거든

분류	내용	세부내용
	粧臺錄	鬐品, 畵眉名, 點脣名, 梅花粧, 耳璫, 指環, 가래머리, 女紅
靑囊訣	雜著	香身方, 黑髮長潤法, 面脂法, 辟蟣蝨法
	經驗方	여름옷 곰팡이 없앨 때, 얼룩진 곰팡이 없앨 때, 물에 잠겨 곰팡이 슬었을 때, 누런 물 묻었을 때, 옷에 굴이 묻었을 때, 기름 묻어 찌들었을 때

이와 같이 『규합총서』는 여성의 기록물이라는 특징에 걸맞게 복식의 명칭이나 유래에 대한 고증보다는 실제 옷을 만들 때 필요한 바느질법과 복식을 관리하는 법 등 실질적이고 구체적인 의생활이 많은 부분을 차지하고 있다. 이는 여성으로서 경험에 의한 실질적인 내용을 담아 실용서로서의 역할을 수행하고자 하는 데 그 목적이 있었음을 알 수 있다.

4. 조재삼의 『송남잡지』

조재삼의 『송남잡지』는 총 13책 33류로 분류하였으며, 4천433항목으로 구성되어 있다.[31] 그중에서 의생활 관련 내용은 총 184항목으로 다수가 「의식류(衣食類)」에 포함되어 있으며, 「가취류(嫁娶類)」, 「상제류(喪祭類)」, 「무비류(武備類)」, 「초목류(草木類)」에도 일부 수록되어 있다. 「의식류」에 수록되어 있는 의생활 관련 내용은 의복·관모·직조에 대한 내용과 함께 대·신발·기타 제도·염료·관리 등이 들어 있다. 그 내용을 정리하면 다음의 〈표 4〉와 같다.

---

31 이경미(2011).

〈표 4〉『송남잡지』속 의생활 관련 내용

구분	관모	의복	대 및 신발	부속물	침구	직물·직조	관리	염료	기타
	衰冕	朝服	毛帶	虎鬚	木枕	三升	翰寶齊	丹杭	編髮蓋首
	翼善冠	戎服	緄帶	衿船端紐	六安枕	毻段	機絶針絶	紅藍	冠服華制
	紗帽	緋袍	聖帝帶	胸背	亞字枕	氆氌	剪刀	虎杖	受漢衣幘
	帽	團領	紫錦帶	市	紙被	麗褥		青黛	剃頭元服
	幞頭	褡子	犀帶	冪巾	被池	罷氈		新羅染	怯仇兒
	坎頭	繡襦	鶴頂金帶	揮巾	黃紬被	蒲團			禁胡從華
	緇布冠	鰻裙	紅鞓帶	袖甲	澣巾	白越			頭癢凶性
	雲長巾	氅衣	魚帒	東政	獺辟領坵	筒布			禮義不剃
	儒巾	深衣	象笏	抱服	被池	火浣布			倭髻
	折風巾	道袍	勒子鞋	襷		西洋布			尙白殷制
	網巾	汗衫	鳥以禦泥	囊包		黃苧布			
	複巾	中單	雲鞋			白苧布			兒狗皮
	練巾	襦襖	麻鞋			白氎布			反衣氊裘
衣食類	宕巾	裋衣	靮角			氁布			獺辟領坵
	笠子	上衣	木鞹			紙布			翰寶齊
	羅濟笠	翰林胴衣	漢女革襪			蘭干布			
	白方笠	衲衣				斑布			
	平凉子	犢鼻褌				紅毯			
	貝纓佐盤	唐衣				碧金絲繭			
	玉鷺鳧	袿衣				蝀蠶			
	金玉貫子	靘裙				金蠶			
	納言	褽積				氷蠶			
	耳掩	婦裙五幅				野繭			
	抹額	唐袴				陶海紬			
	風領	窮袴				登成爲升			
	男角女羈	繂衣				一匹四十尺			
	氈毦	行纏				木棉			

구분	관모	의복	대 및 신발	부속물	침구	직물·직조	관리	염료	기타
	閨首	角襪				吉貝			
	雨衣	凌波襪				文萊文英			
	襁褓	反衣甈裘				綿弓			
	汝火					兒狗皮			
	巾幗								
	花冠								
嫁娶類	結髮	生辰上襪					草笠童		
	笄						僧頭扇		
	假髻						鉛粉		
	石雄黃						指環		
							佩針		
							香纓		
							香囊		
							穿耳		
							頰脂		
							花鈿		
喪祭類	脫髦	袝祝	苴杖						
	被髮	斬縗	葛菲						
	頭帣	大紅							
	孝巾	母黨服							
	屈巾	五服							
	方笠	袒免							
	祥冠	師服							
	國恤白笠								
武備類	甈笠	甲冑							
	翟羽辟塵								
草木類								刺桐	

108

『송남잡지』의 특징은 많은 양의 복식류를 수록하고 있으며, 전적으로 백과사전으로서의 역할에 충실하다는 점이다. 각각의 복식에 대해서는 상당 부분이 중국의 전고(典故)를 들어 명칭의 유래, 형태의 변화 등을 기록하고 있으며, 우리나라에 맞는 명칭·형태 등에 대해서 폭넓게 설명하고 있다.

IV. 서유구의 복식 분류

서유구는 복식을 다룸에 있어 단지 36개의 품목만을 다루고 있다. 이익[32]이나 조재삼[33]에 비하면 턱없이 부족하다. 그러나 시골에 사는 사대부 남성으로서 갖추어야 할 복식은 빼놓지 않고 있으며 관건과 의구, 대구는 물론 잡식으로까지 분류하고 있어 사대부가 갖추어야 할 복식이 무엇인지 이상적인 사대부의 차림새가 무엇인지를 말하고 있다. 여기에 사대부의 차림새를 위한 복식의 관리 및 저장뿐 아니라 새로운 미용 도구까지 소개하고 있어 복식의 기원이나 유래, 복식제도의 변화, 복식의 손질법 등을 설명하는 기존의 학자들과는 차이가 있음을 알 수 있다.

먼저 관건으로는 복건·치관·와룡관·동파건·방관·취모·갓과 함께 휘항·풍차를 수록해 놓았으며, 의구에는 도포·심의·학창의·편복·구·전구·배자·등배자를 수록해 놓았다. 또 대구에는 대와 함께

---

[32] 이익은 복식 관련 자료를 「만물문」에 36항목, 「인사문」에 34항목, 「경사문」에 15항목 등 총 84항목을 수록해 놓았다. 이는 이민주(2007)를 참고했다.

[33] 조재삼은 『송남잡지』에 복식 관련 자료를 「의식류」에 149항목, 「가취류」에 15항목, 「상제류」에 17항목, 「무비류」에 3항목 등 총 184항목을 수록해 놓았다. 이는 이경미(2011)를 참고했다.

구·비·극으로 세분하였으며, 잡식으로는 패도·초설·접첩선·모선을 수록해 놓았다.

특히 서유구 복식 분류의 가장 큰 특징은 복식지구와 별도로 관즐지구를 두고 있다는 점이다. 관즐지구는 다시 회조제기(頮洮諸器)를 비롯하여 즐총제기(櫛總諸器)·와구(臥具)·채색(彩色)으로 구분하고 관즐지구를 꾸미기 위한 염료에 대한 기록도 있어 몸을 꾸미기 위한 의복과 장신구뿐 아니라 머리관리의 중요성을 인식하였다는 점에서 차이가 있다. 복식지구와 관즐지구의 내용을 간단히 정리하면 다음의 〈표 5〉와 같다.

〈표 5〉 서유구가 구분한 복식지구와 관즐지구

구분		내용
服飾之具	冠巾	蒻笠, 網巾, 幅巾, 緇冠, 臥龍冠, 東坡巾, 方冠, 毦帽
	衣裘	道袍, 深衣制度, 深衣辨證, 鶴氅衣, 便服, 裘, 氈裘, 褙子, 藤褙子, 水套, 揮項, 風遮, 毛襪, 皮貨
	세탁법	洗笠汚法, 網巾去垢法, 收皮物不蛀法, 收氈物不蛀法, 洗毛氈衣法
	衾褥	衾, 兩衾分合法, 褡, 褥, 枕
	帶屨	帶, 屨, 扉, 屐, 用鞋法
	雜飾	佩刀, 抄舌, 佩囊, 摺疊扇, 毛扇
	女服	簇頭伊, 釵, 衣囊, 唐衣, 圓衫, 鞋
	裁縫諸具	針, 藏針不銹法, 指套, 剪刀, 熨刀, 熨斗, 尺, 砧杵, 桁繩, 桁竿
	儲藏	桅, 彩箱, 柳箱, 衣籠, 衣欌, 藏衣法
盥櫛之具	頮洮諸器	銅盆, 瓷盆, 陶盆, 木盆, 革盆, 漱水碗, 澡豆, 頮盆藉 盥裳, 帨, 浴盆, 硫黃匜, 湯鑵
	櫛總諸器	梳, 笓, 梳帚, 梳刷, 笓挑齒, 鑷子, 剒子, 飮鬖簽, 梳匣, 銅鏡, 磨鏡法, 玻璨鏡, 奩
	臥具	臥床
	彩色	白堊, 硃砂, 倭朱, 臙脂, 大赭石, 石間朱, 紫粉, 黃丹 雌黃, 石中黃, 藤黃, 桃黃, 石靑, 靛花

1. 복식지구

1) 관건(冠巾)

관건에서 서유구가 중요하게 생각한 것은 실제 어디서 나는 관건을 사는 것이 경제적인가 하는 것과 옷에 어울리는 관건이 무엇인가 하는 것이다. 즉 갓을 살 때에는 제주산보다 통영산이 좋다고 하였는데, 그것은 비바람을 잘 견디기 때문이라고 하였으며, 삿갓을 살 때에는 호남에서 나오는 것을 사라고 하였는데, 그것은 호남 사람들이 대껍질을 깎아 가로 세로로 가늘게 짜고, 황칠을 하거나 옻칠을 했기 때문에 다른 것보다 더 오래, 10년은 쓸 수 있기 때문이라고 한 것으로 보아 의생활을 경영하는 데 있어 오래 사용할 수 있는 것을 선택하도록 지도하고 있음을 알 수 있다.

그러나 실용적인 면만을 부각한 것은 아니다. 복건은 심의와 더불어 한가할 때 입는 관과 의복으로서 주자가 『가례』에 실어 마침내 예복이 되었다고 하면서, 요즘은 겨울에는 흑단(黑緞)으로 하고 여름에는 조사(皁紗)로 하니, 시골에 사는 사대부로서 학자의 면모를 드러내기 위해서는 복건과 심의를 계절에 맞춰 입는 것이 중요함을 계몽하고 있다.

또한 서유구는 사대부가 가장 중요하게 생각하는 것이 관모라고 생각하고 다양한 관건을 소개함으로써 시골에서도 사대부의 품위를 유지할 수 있도록 충분한 정보를 제공하고자 하였다. 사대부 남성이 상투를 튼 후 가장 먼저 쓰는 관은 상투관이다. 그는 상투관의 유래를 치관(緇冠)에서 찾고 있다.

『시경』에서는 치관을 치촬(緇撮)이라고 하였는데 촬은 상투를 거두는 작은 관이라고 하였으며, 옛날에는 이를 태고관(太古冠)이라고 했다. 그 제도는 작지만 5량이 있어 지금 사람들이 상투를 묶는 작은 관을 만들었는데 종이로 만들거나 뿔로 만들고 거기에 있는 량에 옻칠을 하는데 이것이 모두 치찰의 유제이다. 『가례』에서 말하는 치관, 『삼재도회』에 있는 오적관(五積冠)이 형제는 조금 크지만 량(梁)이 있고 잠(簪)이 있는 것으로 보아 지금의 상투를 묶는 관과 대체로 비슷하다.[34]

상투관 외에 당시 와룡관·동파관도 사대부들이 자주 사용하는 관이었다. 〈그림 3〉은 『삼재도회』에 있는 와룡관(臥龍冠)이다. 와룡관은 윤건(綸巾)이라고도 하고 제갈건이라고도 하였으며, 우리나라 사람들은 그 제도를 본떠 대오리나 말총으로 엮어 만든다고 한 것으로 보아 형태는 같되 재료를 다르게 함으로써 우리나라에 맞는 관을 착용하였음을 밝히고 있다. 〈그림 4〉는 이하응(1820~1898)이 상투를 튼 후 망건을 치고 탕건 위에 말총으로 엮은 와룡관을 착용하고 있는 모습이다.

〈그림 3〉 제갈건(『삼재도회』 소재)

〈그림 4〉 와룡관을 쓴 이하응
(문화재청, 2007)

---

34 徐有榘, 『林園經濟志』, 「瞻用志」, 服飾之具, '冠巾', "緇冠, 緇布冠. 詩作撮撮, 撮謂撮斂其
髻, 古謂之太古冠, 其制, 小而有五梁, 今人作撮髻小冠, 或褙紙爲之, 或角爲之, 而皆有梁髹
漆, 皆緇撮之遺制也. 若家禮所載緇冠, 三才圖會所載五積冠, 形制稍大, 而其有梁有簪, 則與
今撮髻之冠, 大抵相似也. 『金華耕讀記』."

〈그림 5〉 高裝巾子(宋『會昌九老圖』)

〈그림 6〉 동파관을 쓴 소식   〈그림 7〉 동파건(『삼재도회』)

다음으로 동파건(東坡巾)은 〈그림 5〉와 같이 송나라 때 고장건자(高裝巾子)라고 하여 유행했던 관모이다. 이 관모를 〈그림 6〉과 같이 동파 소식(1036~1101)이 썼다 하여 동파관이라 했다. 그런데 이 동파건이 우리나라에 들어와서는 정자관(程子冠)이라고 불리면서 새로운 제도를 만들게 되었다. 이는 동파가 정자의 관 제도를 보고 일부러 위아래를 뒤집어 모욕한 것이라고 했는데 이는 근거 없는 말로 지금 통용되는 정자관이 바로 동파관이고, 지금 통용되는 동파건은 바로 한때 억지로 만든 제도일 뿐이라고 하였다. 결국 동파관과 동파건이 다른 것으로 보이지만 『삼재도회』에 그려진 동파관을 보면 뒤에 담〔장(牆)〕이 붙어 있는 차이가 있을 뿐 그 외에는 모두 동파관과 같음을 알 수 있다(〈그림 7〉).

결국 〈그림 8〉의 심득경(1629~1710)이 쓴 동파건이 바로 『삼재도회』에 그려진 동파관과 같은 것이며 한때 정자관이라고 불렸던 것으로 보인다. 그러나 19세기에 접어들면서 경화세족들이 동파를 자기들과 동일시하며 그에 대한 애호가 절정에 달하면서[35] 〈그림 9〉와 같이 서직수(1735~미상)가 정확한 동파관을 찾아 쓴 것으로 보인다. 이후 정자관은 동파관과는 다른 별도의 관으로 발전하였음을 〈그림 10〉의 황현(1855~1910)의 모습에서 확인할 수 있다.

〈그림 8〉 동파건을 쓴 심득경 〈그림 9〉 동파관을 쓴 서직수 〈그림 10〉 정자관을 쓴 황현

이 외에도 방관에 대해서는 사각이면서 납작한데 말총을 겹으로 짜 만든 것이 좋다고 하고, 정주와 통영, 충주에서 생산되는 것이 좋다고 하였다. 〈그림 11〉은 윤증(1629~1711)이 치관을 쓰고 방관을 착용하고 있는 모습이며, 〈그림 12〉 역시 이광사(1705~1777)가 방관을 쓰고 있는 모습이다. 이처럼 조선시대 사대부 남성들이 착용한 다양한 관건을 소개함으로써 시골에 사는 사대부라 할지라도 좋은 관건을 선택할 수 있도록 충분한 정보를 제공하고자 했다.

35 이현일(2010), 200면.

〈그림 11〉 방관을 쓴 윤증　　　　　〈그림 12〉 방관을 쓴 이광사

그러나 한편으로는 관건에 대한 사치를 비판함으로써 올바른 관건을 선택하는 것이 중요하다는 점을 강조하는 것도 잊지 않았다. 사대부 남성의 관건 중 겨울에 쓰는 취모는 양(羊)만 있으면 쉽게 만들 수 있는데도 하찮은 취모를 사기 위해 귀중한 은을 중국에 주는 것은 생각이 없는 행위라고 비난하였다. 이처럼 우리나라 실정에 맞게 관건을 쓰는 것에 대해서는 정보를 제공하면서까지 사대부로서의 품위를 지키게 하는 데 적극적이었으나 필요 없는 관건을 착용하는 것에 대해서는 거침없는 비난을 함으로써 올바른 복식문화를 만들고자 하였음을 알 수 있다.

2) 의구(衣裘)

의구는 옷과 갖옷이다. 이렇게 분류한 것은 복식에서 계절의 중요성을 깨닫고 있었음을 방증하는 것이다. 휘항이나 풍차는 방한용 모자임에 틀림없다. 그럼에도 이를 관건으로 구분하지 않고 의구에 넣은 것은 계절에 대한 의미가 더 크게 작용했다고 생각한다.

먼저 의를 보자. 시골에 사는 사대부 남성에게 있어서 가장 중요한 옷은 도포·심의·학창의이다. 이들은 모두 유자의 옷으로 그중에서도 흉사와 길사에 모두 입을 수 있는 도포는 편복 중에서 가장 상(上)에 해당하는 옷이다. 다만 길사에는 푸른색을 입고 흉사에는 흰색을 입는다고 하였다.[36] 최근에는 간혹 면포로 짓기도 한다고 하여 세태가 변하고 있음을 전할 정도로 도포에 대한 관심이 높았음도 알 수 있다. 그런데 한 가지 이해할 수 없는 것은 도포를 만들 때 겨울이건 여름이건 모두 모시로 만든다고 한 내용이다. 원래 모시는 찬바람이 불기 시작하면 입을 수 없는 옷이기 때문에 단오가 시작하는 여름부터 추석 전까지 입는 것이 일반적인 상식이기 때문이다.

다음은 도포에 대한 유래이다. 서유구는 『열하일기』를 인용하면서 도포의 유래를 신라에서 찾고 있다. 신라는 중국의 여자들과 승려·도사들이 입던 제도를 받아들인 것으로 천여 년이 지났음에도 여전히 바꿀 줄 모른다고 하면서, 도포가 중국에서 유래하였음을 밝히고 있다. 그러나 이에 대해서는 이익이 『문헌통고』에서 말한 구(裘)가 지금의 도복임을 밝히면서 도복과 도포는 다른 것임을 고증하였으므로 이익의 말을 들어 보자.

도복은 깃을 비스듬히 하여 뒷자락과 어울리게 한 것이 지금 긴 배자와 흡사한데 조금 다른 것은 배자는 양쪽 옆이 트여 있으며, 도복은 양쪽

---

36 徐有榘, 『林園經濟志』, 「瞻用志」, 服飾之具, '道袍', "儒服也. 朝士, 家居, 亦服之. 吉事, 用青苧袍, 弔祭, 用麻布白袍; 無冬無夏, 皆以苧麻. 近或有冬服綿布者. 『金華耕讀記』."

뒷자락이 나란히 드리워지는 것으로 우리나라 유생들이 입는 포와 서로 비슷하다.[37]

도복과 우리나라의 도포가 결정적으로 다른 것은 뒷길이 중앙에서 나란하게 내려오는 것은 도복과 같다 그러나 도복은 뒷길이 배자와 같이 나란히 갈라져 내려온 것이지만 도포는 옆선에 무를 달아 양쪽에 붙은 무가 갈라진 형태이며, 그 위를 뒷길이 덮고 있어 가운데 갈라진 것이 보이지 않게 한 것이다. 이는 말을 탈 때 편리하게 하기 위한 것이면서 엉덩이가 보이는 것을 막기 위한 새로운 구성방식인 것이다. 따라서 우리나라의 도포는 도복과는 다른 형태로 발전한 것으로 판단된다. 〈그림 13, 14〉의 『삼재도회』에 실려 있는 승의와 도의는 갖옷에서 출발하여 양쪽 뒷자락이 옆선을 휩싸이게 한 것이므로 우리나라의 도포(〈그림 15〉)와는 차이가 있음을 확인할 수 있다.

〈그림 13〉 승의(『삼재도회』)   〈그림 14〉 도의(『삼재도회』)   〈그림 15〉 이혁(1661~1722)이 입었던 도포

---

37 이익, 『성호사설』, 「만물문」 제4권, 구(裘).

다음으로 심의는 논란이 많은 옷이지만 향촌에 사는 선비들이 편복으로 삼고자 했기 때문에 논란이 된 속임구변(續衽鉤邊)을 정리하는 데 총력을 기울였다. 그는 속임구변을 다음과 같이 정리했다.

임을 연결해 하상(下裳)이 나뉘지 않게 꿰매는 것으로 임은 구부러진 형태이며 곡거와 연미는 같으며 뒤에 위치한다. 즉 구부러진 모양의 곡거 형태와 같은 임이 양옆에 있어 치마가 연결되게 꿰매는 것이 속임구변이다(〈그림 16〉).

〈그림 16〉 심의 후도(서유구, 『楓石鼓篋集』 卷第三)

따라서 속임구변은 뒷모습에서 결정된다고 생각하여 그의 문집에는 심의의 뒷모습을 실어 놓았다.[38]

학창의는 창의의 깃·소매·단에 검정색 선을 댄 옷이다. 당시 도학자적 삶을 살고 싶어했던 사대부들에게 인기가 있었던 옷이다.[39] 서유구는 심의조차도 팔꿈치를 돌릴 수 있을 정도로 만들어야 된다고 하면서

---

38 차서연(2011), 39면.
39 이민주(2005), 270~271면.

학창의를 지을 때에는 소매제도부터 바로잡아야 한다고 했다. 이는 크고 넓은 소매를 줄여 간편하게 만듦으로써 도학자의 면모는 갖추되 간편한 복장이 임원에서 생활하는 데에는 편리하다고 생각했기 때문일 것이다.

한편 학창의는 심의와 형태가 비슷하다고 하지만 구체적인 제도에 있어서는 차이가 있다. 심의는 의와 상을 따로 재단하여 연결한 상하연속의(上下蓮續衣)지만 학창의는 흰 창의의 가장자리에 검은 헝겊으로 넓게 선을 두른 의상연의로서 구성에 있어 차이가 있다. 또한 깃의 형태는 심의와 같이 직령과 방령이 있다.

〈그림 17〉 이혁(1661~1722)의 중치막   〈그림 18〉 김병기(1818~1875)의 협수포

이 외에 서유구는 유학자가 입을 수 있는 바람직한 옷으로 '편복'을 제안하였다. 〈그림 17〉과 같이 흔히 중치막이라고 하는 제도를 따르되 약간 변통하여 양 옆에 무를 대고 앞뒤를 두루 잇되, 오직 등허리 아래만 갈라 말 타기에 편리하게 하자고 했다. 다만 중치막과 다른 것은 편리함을 좇아 소매를 줄이자는 것이었다. 그리고 봄과 겨울에는 겹옷으로 하고 여름과 가을에는 홑옷으로 하며 아주 추운 겨울에는 겹 안에 솜을 두어 추위를 막을 수 있도록 하자고 하였으니 한 가지 옷이라도

구성을 달리하면 사계절을 입을 수 있다고 했다. 더욱이 편복일지라도 손님이 오면 띠를 묶고 제사나 연회에 참여할 때에는 그 위에 도포를 입으면 예를 표할 수 있다고 하였으니 예를 표현하는 동시에 편안함을 강조하고 있다.

여기서 서유구가 말한 편복은 바로 〈그림 18〉과 같은 협수포가 아닐까 생각한다. 협수포는 소매의 색을 달리하는 것만 빼면 무가 연결되고 소매가 좁아 서유구가 말한 편복으로서 손색이 없다. 또 조선 말 주의 (周衣)와도 유사하다.

다음은 서유구의 구(裘)에 대한 생각을 들어 보자. 그는 가죽으로 만든 옷을 통틀어 '구'라고 하였으며 그중에서 담비나 여우를 귀하게 여기고, 양이나 고라니에 이르기까지 가격에 등급이 있다고 하여 털의 종류에 따라 귀천을 구분하였다. 그런데 왜 우리나라에서 구하기도 힘들고 값도 비싼 갖옷을 향촌에 사는 사대부를 위해 기록해 놓았을까? 이는 시골이야말로 추위로부터 몸을 보호해야 안락한 생활이 이루어질 수 있다고 믿었기 때문에 다양한 가죽 옷에 관심을 가질 필요가 있다고 생각한 것으로 파악된다. 갖옷은 옛날에는 길이가 의(衣)와 나란하였는데 우리나라에서는 크기와 길이가 일정치 않았으며 지금은 온몸을 둘러 주의와 같이 만들기도 하고 배자처럼 만들기도 하는 등 가죽옷의 활용이 다양해지고 있음을 기록하였다. 또 옷을 여미는 데에도 은·호박·밀화 등의 단추를 사용함으로써 간편함을 좇는다[40]고 한 것으로 보아 시골에 산

---

40 徐有榘, 『林園經濟志』, 「瞻用志」, 服飾之具, '古之裘制', "長與衣齊, 我東, 則長短大小不一. 或周身環掩, 如今周衣「俗呼두루마기」, 或半臂方領兩襟對下, 長僅護腹, 如今褙子, 或長及踝脛, 而前後不相連屬, 如今俗所謂冬衣「동웃」, 又有如今裏衣「俗呼져고리」者. 其衣, 或以綃緞, 或以紬絹, 靑·紫·沈香·錦香駝色, 無所不可, 獨不得用紅黃兩色. 其兩襟對下者, 用銀紐, 或琥珀·蜜花等紐. 『金華耕讀記』."

다 할지라도 세상의 변화를 빨리 인식하고 그에 알맞은 복식을 착용할 수 있어야 편안한 시골생활이 보장된다고 판단한 것으로 생각된다.

또 추위를 막기 위한 전구(氈裘)의 효용에 대해서도 기록해 놓았다. 전구는 털로 짜서 만든 옷으로 갖옷 못지않다고 했다.[41] 이 외에도 추위를 막기 위한 방한구로 휘항·풍차·토시·털버선 등을 들었다. 여기에서는 주로 가죽과 관계된 내용을 적고 있으므로 가죽을 관리하는 법도 기록해 두었다. 가죽 옷은 그동안 시골에서는 많이 입을 수 없는 것이었으므로, 이에 관한 관리를 제대로 하는 것이 중요하다고 생각했을 것이다. 가죽은 원화(芫花) 가루를 넣으면 좀이 안 슨다고 하였으며, 쑥을 말아 항아리에 넣고 진흙으로 입구를 막거나 산초나무 열매를 말아 거둬도 된다고 했다.[42]

의구에서는 주로 시골에 사는 사대부의 편복에 대한 이야기이면서 겨울옷에 대한 이야기가 주를 이룬다. 이는 시골 생활에서 추위는 견디기 힘든 자연조건이기 때문이다. 따라서 시골에서 살 때 꼭 필요한 것이 추위를 막아 주는 것이며, 그에 관계된 것은 비록 휘항·풍차·토시·모말(毛襪) 등으로 의구에 속하는 것은 아니지만 갖옷의 의미를 부각시키고자 본 항목에 넣은 것으로 이해된다.

3) 대구(帶屨)

서유구는 대와 구에 있어서도 시골에서 필요한 내용을 적고 있다. 결국 남자는 가죽으로, 여자는 비단실로 띠를 만들었는데 우리나라 여자

---

41 徐有榘, 『林園經濟志』, 「贍用志」, 服飾之具, '氈裘', "…… 其防風禦寒, 不下毛裘. 『金華耕讀記』."
42 徐有榘, 『林園經濟志』, 「贍用志」, 服飾之具, "皮貨, 用芫花末糝之, 不蛀. 或以艾捲放甕中, 泥封其口, 或花椒捲收, 亦得. 『農桑撮要』."

들은 띠가 필요 없으므로 결국 실띠를 남자들이 하게 되었다고 한다.[43] 대는 각대만 관복에 하는 것이고 편복에는 세조대나 광다회 등 끈목을 이용한 띠를 한다.

풀로 만든 신을 비(屝)라 하고, 마로 만든 것은 리(履)라 하며, 가죽으로 만든 것은 구(屨)라고 한다고 했다.[44] 또 가죽에 대해서는 사슴가죽이 제일 좋고 다음이 노루가죽이며, 다음은 당나귀 새끼 가죽으로 만든 것인데 기름을 바르고 못을 박으면 진흙탕에서도 신을 수 있는 니혜(泥鞋)가 된다고 했다.[45] 갖신은 관서 사람들이 잘 만든다고 했다.

짚신은 미투리와 짚신으로 분류해 놓고, 산이나 계곡에 사는 사람들은 짚신을 많이 비축해 놓아야 한다고 했다. 또 나막신은 진흙탕에서 신을 때 좋고 통영에서 만든 것으로 인두로 지진 것이 좋다고 함으로써 시골에서도 나막신을 주로 사 신었기 때문에 구매와 관련한 정보도 제공하고자 하였다.

또한 신발을 오래 신으려면 관리를 제대로 하는 것이 중요하다고 생각했다. 따라서 신발은 항상 햇볕에 말려 사용하고 바닥이 젖으면 쉽게 망가지기 때문에 2~3컬레씩을 장만하여 바꿔 가며 신고 말려 두는 것이 좋다고 했다.[46]

진신도 젖은 베로 닦고 깨끗이 문질러 바람 불고 건조한 곳에서 말려

---

43 徐有榘, 『林園經濟志』, 「贍用志」, 服飾之具, '帶', "古者, 男用革, 女用絲, 我東婦女無帶, 而絲帶遂爲男子之用……. 『金華耕讀記』."

44 徐有榘, 『林園經濟志』, 「贍用志」, 服飾之具, '履', "『字書』, 艸曰屝, 麻曰履, 皮曰屨, 黃帝臣於則造, 然說文云, 屨, 履也, 鞮也……. 『金華耕讀記』."

45 徐有榘, 『林園經濟志』, 「贍用志」, 服飾之具, '履', "……鹿皮造者, 佳, 獐皮次, …… 其用驢兒皮造, 而灌油着釘, 可衝泥淖者, 曰泥鞋……. 『金華耕讀記』."

46 徐有榘, 『林園經濟志』, 「贍用志」, 服飾之具, '用鞋法', "鞋底, 要常晒, 極乾, 則經久, 要知鞋底潮濕則易壞. 鞋用二三雙, 更換穿晒, 最妙. 『人事通』."

두는 것이 좋으며 기름칠을 자주 해 망가지지 않도록 할 것이며, 징신은 징이 떨어지지 않도록 관리해야 하며, 나막신은 햇빛에 말리면 껍질이 터지므로 주의가 필요하다고 했다. 서유구가 이처럼 신발 관리법을 자세히 싣고 있는 이유는 무엇일까? 시골에서 최고의 교통수단은 신발이다. 그런 점에서 신발 관리에 대한 중요성은 아무리 강조하여도 지나치지 않았을 것이다.

4) 잡식(雜飾)

시골에 살면서 무슨 장신구가 필요할까 하는 생각이 먼저 든다. 그러나 서유구는 시골에서의 이상적인 삶을 꿈꾼 사람으로서 사대부의 품위를 잃지 않기 위한 최소한의 장식은 필요하다고 판단했다.

패도는 작은 칼이다. 재료로 서(犀) · 대모(玳瑁) · 침향(沈香) · 흑각(黑角) · 화리(華梨)를 이용하여 자루와 칼집을 만든다. 일본식은 오동(烏銅)에 투각을 한 것[47]이 있다고 소개하였으며, 패도에 상아 젓가락을 끼워 넣은 것도 있어 대에 걸어 장식을 할 수 있다고 했다. 이는 요패의 유속으로 대에 간단하게 필요한 물건을 걸어 장식적인 효과와 실용적인 목적을 추구한 것으로 보인다.

다음은 초설(抄舌)이다. 초설은 상아로 만들며, 마치 붓두껍과 같아 안에는 귀이개와 이쑤시개 등을 넣고 자색 혹은 청색 실로 끈을 만들어 옷에 끈으로 찬다고 했다. 초설은 상아뿐 아니라 옥석 · 금패 · 호박 등을 사용하여 약간 크게도 만들고 팔각형이나 육각형으로도 만든다고 하였다.[48]

---

47 徐有榘, 『林園經濟志』, 「贍用志」, 服飾之具, '佩刀', "衣帶小刀. 用犀 · 玳瑁 · 沈香 · 黑角 · 華梨, 爲柄鞘. 或有烏銅鏤柄, 倭制也. 『京都雜志』."

48 徐有榘, 『林園經濟志』, 「贍用志」, 服飾之具, '抄舌', "用象牙爲之, 形如筆套, 內藏兀耳挑齒,

주머니는 갖가지 채단으로 만들어 둥근 모양이나 각진 모양을 달며 여기에 자색·청색 실로 끈을 만들어 허리춤에 차는데 속에는 부싯돌·족집게 등을 담는다.[49] 이상은 모두 허리띠에 달아 장식하는 것으로 실용적인 목적을 겸하고 있음을 알 수 있다.

부채는 단선(團扇)과 접첩선(摺疊扇)이 있다. 우리나라의 부채는 전주·남평 등의 고을에서 나는 것이 좋고 근래에는 아청색 부채가 있어 높이 친다고 했다.[50] 또 부녀자들은 여러 색깔의 단선을 지니며, 남자들은 주로 접첩선을 들고 거기에 금강산 일만이천봉을 그려 넣거나 나뭇가지·복숭아 꽃·나비·부용·은빛 붕어·백로·원앙 등을 그려 넣는 것을 좋아한다고 하였으며,[51] 우리나라 사람들은 길고 넓은 부채를 고급으로 치기 때문에 대살이 많이 들어가 동남쪽에 있는 아름다운 대숲이 없어지는데도 부채 선물을 많이 하고 있음을 안타까워했다. 그는 서재에서는 중국이나 일본의 부채를 쓰는 것이 좋은데 이는 부채가 비록 짧고 작지만 살이 단단하고 양면으로 종이를 붙여 바람을 잘 일으키기 때문이라고 했다.

다음은 모선(毛扇)이다. 모선은 손을 따뜻하게 하고 얼굴을 보호하기 위해 쓰는 것으로 수달피가 좋다고 하였으며, 봄가을에는 비단으로 하면 먼지를 막을 수 있다고 했다.[52]

　　青紫絲爲纓, 佩在衣纓, 或用玉石錦貝琥珀等, 則刑制稍大, 多作八稜六稜.『金華耕讀記』."
49 徐有榘,『林園經濟志』,「贍用志」, 服飾之具, '佩囊', "用諸色彩緞爲之, 方圓隨意, 青紫絲爲纓, 佩在腰間, 內藏火鎌鑷子等物.『金華耕讀記』."
50 徐有榘,『林園經濟志』,「贍用志」, 服飾之具, '摺疊扇', "…… 我東扇, 以全州·南平等邑産, 爲佳.『京都雜志』."
51 徐有榘,『林園經濟志』,「贍用志」, 服飾之具, '摺疊扇', "…… 多畫金剛一萬二千峯. 近俗, 喜寫折枝,桃花, 蝴蝶, 芙蓉, 銀鯽, 鷺鷥.『京都雜志』."
52 徐有榘,『林園經濟志』,「贍用志」, 服飾之具, '毛扇', "冬持毛扇, 其制, 兩柱, 裹以貂頷黃毛, 作竹節狀, 聯以黑緞一幅. 或用獴皮裹柱, 取其煖手護面也. 春秋, 用紗幅障塵, 獐革裹柱.『京

이상에서 살펴본 바와 같이 서유구가 특별히 관건·의구·대구·잡식으로 구분한 것은 시골에 사는 사대부로서 품위를 지키기 위한 물품들을 소개하고 그에 대한 충분한 정보를 제공함으로써 경제적인 의생활을 영위할 수 있도록 유도한 것으로 보인다.

2. 관즐지구

1) 회조제기(類洮諸器)

회조제기 중 가장 대표적인 것은 대야[분(盆)]이다. 대야의 종류로는 구리·사기·질·나무·가죽 등이 있는데 그중에서 가장 약하고 쉽게 깨지는 것은 도분(陶盆)이며, 목분(木盆)은 나무 위에 옻칠을 하거나 기름을 발라 햇빛에 여러 번 말려서 써야 한다고 했다. 또 동분(銅盆)은 옛 제도를 가장 잘 반영하는 것이지만 지금은 주전자[이(匜)]만 있고 쟁반인 반(槃)이 없어 옛 제도를 잃었다고 하면서 원래는 주전자를 이용하여 반에 물을 부어 사용하는 것인데 지금은 반이 없이 주전자에 대고 세수를 하니 더러운 물로 낯을 씻고 깨끗해지길 구한다면서 옛 제도를 따라야 한다고 했다.[53] 또 『지세사(知世事)』를 인용하면서 세숫대야는 구리대야를 써야 금의 기운을 구리에서 얻을 수 있으므로 유익하다고 했다.[54] 또한 우리나라의 광주에서 나오는 백자대야는 가장자리가 넓고 회청으로 잉어 2마리가 물에서 뛰어오르는 모양을 하고 있어 좋은데 다

都雜志』."

[53] 徐有榘, 『林園經濟志』, 「瞻用志」, 盥櫛之具, '銅盆', "…… 今人盥洗, 有匜無槃, 只用兩手, 就匜掬水洮面, 仍注匜中. 再掬以後, 皆是塵垢渾濁之餘, 還用洮面, 求其澡潔……."

[54] 徐有榘, 『林園經濟志』, 「瞻用志」, 盥櫛之具, '銅盆', "…… 面盆須用銅 …… 銅乃金氣, 甚爲有益. 『知世事』."

만 무르고 쉽게 깨지는 것이 흠이라고 했다. 그런데 청나라에서 본 사기 그릇은 양 뺨에 도철(饕餮)을 하고 입에는 큰 고리를 물려 동이로 딱 좋지만 무거웠다고 한 것으로 보아 사기가 좋은 동이가 될 수 있다고 생각한 것으로 보인다.

일찍이 동관역에서 녹색 사기로 만든 사발을 하나 보았는데 크기가 7위이고 두께는 1촌이며 높이는 3, 4촌 정도였다. 위는 수록색의 유리이고 양 뺨에는 도철을 하고 입에는 큰 고리를 물려 세수하는 동이로 아주 적합하지만 무거워서 멀리까지 갈 수 없다.[55]

그러나 가장 오래 쓸 수 있는 것은 가죽으로 만든 동이라고 하였다. 먼저 나무로 동이를 만들고 그 위에 가죽을 입힌 다음 주둥이 부분은 주름을 잡아 단단히 조이고, 기름을 입힌 후 옻칠을 하면 땅에 던져도 깨지지 않고 아주 오래간다고 하였으므로 서유구는 가죽 동이를 가장 실용적인 것으로 생각하였음을 알 수 있다.

2) 즐총제기(櫛總諸器)

즐총제기는 소(梳)·비(篦)·소추(梳帚)·소쇄(梳刷)·비도치(篦挑齒)·섭자(鑷子)·민자(剧子)·염빈첨(斂鬢簽)·소갑(梳匣)·동경(銅鏡)·마경법(磨鏡法)·파려경(玻瓈鏡)·염(奩)을 수록해 놓았다. 이러한 내용은 기존의 기록에는 보이지 않으므로 서유구의 생각을 읽을 수 있는 귀중한 자료이다.

---

55 徐有榘, 『林園經濟志』, 「贍用志」, 盥櫛之具, '瓷盆', "嘗於東關驛, 見一綠瓷甌, 其大七圍, 厚一寸, 高三四寸. 上銹綠琉璃, 兩頰爲饕餮, 口含大環, 正合盥盆, 而重不可遠致. 『熱河日記』."

(1) 소(梳)·비(篦)

머리손질을 하기 위해 필요한 것이 빗이다. 더욱이 머리를 자주 감을 수 없을 때 제일 손쉬운 방법이 빗질이다.[56] 빗살이 성근 것을 얼레빗이라 하고 촘촘한 것을 참빗이라고 하는데 얼레빗을 소, 참빗을 비라고 한다(〈그림 19, 20〉). 먼저 얼레빗으로 헝클어진 머리카락을 정리하고 다음으로 머리를 곱게 빗을 때 참빗이 필요하다. 얼레빗은 소뿔이나 산유목으로 만들고 제주에서 나는 것이 좋은데 상아로 만든 빗은 헝클어진 머리를 빗는 데 효과적이라고 했다. 이러한 것은 실제 사용해 봐야 어떤 재료로 만든 빗이 좋은지 알 수 있다. 어려서부터 좋은 음식과 좋은 옷을 입어 본 서유구의 경험이 반영되었음을 알 수 있다. 참빗은 대나무를 재료로 하니 영남과 호남에서 만들 수 있으며 호남에서도 영암 것이 좋다고 했다. 참빗은 들기름을 발라 햇볕에 말리면 빗살이 부러지지 않아 오래 사용할 수 있다고도 하여 일상에서 매일 사용하는 빗의 관리법을 기록하고 있다.[57]

〈그림 19〉 얼레빗(국립민속박물관 소장)

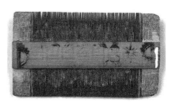

〈그림 20〉 참빗(국립민속박물관 소장)

---

56 이민주(2013), 132면.
57 徐有榘, 『林園經濟志』, 「贍用志」, 盥櫛之具, "湖南靈巖造者, 尤佳. 凡用篦, 先以荏油刷光, 待乾透, 始用櫛髮, 則齒不折⋯⋯ 『金華耕讀記』."

(2) 소추(梳帚) · 소쇄(梳刷)

머리를 손질하는 데 빼놓을 수 없는 것이 빗솔이다. 소성(梳省) · 소자(掃子) · 쇄자(刷子)라고도 한다. 모두 빗의 때를 벗기는 데 사용하는 것으로 솔은 말총으로 만들고 손잡이는 뼈 · 뿔 · 나무 등으로 만든다. 〈그림 21〉은 동물의 뿔을 조롱박 모양으로 깎아 겉면에 주칠을 하고 수(壽) 자와 복(福) 자를 새겨 넣은 빗솔로 끝에는 돼지털로 된 솔을 달았다.[58] 〈그림 22〉와 같이 빗솔에 빗치개를 달아 때를 뺄 수 있게 한 것도 있다. 소쇄의 말총은 채색하기도 한다고 하였으므로 실용만을 우선시하지는 않았다.

〈그림 21〉 소추(석주선기념박물관, 2012)   〈그림 22〉 소추(국립민속박물관 소장)

(3) 비도치(笓挑齒)

다음은 가리마를 탈 때나 빗의 때를 뺄 때 사용하는 비도치(笓挑齒)이다. 빗치개라고도 하는데 비도치의 형태 및 용도에 대해 상세하게 기록해 놓았다.

빗치개는 소뿔로 만드는데 동그란 동전처럼 가운데 둥근 구멍이 있고

---

58 국립고궁박물관(2014), 328면.

둘레가 종잇장처럼 얇기도 하고 자루 있는 가래나 삽처럼 머리 쪽은 약간 둥글고 끝은 송곳처럼 날카롭고 가늘게 만들어 부인들이 가리마를 타는 데 쓰기도 하니 한 물건에 두 가지 쓰임이 있다.[59]

〈그림 23〉과 같이 빗치개는 한쪽 끝이 둥글고 얇아서 때를 빼는 데 사용하고 다른 한쪽은 가늘고 뾰족해 가르마를 타는 데 사용하였다.

〈그림 23〉 비도치(국립민속박물관 소장)

(4) 섭자(鑷子)

섭자(鑷子)는 족집게이다. 족집게는 쇠로 만들고 흰 것을 뽑는다고 하였다.[60] 흰 것은 머리카락이나 눈썹·수염 등이다. 남성들은 눈썹과 수염 등을 주로 뽑았을 것으로 이해되지만 여성들은 눈썹을 다듬는 데 사용하였다. 족집게는 직접 피부에 닿기 때문에 더욱 좋은 것을 써야 한다고 강조한다. 서유구는 중국산 황동 족집게 겸 빗치개가 좋다고 하였으며, 구리와 은을 섞어 만든 족집게가 좋다고도 했다.[61] 또 『화한삼재

59 徐有榘, 『林園經濟志』, 「贍用志」, 盥櫛之具, '笓挑齒', "用牛角爲之, 或正圓錢, 而中有圓孔, 四邊薄如紙, 或形如有柄枕錫, 而頭邊微圓, 尾稍尖織如錐穎. 爲婦人掠分頂髮之用, 一物而 具二用者也. 『金華耕讀記』."

60 徐有榘, 『林園經濟志』, 「贍用志」, 盥櫛之具, '鑷子', "鐵爲之, 所以拔白者也……. 『金華耕 讀記』."

61 徐有榘, 『林園經濟志』, 「贍用志」, 盥櫛之具, "華造黃銅鑷子兼挑齒者, 佳. 三分銅七分銀, 同 鍊作鑷子, 尤佳. 『金華耕讀記』."

도회』를 인용하여 오래된 배의 못으로 만든 족집게가 좋다[62]고도 하여 일상에서 자주 사용하는 물건은 특히 좋은 것을 사용할 수 있도록 다양한 정보를 제공하고 있음을 알 수 있다.

(5) 민자(刡子)·염빈첨(斂鬢簽)

서유구는 새로운 자료에 대한 소개도 빼놓지 않았다. 그중 대표적인 것이 민자와 염빈첨이다. 서유구는 민자가 부인의 머리카락을 가르는 도구이고 형태는 빗솔과 아주 비슷하지만 크기가 작다[63]고 설명하고 있다. 그러나 '민(刡)' 자는 옥편에 '삭(削)'이라고 하였으므로 잔털을 제거할 때 사용하는 작은 칼 종류가 아닌가 한다. 일본에서는 이를 체도(剃刀)라고 하여 머리털을 깎거나 얼굴에 난 잔털을 면도할 때 사용하는 것으로 〈그림 24〉와 같이 면도를 하기 위한 작은 칼로 이해된다.

〈그림 24〉 체도
(村田孝子, 2007)

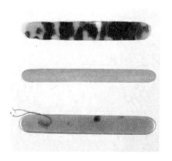

〈그림 25〉 염빈첨
(단국대학교 석주선기념민속박물관 소장)

---

62 徐有榘, 『林園經濟志』, 「贍用志」, "鑷櫛之具, 用古船釘爲鑷者, 良. 『和漢三才圖會』."
63 徐有榘, 『林園經濟志』, 「贍用志」, 鑷櫛之具, '刡子', "婦人掠髮具也. 形制, 酷類梳帚而小. 『金華耕讀記』."

염빈첨은 **뼈나 뿔**로 만드는데 귀밑털과 머리카락을 쓸어 망건 속으로 넣는 것이라고 하였으므로 살쩍밀이를 뜻하는 것이다(〈그림 25〉). 머리카락을 밀어 넣는 것으로 '염발대'라고도 하지만 표준어는 살쩍밀이로 쓰고 있다. 서유구는 이 살쩍밀이를 염빈첨이라고 하였으며, 대모로 만든 것이 좋고 고래수염으로 만든 것이 그 다음이라고 하였다.[64]

조선시대 사대부들은 살쩍밀이를 가지고 다니면서 수시로 사용했다고 하는데, 흩어져 내려온 살쩍을 밀어 넣거나 망건으로 인한 두통에서 잠시 벗어나고자 할 때 사용한 것으로 이해된다. 사대부 남성들은 망건을 벗고 나면 1/8인치 정도가 패여 있을 정도로 단단히 묶어 편두통에 시달렸다고 하므로 이때 염빈첨을 요긴하게 사용하였다.

(6) 소갑(梳匣) · 염(奩)

소갑은 빗함을 일컬으며, 염은 화장도구를 말한다. 빗함은 일반적으로 들고 다니는 빗접이 아닌 나무로 목침이나 큰 궤짝처럼 만들어 문을 달아 열고 닫았으며, 그 안에 빗 · 참빗 · 빗솔 · 빗치개 · 퇴발낭[65] 등을 넣었다. 갑은 안팎에 모두 옻칠을 하고, 오동나무로 만들며 인두로 지져 침향색이 나게 한다.

남성들은 상투를 틀거나 의관을 바로잡을 때 경대를 사용하였는데 여성의 것에 비해 크기가 작고 소박하다. 바닥에 앉은 자세에서 사용하기 알맞게 거울을 폈을 때 적당한 경사가 지도록 제작되었다.

부인의 소갑은 남자의 것보다 크기가 크고 구성도 다양하다. 크기는 두(斗)와 같고 높이가 1척이 넘는다. 구름을 조각한 다리가 있기도 하고

---

64 徐有榘, 『林園經濟志』, 「瞻用志」, 盥櫛之具, "玳瑁造者, 佳, 鯨鬚, 次之. 『金華耕讀記』."
65 퇴발낭은 빠진 머리카락을 담는, 기름종이로 만든 주머니이다.

다리가 없기도 하다. 가운데에는 격판을 설치해 상하로 나누고, 위 가운데를 또 나누어 횡판을 설치하고 짧은 담을 설치함으로써 좌우를 나누기도 한다. 왼쪽에는 얼레빗·참빗·빗솔·빗치개·족집게·민자 류 등을 넣고 오른쪽에는 퇴발낭을 넣는다. 아래쪽에는 빼는 서랍을 만들어 분·연지·비누·양치용 소금·육향고(六香膏) 등의 향기가 나고 윤택하게 하는 것 등을 넣는다.

퇴발낭을 만드는 방법도 자세히 수록해 놓았다.

기름 먹인 노란 두꺼운 종이를 가로 세로로 각각 3번씩 접고 그것을 펼치면 접은 무늬가 정(井)이 되는데 그것을 접으면 하나의 정이 된다. 크기와 넓이는 소갑 위 칸의 입구에 맞추어 남거나 모자라지 않게 한다. 칼을 이용해서 정 중앙에 있는 정자의 안을 사각이 교차하게 두 번 획을 긋는다. 그러면 정 중앙의 정이 삼각형이 4개가 된다. 그대로 일으켜 세운다. 위쪽의 네 면에는 풀을 붙이되 경계에 이르면 그친다. 남은 종이는 잘라 내고 머리를 빗을 때에는 장지를 무릎 위에 펼치고 머리카락과 때를 받는다. 빗질이 끝나면 다시 접어 둔다.[66]

소갑은 덮개도 있고 다리도 있다. 덮개는 추목(楸木)으로 하고 화리색으로 물들이기도 한다. 덮개는 접은 종이 위에 있어서 꼭대기를 덮는다. 못은 둥근 구리환으로 하면 편리하게 여닫을 수 있다. 통영에서 만든 것에 옻칠을 하고 나전으로 꽃과 새 그림을 넣으면 더욱 좋다.[67]

---

66 徐有榘, 『林園經濟志』, 「瞻用志」, 鹽櫛之具, "另用油黃錢厚紙, 縱橫各三摺疊, 展之, 則摺紋爲九井, 卷之, 則九井合爲一井. 大小廣狹, 與梳匣上格之口相敵, 無剩無縮. 用利刀, 就正中一井之內, 四角交叉, 畵劃兩道, 則正中一井, 便作三角形四矣. 仍揭起, 糊付於上格四牆內面, 竟牆而止, 剪去剩紙. 每梳櫛時, 張紙膝上, 以受髮垢, 櫛畢, 如前卷摺. 『金華耕讀記』."

다음은 화장 도구를 담는 염(奩)이다. 서유구는 지금의 경대(鏡臺)라
고 하였으며 지금의 벼루갑과 같이 3칸으로 나누어 아래쪽 2칸에 서랍
을 달고 앞에 두 짝의 문을 달고 위에 덮개를 덮는다. 속에는 옻칠을
하고 밖에는 주칠을 하여 황동 장식을 했다(〈그림 26, 27, 28〉).

〈그림 26〉 남자 경대
(국립민속박물관 소장)

〈그림 27〉 여자 경대
(전완길, 1999)

〈그림 28〉 일본 경대
(村田孝子, 2007)

분·연지·유랍 등 향기 나고 윤택하게 할 수 있는 여러 가지 것들을
각각 작은 병에 담아 보관하였는데 그러한 병합은 일본 사기그릇에 금
벽으로 그림을 그린 것이 좋다고 하였으며, 성천의 옥돌로 만든 것이 그
다음이라고 했다.

경대에는 대체로 거울을 붙인다. 거울이 작으면 위 칸에 담고, 경대가
크면 경대 위에 설치한다고 했다.[68] 거울은 『천공개물』과 『몽계필담』의

67 徐有榘, 『林園經濟志』, 「瞻用志」, 盥櫛之具, "蓋在匣上, 或用楸木染作花梨色, 有蓋有底, 如
    今俗硯匣樣. 其蓋套, 在摺紙上, 蓋頂, 釘隋圜銅環, 以便揭開. 統營造髹染螺鈿作花卉·翎毛
    畵者, 尤佳. 『金華耕讀記』."
68 徐有榘, 『林園經濟志』, 「瞻用志」, 盥櫛之具, '奩', "……今俗呼爲鏡臺, 其制如今有抽屜硯匣,
    而分作三格下上一格有盖, 盖覆而無抽屜, 竝內髹漆外朱漆黃銅裝飾, 抽屜前有兩扇門如文具

중국 서적과 『화한삼재도회』의 일본 서적을 인용한 것으로 보아 아직까지 우리나라의 기술이 그에 미치지 못했음을 알 수 있다. 우리나라 사람들은 주로 구리거울을 갖고 있었으며 이것도 다 일본에서 만든 것이라고 했다. 남성용으로는 둥글고 두꺼우면서 손잡이가 없는 거울로 나무로 갑을 만들어 금칠을 하거나 금니로 그린 그림에 옻칠을 한 마제경(馬蹄鏡)을 사용하였으며, 여성용으로는 얇고 둥글며 손잡이가 있는 거울로 가죽을 입혀 금박을 바르고 옻칠한

〈그림 29〉 금갑경(村田孝子, 2007)

금갑경(金匣鏡)[69]을 사용한다고 했다(〈그림 29〉).

또한 새로 유입된 파려경(玻瓈鏡)에 대한 소개도 빠뜨리지 않았다. 파려경은 타원형에 상어가죽으로 집을 싸서 옻칠을 하고 가장자리를 갈아 황동으로 작은 못을 박은 오갑경(烏匣鏡)을 가장 상품으로 쳤고, 몸체가 네모나고 양가죽을 붉게 물들여 집을 싼 피갑경(皮匣鏡)을 하품으로 쳤다. 오갑경 중에는 손바닥만큼 작은 것이 있는데 행역자들이 주머니에 넣고 다녔다.

匣形, 分藏粉脂油蠟諸般香澤等物各各用小甁盒貯之, 其甁盒倭瓷金碧畫者爲佳, 成川玉石造者次之, 鏡小則藏上格內鏡, 大則置鏡臺上. 『金華耕讀記』."

69 徐有榘, 『林園經濟志』, 「瞻用志」, 盥櫛之具, '銅鏡', "……東人所有銅鏡, 皆倭造也. 圓薄而有柄, 皮革爲衣, 金塗漆畫者, 曰金匣鏡; 圓厚而無柄, 用木爲匣, 或全身金漆, 或髹漆金畫者, 曰馬蹄鏡. 齋中, 宜用馬蹄鏡, 閨房, 宜用金匣鏡. 『金華耕讀記』."

유리거울 중에는 몸을 다 비출 수 있는 체경(體鏡)이 있는데 그 값이 비싸기 때문에 부자만 가질 수 있었다고 한다. 체경은 그만큼 귀한 것이기에 이를 걸어 두기 위한 도구가 필요했으며, 그 위를 비단으로 덮어 먼지가 묻지 않도록 했다. 또 체경보다 작은 것은 그저 채단으로 덮개만을 만들어 벽에 걸어 두기도 했다.

V. 서유구와 향거양지

서유구는 '향거양지(鄕居養志)'를 꿈꾼 인물이다. 그가 『임원경제지』를 쓴 목적이 바로 거기에 있다고 했다. 즉 시골에서 살기 위해서는 먹고 사는 것이 가장 큰 문제이기에 이를 위한 기본적인 대책으로 농사 짓고 베 짜고 작물을 재배하는 기술과 음식 만들고 가축을 기르는 법 등이 필요하다는 것이다. 그러나 이에 대한 책이 『산림경제』한 책밖에 없으므로 새로운 기술이나 재산을 늘릴 수 있는 방법을 모은 책이 필요했으며, 마침내 『임원경제지』를 편찬하게 된 것이다. 30여 년을 사환 생활을 하고 대대로 경화세족으로서 불편함이 없었던 서유구가 시골에서의 삶을 꿈꿨을 때는 시골에서 부족한 것들을 장만해야겠다고 생각하는 것은 당연한 일일 것이다. 더욱이 일상의 불편함을 느끼게 된다면 시골에서의 이상적인 삶은 있을 수 없다. 따라서 『임원경제지』에서도 단순히 먹고 살기 위한 노동의 진화만을 다루지 않았다. 특히 의식주와 관련된 것은 삶과 밀접한 관계가 있기에 좋은 집의 터를 잡는 것에서부터 집을 짓기 위한 벽돌은 물론 도배 재료에 이르기까지 깊은 관심을 갖고 있었다. 이는 의생활에 있어서도 예외는 아니었다. 오히려 시골에서 살면서 아취 있는 일상의 삶을 원했기에 '삶의 질'을 높이기 위한 도구들이 필요했고 그것을 어떻게 관리할 것인지도 미리 살펴보아야 했을 것이다.

따라서 본 장에서는 서유구가 원했던 일상에서의 삶을 살기 위해 수록해 놓은 「섬용지」의 '복식지구'와 '관즐지구'를 통해 그가 추구한 의생활에서의 이상적인 삶이 무엇이었는지 살펴보고자 한다.

1. 삶의 질은 위생에서 시작한다

'복식지구'에서 가장 특징적인 것 중 하나는 위생에 대한 개념을 중요하게 부각시키고 있다는 점이다. 사대부 남성이 관건을 쓸 때 가장 중요하게 생각하는 품목은 망건과 갓이다. 망건은 머리에 상투를 튼 후 빠져 나오는 머리카락 하나 없이 깔끔하게 걷어 올린 다음 이마에 두르는 것이다. 또 망건을 친 다음에는 곧바로 갓이나 관을 쓰기도 하지만 탕건을 쓰기도 한다. 그러나 서유구의 기록에는 탕건은 빠져 있어 시골에 살면서 탕건까지 할 필요는 없다고 생각한 것으로 이해된다. 그리고 외출할 때 가장 많이 착용하는 갓과 농사를 짓거나 나무하는 사람들이 비를 막고 햇빛을 가리기 위해 착용하는 사립(簑笠)을 그 다음 순서에 놓고 있다.

또한 갓 바로 아래 갓에 묻은 오염을 제거하는 방법인 세립오법(洗笠汚法)을 수록하고 있으며, 망건 바로 아래에도 망건에 있는 때를 없애는 방법으로 망건거구법(網巾去垢法)을 수록해 놓았다.

갓은 조선시대 사대부의 대표적인 모자이다. 갓은 모정과 양태로 크게 나누는데 대나무를 잘게 쪼개서 만들며 그 위를 베로 싸고 옻칠을 한다. 갓은 고급일수록 말총으로 만들기 때문에 비를 맞거나 바람만 세게 불어도 갓이 금방 망가진다. 조선 후기가 되면 갓의 크기는 어깨를 넘을 정도로 커진다. 또한 머리에 써야 할 모정은 위로 올라가면서 좁아질 뿐 아니라 정수리의 머리가 모정 안으로 들어갈 수 없을 정도로 좁다. 그러니 머리에 쓴다고 하기보다는 얹는 정도의 모자가 된다(〈그림 30, 31, 32〉).

〈그림 30〉 갓을 쓴 모습　〈그림 31〉 갓이 뒤로 젖혀져 풍잠에 걸린 모습　〈그림 32〉 갓이 기울어진 모습

갓을 머리에 쓰고 있을 수 없는 요인은 15g 정도밖에 되지 않는 갓의 무게 때문이다.[70] 결국 모정이 높고 양태가 넓기 때문에 갓을 쓰면 그 위엄이 배가 되지만 가볍고 얇은 갓은 비바람에 취약할 수밖에 없다. 따라서 바람을 견디고 질기면서도 탄력이 있는 좋은 양태의 생산지를 알려 주고 갓을 관리하는 법을 알려 준다면 당시 사대부들의 의생활 관리에 많은 도움이 되었을 것은 분명하다.

서유구의 갓 관리법을 보자. 서유구는 갓이 더러워지는 원인을 땀과 기름으로 파악했다.[71] 그렇기 때문에 갓에 묻은 땀과 특히 머리를 정리할 때 바르는 동백기름 등이 먼지를 달라붙게 만드는 요인이 된다고 했

70　이민주(2008), 212면.

71　徐有榘, 『林園經濟志』, 「贍用志」, 服飾之具, '笠', "…… 近年, 統營造者, 尤佳 ……."

다. 이에 서유구는 『물류상감지(物類相感志)』를 인용하여 검은 콩을 진하게 달여서 그 물로 씻어 내면 오염된 것이 빠진다고 했다.[72]

또 망건은 상투를 튼 후 빠져나온 머리카락을 단정하게 정리하기 위해 두르는 일종의 머리띠이다. 따라서 망건을 두를 때에는 흘러내리는 머리카락을 걷어 올려 단정하게 머리를 마무리하는 역할만 하면 된다. 그러나 당대 사람들은 망건을 맨 모습이 앞이 높고 뒤가 낮아 마치 호좌건(虎坐巾)을 쓴 것과 같이 되게 하기 위해 이마를 졸라매었는데 그 졸라맨 자리에 헌 자국이 낭자했다고 한다.[73] 이처럼 상처가 날 정도로 꽁꽁 조여 맨 망건을 풀고 나면 이마가 움푹 패일 정도가 되어 편두통의 원인이 되기도 했다고 한다.[74] 이덕무도 당시의 망건 착용법이 잘못되었음을 지적하고 있다.

> 망건이란 머리털을 싸매기만 하면 되는 것이니 바싹 죄어 매서 이마에 눌린 흔적이 있게 해서는 안 되고, 늘어지게 매서 귀밑에 흩어진 털이 있게 해서도 안 된다. 그리고 눈썹을 눌리게 매지도 말고 눈꼬리가 위로 치켜들게 매지도 말라.[75]

한편 서유구는 『산림경제보』를 인용하면서 망건에 때가 있으면 안질이나 두통의 원인이 된다고 파악했다.[76] 이것으로 보아 서유구는 망건에

---

72 徐有榘, 『林園經濟志』, 「贍用志」, 服飾之具, "洗笠汚法, 笠子油汚, 或汗透, 以烏豆煎濃湯, 洗之. 『物類相感志』."
73 박사호, 『심전고(心田稿)』, 「留館雜錄」, 大樹菴夜話.
74 이민주(2005), 104~105면.
75 이덕무, 『청장관전서』, 사소절, 복식.
76 徐有榘, 『林園經濟志』, 「贍用志」, 服飾之具, "網巾去垢法 …… 網巾無垢者, 無眼疾頭痛. 『山濟林經補』."

묻은 때가 두통의 원인이 되는 것으로 파악하고 청결하게 관리할 것을 촉구하였다. 이에 망건의 때를 빼기 위해서는 망건에 달걀 노른자를 바르고 그대로 빗솔을 담가 물로 깨끗하게 씻으면 새것같이 되고, 또 잿물을 끓여 따뜻하게 씻어도 묘하게 깨끗해진다고 했다.[77]

향촌에 머물고 있는 사대부들이 갓과 망건만을 쓰지는 않았을 것이다. 그럼에도 이 둘에 대한 관리법을 특별히 기록한 것은 무슨 이유일까?

서유구는 오랫동안 사환생활을 한 사람이다. 관리로서 입궐해서는 늘 상복인 단령을 입고 사모를 쓰기 위해서는 망건을 하는 것이 당연한 일이고, 심의를 입을 때에도 망건을 하는 것이 더 보편적인 일이었을 것이다. 따라서 서유구가 망건과 갓에 관심을 갖는 것은 당연하다. 다만 당시 사대부들과는 달리 망건 멋지게 쓰는 법, 갓으로 멋내는 법에 관심을 갖기보다는 의생활을 경영하는 데 있어 위생의 중요성에 무게 중심을 더 두었다고 할 수 있다.

위생에 있어서는 관건만이 해당하는 것은 아니다. 서유구는 머리 빗고 세수하는 데 있어서도 청결을 중시하였다. 그중 대표적인 것이 수수완(漱水碗)이다. 이는 양치질 사발을 가리킨다. 수수완은 보통 음식 담던 그릇에 양칫물을 담아 세숫대야 한가운데에 놓는 것이 일반적이어서 세숫물이 양칫물을 담은 사발로 들어가기 때문에 깨끗하지 않다고 했다. 따라서 그는 양칫물 그릇에 받침을 하나 더 하여 세숫대야 속에 넣되 대야보다 2~3치가 올라가도록 함으로써[78] 위생적으로 양칫물을 사

---

77 徐有榘, 『林園經濟志』, 「贍用志」, 服飾之具, '網巾去垢法', "以鷄子黃塗之, 仍以刷子蘸水淨洗, 則如新, 又烈灰汁, 溫盪之, 亦妙. 『山濟林經補』."

78 徐有榘, 『林園經濟志』, 「贍用志」, 盥櫛之具, '漱水碗', "…… 易致盆內頮水窓窣溢入漱水碗內, 令人常含不淨之水. 宜鏃造小圓架, 置頮盆中, 安漱水碗于其上. 令高出盆上二三寸, 其碗鏃瓷, 無擇也. 『金華耕讀記』."

용할 수 있게 개선해야 한다고 했다.

2. 향촌의 사대부, 맵시를 추구하다

서유구는 향촌에 사는 사대부의 품위를 무엇으로 어떻게 유지할 것
인가를 고민하였다. 특히 유학자로서 정체성을 드러내는 동시에 실용적
인 면을 추구하고자 했다. 사대부 남성에게 가장 중요한 옷은 도포·심
의·학창의이다.

여기에 서유구는 유학자가 입을 수 있는 바람직한 옷으로 '편복'을 제
안했다. 더욱이 편복 위에 띠를 묶고 그 위에 도포를 입으면 예복으로서
충분하다고 생각했다. 그가 제안한 편복은 중치막을 기본으로 양옆에 무
를 대고 두루 잇되 뒷길은 등허리에서부터 갈라 말 타기에 편리하게 하
고, 소매를 줄여 실용성을 높이자는 것이었다. 이는 조선 후기 협수포의
형태와 같은 것으로 다만 소매의 색을 달리하지 않았으므로 조선 후기
'두루마기'와 같은 형태이
다. 〈그림 33〉의 두루마
기는 1884년(고종 21) 갑
신의제개혁에 의해 정식
으로 소매를 좁히고 길의
양옆과 뒤를 두루 막아
만든 포이다. 당시 두루
마기로의 의복 변경은 유
학자들의 심한 반발에 부
딪쳐 여러 번 반대 상소
가 올라올 정도로 새로운

〈그림 33〉 두루마기(국립민속박물관 소장)

제도였다.[79] 그러나 서유구는 이미 오래전부터 향촌에 사는 사대부의 편복으로 뒤가 터진 소매 좁은 두루마기를 제안하고 있어 복식에 대한 탁월한 식견이 있었음을 짐작할 수 있다.

더욱이 서유구는 사대부의 품위를 잃지 않도록 다양한 장식을 소개하고 있다. 조선시대의 복식은 색상이나 구성이 단순하다. 이러한 단순함에 활기와 생명력을 넣어 주는 것이 바로 장신구이다. 그가 제안한 장신구는 〈그림 34〉의 패도·초설·주머니·부채·모선 등이다. 패도와 초설에는 젓가락이나 귀이개·이쑤시개 등을 넣고 다녔으며, 부채나 모선은 추위와 더위를 막아 주는 역할을 한다. 모두 실용을 전제로한다.

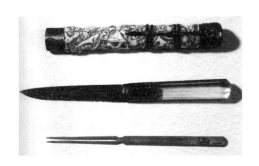

〈그림 34〉 패도와 포크
(한국학중앙연구원 장서각, 2013)

〈그림 35〉 선추
(국립민속박물관 소장)

그러나 그 실용성을 더욱 돋보이게 하는 것은 패도·초설·주머니·부채·모선 등에 달려 있는 끈목이나 갖가지 채단으로 만든 끈이다. 〈그림 35〉는 부채에 단 선추로 끈목을 확인할 수 있다. 이들 장신구는

---

[79] 『고종실록』, 21년(1884) 6월 정축(丁丑), 기축(己丑).

자색이나 청색 실로 끈을 만들기도 하고 갖가지 채단으로 끈을 달아 늘어뜨리기도 한다. 이들 장신구는 편복에 두른 허리띠에 걸어 움직일 때마다 여러 가지 색의 끈이 흔들려 보요의 미를 드러낸다.

3. 절용을 위한 최선책은 보관이다

『임원경제지』의 또 다른 특징 중 하나는 복식지구 속 저장(儲藏)에 대한 내용이다. 이는 옷을 보관하는 데 필요한 도구이다. 옷을 보관해야 할 필요성을 느끼게 되는 것은 물자의 부족에서 출발한다. 많지 않은 옷을 잘 보관하는 것이야말로 최선의 관리이기 때문에 물자가 부족한 조선시대에는 저장에 대한 생각을 하는 것이 당연할 뿐 아니라 이에 대한 도구도 발달해 있어야 한다. 그러나 조선에서는 이러한 도구들이 제대로 마련되어 있지 않다고 생각하고 그 구체적인 내용을 서술해 놓았다.

저장에는 구체적으로 횃대[이(椸)]·채상(彩箱)·의농(衣籠)·의장(衣樔) 등 보관 도구 및 장의법(樔衣法)을 수록했다(〈그림 36, 37, 38〉).

〈그림 36〉 횃대
(온양민속박물관, 2007)

〈그림 37〉 채상
(온양민속박물관, 2007)

〈그림 38〉 의농
(온양민속박물관, 2007)

이들을 현대식으로 표현해 보자면, 횟대는 옷걸이이고, 채상은 정리함 정도의 규모로 보면 될 것 같다. 유상은 쓰임새는 채상과 같지만 길쌈하는 곁에 둔다고 하였으므로 이 역시 작은 물건을 보관하는 상자나 반짇고리 정도로 이해할 수 있을 것이다.

다음은 옷을 담는 농과 장이다. 농은 원래 대나무로 만든 것을 칭하였는데 나무로 만들거나 버드나무로 짠 것도 '농'이라고 한다고 했다. 또한『금화경독기』를 인용해서 나무로 만든 것은 옻칠을 하고 황동으로 장식하며, 버드나무로 짠 것은 안팎으로 황칠을 한 후 철로 장식을 하면 모두 자물쇠로 여닫을 수가 있어서 포백(布帛)·옷·이불 등을 보관할 수가 있다고 했다.

또한 이러한 농을 오랫동안 사용하기 위해서는 좀이 스는 것을 막아야 한다. 나무로 만든 농 바깥 쪽에 누런 황경나무 껍질을 붙이면 좀이 스는 것을 막을 수 있다고 하였으며,[80] 중국에서 사 오는 가죽으로 만든 농에 주칠을 하고 금물로 그린 것은 습기를 막아 주는 장점이 있다고 했다.[81] 또 농은 덮개가 있는 것이 특징인데 그러다 보니 농 위에 다른 농을 올려놓으면 아래에 있는 농을 열기가 어렵게 되는 점에 착안하여 보관방법을 세밀하게 분석한 점도 높이 평가할 만하다.

서유구는 우리나라 농의 효율성을 더욱 높이기 위해 만주 사람이 사용하는 농이 유용하다고 했다. 그것은 농의 활용법을 높이기 위해 농 앞쪽에 2짝의 작은 문을 만들어 앞에서 열도록 하는 것으로 농을 2중으로

---

80 徐有榘,『林園經濟志』,「贍用志」, 服飾之具, '籠', "本竹器之稱, 而木造·杞編, 亦謂之籠, 假借也. 木造者, 髹漆而黃銅裝飾, 杞編者, 內外塗之, 而黃漆鐵裝飾, 皆可啓閉扃鐍, 所以藏布帛衣衾之類者也. 木籠外付黃蘗皮者, 能辟蠹.『金華耕讀記』."
81 徐有榘,『林園經濟志』,「贍用志」, 服飾之具, '籠', "華貿皮籠朱漆金畫者, 形製, 如我東木籠而稍小, 能辟潮濕.『金華耕讀記』."

쌓아도 불편함이 없다고 했다.[82] 이처럼 서유구는 소소하지만 생활을 편리하고 유용하게 할 수 있는 방법을 확산시키고자 하였음을 알 수 있다.

농과 장의 차이를 보면 농은 기본적으로 대나무로 만들었다면 장은 나무로 만든다. 격자창을 내고 안팎에 모두 칠을 하고 두꺼운 종이를 바른다. 네 면과 문을 모두 나무로 만들고 안에는 종이를 바른다. 바깥에는 옻칠을 한다. 칠은 왜주나 홍으로 하고 2칸 또는 3칸으로 만들고 위아래에 서랍을 달기도 한다. 종이를 바르는 것은 안에 바른 추분전(硾粉牋)과 밖에 바른 선지에 황칠을 하여 곰팡이가 피지 않도록 하기 위한 것이다.[83]

여기서도 중요한 것은 옷 보관법을 수록해 놓았다는 점이다. 옷에 곰팡이가 피지 않게 하기 위한 방법으로는 『동의보감』을 인용하여 모향밀 볶은 것, 백지(白芷) · 침속향(沈束香) · 백단향(白檀香) · 영릉향(零陵香) · 감송향(甘松香) · 팔각향(八角香) · 정향(丁香) · 삼내자(三乃子) 등을 빻고 소뇌 등을 넣어 옷장 안에 두면 여름철에 좋다고 하였으니 습기를 잡는 데 효과가 있었던 것이다. 또 옷에서 향기가 나게 하기 위해서는 모란 껍질과 감송(甘松)을 찧어서 마지막 헹구는 물에 넣으면 좋다고 하였으니 이는 지금의 섬유유연제에 해당한다.[84]

이 외에도 옷에서 향기가 나도록 정향(丁香) · 전향(箋香) · 침향(沈

---

82 徐有榘, 『林園經濟志』, 「贍用志」, 服飾之具, '籠' "籠蓋在上, 兩三籠疊皮, 則不便啓閉. 灣州人, 近創一制, 就籠前面, 作兩扇小門, 疊皮兩籠, 便一兩格衣欀, 開閉無礙. 『金華耕讀記』."

83 徐有榘, 『林園經濟志』, 「贍用志」, 服飾之具, '衣欀' "木造. 或疏櫺, 而內外皆塗鎈厚紙, 或四牆及門扇, 皆用木板, 而內塗紙, 外髹漆. '漆, 和倭朱, 紅.' 或二格, 或三格, 又或於上下, 列設抽屜三四. 其紙塗者, 內塗硾粉牋, 外塗線紙, 而黃漆, 則最辟梅黴. 『金華耕讀記』."

84 徐有榘, 『林園經濟志』, 「贍用志」, 服飾之具, '藏衣法' "茅香蜜炒一兩, 白芷五錢, 沈束香 · 白檀香 · 零陵香 · 甘松香 · 八角香 · 丁香 · 三乃子, 各二錢, 右竝爲麤末, 入小腦三錢, 末和勻作一帖, 置衣箱中, 最佳. 夏月, 尤好. 『東醫寶鑑』."

香)·단향(檀香)·사향(麝香)과 갑향(甲香)을 가루 내어 꿀에 적셔 두었다가 어두운 곳에 넣어 두면 옷에서 좋은 향기가 난다고 하였으며,[85] 단옷날에 상추 잎을 뜯어 농 안에 두면 벌레가 나지 않는다고 소개하고 있다.[86] 그런데 옷에서 향기가 나도록 하는 방법은 모두 중국 책에 소개된 것으로 쉽게 구할 수 있는 것은 아니다. 그럼에도 사대부다운 삶을 누리기 위해서는 최소한 옷장에서 벌레가 생기는 것은 막아야겠다고 생각했는지 『고금비원』에 수록된, 단옷날 상추 잎을 뜯어 넣으면 효과가 있음을 놓치지 않았다.

4. 옷 장만은 재봉 도구에서 시작한다

복식지구를 읽다 보면 서유구의 자상함에 다시 한 번 놀라게 된다. 조선시대 길쌈과 관련된 살림살이는 모두 여자의 몫이다. 그럼에도 살림살이를 늘리기 위한 방법을 수록해 놓고 살림살이 노하우를 적고 있는 서유구를 볼 때 그의 박학함에 놀라고 정말 실제 생활에서 필요한 살림살이가 무엇인지를 알고 있는 실천주의자였다는 점에 다시 한 번 놀란다. 대제목인 복식지구 아래에 '재봉제구'를 별도로 싣고 있는 이유가 바로 그것일 것이다.

재봉제구에서 가장 중요한 것은 옷을 꿰매는 데 쓰는 바늘이다. 그러다 보니 바늘을 제일 먼저 수록해 놓은 것은 당연하다. 그런데 다음 항목으로 등장하는 것은 여지없이 바늘을 녹슬지 않게 보관하는 법이다.

---

85 徐有榘, 『林園經濟志』, 「贍用志」, 服飾之具, '藏衣法', "薰衣香方. 丁香·箋香·沈香·檀香·麝香, 各一兩, 甲香三兩, 右爲末, 煉蜜濕拌, 入窖一月. 『俗事方』."

86 徐有榘, 『林園經濟志』, 「贍用志」, 服飾之具, '藏衣法', "端午日, 取萵苣葉, 放櫃槓箱籠中, 不生蟲. 『古今秘苑』."

서유구가 살던 시절에는 우리나라에서 바늘을 만들지 못했다. 그러니 중국으로부터 수입하는 길이 막히면 옷을 짓지 못해 발가벗고 다녀야 하는지 물으면서 『천공개물』에 수록된 바늘 만드는 법을 자세히 기록해 놓고 있다. 바늘을 만드는 방법은 다음과 같다.

바늘은 먼저 쇠를 두드려 가느다란 가닥으로 만든다. 쇠로 만든 자 1근에 송곳으로 작은 구멍을 뚫어 앞서 만든 가는 쇠가락을 이 구멍에다 통과시켜 뽑아내어 선을 만들고 1촌마다 자르면 바늘이 된다. 우선 철선의 한쪽에 뾰족한 바늘 끝을 만들고 다른 쪽 끝은 작은 망치로 두드려 평평하게 하고 단단한 송곳으로 바늘코를 뚫는다. 다시 그 주위를 다듬은 뒤에 평평하게 한다. 가마에 넣어 약한 불로 굽는다. 구운 후 다시 흙가루에 소나무·숯·콩을 넣고 덮어 씌운 후 아래에서 다시 불로 찌는데 2~3개를 남겨 그 밖에다 꽂아 놓고 이것으로 불기운을 관찰한다. 밖에 꽂은 바늘을 손에 놓고 비벼 보아서 가루가 되면 속의 바늘은 충분히 불기운을 받은 것이다. 그런 다음에 열고 물에 넣고 담금질을 하면 바늘이 완성된다. 옷을 꿰매거나 수를 놓는 바늘은 비교적 단단하다. 다만 말총으로 관을 만들 때는 버들가지와 같이 부드러운 바늘을 사용한다. 바늘의 묘함을 구분하는 것은 물, 불, 그리고 담금질에 달려 있다.[87]

바늘을 아직 만들지 못하는 우리나라로서는 바늘을 보관하는 것이

---

87 徐有榘, 『林園經濟志』,「贍用志」, 服飾之具, '凡針', "先錘鐵爲細條. 用鐵欠一根, 錐成線眼, 抽過鐵條成線, 逐寸剪斷爲針. 先鎈其末, 成穎, 用小槌敲扁其本, 剛錐穿鼻. 復鎈其外, 然後入釜, 慢火炒熬. 復以土末入松木·火矢·豆·豉三物罨蓋. 下用火蒸, 留針二三口, 揷于其外, 以試火候. 其外針, 入手捻成粉碎, 則其下針火候皆足. 然後, 開封入水健之. 凡引線成衣與繡剌者, 其質皆剛, 惟馬尾刺工爲冠者, 用柳條軟針. 分別之妙, 在乎水火健冶云. 『天工開物』." 송응성, 최병규 옮김(2009), 355면 재인용.

또한 중요하다. 따라서 바늘을 녹슬지 않게 보관하는 법을 『고금비원』을 인용해 기록하고 있다. 호두 껍질을 태운 재와 함께 보관하는 방법과 삼나무 재를 가루로 만들어 보관해도 된다고 했다.[88]

이 외에 바느질을 하는 데 필요한 도구들도 세심하게 기록해 놓았다. 먼저 골무는 바느질을 할 때 손을 보호하는 것으로 사슴가죽이나 당나귀가죽으로 만들어 오른손 검지손가락에 씌워 사용한다. 하루 종일 바느질하는 데 꼭 필요한 물건으로 특히 옷깃을 꿰매는 데 없어서는 안 된다고 했다.[89]

다음으로 옷을 만들 때 필수적인 자에 대해서는 그 크기가 각기 다름을 지적하였다. 그런데 이는 중국도 마찬가지여서 동쪽 집의 자는 서쪽 집의 자와 비교하면 대략 10손가락이 차이가 난다고 하면서 탄식하였다.[90] 의생활에 있어 자는 중요하다. 물론 옷을 만들기 위해 신체 치수를 재는 것도 중요하지만 옷감을 사기 위해서는 전국적으로 같은 자를 사용해야 하기 때문이다.

전도는 옷감을 마름질할 때 쓰는 가위이다. 가위는 중국 것이 좋고 우리나라에서는 통영 사람이 잘 만든다고 하였다.[91]

다음으로는 위도(熨刀)와 위두(熨斗)이다(〈그림 39〉). 이는 모두 인두로 알고 있으나 서유구는 그 형태에 따라 인두를 구분하고 있다. 먼저

---

88 徐有榘, 『林園經濟志』, 「贍用志」, 服飾之具, '藏針不銹法', "胡桃殼燒灰, 收之, 或用衫木炭爲末, 亦可. 『古今秘苑』."

89 徐有榘, 『林園經濟志』, 「贍用志」, 服飾之具, '指套', "用鹿皮或驢革, 縫作指頭, 大小帽形, 套在右手食指之尖. 終日執針察線, 非此則指頭不禁創痛, 物雖微, 亦縫衽之所, 不可缺者也. 『金華耕讀記』."

90 徐有榘, 『林園經濟志』, 「贍用志」, 服飾之具, '尺', "…… 蘇老泉, 所謂'東家之尺, 較西家之尺, 若十指然'者, 古今同歎矣. 『金華耕讀記』."

91 徐有榘, 『林園經濟志』, 「贍用志」, 服飾之具, '剪刀', "…… 華造者, 佳, 我東統營人, 亦善爲之. 『金華耕讀記』."

위도는 섶코를 빼거나 도련선을 다릴 때 필요하며, 위두는 넓은 부분을 다릴 때 필요하다고 했다. 즉 위도는 머리 부분이 짧고 아래가 평평하며 코는 높고 뾰족하게 일어나 있다. 목은 가늘면서 길고 손잡이가 있는 곳에 다시 나무 자루를 꿴다. 바느질이나 누비가 끝날 때마다 잿불 속에 묻어 두었다가 열이 가해지면 꺼내 재를 털고 꿰맨 곳을 왔다 갔다 하며 구겨진 흔적을 없앤다.[92]

〈그림 39〉 위두(왼쪽)와 위도(오른쪽)   〈그림 40〉 침저(국립민속박물관 소장)

위두의 형태는 작은 대야 같으나 평평하고 자루가 있다. 자루의 끝에는 다시 나무 자루가 있어 손으로 잡을 수 있도록 했다. 위두의 안에 재불을 담았기 때문에 옷의 폭을 평평하게 다린다. 이는 모두 다림질을 할 때 필요한 것으로 용도에 차이가 있음을 밝히고 있다. 곳곳에서 이것을 만들 수 있는데 일찍이 한나라의 위두를 보니 푸른 비취색에 아름다운 무늬가 있으며, 진실로 수천 년 된 물건이지만 형체가 지금의 위두와 비슷하다고 한 것으로 보아 위두의 모양이 큰 변화 없이 이어져 왔음을 알 수 있다.

---

92 徐有榘, 『林園經濟志』, 「贍用志」, 服飾之具, '熨刀', "頭短而底平, 鼻高而尖起, 頸纖而長, 其手執處, 復有木柄貫之. 每縫縷旣成, 埋刀炭火中, 俟熱可熨物, 取出拭去灰塵, 用熨交縫處, 以去其皺痕. 統營造者, 佳. 『金華耕讀記』."

그러나 좀 더 폭넓게 피륙을 다리기 위해서는 위도나 위두보다는 다듬이가 효과적임을 알고 침저(砧杵)에 대한 내용도 빼놓지 않았다(〈그림 40〉). 침저는 다듬잇돌과 방망이이다. 『왕씨농서』를 인용하여 다듬이질을 하는 모습이 옛날에는 마주 보고 서서 했는데 지금은 와저(臥杵)를 쓰기 때문에 앉아서 다듬이질을 하게 되었다고 하며, 편하기도 하고 빠르다고 했다. 또한 다듬잇돌은 강화도에서 나는 애석(艾石)이 좋으며, 그 돌을 갈고 다듬어 광이 나게 하고 다시 두터운 목판을 사용하여 받침을 만들고 끼워 넣으면 움직이지 않아 사용하기 편하다고 했다. 방망이는 배나무나 대추나무 등 단단한 나무로 만들며 대패로 깨끗하게 다듬어 사용한다. 또 단단한 나무를 다듬어 굴대를 만들고 거기에 직물을 말아 가로로 다듬잇돌 위에 올려놓고 다듬이질을 한다. 굴대는 동글고 고르며 깨끗하고 매끄러운 것을 귀하게 여긴다.[93] 결국 홍두깨에 직물을 말아 다듬잇돌 위에 올려놓고 방망이질을 하는 것으로 특히 이불과 같이 넓은 옷감을 다듬이질하는 데 효과가 있다.

다림질 도구를 정리하면 옷섶이나 도련 등 세심한 부분을 다릴 때에는 위도를 사용하고 이보다 넓은 평면적인 곳을 다릴 때에는 위두를 쓴다. 그리고 이불과 같이 넓은 피륙을 다릴 때에는 침저를 사용하는 것이 일의 능률을 올리는 데 도움이 됨을 알리고 있다.

또한 빨랫줄의 속성도 잘 알고 있어 일반적으로 사용하는 종이끈은 비를 맞으면 썩어서 끊어지므로 어저귀나 삼을 세 가닥으로 꼬아 만들면 비교적 오래간다고 하였으며, 빨래를 널 때 사용하는 항간(桁竿)은

---

[93] 徐有榘, 『林園經濟志』, 「贍用志」, 服飾之具, ‘砧’, “以江華艾石爲上. 磨治光潤, 仍用厚木板爲跗, 嵌置安穩, 勿令蹩躄. 或用樸達木爲砧, 能令帛光潤, 如慮坼裂, 則以鐵篩, 圍束四面, 可也. 杵, 用梨棗等剛木造. 鉋鍚淨滑, 勿令有疹瘀綻圻, 另治剛木爲軸, 以卷帛, 橫置砧上, 而受杵. 其軸, 亦以圓勻淨滑爲貴. 『金華耕讀記』.”

옷을 장대에 걸어 햇볕에 말리는 것이 옷걸이에 거는 것과 유사하여 붙여진 이름으로, 엄격하게 따지면 '항'은 방안의 옷걸이이지 햇볕에 말릴 때 사용하는 옷걸이는 아니라고 하여 어원을 찾아 잘못되었음을 고쳐 주는 것으로 보아 실용주의자이지만 학자로서의 면모가 여전히 드러난다고 하겠다.

5. 미용, 삶 속으로 들어오다

의관을 바르게 하는 것은 관직에 있든 시골에 살든 사대부 남성이라면 반드시 갖추어야 하는 덕목이다. 관직을 떠난 후에는 오히려 더 의관을 정제하여 몸과 마음을 스스로 바르게 유지하고자 했다.

우계 성혼(1535~1598)도 학문을 하거나 생각이 필요할 때에는 늘 의관을 정제했다고 한다. 용문산에서 여러 날을 우계와 함께했다고 하는 늙은 중의 이야기를 들어 보자.

> 우계는 새벽에 일어나면 반드시 세수하고 머리를 빗은 다음 의관을 정제하고 단정히 팔짱을 끼고 바로 앉는다. 정오가 되면 또 세수를 하고 머리를 빗고 앉았다가 때로는 책을 보고 때로는 생각에 잠겨 엄숙히 앉아 있으므로 공경하는 마음을 가지지 않는 사람이 없게 되었다.[94]

동춘당 송준길(1601~1672)이 쓴 연평부원군 이귀(1557~1633)의 묘갈명에도 늘 의관을 정제함으로써 몸과 마음이 꼿꼿하고 총기가 있었다고 한다.

---

94 鄭弘溟, 『畸翁漫筆』, 한국고전번역원.

80세가 넘었음에도 항상 몸가짐에 법도를 지켜 아침마다 세수하고 머리를 빗고는 의관을 정제하였으며, 임종할 때에도 정신이 맑고 명랑하여 편안한 모습으로 숨을 거두셨다.[95]

이처럼 세수를 하고 머리를 빗고 의관을 정제하는 것은 단순히 몸을 보호하거나 신분을 드러내는 것이 아니라 자신의 마음가짐을 다잡을 수 있는 수단으로 활용하였음을 알 수 있다.

서유구 역시 머리를 빗고 세수를 하는 것이 몸과 마음을 바르게 하는 기본 자세라고 생각했다. 그가 대제목인 관즐지구 안에 수록한 즐총제기의 다양함이 이를 대변한다.

6. 열린 마음으로 세상을 보다

서유구가 관즐지구를 별도의 큰 제목으로 잡은 이유는 무엇일까? 회조제기와 즐총제기 안에 수록된 소제목들을 보면 서유구가 시골에서의 윤택한 삶을 가꾸기 위해 필요한 도구들이 무엇이었는지 고민한 흔적을 찾을 수 있다. 서유구는 「섬용지」의 서문에서 머리 손질하는 도구들 중 아직도 쓸 만한 좋은 것이 없다고 하면서 어찌 복식의 생활이 편해질 수 있는지 안타까워하면서 우리나라의 것은 대개가 거칠고 졸렬하다고 평가함으로써 질 좋은 관즐지구의 필요성을 역설하였다.

세수하고 머리손질 하는 것은 일상 중에서도 가장 일상적인 것이다. 그렇기에 이러한 기구들이야말로 삶의 질을 보장해 줄 수 있는 최소한의

---

95 宋浚吉, 『同春堂集』 제17권, 墓碣, 「同知中樞府使 贈 兵曹判書 李公 墓碣銘」.

것들이라고 인식한 서유구는 이웃 나라에 좋은 기술이 있다면 배우려 애써야 한다고 하고 『화한삼재도회(和漢三才圖會)』, 『지세사(知世事)』,[96] 『속사방』, 『열하일기(熱河日記)』 등을 인용하여 그들의 기술을 습득하고자 했다.

그러므로 목욕통을 만들 때에도 나무에 소가죽으로 싸서 옻칠한 욕분을 쓰되 편리함을 위해 욕실에 옷걸이를 두어 목욕수건을 걸어 놓고, 또 작은 구리 동이를 두고 오지탕(五枝湯)을 옮겨 목욕통에 넣고 그것으로 목욕을 한다고 하였다. 또한 『화한삼재도회』를 인용하여 비자나무는 물이 있는 땅에서도 썩지 않으므로 목욕할 때 쓰면 좋다고 했다.[97] 여기서 서유구는 편리한 기구를 만들 때 청나라나 일본의 자료까지도 섭렵하고자 하는 열린 마음으로 세상을 바라보는 눈을 가지고 있었음을 알수 있다.

VI. 맺음말

풍석 서유구는 임원에서의 이상적인 삶을 꿈꾼 조선 후기 최고의 학자관료이다. 즉 시골에서 살기 위해서는 먹고 사는 것이 가장 큰 문제이기에 이를 위한 기본적인 대책으로 농사짓고 베 짜고 작물을 재배하는 기술과 음식 만들고 가축을 기르는 법 등을 알아야 한다고 생각했다. 그런데 18~19세기는 특히 민생에 필요한 모든 학문 분야를 포괄하

---

96 『지세사』는 청나라 강소성 양주 사람 석성금(石成金)의 저술이다.

97 徐有榘, 『林園經濟志』, 「贍用志」, 盥櫛之具, '浴盆', "榧子木, 能埋水土不朽, 可作浴器. 『和漢三才圖會』."

는 박학의 풍조가 만연했던 시대였음에도 일상생활에 도움이 되는 책은 『산림경제』한 책밖에 없으므로, 새로운 기술이나 재산을 늘릴 수 있는 방법을 모은 책의 필요성을 느끼고 마침내 『임원경제지』를 편찬하게 되었다.

30여 년 사환생활을 하고 대대로 경화세족으로서 풍요로운 삶을 살았던 서유구가 시골에서의 삶을 꿈꾸었을 때 일상의 불편함을 느끼게 된다면 시골에서의 이상적인 삶은 있을 수 없다고 생각했을 것이다. 그리고 삶의 질을 높이기 위한 방법이 무엇인지 고민하고, 그것을 실천하기 위한 다양한 방법을 수록하고자 했던 것이다.

그는 『임원경제지』를 쓸 때 단순히 먹고 살기 위한 문제만을 다루지 않았다. 특히 의식주와 관련된 것은 더욱 삶과 직접적인 관계가 있기에 좋은 집의 터를 잡는 것에서부터 집을 짓기 위한 벽돌은 물론 도배 재료에 이르기까지 깊은 관심을 갖고 있었다. 이는 의생활에 있어서도 예외는 아니었다. 오히려 시골에서 한가하면서도 아취 있는 일상의 삶을 원했기에 '삶의 질'을 높이기 위한 도구들이 필요하다고 생각했다.

서유구는 30년 사환생활을 한 학자관료이다. 그러니 『임원경제지』를 저술하는 것이 본인의 안위만을 위한 것은 아니었다. 그렇기에 일상의 삶 속에서 의생활을 어떻게 경영해야 실용적이면서 품위 있는 삶이 될 수 있는지를 공유하고자 하였다. 그가 「섬용지」에서 '복식지구'와 '관즐지구'를 구분한 것이 이를 대변하고 있다. 서유구의 한 차원 높은 삶의 방향을 정리하면 다음과 같다.

첫째, 위생에 눈을 떴다. 사대부 남성에게 있어 의관을 정제하는 것은 먹고 사는 것 이상으로 중요했다. 그중에서도 망건과 갓은 중요한 품목이다. 관모나 갓을 멋지게 쓰기 위한 전제조건이 망건이다. 그러나 이들을 멋지게 쓰기 위해서는 깨끗하게 관리하는 것이 중요하기 때문에 갓과 망건 바로 아래 오염이나 때를 벗겨 내는 방법을 수록해 놓음으로써 위생을 먼저 생각하라는 메시지를 전달하고 있다.

둘째, 시골에 사는 사대부에게 관복은 필요 없다. 편복만이 필요하지만 무엇을 쓰고 무엇을 입고 무엇을 신고 무엇으로 장식하는가 하는 문제는 사대부의 품위를 지킬 수 있는 중요한 품목이다. 따라서 서유구는 복식을 관건·의구·대구·잡식으로 분류했을 뿐 아니라 사대부의 편복으로서 불편하거나 잘못된 점이 있다면 이것을 과감하게 개선하는 방법을 기록해 놓았다. 뿐만 아니라 편복을 입고 옷차림새를 더욱 돋보이게 할 수 있는 패도·초설·주머니·부채 등 장신구에 대한 상세한 설명을 빠뜨리지 않음으로써 사대부로서의 품위와 멋을 동시에 지킬 수 있도록 다양한 법을 제시하고 있다.

셋째, 시골에서의 삶은 풍족함과는 거리가 있다. 따라서 물건을 소중히 다루는 것이 기본이고 이를 위한 최선의 방법은 보관이다. 이에 서유구는 보관하는 데 있어서도 품목에 따라 크기를 달리하여 보관할 수 있도록 하였으며, 벌레가 슬지 않도록 하는 보관법을 제시함으로써 최고의 절용은 보관에서부터 나온다고 생각했고, 이를 공유하고자 하였음을 알 수 있다.

넷째, 옷을 만들기 위해 길쌈을 하고 마름질을 하고 재봉을 하고 세탁을 하고 다림질을 하는 일련의 일은 여성의 일이라고 생각했던 조선시대 사대부들과 달리 재봉 도구를 자세하게 수록해 놓음으로써 옷 만들기 및 옷 입기의 중요성을 인식하고 있었다. 이를 위해 바느질에서 가장 중요한 바늘 제작법과 관리법을 적고 있으며, 특히 다듬이에 집중하고 있는 모습을 보임으로써 옷맵시를 살리는 데 관심이 높았음을 알 수 있다.

다섯째, 세수를 하고 머리를 빗는 일은 사대부로서 가장 기본적인 몸가짐이다. 머리손질을 위한 빗·빗치개·족집게뿐 아니라 분·연지·비누·양치용 소금·육향고 등 화장품을 넣을 수 있는 소갑과 거울 등에 대한 다양한 정보를 제공하고 있다. 이는 청결을 위한 머리손질의 중요성과 함께 미용에 대한 중요성도 인식하고 있었음을 알 수 있다.

여섯째, 서유구는 삶의 질을 높일 수 있다면 그것이 중국이 되었든 일본이 되었든 기술을 배워야 한다는 열린 마음을 갖고 있었다. 특히 일상에서 필요한 물건일수록 그 비중은 더 컸다. 세숫대야·목욕통 등을 일상에서 위생적으로 사용할 수 있도록 선진화된 방법을 배우고 실천해야 함을 강조하였다.

서유구는 30년의 사환생활을 하고 경화세족으로서 대대로 최고의 삶을 살아 본 인물이다. 그런 그가 '향거양지'를 꿈꾸며 시골에서의 이상적인 삶을 꾸리기 위해서는 가장 기초적이고 기본적인 생활의 안락함, 청결함이 우선시되어야 했을 것이다. 특히 복식지구와 관즐지구로 세분한 것은 무엇보다 일상생활에서의 청결함과 안락함이 중요하다고 인식한 결과일 것이다. 또한 도시에서의 풍요로운 삶과 달리 시골에서의 삶에서는 절용이 우선시되어야 함을 인식하였기에 복식을 분류한 다음에는 복식의 종류를 나열하고 바로 아래 복식의 관리법을 수록한 것으로 보인다. 그러나 시골에서의 삶이 물질적으로 풍요롭지는 않다 할지라도 사대부로서의 품위와 멋을 지키기 위한 다양한 방법을 기록함으로써 시골에 사는 사대부들의 삶까지 한 단계 높이고자 한 『임원경제지』는 '삶의 질'을 높일 수 있는 당대 최고의 실용백과사전임을 다시 한 번 확인하는 계기가 되었다.

參考文獻

朴思浩, 『心田稿』, 韓國古典飜譯院.

빙허각 이씨, 정양완 역주, 『규합총서』, 한국학중앙연구원, 1980.

徐有榘, 『林園經濟志』, 大阪本; 서유구, 임원경제연구소 옮김, 『임원
경제지』, 씨앗을뿌리는사람, 2007.

송응성, 최병규 옮김, 『천공개물』, 범우, 2009.

宋浚吉, 『同春堂集』, 韓國古典飜譯院.

安鼎福, 『順菴集』, 韓國古典飜譯院.

李德懋, 『青莊館全書』, 韓國古典飜譯院.

李植, 『澤堂集』, 韓國古典飜譯院.

李瀷, 『星湖僿說』, 韓國古典飜譯院.

李滉, 『退溪集』, 韓國古典飜譯院.

丁若鏞, 『茶山詩文集』, 韓國古典飜譯院.

鄭弘溟, 『畸翁漫筆』, 韓國古典飜譯院.

조재삼, 강민구 역, 『송남잡지』, 소명출판, 2008.

洪萬選, 『山林經濟』, 韓國古典飜譯院.

『大東野乘』, 韓國古典飜譯院.

『正祖實錄』, 『高宗實錄』

강명관(1998), 「조선후기 경화세족과 고동서화 취미」, 『동양한문학연
구』 제12집, 동양한문학회.

국립고궁박물관(2014), 『조선의 역사를 지켜온 왕실여성』, 문학동네.

김문식(1999), 「서명응의 생애와 규장각 활동」, 『정신문화연구』 제22
권 제2호(통권 75호), 한국학중앙연구원.

문중양(2003), 「18세기 말 천문역산 전문가의 과학활동과 담론의 역사적 성격 – 서호수와 이가환을 중심으로」, 『동방학지』 vol. 121, 연세대학교 국학연구원.

문화재청(2007), 『한국의 초상화』, 눌와.

박권수(2006), 「서명응 · 서호수 부자의 과학활동과 사상」, 『한국실학연구』 11, 한국실학학회.

석주선기념박물관(2012), 『조선 마지막 공주 덕온가의 유물』, 단국대학교출판부.

염정섭(2003), 「서호수 천문학과 농학을 겸전한 전문가」, 『63인의 역사학자가 쓴 한국사인물열전』 2, 돌베개.

온양민속박물관(2007), 『여인의 향기』, 온양민속박물관.

이경미(2011), 「『송남잡지』의 민속문화자료 검토」, 『역사민속학』 제35호, 한국역사민속학회.

이민주(2005), 「옥소 권섭의 학창의에 관한 연구 – 『옥소고』 소재 학창의 관계자료를 대상으로」, 『복식문화연구』 vol.13, 복식문화학회.

_____(2005), 「외국인의 눈에 비친 개항기 복식문화」, 『한국의상디자인학회지』 제7권 1호, 한국의상디자인학회.

_____(2007), 「『성호사설』을 통해 본 성호 이익의 복식관」, 『성호학보』 4호, 성호학회.

_____(2008), 「개항기 외국인의 기록과 삽화를 통해 본 우리의 복식문화」, 『역사민속학』 제27호, 한국역사민속학회.

_____(2013), 『용을 그리고 봉황을 수놓다』, 한국학중앙연구원.

이종묵(2008), 「조선후기 경화세족의 주거문화와 사의당」, 『한문학보』 19집, 우리한문학회.

이현일(2010), 「조선후기 경화세족의 동파 수용 양상」, 『중국문학』, vol. 6, 한국중국어문학회.

장숙환(2010), 「『임원십육지』에 나타난 복식에 대한 연구―복식지구를 중심으로」, 『한국의상디자인학회지』 제12권, 한국의상디자인학회.

전완길(1999), 『한국화장문화사』, 열화당.

정명현(2012), 「무명스타의 탄생과 학문수련」, 정명현 외 3인 공저, 『임원경제지―조선 최대의 실용백과사전』, 씨앗을뿌리는사람.

_____(2012), 「서유구는 누구인가」, 정명현 외 3인 공저, 『임원경제지―조선 최대의 실용백과사전』, 씨앗을뿌리는사람.

조창록(2008), 「학산 서호수론」, 『민족문화』 제31집.

진재교(2003), 「경화세족의 독서성향과 문화비평」, 『독서연구』 Vol. 10, 한국독서학회.

차서연(2011), 「서유구의 복식관―「섬용지」 '복식지구'를 중심으로―」, 단국대학교 석사학위논문.

村田孝子(2007), 『江戸300年の女性美』, 靑幻舍.

한국학중앙연구원 장서각(2013), 『양동마을 경주손씨』, 한국학중앙연구원.

한국학중앙연구원, 『한국민족문화대백과사전』.

홍나영(2009), 「조선후기 복식과 임원경제지」, 『진단학보』 108, 한국진단학회.

| 楓 石 |

『林園經濟志』를 통해 본 楓石의 음악 생활

— 「유예지」와 「이운지」를 중심으로 —

송지원 | 국립국악원 국악연구실장

1. 머리말

서유구(1764~1845)의 『임원경제지(林園經濟志)』는 백과사전적 저술로서 임원(林園)에 살면서 필요한 실용적 기술과 기예, 생활의 지식, 뜻을 기르기 위한 방법 등 실생활에 유용한 내용을 모아 전체 십육지(十六志)로 구성한 저술이다. 책의 성격은 실용서[1]로서 농업경제 정책과 사대부의 이상적 농촌 생활에 관해 논한 경세(經世)의 책이자 탐구의 저술이며 한거(閑居)의 가치를 발견한 교양서의 특징을 지닌다.[2] 책의 「예언(例言)」에서도 밝힌 바 있듯이 『임원경제지』는 관직에 나아가 국가를 경영하기 위한 것이 아닌, 향촌에 머물면서 수양(修養)에 힘쓰는 사람들의 삶을 위한 것이다.[3] 이는 사대부의 '자립적 삶'에 대한 총체적인 시각을 보여 주는, 서유구 필생의 업적이다.[4]

책의 내용은 밭을 갈거나 베를 짜고 작물을 재배하거나 나무를 심고 가꾸기, 음식 만들기, 사냥하는 법, 집을 짓는 일, 재산을 늘리는 일, 건강관리, 향례(鄕禮), 은거지에서 잘 사는 법, 다양한 취미 활동 등에 이

---

1 『林園經濟志』16志의 구성은 第一志 「本利志」, 第二志 「灌畦志」, 第三志 「藝畹志」, 第四志 「晚學志」, 第五志 「展功志」, 第六志 「魏鮮志」, 第七志 「佃漁志」, 第八志 「鼎俎志」, 第九志 「瞻用志」, 第十志 「葆養志」, 第十一志 「仁濟志」, 第十二志 「鄕禮志」, 第十三志 「遊藝志」, 第十四志 「怡雲志」, 第十五志 「相宅志」, 第十六志 「倪圭志」로 되어 있다. 책의 제목에 '임원(林園)'이라는 제목을 붙인 이유는 그 책의 내용이 사환(仕宦), 즉 벼슬을 하면서 세상을 구제하는 방법이 아니기 때문이라고 하였다(徐有榘, 『林園經濟志』, 「例言」, "以林園標之者, 所以明非仕宦濟世之術也." 이 말에서 『임원경제지』라는 책의 성격을 알 수 있다).

2 심경호(2011), 161면.

3 『林園經濟志』, 「例言」.

4 김대중(2011), 12면.

르기까지 현실 생활의 여러 분야를 두루 포괄하고 있어 사대부가 향촌에서 삶을 경영할 때 다양하게 필요한 실용적 지식, 혹은 삶을 윤택하게 하기 위한 여러 내용들을 고르게 다루고 있음을 알 수 있다.

그러나 실용서로서의 내용 외에도 사대부가 교양필수로 갖추어야 할 육예(六藝)에 대한 내용과 문화예술 전반에 걸친 백과사전적 지식도 포함하고 있어 향촌에 살면서 수양에 힘쓰는 사람들에게 필요한 문화 활동이 무엇이며 그 의미가 무엇인지 우리에게 알려 주고 있다. 이는 학문에만 종사했던 문인들이 실제 향촌에서 살아가면서 생활 현장에서 필요한 다양한 활동을 하면서 이와 함께 문인으로서 지녀야 할 아취(雅趣) 있는 삶을 동시에 영유할 수 있도록 하는 내용을 동시에 제시한 것이다. 이 가운데 후자의 내용은 주로 제13지 「유예지(遊藝志)」와 제14지 「이운지(怡雲志)」에 수록되어 있다.

「유예지」에는 독서법, 활 쏘는 법, 산법(算法), 서법(書法), 그림, 방중악보(房中樂譜) 등의 내용이, 「이운지」에는 은거지 꾸미기부터 휴식에 필요한 도구라 할 수 있는 차와 향, 악기, 골동(骨董), 여행, 정원 가꾸기, 서재 꾸미기 등 아취(雅趣) 있는 삶을 가꾸기 위해 필요한 다양한 내용을 수록하고 있다. 이러한 내용은 서유구 당시, 즉 18~19세기 지식인이 임원에서 살아가면서 어떠한 방식으로 문화적인 삶을 누리고자 했는지, 그 다양한 면모를 우리에게 알려 주고 있다.

이처럼 『임원경제지』에는 문화 활동 전반에 걸쳐 여러 내용이 수록되어 있다. 그러나 이 모든 내용은 한꺼번에 살피기에는 한계가 있다. 따라서 이 글에서는 특히 방중악보, 즉 실내에서 연주할 수 있는 음악의 악보를 수록한 「유예지」의 음악 내용과 「이운지」에 수록되어 있는 음악과 관련된 내용을 주로 살펴보고자 한다. 이는 서유구를 통해 조선 후기 향촌에 사는 문인 지식층이 영위한, 혹은 영위하고자 한 이상적 음악 생

활에 대해 가늠해 볼 수 있는 기회가 될 것이다.[5]

앞서 언급한 바 있듯이 「유예지」에서 음악과 관련된 내용은 권6의 '방중악보(房中樂譜)'[6]에 수록되어 있는데, '방중악보'는 거문고[玄琴]·금(琴)·양금(洋琴)·생황(笙簧) 등 당시 문인 지식층이 관심을 가졌던 4종 악기의 악보이다. 악기의 구조와 특징 지법의 변화를 통한 연주법, 운지법, 악기의 도설 등을 수록하였고, 그 악기로 연주하는 음악의 악보도 실어 실제 연주자들이 활용할 수 있도록 배려하였다.

또 밝은 마음을 지니면서 고상함을 기르고 한가롭게 소요하며 유유자적하는 삶의 멋스러움에 대해 논의한 「이운지」[7]에서는 시골에서 살며 삶을 한적하게 즐기기 위해 필요한 몇몇 악기에 대해 논의하고 있는데, 여기에 언급한 악기로는 금(琴)·생황·피리·종(鍾)·경(磬) 등이다. 악기의 제작 재료와 제작법까지 논의하여 음악을 즐기는 법은 물론 실용적 지식까지 전하고 있다.

이처럼 『임원경제지』의 「유예지」와 「이운지」는 서유구가 제시한 음악의 악보와 악기 및 음악 생활에 관한 내용 전반에 대해 살필 수 있는 자료로서 가치가 있다. 「유예지」를 통하여는 19세기 당시 문인들이 주로 연주했던 악기와 음악을, 「이운지」를 통하여는 당시 문인들이 추구한 음악 생활의 면면을 살펴볼 수 있을 것이다. 이는 서유구를 비롯한 18~19세기 문인들의 음악 생활에 대해 설명할 수 있는 주요 근거가 된

---

5 서유구와 관련된 연구는 조창록 외(2014)에 건축학·서화·음악·서지학·수산학·식생활·복식사·의사학 분야 등에 대한 성과가 소개되어 있고 책의 말미에는 연구 성과 목록도 포함되어 있으므로 여기서는 그 성과를 일일이 열거하는 것은 생략한다.

6 「유예지」 권6의 방중악보에 대한 연구는 장사훈(1966)에 의해 처음 이루어졌고 이후 송방송(1982), 김영욱(1988), 임미선((2001) 등에 의해 이어졌다.

7 「이운지」와 관련된 연구는 박은순(2000), 문선주(2001), 신영주(2005), 장진성(2009) 등에 의해 이루어졌다.

다. 사대부의 교양필수 악기였던 거문고 외에 금·양금·생황 등의 외래 악기들이 서유구의 주요 관심 악기로 제시된 것이 어떠한 의미가 있는 것인지 생각해 볼 필요가 있을 것이다. 또 향촌에서 사는 문인들에게 노출된 음악 환경, 혹은 그들이 추구하고자 한 음악 환경이 어떠한 것이었는지 살펴볼 수 있는 기회가 될 것이다. 나아가 서유구와 같은 조선 후기 문인 지식층의 음악 이상을 살피는 기회가 될 것이다.

조선 후기 문인 지식층인 서유구가 「유예지」와 「이운지」에 제시해 놓은 음악 환경의 객관적인 이해를 위해서는 먼저 조선 후기 문인 지식층 일반, 특히 서유구로 이어지는 북학파(北學派)의 음악 관련 활동으로부터 음악 사회적 분위기에 대한 이해가 선행되어야 할 것이다. 따라서 조선 후기 문인 지식층의 음악 활동에 관하여 개략적인 내용을 살펴본 후 「유예지」에 기록된 조선 후기 음악과 「이운지」에 보이는 음악 관련 내용을 분석하여 서유구가 『임원경제지』에서 논의하고 있는 음악 생활의 면면에 대하여 논의를 전개시키고자 한다.

2. 조선 후기 문인 지식층의 음악 활동

서유구의 음악에 대한 태도와 인식, 음악을 바라보는 시선, 음악을 통해 추구하고자 하는 정신 등은 18~19세기 북학파 문인들이 추구했던 노선을 따른 것으로 보인다. 이는 서유구가 경화사족의 일원으로서 연암 이래의 문풍·학풍과 사상을 계승하며 그 사회적 실천을 모색했던 지식인[8]이라 평가되는 것에서도 알 수 있다. 경화사족의 구성원 가운데

---

8 유봉학(1995), 187~188면.

많은 이들이 북학사상을 이끌던 사람이었듯 이들의 음악 활동 양상은 서유구가 음악과 관련되어 취한 태도와 음악을 통해 추구하고자 했던 정신을 이해할 수 있는 토대가 된다. 서유구의 음악에 대한 태도는 조선시대 문인 일반이 지닌 음악에 대한 태도와 구별되는 것으로서 북학파 문인들의 여러 음악 활동 양상에 대한 이해를 통해 파악할 수 있을 것이다.

조선시대 문인들에게 음악이란 육예(六藝, 禮·樂·射·御·書·數)의 하나에 포함되어 교양으로 익혀야 하는 학습 내용이기도 했다. 음악을 교양으로 익히되, 기예 연마가 목표가 아니라 궁극적으로 인격을 함양하기 위한 것에 목표를 두었다. 이처럼 문인들이 음악을 익혀 연주하는 궁극적 목적은 '덕성을 함양'하는 데 있었다.[9]

덕성을 함양하기 위해 펼치는 문인들의 음악 활동 도구로 대표되는 것은 곧 현악기 거문고였다. 문인들이 거문고를 가까이 두었던 것은 그것이 사사로운 마음을 제어하고 성정(性情)을 다스릴 수 있다고 믿었기 때문이다. 연구에 몰두하다 정신이 분산될 때 잡념에 빠지는 대신 거문고를 무릎 위에 빗기어 놓고 연주하다 보면 생각에 삿된 마음이 없는 사무사(思無邪)의 경지에 이를 수 있다고 믿었기 때문이다.[10] 이처럼 조선시대의 문인들은 거문고를 가까이하며 연주했고, 그들이 연주하는 음

---

9 『禮記』, 「樂記」에서는 "악을 알면 예에 가까워지고, 예와 악을 모두 터득한 것을 이르기를 '덕이 있다'고 했으며, 덕이란 곧 '터득했다'는 것이다[知樂則幾於禮矣. 禮樂皆得, 謂之有德, 德者得也]."라고 했다. 또 "군자는 예악을 잠시라도 몸에서 떠나게 할 수 없다[君子之於禮樂, 不可須臾去身也]."고도 했다.

10 조선시대 문인들의 이러한 생각은 유가악론의 정수인 『禮記』, 「樂記」에 바탕한 것이고, 그에 기반한 수많은 거문고 악보의 서문, 혹은 문인들이 전개한 樂論에서 읽을 수 있다. 그러한 내용은 조선시대에는 일반화된 것이고 많은 논의가 있으므로 관련 논의들에 대해 여기에 일일이 거론하는 것은 생략한다.

악을 기억하기 위해 거문고 악보를 만들었다.[11]

조선시대 문인들은 이처럼 거문고를 중심으로 한 음악 활동을 펼쳤다. 이때 그들이 펼치는 음악 활동의 주된 양상은 '혼자' 마음을 닦기 위한 것이었고 간혹 여흥을 위해 가까운 벗들과 함께 모여 시와 노래, 바둑과 술을 함께 나누며 '여가' 활동을 위한 풍류(風流)의 하나로 음악을 즐기기도 했다.[12]

그러나 조선 후기 문인 사회에서 전개되는 음악 활동 양상을 보면 음악이 과연 정신 수양을 위하거나, 혹은 한가한 시간에 여흥을 위해 동원되기만 했을까 하는 데에는 의문이 생겨난다. 특히 조선 후기의 여러 문헌 자료에서 보이는 문인들의 음악 활동 형태를 보면 그 이전 시기의 것과 차별화되는 양상이 드러나기 때문이다.

물론 조선의 전 시기를 통해 볼 때 음악이 정신수양을 위한 것이고 덕성을 함양하기 위한 것이라는 상징 자체는 일관된다. 음악은 질서를 위해 필요한 '예(禮)'와 함께 화합을 위한 기능을 부여받아 그 존재 가치를 부여하기도 했고[13] 이와 같은 함의는 조선시대 전 시기를 일관하여 흐르고 있었다. '수양'과 '여흥', 혹은 '화합'을 위해, 즉 무언가를 위해 존재하고 무언가를 위해 봉사해야 하는 것이 '음악'이라는, '가치론적 방식'의 논의는 조선시대를 관통하여 흐르는 담론이었고, 그 담론은 하나의 움직일 수 없는 법칙으로 기능하였다.

---

11 거문고 악보를 포함한 고악보에 관한 정보는 최근에 한 권의 책으로 정리되어 나왔다. 이동복, 『한국 고악보 연구』(민속원, 2009).

12 거문고가 진세의 시름을 덜어 내는 악기라는 표현은 홍대용의 『湛軒書』外集 권1, 「抗傳尺牘」 중에 "弟自十六七時, 粗解東國之琴, 學之旣久, 頗得其妙. 凡滌散塵想, 宣撥拂鬱, 其功或有賢於詩酒."라는 부분에 보이며, 이 외에도 많은 문헌에서 유사한 표현이 발견된다.

13 『禮記』, 「樂記」, '樂本'.

그러나 사회 · 경제 · 문화 면에서 다양하고 새로운 변화 양상을 드러
내는 조선 후기라는 시점에서 '음악'은 이전 시기와 차별화되는 새로운
가치가 부여되기 시작한다.[14] 그 가치는 연암 박지원, 초정 박제가, 담헌
홍대용 등 북학파(北學派)의 문인 집단을 중심으로 전개되는바, 결코 노
골적이지도 않고 목소리를 키워 외치는 주장도 아닌, 잔잔하고 내밀한
문화 운동과도 같은 움직임을 통해 서서히 드러나기 시작하였다. 그러
한 움직임은 음악이 더 이상 수양이나 여흥을 위한 목적으로, 부수적으
로 봉사하는 것에 국한되지 않고 사람과 사람 사이의 소통을 위한 하나
의 '언어'와도 같은 것이라는 인식의 인지에서 비롯된 것이었으며 그 소
통의 태도는 기본적으로 '열린' 것이었다.

북학파 문인들에게서 드러나는 이와 같은 태도가 가능하게 된 것은
곧 음악을 '객관화'하는 시선이 있었기 때문이라 생각된다. 이들에게는
음악을 여타 가치와 떼어 놓고 좀 더 독립적인 가치로 바라볼 수 있는
시선이 형성되었고 시각이 교정된 데에서 그와 같은 태도가 가능해진
것이다.

이들의 음악 활동 양상 가운데 두드러진 것은 곧 '여럿이 함께' 모여
이루는 '공동체적 활동'이다. 여럿이 모여 행하는 공동체적 문화 활동 가
운데에는 고담준론(高談峻論)이 오가는 모임이 있는가 하면 함께 모여
연시(聯詩)를 짓는 것, 그림을 감상하는 일, 음악을 함께 감상하거나 연
주하는 것 등 다양한 형태가 있다. 이 가운데 앞서 언급한 몇 가지는

---

14 조선 후기, 특히 18세기라는 시점을 중심에 놓고, 조선 후기 음악사회의 변화 양상에
관하여 고찰한 논문은 필자에 의해 지난 2004년, 「18세기 한국 음악사회의 몇 局面」에서
일부 논의된 바 있다. 이 논문에서는 18세기 음악사회를 '음악 취향의 변화-새로움의
추구', '감상음악의 출현-전문성 강화', '음악 후원자의 긍정적 기여'라는 측면에서 조선
후기 음악사회를 논하였다.

조선 후기 이전부터 여전히 이어져 왔던 것으로, 조선 후기에 좀 더 두드러진 활동으로 대두되는 것이다. 그러나 후자에서 지적한 '여럿이 함께 모여 음악을 연주'하는, 그런 가운데 연주자 사이에 '소통'이 이루어지는 현장의 연출은 조선 후기 북학파 문인들의 음악 활동에서 특징적으로 드러나는, 특별한 문화 활동 양상으로 대두된다는 점에서 주목된다.

여기에서 '소통'이 이루어지는 방식은 언어를 통한 '소통'의 방식과 유사하다. 다시 말하면 언어의 '발신자와 수신자 사이에 아무런 방해 없이 메시지가 전달되는 것'을 소통이라 부르는 일반론을 따라 설명할 수 있다. 음악도 언어라는 사실을 전제할 때, 음악을 언어 소통의 형태와 유사한 방식으로 환치해 놓는다면, 음악 언어의 발신자와 수신자 사이에 이루어지는 교감과 소통의 방식이 이루어지게 될 것이다. 이때 메시지 전달이 성공적으로 이루어지려면 소통을 방해하는 요소의 제거가 중요한 사안이 된다. 그렇게 본다면 조선시대의 상황에서 '음악이 이루어지는 현장'에서 진정한 '소통'을 하는 데 방해되는 요소는 매우 많았다. 음악에게 부여된 '기능' 혹은 '목적'들이 그것이다. 특정 의례에서 일정한 행사의 부속물로서의 음악, 특정 계층의 일정한 수요에 응하기 위한 음악과 같은 방식은 이미 음악이 발화되기 이전에 외부적으로 조건 지워진 상황으로 인해 소통의 장을 이루어 낼 수 없는 원인이 되었다.

그와 같은 상황에서 조선 후기 문인들이 직접, '여럿이 함께 모여 연주하는' 방식의 음악 소통은 진정한 '음악으로 소통하기'의 정형을 보여주어 주목된다. 이때 문인들이 다루는 악기 또한 이전 시기처럼 거문고 일색이 아닌, 가야금·양금·생황·해금·퉁소 등으로 다양해진다. 이 중 거문고를 제외한 여타 악기는 문인들이 연주하는 악기로서는 '새로운' 혹은 '특이한' 악기라 할 수 있다. 특히 '양금'과 같은 악기는 전적으로 조선 후기의 상황으로서 당시 연행(燕行)을 다녀온 사람들에 의해 보급, 전파되었고 북학파 문인인 담헌 홍대용에 의해 우리나라 음악으로 연주할 수 있게 해독되었고 나아가 문인 지식층들에게 매우 애호되는 악기로 대두된 것이다.[15] 다양한 악기들을 연주하는 문인들의 연주 실력 또한 만만치 않았고, 일부 문인들은 연주 분야에서 마니아적 경지를 드러내는 사람도 있었다.

특히 마니아적 경지를 드러내는 인물군의 대두 현상에 대하여는 '조선 후기적 인간형의 등장'으로 설명하기도 한다.[16] 이런 시선들은 서로 밀접한 관련을 지니고 있으며 일정한 지점에서 조우하기도 한다. 악기 연주 능력이 탁월한 문인들의 등장 또한 그러하다. 이들은 개인적으로 전문가 급의 연주 실력을 지녔으며, 각각 다른 악기를 연주할 수 있는 사람들이 함께 모여 '소통'하고, 그 소통의 내용은 상당한 깊이로 이루어졌다. 이 같은 사실은 이전에는 보이지 않던, 조선 후기적 특징으로서 북학파 문인들의 문화 활동의 결과로 빚어진 것이다. 아울러 그와 같은 현상은 조선 후기 음악의 새로운 현상으로 자리매김되어야 할 내용이기도 하다.

문인들이 함께 모여 각각의 악기를 담당하면서 음악을 연주하고 교감하고 감상하는 장면은 조선 후기 음악 소통의 현장을 잘 보여 준다.[17]

---

15 이에 관하여는 송지원(1992), 84~88면; (1999), 241~244면에서 이미 논증하였다.
16 조선 후기적 인간의 특성으로 벽(癖)과 치(痴)를 들 수 있고, 그것이 조선 후기 문화에 긍정적 영향을 미쳤다는 연구가 최근에 많이 이루어졌다. 이와 관련된 연구는 안대회의 『조선의 프로페셔널』(휴머니스트, 2007), 정민의 『18세기 조선 지식인의 발견』(휴머니스트, 2007) 등이 있다. 다만 안대회가 다룬 프로페셔널은 주로 중인 이하 평민·천민 등의 신분이며 정민의 경우 조선 지식인, 그중에서도 몰락한 지식인이나 서얼 집단에서 드러나는 '벽'과 '치' 추구의 경향을 주로 다루었다.
17 박지원의 『熱河日記』, 이덕무의 『靑莊館全書』, 成大中의 『靑城集』, 박제가의 『貞蕤閣集』 등의 문헌에서 이러한 분위기를 충분히 엿볼 수 있다. 이들은 주로 연암그룹의 구성원들이다.

문인들이 모여 거문고를 필두로 한 여러 악기를 함께 연주하고 교감하며 감상하는 현장은 조선 후기 서울의 문인 지식층이 가졌던 악회(樂會)의 모습에서도 찾아볼 수 있는데, 이들이 연주하는 악기는 다양하여 가장 중요한 두 종의 현악기인 거문고와 가야금, 그리고 홍대용이 해독하여 조선에 유행이 된 양금(洋琴), '황(簧)'의 제작 기술이 쉽지 않아 늘 문제를 일으켰던 생황(笙簧)과 같은 악기들이 포함되어 있다. 이들 악기는 그 하나하나가 문인 지식층들이 관심을 가지고 연주하거나 연구한 악기들로서 개별 악기 하나하나에 대한 마니아적 실력을 갖추고 있는 악기들이며 이러한 악기를 각각 연마한 문인 지식층들은 자신의 실력을 바탕으로 하고 모여 줄풍류와 같은 소규모 실내악을 이루어 연주하는 분위기를 연출하였다. 이러한 분위기는 조선 후기 문인 지식층들에게서 자주 연출되는 장면으로 볼 수 있다.

이와 같은 악회는 음악으로 소통하기 위한 모임이다. 음악이 더 이상 혼자 연주하면서 성정을 함양하는 데에서 그치지 않고, 여기에서 더 나아가 각자 담당한 여러 종류의 악기로 '음악적 소통'을 이루고 있는 현장이다. 이때 이들이 연주한 악곡(樂曲)에 대한 유추가 가능한데 이는 '영산회상' 혹은 현악 보허사, 가곡 등의 음악일 가능성이 크다.[18] 현재 연주되는 영산회상은 '닫힌 구조'로 고착되어 일정한 선율이 악보화되어 고정된 음악으로 정착되었지만 조선 후기의 영산회상은 '열린 구조'의 음악으로서 악기 편성이나 연주 선율이 연주 상황에 따라 조금씩 다를 수 있는, 그러한 음악이었다. 연주 당시 모인 연주자들의 실력이나 악기 편성의 상황이 한결같지 않고, 연주의 분위기 또한 상황에 따라 다를 수

---

18 『임원경제지』 중의 「유예지」에 포함되어 있는 '방중악보(房中樂譜)'를 구성하고 있는 곡목이 곧 이와 같은 음악들인 것도 이와 같은 유추를 뒷받침해 준다.

있었다.

이 악회(樂會)에 함께한 이들은 음악 외적인 요소는 모두 배제하고 음악으로 소통하기 위해 모였다. 이들이 함께 연주한 음악이 여러 악기가 함께하는 방중악(房中樂), 즉 '줄풍류' 음악이라는 사실 또한 일정한 의미를 지닌다. 줄풍류 음악은 실내에서 현악기를 중심으로 하고 음량이 크지 않은 일부 관악기가 가세하여 동호인끼리 모여 나누는 음악이기 때문이다. 줄풍류 음악을 연주할 때에는 특정한 지휘자 없이 거문고를 담당한 연주자가 중심이 되고 여타 악기를 담당한 사람과 교감하며 음악을 연주한다. 그들 사이에 음악을 연주하며 나누는 음악 언어는 소통의 최대치를 열어 놓는다. 이와 같은 악회에 모인 사람들 대부분은 음악에 대해 열린 귀를 가졌고, 연주 솜씨 또한 전문가와 함께 어울려 손색없을 정도의 수준이면서 순수 감상용 음악을 구사하는 이들이다.

이와 같은 음악 소통의 현장에서 또 하나 주목할 상황이 있다. 진지한 의미에서의 음악 감상자의 경험 현장이다. 이는 태화 홍원섭의 경험을 통해 감지할 수 있다. 음악에 뛰어난 감식안을 지닌 홍원섭의 수용자적 경험이 그것이다.

오른편의 그림 한 폭에서 평상 위에서 슬(瑟) 타는 이는 담헌이요, 슬을 마주 보고 금(琴)을 타는 이는 김생(金生)이며, 슬과 나란히 앉아 항아리 옆에서 귀를 기울여 듣는 이는 태화이다. 슬의 소리는 맑고 금의 소리는 그윽하다. 분리된 상태에서는 맑은 것은 맑을 뿐이요, 그윽한 것은 그윽할 뿐이다. 두 소리가 어울려야 맑은 것은 깊어지고 그윽한 것은 트이게 되니, 깊으면 심원해지고 트이면 화합한다.[19]

---

19 洪元燮, 『太湖集』 권5, 「書金生畵後」, "右畵一幅, 布床而瑟者湛軒也, 對瑟而琴者金生也.

담헌 홍대용이 슬(瑟)을 타고 김생(金生)이 금(琴)을 타고 있다고 묘사한 장면이다. 여기서 '금'과 '슬'은 '금슬상화' 혹은 '금슬이 좋다'는 이야기를 만든 악기로서 소리가 매우 잘 어울리는 중국의 악기이다. 담헌은 이미 거문고와 가야금 실력으로 정평이 나 있었는데, 이 기록으로만 본다면 중국 악기인 '슬'도 섭렵했던 것으로 드러난다. 슬과 잘 어울리는 악기인 '금' 또한 문인들의 악기로서 조선 사회에서 일반적으로 연주되는 악기는 아니었고, 일정 시기가 되면 중국에서 악기를 사 와야 하고 연주법을 배워 오기도 했던 악기지만,[20] 따라서 위의 기록으로만 본다면 홍대용을 둘러싼 인물들 가운데에는 금과 슬을 연주하는 이가 있었다는 것으로 이해할 수도 있다.[21]

　　이들의 음악을 감상한 홍원섭은 "슬의 소리는 맑고 금의 소리는 그윽하다. 분리된 상태에서는 맑은 것은 맑을 뿐, 그윽한 것은 그윽할 뿐이다."라 묘사하였다. 금과 슬의 소리에 대해 이렇게 묘사한 것은 수용미학적인 측면에서 주목할 만하다. 수용미학이란 수용자의 심미적 경험에 관한 내용을 다루는 청취자의 음악미학을 말한다. 홍대용을 둘러싼 18세기의 음악 현장에서 이와 같은 소통이 이루어졌다. 음악작품이 일정 기능이나 특정 목적을 위해서가 아니라 순수한 '음악'으로, 소통을 위한 음악으로 연주되고 감상되는 이 현장 또한 조선 후기적 음악 현장임에

並瑟而踞, 側耳聽于彛尊之旁者太和也. 瑟之聲清, 琴之聲幽. 離之, 清者清而已, 幽者幽而已. 合之, 清者深, 幽者暢. 深則遠, 暢則和."

20　중국에서 唐琴, 즉 금을 구입하고 악곡을 배워 오도록 했던 일은 1765년(영조 41)의 연행에서 홍대용 일행에 포함된 장악원 악사 장천주의 과제로 부여된 일이기도 했다.

21　그러나 위의 기록에서 언급한 '금'과 '슬'은 거문고와 가야금일 수도 있다는 가능성을 전적으로 배제할 수는 없다. 금과 슬을 거문고와 가야금으로 묘사하는 관행이 일반적이며 그 정황으로 볼 때 거문고와 가야금으로 줄풍류를 연주하는 장면으로 인식하는 것이 더 자연스럽기 때문이다.

분명하다. 비록 한정된 특정 감상자를 앞에 두고 하는 연주이지만 이러한 무대는 18세기의 문인들이 함께 어우러져 연주하는 또 다른 음악 현장에서도 있을 법한 모양이다.

이들이 연주하는 음악은 줄풍류이고, 공간적으로는 방중악(房中樂)에 해당한다. 줄풍류는 조선 후기의 풍류방 문화를 대표하는 음악으로서 홍대용 등의 문인들이 중심적 위치에 놓이는바, 이들에 의해 비로소 줄풍류가 새로운 음악 장르로서 대두되므로 그 음악사적 의미는 지대하다. 또 이들의 음악 연주가 직업적 요구에서 이루어진 것이 아니라 순수한 문인들에 의해 음악으로 소통하기 위한 방식으로 이루어졌다는 면에서 음악의 자율성을 확보했다는 사실을 주목할 수 있다. 이와 같은 음악의 자율성 확보의 밑바탕에는 음악 내부에 몰입하고자 하는 음악 생산자와 수요층, 향유층의 소통과 교감이 깔려 있다. 홍대용이 참여한 악회(樂會)의 음악 소통 현장은 조선 후기 음악사에서 줄풍류의 발달을 가속화시킬 수 있는 힘으로 작용했음을 알 수 있다.

이와 같은 현장 이외에 조선 후기의 다른 음악 연주 현장에서는 여전히 전문인들이 연주하고, 문인들이 감상하는 방식이 지배적이었다. 음악인들을 집으로 불러 연주를 듣거나[22] 음악인들을 대동하고 나들이를 나서서 음악을 듣는 방식의 연주 형태가 대부분으로서 앞서 예로 든 경우와는 차원을 달리하고 있다. 이러한 경우 연주 행위와 감상 행위는 철저히 분리되어 있다. 연주 행위는 전문 음악인들의 몫이 되고, 감상 행위

---

22 유득공의 「유우춘전」에 이와 같은 정황이 잘 묘사되어 있다. 柳得恭, 『泠齋集』 권10, 「柳遇春傳」, "宗室大臣, 夜召樂手, 各抱其器, 趨而上堂, 有燭煌煌, 侍者曰, 善且有賞, 動身曰: '諾.' 於是, 絲不謀竹, 竹不謀絲, 長短疾徐, 縹緲同歸, 微吟細嚼, 不出戶外, 睨而視之, 邈焉隱几, 意其睡爾, 少焉欠伸曰: '止.' 諾而下. 歸而思之, 自彈自聽而來爾. 貴游公子, 翩翩名士, 淸談雅集, 亦未嘗不抱琴在坐."

는 연주자들에게 일정한 대가를 지불한 사람들의 몫이 되었다. 따라서 음악인들이 아니면서도 직접 음악을 연주하며 때로는 음악에 관한 진지한 토론을 곁들여 가며 함께하는 소통의 장면은 조선 후기의 새로운 문화 현상임에 분명하다.

'소통을 위한 음악'이란 음악을 좀 더 자율적 시선으로 바라볼 수 있게 한다. '특정한 의식에 부속된 음악', '일정한 기능을 위한 음악'이란 규범에서 벗어나 '호흡을 함께하며 나누는 음악'으로의 전환은 음악의 향유 방식이 이미 달라져 있음을 알려 준다. 혼자 정신을 수양하기 위한 음악에서 나아가 여럿이 어울려 나누며 연주하는 음악 문화가 정착되어 가는 과정이 드러난다. 이처럼 북학파 문인들이 중심이 된 조선 후기 문인 지식층들의 음악 소통 양상을 통해 음악이 사회적이고 문화적인 맥락에서 이루어졌음을 확인할 수 있다.

이는 조선 후기 문인들의 음악 활동이 소통·공감·연대의식을 중요시하는 태도를 바탕으로 전개되고 있음을 확인할 수 있다. 조선 후기 문인들의 동지적 결속 태도가 반영된 결과이고 인간이 사회적 존재라는 사실을 음악 나누기 행위에서도 극대화하고 있음을 알 수 있다. 음악을 함께 나누고 연주하는 체험을 통해 이들은 정신적 교감을 이루고 그 교감은 한층 승화된 지점에서 소통을 이루었다. 그 소통을 통해 그들이 누리고자 했던 것은 곧 '공동체적 결속'이다. 조선 후기의 일련의 문인들에 의해 이루어진 공동체적 결속은 곧 조선 후기 지식인들의 자의식의 변모를 이루는 큰 틀로 작용하였다.

조선 후기 문인 지식층들이 지녔던 음악에 대한 태도는 열려 있었다. 이들은 음악이란 '즐기는 것'이 아니라 '닦는 것(정신 수양을 위한 것)'이라는 고정된 도식에서 나아가 음악이란 '나누기 위한 것'이라는 지평을 확보하고 있었다. 이들의 열린 태도는 문인 지식층들의 대표적인 음악인

'영산회상'과 같은 줄풍류 음악에서 특징적으로 드러난다. 현재까지 이어져 연주되고 있는 영산회상은 더 이상 진화하지 않고 고정되어 '닫힌 구조의 음악'이 되었지만 조선 후기 북학파 문인들이 중심이 되어 가꾸어진 영산회상은 '열린', '유기체와 같은' 음악이었다. 이와 같은 '열려 있음'은 문인 지식층들이 향유했던 음악을 '소통'을 위한 것으로 인식했음을 드러낸다.[23]

이상 북학파 문인들의 음악 활동 양상에 관해 살펴보았는데, 이들에게서 보이는 음악 소통의 방식과 내용, 그리고 이들이 연주한 음악들은 서유구의 「유예지」에 제시된 거문고·양금·생황 악보에 그대로 드러난다. 다시 말하면 「유예지」에 악보로 기록된 음악은 북학파 문인들이 가꾸어 온 문인음악의 토양 위에서 이루어진 음악의 결과물이라 할 수 있다. 담헌 홍대용이 적극적으로 수용하여 조선 후기 줄풍류 음악문화에 주요 악기로 포함된 외래 악기 '양금'처럼 서유구에 의해 「유예지」에 소개된 중국 악기 '금(琴)'은 후일 조선 후기 문인들에 의해 한국화 과정을 거쳐 우리 음악을 연주할 수 있는 악기로 승화될 수 있었다. 이와 관련된 내용은 다음 장에서 살펴보기로 한다.

3. 「유예지」와 조선 후기 음악

1) 「유예지」의 특성

서유구는 「유예지(遊藝志)」 서문에서 '유예'의 '예(藝)'에 대해 고증했다. 이는 「유예지」에 수록한 내용 전반에 대해 설명하기 위한 것이다.

---

[23] 이상은 송지원(2012), 183~194면의 내용을 정리한 것이다.

즉 서유구는 여기에서 말하는 '예(藝)'는 한 마디로 '기능(技能)'이라 밝혔다. 예의 명목에는 여섯 가지가 있는데, 예(禮)·악(樂)·사(射)·어(御)·서(書)·수(數)와 『시(詩)』, 『서(書)』, 『예(禮)』, 『악(樂)』, 『역(易)』, 『춘추(春秋)』가 여기에 해당되는데, 이 모두가 기능의 세목이라 하였다.[24] 그런데 원래 '예(藝)'라는 문자는 없었고 '곡식을 재배하고 나무를 심는다[種植]'는 뜻의 예(埶) 자만 있었다고 고증했다. 예전에 밭을 가는 사람은 3년이 지나야 한 가지 종의 재배, 즉 '예(埶)'에 통달하게 되었는데, 바로 그 명칭을 빌려 쓰게 된 것이 곧 육예(六埶)의 유래인데 나중에 후세 사람이 여기에 초(艸)와 운(云)을 더해 '예(藝)' 자로 쓴 것이라 설명하였다.[25] 이는 하나의 기예에 통달하려면 최소 3년 이상은 연마해야 가능하다는 뜻을 식물을 재배하는 것에 비교하여 설명한 것으로 보인다. 하나의 기능을 연마하고자 한다면 반드시 일정 시간을 투자해야 하고, 그 결과라야 일정 경지의 실력을 갖출 수 있게 된다는 의미에 대해 설명을 한 것이다.

또 서유구는 공자가 '유어예(游於藝)', 즉 '예에서 노닌다'라고 한 것은 활쏘기[射]나 수레 모는 것[御]과 같은 것이지 『시경』이나 『서경』과 같은 경전을 말하는 것은 아니라 했다.[26] 또 유예(遊藝)의 '유(遊)'는 곧 '유(游)'로서, 그 속에서 항상 눈으로 보고 익히는 것으로 마치 물고기가 물속에서 '노니는 것'과 같은 것이라 설명하였다. 이것이 소위 마음속에 간직하고[藏], 닦고[修], 쉬고[息], 노니는[游] 것이라 하였다.[27]

---

24 徐有榘, 『林園經濟志』, 「遊藝志引」, "藝者, 技能也. 藝之名有六, 一以禮樂射御書數, 當之, 一以詩書禮樂易春秋, 當之. 皆技能之目也."

25 徐有榘, 『林園經濟志』, 「遊藝志引」.

26 徐有榘, 『林園經濟志』, 「怡雲志引」, "夫子曰, 游於藝, 是射御之倫, 非詩書之等."

27 徐有榘, 『林園經濟志』, 「怡雲志引」, "其曰游者, 言當常目肄習於其中, 如魚之游於水. 是所

「유예지」라는 제목을 취한 것에 대한 서유구의 설명이 이처럼 장황한 것은 「유예지」에서 다루는 내용이 육예의 전체가 아니라 육예의 말단을 다룬다는 혐의가 있을 수 있기 때문인 듯하다. 즉 「유예지」에서는 독서·활쏘기·산법·서화·방중악(房中樂)의 법만 서술하고 육예의 나머지, 즉 예와 악, 그리고 서법(書法), 즉 육서(六書), 수레 몰기[御] 등에 대해서는 언급하지 않았다. 서유구는 그 이유에 대해 이렇게 이야기한다. "예와 악은 선왕의 큰 가르침으로서 그 조목이 매우 번잡하여 갑자기 익힐 수 있는 것이 아니고, 당시 사회에서 대악(大樂)은 이미 사라지거나 이지러진 지 오래되어 다시 회복할 수 없는 것이므로 언급하지 않았으며 서법 또한 갑자기 익힐 겨를이 없기 때문에 서화(書畵)의 법으로 대신한다."고 밝혔다. 또 수레 몰기를 다루지 않은 것은 당시 조선에 수레를 타는 제도가 없기 때문이라 하였다. 이들 내용에 대해 모두 참작하여 산삭(刪削)한 까닭은 시골에 살면서 편하게 쓰이도록 하기 위한 것[28]이라 했다.

이와 같은 내용을 통해 볼 때 『임원경제지』의 「유예지」가 권93 '독서법(讀書法)', 권94 '산법(算法)', 권95 '서벌(書筏)', 권96~97 '화전(畵筌)', 권98 '방중악보(房中樂譜)'로 구성되어 있는 까닭을 알 수 있다. 이렇게 되면 음악과 관련된 내용에서 예악(禮樂)과 같은 사상적인 내용에 대해서 언급이 되지 않는 충분한 설명이 될 것이라 생각한다. 서유구는 「유예지」에서 음악과 관련된 내용을 언급했지만 심오한 경지의 '예악사상'

謂藏焉·修焉·息焉·游焉者也."

28 徐有榘, 『林園經濟志』, 「遊藝志引」, "今志中, 但敍讀書射算及書畫房樂之法, 不及於他, 何也? 蓋禮樂者, 先王之大教, 其目至繁, 何暇於倉卒間習? 又況大樂亡缺已久, 今雖欲復之, 勢末由也. …… 今亦不暇於倉卒講習, 故略以書畫之法當之. 皆所以參酌增刪, 便於林居之用者也."

에 대하여는 논의하지 않았다. 「유예지」에 여타 사상적 논의를 제외하고 음악을 연주할 수 있는 악보만을 수록한 이유가 그것이다.

주지하듯이 서유구의 조부는 서명응(徐命膺)으로서 정조의 동궁시절 스승으로, 초기 규장각(奎章閣)의 제학(提學)으로 18세기 조선의 예악학 부흥에 큰 공을 세운 인물이다.[29] 조부가 정조(正祖)와 함께 세워 놓은 18세기 조선 악학의 학문적 토대는 조선 후기 음악학의 기초를 다져 놓았다는 의미를 지녔으나 시간이 흐를수록 그 의미는 퇴색해 가고 있었다. 이러한 상황에서 서유구가 예와 악의 심오한 경지를 다시 끄집어내어 논의하는 것이 무슨 의미가 있는지 회의한 것으로 보인다. 또 서유구가 『임원경제지』를 쓴 무렵은 사환기(仕宦期)를 지나 향촌에 거주하면서 생활인으로서의 자세를 견지하던 시기로서, 심오한 예악학에 관한 논의는 사환기에 걸맞는 것이므로 더 이상 언급하지 않고 향촌에 살면서 실용적인 성격이 강한, 즉 생활인으로서의 음악을 논의하는 것에 관심이 돌려진 것으로 해석된다.

이는 「유예지」에 예악사상에 대한 논의를 배제하겠다는 서유구의 뜻으로 받아들여지며 일상생활에서 다룰 수 있는 음악과 관련된 기록을 하고자 하는 그의 태도가 반영된 것임을 알 수 있다. 그도 그럴 것이, 「유예지」에 수록된 음악 내용은 실제 기예를 익혀 연주해야 하는 네 가지 악기의 악보, 즉 현금자보(玄琴字譜) · 당금자보(唐琴字譜) · 양금자보(洋琴字譜) · 생황자보(笙簧字譜) 등이다.

---

29 서명응의 음악 관련 저술 전반에 관하여는 송지원의 「徐命膺의 音樂관계 著述 硏究」(『韓國音樂硏究』 제27집) 참고.

2) 「유예지」의 악기와 음악

앞서 살펴본 바와 같이 「유예지」에는 거문고·금·양금·생황의 네 악기에 대한 내용이 수록되어 있다. 거문고 악보는 주로 가곡과 영산회 상 및 보허사를, 중국의 금인 당금(唐琴)의 경우 악보 몇 곡을 수록한 후 여러 종류의 중국 금을 소개하는 데에 내용을 할애하고 있다. 양금 음악으로는 영산회상과 가곡, 시조 악보를, 생황도 가곡 위주로 수록하 고 있어 19세기 당시 문인들이 방중악(房中樂)으로 즐겨 연주했던 음악 이 가곡(歌曲)과 영산회상, 보허사, 시조 등이었음을 알려 주고 있다.

「유예지」의 거문고 악보에는 가곡과 영산회상, 보허사가 수록되어 있 는데 유사 시기 거문고 악보의 구성과 유사하며 거문고가 조선 후기 문 인 지식층에게 여전히 인기 있는 악기로 자리하고 있음을 보여 준다. 또 문인 지식층들이 자주 연주했던 곡목의 내용이 제시되어 있어 앞 장에 서 논의한 조선 후기 문인 지식층들의 악회 활동에서 연주되는 음악이 「유예지」에 대부분 포함되어 있다고 볼 수 있다. 또 이 음악들이 한 악 기에 대한 악보로 기록되어 있기는 하지만, 이들 악기를 위한 악보는 여 러 악기가 함께 모여 줄풍류 편성으로 연주할 수 있는 악보이기도 하다. 즉 「유예지」의 '현금자보(玄琴字譜)'에 기록되어 있는 음악은 독주 음악 으로 연주되기도 하지만 여러 악기 중 한 악기의 파트보가 되기도 함을 알 수 있다.

다음으로 「유예지」의 악보 가운데 주목해야 할 것은 곧 '양금자보(洋 琴字譜)'이다. 양금은 18세기 후반 중국으로부터 조선에 유입된 외래 악 기로서 수입 악기가 거의 없었던 조선 후기라는 시점에 우리나라에 들 어온 특별한 악기이다. 현재 우리 전통 악기 가운데에는 그 유래를 거슬 러 올라가 보면 한때 외래 악기였던 것들이 많다. 유입 초기에 외래 악기로 들어와 어느 시기엔가 우리 악기로 정착된 것으로서 양금 또한 그러한 악기에 해당된다.

양금은 악기의 명칭에 이미 나타나듯 원래 구라파의 악기로 중국을 통해 우리나라에 들어왔다. 다른 이름으로 '서양금(西洋琴)' · '구라철사금(歐邏鐵絲琴)'이라고 하는 데에서도 그 유래가 짐작된다. '구라철사금'이란 명칭에서 악기의 유래와 악기의 재료를 알 수 있는데, '구라파에서 들어온 쇠줄로 된 악기'라는 뜻이 그것이다. 이처럼 구라파의 악기가 중국을 통해 18세기 후반 어느 무렵에 우리나라에 들어온 것이다. 기록에 의하면 양금은 궁중과 민간에 나란히 전해진 것으로 보이는데, 궁중에 유입된 내용은 『구라철사금자보』에 상세히 전한다.

> 구라금이 中華에 들어온 것은 『帝京景物略』을 상고하면, 利瑪竇(Matteo Ricci, 1552~1610)로부터 비롯되었다. …… 우리나라에 들어온 지 거의 60해가 되었는데 飜曲된 것이 없고 한갖 文房의 器物로 만지며 좋다고 여기는 정도이다. 정조연간 장악원 전악 朴寶安이 사신을 따라 연경에 들어가 처음으로 연주법을 배워 우리나라 음악으로 번역하였다.[30]

위의 기록에 양금의 유입 과정과 전수 과정, 양금악보가 만들어진 사실과 양금이 조선의 궁중에 전해진 사실이 기록되어 있다. 양금은 리마두를 통해 중국에 들어왔고 우리나라에는 악기가 들어온 지 60해가 되어서도 문방의 기물로만 여겨지는 정도였지만 장악원의 전악 박보안이 연경에 가서 양금 연주법을 처음 배워 와 동음(東音)으로 번역했다고

---

30 『歐邏鐵絲琴字譜』, '刱來條', "有洋琴之屬, 流出我東, 則幾止六十載, 終無飜曲, 徒作文房奇
摩美而已. 正宗朝年當俟考年, 掌樂院典樂朴寶安者, 隨使入燕, 始學鼓法, 飜以東音."

하였다.[31]

이 기록에 의하면 양금이 우리나라에 들어온 해는 『구라철사금자보』
의 편찬 당시로부터 60년 전이 되는 셈이다. 또 양금악보의 존재 여부가
『구라철사금자보』 이전으로 올라가리라는 여운도 남기지만 편자가 밝혔
듯이 이에 대하여는 확실히 상고할 수 없다. 따라서 양금만을 위한 악보
로서는 『구라철사금자보』가 가장 오래된 것으로 추정된다.

양금이 우리나라에 유입된 해에 대하여 정확한 기록은 없으나 여러
문헌 기록을 통해 추정해 볼 수 있을 뿐이다. 박지원의 『열하일기』 중의
「동란섭필(銅蘭涉筆)」에 "이 악기가 우리나라에 언제 들어왔는지는 자세
히 모르나 토조(土調)에 맞추어 풀어내기는 홍덕보(홍대용)로부터 비롯
되었다. 건륭 임진년(1772) 6월 18일 유시(酉時)쯤에 이 악기를 해득하
였다. …… 이것은 그 뒤로 널리 퍼져 지금까지 9년 사이에 제 악사(樂
師)들이 이 철현금을 타지 못하는 자가 없게 되었다."라고 기록되어 있
다. 홍대용의 양금은 1765년 11월 사행(使行)하던 당시 서장관(書狀官)
홍억(洪檍, 1722~1809, 홍대용의 伯父)의 자제군관으로 수행했을 때 직접
사 온 것이므로 적어도 1765년에는 양금이 유입된 것으로 나타난다. 또
강세황의 『표암유고(豹菴遺稿)』(1762) 중의 「팔물지(八物志)」에 '서양금'
이 소개된 것으로 보아 1762년 당시에 이미 양금이 우리나라에 들어와
있었음을 알려 준다. 그러나 같은 자료의 말미에 "우리나라 사람이 간혹
사 오는 자가 있는데 그 연주법과 성조(聲調)는 알지 못한다."라고 하여
1762년 당시로서는 악기 연주법을 터득하지 못했고 단지 기물(奇物)로
서 사 오는 정도 이상의 것이 아니었음을 알 수 있다. 또 유경종(柳慶鍾)
의 『해암고(海巖稿)』(1763)에는 "어느 집에 갔다가 우연히 서양금을 보

---

31 송지원(1999).

있는데 그 모양이 괴이하다. 종이에 곡보를 써서 뒤에 붙여 놓았는데 알아볼 수 없다."는 기록이 있어 위의 자료에 의하면 양금이 적어도 1762년 당시에 이미 우리나라에 들어와 있던 악기임을 알 수 있다. 요컨대 양금 유입 시기의 상한선은 늦어도 1762년이며 양금을 토조로 해독한 것은 홍대용에 의해 1772년에 이루어졌음이 확인된다.[32]

양금은 서유구가 태어나기도 전인 1762년에 이미 우리나라에 들어와 있었고, 서유구가 아홉 살 때인 1772년에 홍대용이 우리나라 음악을 연주할 수 있도록 해독하였다. 그 짧은 유입사를 지녔음에도 홍대용이 연주법을 해독한 이후 박지원을 비롯한 서울의 여러 문인들의 관심을 끌어 널리 연주가 된 악기이다. 「유예지」에 그 악보가 수록되었던 것도 양금의 인기와 무관하지는 않을 것으로 보인다. 이후 많은 사람들이 양금에 관심을 갖게 되었고 특히 서울 지역의 문인들에 의해 줄풍류 편성의 악기로 포함되기에 이르렀다. 조선 후기 줄풍류 문화의 발달과 궤를 같이하여 매우 활발하게 연주되었다.

이는 조선 후기 사람들의 새로운 소리에 대한 갈망, 다시 말하면 당시인들의 음악 취향의 변화와 함께 자연스럽게 자리 잡은 것으로 보인다. 양금은 같은 현악기에 속하는 가야금이나 거문고와는 다른 특성을 지니는 악기이다. 즉 거문고나 가야금은 발현악기로서 오른손으로는 줄을 뜯거나 튕기고, 왼손에 의해서는 다양한 농현(弄絃) 구사가 가능하다. 그러나 양금은 타현(打絃)악기로서 채로 두드리는 음 이외의 농현을 구사할 수 없고, 오히려 채로 친 뒤의 필요치 않은 여음이 많이 남아 인위적으로 소리를 막아 처리해야 하는 특징을 지니고 있는 현악기이다. 우리 악기와 전혀 어울릴 것 같지 않은 악기임에도 18세기의 조선에 들어온

---

[32] 이상의 내용은 송지원(1992); (1999), 242~244면의 내용을 정리한 것이다.

양금은 고루 퍼져 줄풍류 영산회상을 함께 연주하거나, 혹은 가곡이나 시조의 반주악기로 굳건히 자리하게 되었다. 이는 한동안 새로운 악기가 유입되지 않고 기존의 악기로만 음악이 소통되고 있던 18세기의 음악 현장에 새로운 바람을 일으킨 것으로 볼 수 있다. 결국 새로움을 추구하고자 하는 정신이 새로운 악기를 수용할 수 있는 정신적 토대가 된 것이며 이 악기는 19세기 음악에도 이어졌고 서유구의 「유예지」에 소개되기에 이른 것이다.

이제 「유예지」 '양금자보'의 내용을 살펴보자. 먼저 앞부분에는 양금의 14현에 대한 설명으로 시작된다. 이어 자호(字號)·부호 설명이 이어지는데, 양금이 구라파에서 온 것이기 때문에 서양 음악의 유입사와 서양 음악의 표기법도 설명하고 있어 주목된다. 서양 음악이 중국에 유입된 것이 포르투갈 인 서일승(徐日昇)과 이탈리아 인 덕격리(德格里)에 의한 것이라 설명하고 있다. 이어 #(shap)과 b(flat)의 기초적인 기능을 소개하고 리듬의 길이를 소개하고 있다. 긴 것부터 짧은 것의 순서로부터 본다면, 배장(倍長)·장(長)·완(緩)·중(中)·반(半)·소(小)·속(速)·최속(最速)의 여덟 단계까지 리듬의 길이가 설명된다. 여기에 소개된 싯가를 현대 서양 음악의 음표와 비교해 본다면 16분음표의 짧은 싯가까지 나타난다. 또 서양의 오선 기보법인 '오선계성(五線界聲)'과 높은음자리표, 가온음자리표, 낮은음자리표를 소개하는 '삼품명조(三品明調)'에 대하여도 설명하고 있는데, 높은음자리표는 상품(上品), 가온음자리표는 중품(中品), 낮은음자리표는 하품(下品)이라 하였다. 또 '육자정위(六字定位)'는 서양음악의 여섯 음인 도·레·미·파·솔·라의 여섯 음을 각각 烏·勒·鳴·乏·朔·拉라 한다고 소개하고 烏(도)부터 勒(레), 勒(레)부터 鳴(미), 乏(파)부터 朔(솔), 朔(솔)부터 拉(라)는 온음이고 鳴(미)부터 乏(파)는 반음이라 설명하고 있다. 또 각 계명이 공척보(工尺譜)의 어

떠한 음과 같은 것인지 설명하였다.[33]

여기에 이어 양금을 그린 '양금도(洋琴圖)'와 양금의 현을 조율하는 우조조현(羽調調絃), 계면조현(界面調絃)의 율명을 적은 뒤 악보 부분이 이어진다. 악보는 영산회상(靈山會相)·가곡(歌曲)·시조(時調)의 율자보와 타법이 수록되어 있다. 영산회상 악보는 靈山會相 大一篇~大四篇, 靈山會相 中一篇~中四篇, 靈山會相 小一篇~四篇, 除篇一篇(속칭 篇除, 가락더리), 除篇二篇, 除篇三篇, 除篇四篇, 還入一篇~四篇, 下絃還入一篇~四篇이 실려 있다. 그리고 영산회상의 말미에 계면조조현(界面調調絃)과 우조조현(羽調調絃)이 실려 있다. 이어 가곡(歌曲)이, 끝으로 시조(時調)가 수록되어 있다. 수록 음악으로 보면 당시의 양금이 주로 민간 지식층을 중심으로 활발한 발전을 이룬 소위 '정악'를 연주하는 데 쓰여졌음을 알 수 있는데, 영산회상은 물론 가곡과 시조의 반주에도 쓰여졌음을 알 수 있다.

「유예지」의 '양금자보' 부분에서 설명하고 있는 서양 음악 이론의 내용은 청(淸) 성조(聖祖)의 저술로서 예수회 신부인 포르투갈 인 서일승(徐日昇, Thomas Pereira, 1656~1708)과 라자리스트회 신부인 이탈리아인 덕격리(德格里, Theodor Pedrini)가 참여하여 이루어진 서양 음악 이론서인 『어제율려정의속편(御製律呂正義續編)』[34]의 「협균도곡(協均度曲)」[35]

---

33 『林園經濟志』, 「遊藝志」, 房中樂譜, '洋琴字譜'.
34 『御製律呂正義續編』은 1746년에 중국에서 간행된 음악이론서로 淸 聖祖의 저술이다. 『어제율려정의속편』은 후에 1713년에 간행된 『御製律呂正義』와 한데 묶어 필사한 것이 전한다.
35 『어제율려정의속편』의 「協均度曲」의 목차는 續編總說, 五線界聲, 二記紀音, 六字定位, 三品明調, 七級名樂, 上中下三品絃樂名七級, 半分易字, 新法七字明半音互用, 樂音長短之度, 八形號紀樂音之度, 用八形號之規, 八形號定爲三準, 八形號配合音節, 八形號準三分度, 樂圖總例의 열여섯 항목으로 되어 있으며 서양 음악 이론의 기초적인 설명이다. '五線界聲'에서는 오선과 덧줄의 용법을, '二記紀音'는 #(shap)과 b(flat)의 기능을, '六字定位'는

의 내용을 정리한 것이다. 「유예지」에 보이는 양금자보는 서유구와 유사 시기의 인물인 이규경(1788~?)[36]이 편찬한 『구라철사금자보』와 내용이 유사하다. 이규경의 『구라철사금자보』에도 그 내용이 수록되어 있다.

「유예지」의 양금자보와 『구라철사금자보』의 양금 악보는 동일하다.[37] 다만 악보 이외에 부가된 설명이 조금 다르며 「유예지」의 경우 우조조현 (羽調調絃)과 계면조현(界面調絃)을 악보의 첫 부분에 편제시킨 것에 비해 『구라철사금자보』에서는 이를 가장 뒤에 수록하였다. 조현법은 양자가 동일하다. 음악은 영산회상·가곡·시조 악보를 두 책이 동일하게 수록

도·레·미·파·솔·라의 여섯 음을 각각 烏·勒·鳴·乏·朔·拉로 소개, '三品明調' 는 세 가지 음자리표를, '七級名樂', '上中下三品紀樂名七級', '半分爲字' 등은 음과 음자리 표의 운용에 관하여, '新法七字明半音互用'은 7음계의 명칭, '樂音長短之度' 이하는 리듬 에 관하여, '八形號紀樂音之度' 이하는 음표의 길이 등을 표기하는 방법을 소개하고 있 다. '形號配合音節' 부분은 4성부곡의 기보에 관하여 표기하는 법이다. 『어제율려정의속 편』을 통해 조선 후기 당시에 유입되어 있는 서양 음악 이론의 단계를 가늠해 볼 수 있다. 당대 서양의 음악 이론 현실과 비교한다면 매우 기초적인 내용이지만 서양음악 이론을 漢語로 번역 설명한 점과 이 책을 통하여 조선의 학자들이 서양 음악 이론을 접할 수 있었다는 점에서 주목할 만하다. 「유예지」에 소개된 서양 음악 이론 또한 그러 한 맥락에서 이해할 수 있다.

36 이규경(1788~?)의 字는 伯揆, 호는 五洲 또는 嘯雲居士로 사검서관 가운데 하나인 李德 懋의 손자이다. 이규경의 부친 李光葵도 검서관에 등용되어 오랫동안 규장각에서 일한 바 있어 선대로부터 이어지는 가풍이 그의 학문세계에 큰 영향을 미쳤음을 보여 준다. 이규경은 청 대 학풍에 큰 영향을 받아 우리나라와 중국의 古今事物에 대한 수많은 서적 을 탐독, 정밀한 고증을 통하여 천문·역수·지리·문학·종교·초목·어조 등의 학문 을 考訂, 辨證하여 『五洲衍文長箋散稿』 60권을 편찬한 바 있다. 평생 동안 벼슬길에 나아 가지는 않았으나 그의 해박한 지식은 초기 개화파 인사들에게 큰 영향을 끼쳤다.

37 『구라철사금자보』는 크게 두 부분으로 나누어진다. 앞부분은 第一 刱來, 第二 律名, 第三 字點, 第四 宜用彼字, 第五 製形, 第六 藏棄, 第七 鼓絃, 第八 琴銘, 第九 典攷 등 악기의 유래와 율명, 연주법, 악기의 모양, 제작 등에 관한 기록이고 뒷부분은 악보로 靈山會相, 界面調鉉·羽調調絃, 歌曲(俗稱 주츠니님), 時調의 율자보와 타법이 수록되어 있다. 영산 회상은 靈山會相 大一篇~大四篇, 靈山會相 中一篇~中四篇, 靈山會相 小一篇~四篇, 除 篇一篇(속칭 篇除, 가락더리), 除篇二篇, 除篇三篇, 除篇四篇, 還入一篇~四篇, 下絃還入一 篇~四篇, 그리고 영산회상의 말미에 界面調調絃과 羽調調絃이 실려 있다. 이어 歌曲이, 끝으로 時調가 수록되어 있다. 이처럼 「유예지」와 유사한 악보임을 알 수 있다.

하고 있다. 양금자보에 수록된 음악으로 본다면 서유구 당시에 양금은 이미 민간 지식층이 가장 즐겨 연주하는 음악의 핵심적 곡목을 모두 연주할 수 있는 악기로 깊이 들어와 있다는 사실을 우리에게 알려 준다.

다음으로 「유예지」의 '당금자보(唐琴字譜)'이다. 「유예지」에 수록된 당금자보의 경우 현금자보·양금자보·생황자보와 다소 성격이 다르다. 현금자보와 양금자보, 생황자보의 경우 악기에 대한 설명과 악보를 수록하고 있지만 당금자보의 경우 악보는 극히 일부만을 수록하고 있고 대부분은 중국의 다양한 금에 대해 소개하고 있기 때문이다. 특히 중국의 금 가운데 역사적으로 잘 알려진 유명한 금의 사례를 소개하는 데에 많은 비중을 두고 있다. 이는 서유구 당시 문인 지식층들이 금에 관해 깊은 관심을 가지고 있었다는 정황을 알려 주는 내용으로 해석된다.

중국 악기인 금은 『서경(書經)』에도 소개[38]되어 있듯이 이미 순(舜)임금 때부터 있었던 오래된 악기이다. 우리나라에 금이 들어온 역사는 양금에 비하면 제법 오래되었는데, 문헌 기록에 남아 있는 것을 보면 고구려 시대까지 거슬러 올라간다.[39] 이후 고려 예종 11년(1116) 송에서 보낸 대성아악에 포함되어 다시 들어왔고, 『고려사』 권105, 안향(安珦) 조에는 금(琴)을 사 오라는 명을 내린 기록이 있다. 또 공민왕 19년(1370) 성준득이 연경에서 돌아올 때 명 태조가 금을 보냈다는 기록,[40] 조선 태종 5년(1405) 명에서 금이 들어오고 6년에 종묘제향에서 사용하였고 『세종실록오례』의 '아악등가(雅樂登歌)'에 금이 사용되었고, 회례연의 등가, 헌가에서 역시 금이 사용되어 삼국시대 이래 고려·조선조까지 우리나

---

38 『書經』, 「益稷」, "夔曰戛擊鳴球, 搏拊琴瑟以詠, 祖考來格."
39 『三國史記』 권32, 「樂志」, "初晋人, 以七絃琴, 送高句麗."
40 『增補文獻備考』, 「樂考」 3.

라에서 금이 계속 사용되었음을 알 수 있다.

중국에서 들어온 금은 문헌을 통해 볼 때 두 가지 경우에 사용된 것을 알 수 있다. 하나는 오직 아악에서만 사용되었고 또 하나는 일부 사대부가 여기(餘技)로 탄주하여 그 보급 정도가 극히 한정되었고 결코 통속적이 아니었다고 할 수 있다.[41]

그러나 이후 금의 연주에는 여전히 어려움을 겪었던 듯하다. 실록에는 당금(唐琴)과 생황(笙簧)이 음률을 잘 이루지 못한다고 하여 영조 41년(1765) 동지(冬至)의 사행(使行) 때 전악 장천주로 하여금 당금과 생황을 사고 그곳의 음률을 배워 오게 한 기록[42]이 나오는데 금은 생황과 마찬가지로 여전히 조선에서 제작하지 못하고 수입에 의존한 악기임을 알 수 있다.

서명응은 『시악화성』(1780)에서 이렇게 기록하였다.

우리나라에는 大琴과 中琴의 두 가지 琴은 없고 단지 小琴만이 있다. 그러나 소금은 반드시 唐琴을 중히 여겨, 매번 무역할 때마다 연경에서 사 왔으나 번번이 속임을 당하였다. 목재는 개오동나무를 사용하였고, 줄은 삶은 명주실을 사용하였으니 비록 師曠[43]으로 하여금 조현하게 하여도 능히 소리를 이루지 못하겠거늘 하물며 평범한 악공에게서랴. 동방의 금의 재료는 본디 천하 제일이라고 불리었다.

이 기록에 의하면 금은 계속 중국에서 들여오고 있음이 드러나지만

---

41 이혜구(1996).
42 『英祖實錄』 권106, 英祖 41년 11월 2일(乙酉).
43 사광은 중국 晉나라의 음악을 관장하던 태사 子野임.

연주의 측면에서 볼 때 1765년(영조 41)의 상황에서 크게 나아진 것 같지는 않고 여전히 음률을 제대로 내지 못했던 것으로 보인다. 이러한 상황은 1778년(정조 2) 11월 29일의 실록 기사에서도 찾아볼 수 있다. "(임금이) 생(笙)을 불도록 명하고, 또 현금(玄琴)을 타도록 명하였다. 서명응이 말하기를, (중국의) 거문고는 일명 당금(唐琴)이라고 하며 중국에서 나왔는데, 우리나라 사람들은 그것을 사용할 줄 모릅니다."라고 하여 여전히 연주가 제대로 되고 있지 않음이 확인된다. 위의 기록들을 참조해 볼 때 금이라는 악기는 한국화되기 힘든 악기가 아닌가 하는 생각마저 갖게 한다. 역사적으로 끊임없이 중국에서 들어오고, 사오기도 하고, 배우러 가고 하는 과정을 반복하지만 조선 후기에 와서도 음률이 잘 맞지 않거나 여전히 잘 연주되지 않는 악기이므로 연경으로 배우러 가야만 하는 악기였다.

이러한 정황은 담헌 홍대용(1731~1783)이 남긴 기록에서도 보여 실록의 내용을 보완해 준다. 담헌이 당시 상통사 이익, 악사 장천주와 함께 북경에서 금 연주 잘하는 사람을 물색하였고 음악을 함께 배워 익혔고 악기를 함께 구입한 것으로 그의 연행록에 상세하게 기록되어 있다. 담헌이 당시 상황에 대해 묘사한 내용을 보자.

이익(李瀷)이 당금(唐琴) 하나와 생황 하나를 더 얻어 왔으니, 당금은 푸른 옥과 수정으로 꾸미고 바탕은 파초 잎 모양으로 만들었으니 제작이 이미 기이하고, 그 소리를 들으니 아담하고 청원(淸遠)하여 짐짓 성인의 기물이었다. 이번 길에 나라에서 장악원 악사를 들여보내 당금과 생황을 사 오게 하고 겸하여 그 곡조를 배워 오라 하였으니, 이러므로 이익이 악사를 데리고 두 가지 곡조 배우기를 도모하여 당금 타는 이를 두루 찾아보니 정양문 밖에 타는 사람이 있다 하므로 내일 가만히 문을 나와 교섭해 보고자 한다고 했다. 당금과 생황은 다 팔려는 것인데, 당금은 값이 좋은 은 150냥이라 사지 못한다고 했다.[44]

당금을 구하러 다니는 장면 중의 하나일 것이다. 이처럼 '금'이라는 악기는 조선 왕실의 음악기관인 장악원에서 각종 국가전례를 올리기 위해 필요하여 찾던 악기였다. 아악(雅樂)을 연주하는 제사 음악을 위해 금은 필수적이었기 때문이다.[45]

이러한 상황에서 서유구의 「유예지」에 '당금자보'가 실린 것이므로 그 맥락을 살펴볼 필요가 있다. '당금자보'의 앞부분은 금을 연주하는 모습을 묘사한 시로 시작하여 문자 표기로 운지법을 기록한 자호(字號)와 연주할 때의 느낌을 표현한 수세(手勢), 왼손 연주법을 기록한 자보(字譜)의 순으로 소개하고 있다. 이는 금을 처음 접하는 이들을 위한 배려이다.

여기에 이어 '오음정조자보(五音正操字譜)'라 하여 궁의(宮意) · 상의 (商意) · 각의(角意) · 치의(徵意) · 우의(羽意) 부분에서는 각 조의 정서를 설명하고 대표적인 노랫말과 그에 해당하는 악보를 소개하고 있다. 끝 부분에는 금의 그림을 소개하고 있는데 '고금도(古琴圖)'로서 부자금(夫子琴) · 혁자금(革子琴) · 호종금(號鍾琴) · 자기금(子期琴) · 뇌음금(雷音琴) · 초미금(焦眉琴)과 같이 중국에서 역대로 잘 알려진 금의 연원과 그림, 그리고 지금 연주되는 금금도(今琴圖)까지 소개하고 있다. 금금도의 경우 금면(琴面) · 금복(琴腹) · 금저(琴底)의 세 부분으로 도설을 나누어 그려 놓고 상세히 설명하고 있다.[46]

---

44 홍대용, 『을병연행록』 권4, '초칠일 관에 머물다'.
45 이상의 내용은 송지원(1999; 2012)의 내용을 참고한 것이다.

이처럼 「유예지」에 소개되어 있는 금의 내용은 중국의 악기를 그대로 소개한 것이다. 따라서 여기에는 금으로 연주하는 우리 음악을 소개하지는 않아 여타 악기 설명 부분에서 우리나라 음악을 소개한 것과는 그 정황이 다르다. 서유구 당시에 금은 토지신과 곡식신을 제사하는 사직제(社稷祭)나 공자와 유학자들을 위한 제사인 문묘제(文廟祭)와 같은, 아악(雅樂)을 연주하는 제사의례에서 이미 사용되고 있었다. 물론 그 역사는 매우 오래되었다. 그런 까닭에 왕실에서는 금의 연주 전승이 어렵사리 이어지고 있었음을 알 수 있다.

그러나 민간에서는 상황이 달랐다. 중국의 금은 우리나라의 거문고와 유사한 맥락의 악기로 이해되어 거문고 음악문화가 중국의 금 음악문화와 비교될 만큼 다양하게 전개되었지만 정작 서유구 당시만 하더라도 중국 악기 금은 문인들에게 적극적으로 수용되지 않았다. 앞서 살펴본 외래 악기 양금의 적극적 수용 양상과 비교해 본다면 금은 그 유입시기가 훨씬 오래되었음에도 한국적 수용이 이루어지지 않았던 것이 현실이다.

결국 「유예지」에서 소개한 금은 서유구 당시 여러 문인들의 관심을 유도했을 것으로 보인다. 다양한 금에 대한 소개는 중국 문화에 대한 관심과 연관되는 것이지만 중국 문인들의 악기로 애호되고 있는 다양한 금을 소개한 서유구의 노력은 중국 문화에 대한 관심을 넘어서서 그것으로 우리 음악을 연주할 수 있게 하는 새로운 음악적 시도로 연결된다. 즉 서유구의 다양한 금에 대한 소개는 서유구 당시인들보다는 19세기 말 사람들에게서 그 여파가 나타난다. 즉 19세기 말에 이르러 윤용구·윤현구 형제가 펴낸 『칠현금보』와 『휘금가곡보』와 같은 금의 악보가 만

---

46 『林園經濟志』, 「遊藝志」 권6, 房中樂譜, '唐琴字譜'.

들어진다. 이 악보에서는 금이 한국화된 모습, 즉 금의 한국적 수용이 이루어지는 모습이 드러나기 때문이다. 이들이 시도한 금악(琴樂)의 한국화는 '조현법의 한국화', '연주법의 한국화'(거문고 주법과 가까이하여 절충적 주법을 만들어 냄), '기보법의 한국화'(중국의 감자법을 사용하지 않고 정간보에 장단 표시 기보), '한국 음악을 연주'(영산회상 · 도드리 · 취타 · 여민락 · 가곡 등) 등의 네 가지 점에서이다.[47] 이미 1778년(정조 2) 당시의 기록에서 "우리나라 사람은 그것을(금을) 탈 줄 모릅니다."라고 했듯이 금의 연주는 전승이 늘 어려웠지만 19세기에 서유구에 의해 「유예지」에서 다양한 금에 대한 소개가 이루어졌고, 1880년에 윤현구가 연경에 가서 금을 구입해 와 조현법을 터득한 이후 10여 년의 노력으로 우리나라 음악을 연주하는 수준으로 이어지게 된다.

　이러한 수용 과정을 볼 때 금의 한국적 수용의 예는 다른 악기의 한국화 과정에 비해 상당히 오랜 기간이 필요했다. 악기가 들어온 역사는 꽤 오래되었지만 그 긴 시간을 지나 19세기에 이르러서야 비로소 한국적 수용이 이루어진 것이기 때문이다.[48]

　금의 한국적 수용 과정에서 서유구의 「유예지」에 소개된 금은 조선 후기 문인들에게 금을 알리는 데 일정 정도 역할을 했을 것으로 생각된다. 서유구는 「유예지」에 금을 소개하여 금이라는 악기를 적극적으로 수용하고 알리고자 한 것으로 생각된다. 다음 장에서 논의될 「이운지」의 내용이 그 내용을 뒷받침해 줄 것인바 이하 내용은 다음의 장에 넘기기로 한다.

　이상 살펴본 바와 같이 「유예지」의 방중악보에 수록된 음악을 보면,

47　嚴惠卿(1983).
48　이상의 내용 가운데 일부는 송지원(1999), 244~246면의 내용을 참조하였다.

거문고는 주로 가곡과 영산회상 및 보허사를, 당금(唐琴)의 경우 악보 몇 곡을 수록한 후 여러 종류의 중국 금을 소개하는 데에 할애하고 있다. 양금 음악으로는 영산회상과 가곡, 시조 악보를, 생황도 가곡 위주로 수록하고 있어 19세기 당시 문인들이 방중악으로 즐겨 연주했던 음악이 가곡과 영산회상, 보허사, 시조 등이었음을 확인할 수 있으며 이러한 음악의 전통은 북학파 문인들의 음악 소통과 향유의 전통에서 이어진 것으로 평가된다.

4. 「이운지」와 임원(林園)의 음악 생활

「이운지」에서 논의하고 있는 음악 관련 내용은 서유구가 「이운지」 서문에서 밝힌 편찬 목적에서 잘 드러난다. 「이운지(怡雲志)」는 임원(林園)에서 살며 삶을 한가하고 우아하게 즐기는 방법에 대해 기록한 글이다. 서유구는 그와 같은 삶의 모델로서 왕유(王維)가 망천별업(輞川別業)에서 시를 읊으며 자족하며 살았던 삶, 예찬(倪瓚)이 운림산장(雲林山莊)에서 정결하게 살았던 삶, 고덕휘(顧德輝)가 옥산초당(玉山草堂)에서 살았던 사례를 들면서 '이운(怡雲)'이라는 이름은 도홍경(陶弘景)[49]의 뜻을 취한 것이라고 밝혔다.[50]

책의 편찬 목적에 드러나듯 「이운지」에는 임원에서 사는 삶의 이상

---

49 陶弘景(456~536) : 梁나라의 학자로 유·불·도에 능통하였다. 양 무제의 신임을 받아 자문 역할을 맡았으나 관직을 버리고 모산(茅山)에 은거하였다. 서유구는 도홍경의 시 "山中有所有, 嶺上多白雲, 只可自怡悅, 不堪持贈君."에 나오는 '怡'와 '雲'을 따서 「이운지」라 하였다.

50 徐有榘, 『林園經濟志』, 「怡雲志引」.

적인 여러 모습을 소개하였다. 또 그러한 모습을 구현하기 위해 필요한 여러 기물, 악기, 취미활동 내용 등에 대해 열거하고 있다. 이 가운데 음악과 관련된 내용 가운데에는 중국 악기인 금(琴)과 관련된 것이 가장 많고 그 밖에 현금(玄琴)·번금(蕃琴), 즉 양금(洋琴)·생황(笙簧)·종 (鍾)·경(磬)에 관련된 내용이 일부 포함되어 있어 「유예지」의 악보에 포함된 악기인 현금·금·양금·생황의 내용도 모두 수록되어 있음을 알 수 있다.

그러나 이들 내용 가운데 많은 부분을 『문슬신화(捫虱新話)』나 『동천 청록(洞天淸錄)』, 『동천금록(洞天琴錄)』, 『준생팔전(遵生八牋)』, 『율려정 의(律呂精義)』와 같은 송 대 혹은 명 대의 전적에서 가져왔고 우리나라 의 문헌 중에는 자신의 저술로서 『임원경제지』에 다 포함시키지 못했던 나머지 부분을 모아 지은 『금화경독기(金華耕讀記)』, 그리고 성종 대에 편찬된 악서(樂書)의 전범인 『악학궤범(樂學軌範)』, 영조 대에 국가적 규 모로 편찬된 『동국문헌비고(東國文獻備考)』, 「악고(樂考)」 등의 내용을 옮 겨온 것이므로 그 내용이 독창적인 것만은 아니다.

이처럼 다른 전적의 내용을 가져와 책을 편찬하는 태도는 조선 후기 당시 백과사전적 저술을 남긴 여타 학자들의 태도와 궤를 같이하는 것 이다. 이러한 이유로 『임원경제지』와 같은 백과사전적 유서류(類書類)의 가치를 평가하는 태도는 사람마다 엇갈리기도 한다. 따라서 이미 전해 지고 있는 여러 지식을 총체적으로 모았다는 점에서는 그 가치가 평가 되지만 학문의 독창성이라는 측면에서는 그 의미가 반감되기도 한다. 그럼에도 「이운지」에 기록해 놓은 여러 내용, 즉 임원에서 살아가는 삶 의 이상적인 모습은 조선 후기 문인 지식인 서유구가 추구하는 이상적 삶의 모습을 그린 것이기도 하므로 그 내용에 대해 살펴보는 일은 일정 의미를 지니는 것이다.

이제 서유구가 「이운지」를 통해 그리고자 했던 이상적인 모습 가운데 음악과 관련된 내용을 위주로 살펴보기로 한다. 「이운지」 가운데 음악과 관련된 내용을 언급한 것은 음악이 삶을 멋스럽고 우아하게 만드는 것이라는 점을 인정하고 출발한 것이다. 이는 서유구가 맑은 마음으로 우아함을 기르고 소요하며 유유자적하게 살고자 하는[51] 지향을 「이운지」를 통해 드러낸 것이라 생각된다. 서유구가 그러한 삶을 추구하기 위해 음악과 관련되어 어떠한 지향을 드러내었는지 몇 가지 사례를 통해 살펴보기로 한다.

먼저 음악을 연주하는 공간에 관한 내용이다. 서유구는 「이운지」를 통해 임원에 살면서 서재나 찻방, 약제실, 응접실 등을 갖추어 놓아 화려한 문화생활의 면모를 드러내었다. 여기에서 음악과 관련되어 주목되는 내용은 곧 '금실(琴室)'이다. 금을 연주하는 방을 조성해 놓고 가장 좋은 음향을 누릴 수 있는 방법을 찾는 것이다. 물론 이 내용은 서유구 자신의 아이디어가 아닌, 송나라 진선(陳善)이 지은 『문슬신화(捫虱新話)』의 내용을 가져온 것이기는 하다. 그러나 이것이 조선의 문헌에 소개되기는 서유구의 저술에 처음 보이므로 주목할 만하다.

이 내용은 은거지의 배치에 대해 주로 논의하고 있는 「이운지」 권1, '재료정사(齋寮亭榭)'의 '금실(琴室)'[52]에 수록된 내용인데, 음악 연주회장의 공간음향에 대해 고민하는 요즘의 음악계에도 하나의 지침이 될 만한 내용이 보인다. 서유구는 여기에서 은거지에 금을 연주하는, 음향이 잘 울릴 수 있는 조건을 갖춘 방을 별도로 마련하는 방안을 제시하였다. 그가 제시한 금실은 이러하다. 먼저 금실의 지하에 큰 항아리를 묻고 항

---

51 徐有榘, 『林園經濟志』, 「怡雲志引」, "其所以淸心養雅, 逍遙自適."
52 『林園經濟志』, 「怡雲志」, 齋寮亭榭, '琴室'.

아리 가운데에는 동종(銅鍾)을 매달아 두고 그 윗부분을 돌이나 나무판으로 덮고 금을 연주하면 그 소리가 울려 청량하게 들린다고 하였다. 이는 음량이 작은 금의 소리를 더 크고 잘 울리게 하기 위한 방법으로 제시한 것으로서 중국 송 대 사람들의 아이디어이긴 하지만 서유구에게 받아들여진 것이다. 서유구도 이미 공간음향에 대해 진지한 고민을 하고 있었다는 하나의 사례로 보인다.

이어 금을 연주할 때에 시각적인 즐거움을 가질 수 있는 방안도 제안하였다. 금을 연주할 때 물고기가 뛰게 하는 법을 제안했는데, 연주실 가까이에 작은 연못을 두고 금붕어를 살도록 한 후 금을 연주할 때마다 금붕어에게 먹이를 주면 손님 앞에서 음악을 연주할 때 금붕어가 튀어오르는 모습을 연출할 수 있게 된다는 것이다.[53] 후자는 다소 장난스러운 연출로 보이지만 귀로는 음악을 들으며 눈으로는 금붕어의 도약을 보도록 하기 위한 배려로서 요즘 영상과 함께 음악회를 기획하는 연출과도 비교되어 주목된다.

그러나 서유구는 『문슬신화』의 내용을 인용하여 금의 음향적 실험 관련 기사를 소개하긴 했지만 정작 금의 연주는 높은 누각 아래에서 하는 것이 좋다고 주장하고 있어 결국 자연스러운 음향을 추구하고 있음을 알려 준다.

다음으로 중국 악기 '금(琴)'에 관한 내용은 「이운지」 권2의 '산재청공(山齋淸供)'에서 주로 이야기된다. 이 부분은 음악과 관련된 논의가 가장 많이 이루어지는 곳이기도 하다. 서실(書室)에 금이 없으면 안 된다는 설명부터 시작하여 금의 재료에 대한 품등을 논의하였고 금의 제작법, 고금(古琴)의 판별법, 특이한 금, 금의 아홉 가지 덕〔九德〕, 금을 탈 때

---

53 『林園經濟志』, 「怡雲志」, 齋寮亭榭, '琴室'.

꺼려야 할 것, 금 보관을 위한 악기집, 금을 올려놓는 금안(琴案), 금 연주실 등 '금과 관련된 모든 것'이라 할 만큼 세부적인 내용을 다루고 있다. 이는 예전에 금에 관해 논할 때 관념적인 금론(琴論)을 위주로 논의하던 태도와는 다소 차이가 있음을 알 수 있다.

이와 같은 내용 가운데 주목되는 것 몇 가지만 이야기해 보고자 한다. 먼저 '산재청공'에서 금과 관련된 논의는 '논서실불가무금(論書室不可無琴)'으로 시작된다. 서실에서 늘 금을 가까이하라는 내용이다. 서실(書室)에는 반드시 금을 두고 매일같이 아악(雅樂)을 대하도록 권한다. 연주에 능통하든 그렇지 않든 금을 연주할 것을 권하며 '매화삼롱(梅花三弄)', '백설조(白雪操)'와 '귀거래사(歸去來辭)', '적벽부(赤壁賦)'와 같은 중국의 여러 작품을 열거하면서 성정을 기르고 수신하는 도(道)로서는 금 이상의 것이 없다고 하였다.[54] 이 부분은 명 대의 『준생팔전(遵生八牋)』[55]을 인용한 것이다.

이처럼 금 연주를 권하는 데 이어서 금을 만드는 재료에 대해 논하고 있다. 악기의 몸통을 구성하는 나무에 관하여는 '택재(擇材)'에서, 금의 줄받침인 진(軫)은 '진품(軫品)'에서, 휘(徽)는 '휘품(徽品)', 금의 줄에 관한 것은 '현품(絃品)'으로 구분하여 각각 설명한 후 금의 제작법에 대해 이야기하였다. 악기의 몸통을 만드는 나무의 경우 각각 음양의 성질을 따르는 것이 좋은데, 윗판은 양목(陽木)인 오동나무, 아랫판은 음목(陰木)에 해당하는 가래나무를 쓰는 것이 좋다고 설명하였다. 또 고금(古琴)에는 부자금(夫子琴)과 열자금(列子琴)의 두 가지 모양이 있다고 '양

---

54 『林園經濟志』, 「怡雲志」, 山齋淸供, '論書室不可無琴'.
55 『遵生八牋』(1591) : 중국 명 대 문인들의 취미생활에 관해 기록한 책으로 고렴(高濂)이 쓴 것이다. 百柄琴에 대한 내용은 이 책을 참고한 것이다.

식(樣式)' 부분에서 설명하고 있다. 그러나 근세에 이르러 금의 모양은 옛날과 달라졌다고 이야기한다. 금과 관련된 내용 대부분은 『준생팔전』 외에 『동파지림(東坡志林)』,[56] 『동천금록(洞天琴錄)』, 『동천청록(洞天淸錄)』[57] 등의 중국 문헌을 인용한 것이고 일부 성종 대의 『악학궤범(樂學軌範)』의 내용을 가져온 것도 있다.

다음으로 현금(玄琴), 즉 우리나라의 거문고에 관하여도 다루었다. 주지하듯이 거문고는 조선 문인들의 교양필수 악기로서의 위상을 지니고 있으며 우리나라에서는 백악지장(百樂之丈), 즉 여러 악기의 으뜸이라 여겨지고 있다. 또한 삿된 마음을 금하고 자신을 이기는 방법으로 거문고를 연주하는 것만한 것이 없다는 악기로 간주되어 선비라면 특별한 연고가 없는 한 곁에 두는 악기였다. 서유구는 이와 같은 위상을 지니고 있는 거문고를 중국의 금과 같이 다루고 있다. 거문고에 대한 서유구의 다음 설명을 보자.

『삼국사기』에 거문고는 중국 아부(雅部)[58]의 금(琴)을 본떠서 만들었다고 하였다. 『신라고기』에 말하였다. 처음에 진나라 사람이 칠현금을 고구려에 보냈는데, 당시 제 2상인 왕산악이 그 법제를 고쳐서 만들었다. 겸하여 곡을 만들어 연주했다. 그때 검은 학이 날아와 춤을 추자 드디어 '현학금(玄鶴琴)'이라 했다가 후에 다만 '현금(玄琴)'이라 했다. 만드는 법을 살펴보면, 앞판은 오동나무를, 뒷판은 밤나무를 쓴다. 괘는 회나무를 쓰는데

---

56 『東坡志林』: 중국 송 대의 문호인 소식(蘇軾)의 저술이다.
57 『洞天淸錄』: 중국 남송 시대 문인들의 취미생활에 관해 기록한 책으로 종실 출신의 문인 조희곡(趙希鵠)이 쓴 것이다. 「이운지」의 琴에 대한 내용은 이 책의 내용을 많이 가져왔다.
58 『삼국사기』 원문에는 '雅部'가 아니라 '樂部'로 기록되어 있으며 『삼국사기』를 인용한 『악학궤범』에도 '樂部'로 기록되어 있다.

그 다음으로는 종목을 쓴다. 장식은 화리·철양·오매·산유자 등의 나무를 쓴다. 학슬은 청형을 쓰고 염미는 각색 진사, 혹은 푸른 물을 들인 무명실을 쓰며 귀루는 홍록색 진사를 쓴다 ······.[59]

거문고에 대한 설명은 『악학궤범』과 『동국문헌비고(東國文獻備考)』, 「악고(樂考)」의 기록을 가져온 것으로 두 문헌에서 주요한 부분만을 압축적으로 가져와 설명하고 있다. 거문고의 유래와 역사, 거문고 제작에 관한 내용을 다루었다. 서유구가 중국 금의 제도를 설명하면서 우리나라의 거문고에 대해 언급한 것은 중국의 금에 비견되는 악기가 현금에 해당하기 때문인 것으로 보인다.

'현금'에 이어서는 서양금인 '번금(蕃琴)'에 대해 설명한다. 구라철사금(歐邏鐵絲琴)을 우리나라에서는 서양금(西洋琴)이라 하는데, 서양인은 천금(天琴)이라 하고 중국인은 번금이라 부른다고 했다. 우리나라에는 어느 때 들어왔는지 알 수 없다고 설명하였는데, 이미 북학파 학자들에 의해 유입된 시기에 대한 고증이 대략 이루어졌지만 명확한 유입 시기가 밝혀지지 않았기 때문인 듯하다.

다음으로 금의 '구덕(九德)', 즉 아홉 가지 덕성에 대해 논한 부분이 있다. 금의 구덕에 관한 논의는 중국 명 대 문인들의 취미생활에 관한 내용을 기록한 책인 『준생팔전』에서 인용한 내용인데 첫째, 기(奇) 둘째, 고(古) 셋째, 투(透) 넷째, 정(靜) 다섯째, 윤(潤) 여섯째, 원(圓), 일곱째, 청(淸) 여덟째, 균(勻), 아홉째, 방(芳)이라 하였다. 이들 아홉 가지 덕성은[60] 모두 좋은 재목으로 만든 금일 때 갖출 수 있는 여러 조건을 제시

---

59 徐有榘, 『林園經濟志』, 「怡雲志」, 山齋淸供, '玄琴'.
60 徐有榘, 『林園經濟志』, 「怡雲志」, 山齋淸供, '九德'.

한 것이다.

또 금을 탈 때 꺼려야 할 내용도 몇 가지 소개하고 있는데, 금을 연주할 때 향(香)을 쓸 경우라면 맑고 연기가 적게 나는 것을 써야 한다고 했다. 또 금을 연주하지 않아야 할 시간·장소·날씨 등에 대하여 이야기하였다. 이는 거문고 탈 때 꺼려야 할 조건을 제시한 조선의 여러 악보들의 내용과 비교된다. 그 밖에 금의 받침대나 금을 보관하는 갑, 금을 넣을 주머니 등에 대하여도 소개하고 있다. 「이운지」에서는 그 외에도 생황·피리·종·경 등에 대해 악기 이름이 지닌 뜻과 제작법 등에 대해 설명하여 백과사전적인 지식이라는 측면에서 악기를 접하는 대목도 보인다.

이처럼 서유구는 「이운지」에서 중국의 금과 관련된 다양한 내용을 소개하고 있다. 당시 조선의 문인들은 대부분 거문고에 취미를 가지고 있었고 금에 관하여는 중국의 여러 문헌에서 접하는 정도의 지식을 가지고 있었다. 서유구도 여기에서 예외는 아니었다. 「이운지」에 소개한 금에 관한 내용은 대부분 송 대나 명 대의 저술들로서 문인들의 취미생활을 기록한 책들이 대부분이다. 명 대의 『준생팔전』, 송 대의 『동천청록』이 대표적이며 그 외에 『계신잡지』와 같은 문헌도 참고한 것으로 보인다. 그 밖에 우리나라의 문헌으로는 성종 대의 악서인 『악학궤범』, 영조 대에 국가적인 규모로 편찬된 『동국문헌비고』의 「악고」, 중국에서 들여온 악서 『율려정의』, 그리고 서유구 자신의 저술인 『금화경독기』[61] 등이 있다.

---

[61] 서유구의 저술로 2010년에 일본 도쿄도립중앙도서관에 있는 것을 조창록이 발견하여 학계에 소개되었다. 『금화경독기』는 『임원경제지』를 쓰고 남은 부분을 모아 정리한 것이라 하였다.

서유구는 음악에 대해 이전 세대의 사람들에 비해 유연한 사고를 가지고 있었던 것으로 보인다. 「유예지」나 「이운지」에서 '예악사상'과 같은 심오한 주제를 다루지 않은 것은 서유구 자신의 그러한 사고가 반영된 것이라 생각된다. 서유구는 임종 무렵에 자신의 곁에서 거문고를 타도록 하였다. 그리고 연주가 끝나자 숨을 거두었다. 살아서 실용적인, 그리고 현실적인 음악 향유의 모습을 보여 준 것이 임종 때까지 이어진 것이 아닐까 생각된다. 이는 서유구가 가진 음악에 대한 태도를 잘 알려주는 대목으로 이해된다. 살아서 즐기는 음악을 죽을 때에도 곁에 두고싶은 열망을 보여 주는 것이라 할 것이다.

이상 살펴본 바와 같이 서유구가 『임원경제지』에서 음악과 관련되어 언급한 내용은 「유예지」의 방중악보와 「이운지」에서 다룬 금과 관련된 논의들이 대부분이다. 이는 『임원경제지』와 비교되는 조선 후기의 여타 백과사전적인 저술들의 내용과 비교해 볼 때 그 차이를 알 수 있다. 『임원경제지』보다 다소 앞선 시기이기는 하지만 성호 이익의 『성호사설』에서 다룬 음악 관련 내용과 비교해 보자.

〈표〉 『성호사설』에서 다룬 음악 관련 내용[62]

권/제목	소제목	내　　용	비고
권2 天地門	樂從西方		
〃	老人星	노인성 출현의 의미	
권3 천지문	山家術		
권4 萬物門	指南針	『주례』에 근본한 십이지에 대한 육합. 지남침으로 방위 정함	
〃	伽倻琴	가야금의 유래 - 쟁과 관련	

---

62 송지원(2002).

권/제목	소제목	내　용	비고
〃	琴阮	금완의 유래	
〃	尺	척도	
〃	馬祖		
권5 만물문	琴	음악의 기능/ 바른 음악의 중요성	
〃	緩聲	느린 음악	
〃	朴堧樂律	박연의 황종관 제작의 평가	
〃	俗樂	속악의 조	
〃	管灰	황종척 고증	
〃	新羅琴	허목 소유의 거문고는 신라 경순왕의 거문고	
〃	琴奏鶴來	옛 음악과는 다른 현재의 음악, 현학금으로 변화	
〃	觱栗	필률은 오랑캐 악기이나 오랑캐가 칭한 것은 아님	
권6 만물문	笙	생은 중국에서 사 온 악기-악기 유통의 문제	
권7 人事門	鄕飮酒禮	향음주례는 각 고을에서 다 시행해야 함	
〃	樂律	새로운 음악 수용-비루한 태도로 인한 어려움 지적	
권8 인사문	親耕	친경과 친잠은 해마다 거행하되 경비 줄여야 함	
권9 인사문	關王廟	관왕묘 고증/ 현재 조선의 관왕묘	
권11 인사문	先蠶	선잠/ 천사의 용어 고증	
〃	水旱報祭	수한보제의 옛 의미 회복 필요	
권12 인사문	廟樂	당대 묘악진단, 예악상실 한탄	
권13 인사문	大晟樂	대성악 고증	
권15 인사문	綵棚	채붕은 폐지되어야 함	
〃	樂正子	악정자는 원래 樂을 맡은 관원이나 후에 姓氏가 됨	
권16 인사문	女樂	계씨가 齊에 보낸 여악으로 임금의 마음이 미혹됨	
권18 經史門	一倡三歎	'일창삼탄'의 의미	
〃	遼金禮樂	遼金의 禮樂	
권19 경사문	享先妣	향선비 용어 고증	
〃	初獻六羽	仲子의 신궁제사에서 초헌육우는 非禮이다.	

권/제목	소제목	내　　　용	비고
〃	儀禮經傳	예의 중요성	
〃	鄭聲	鄭聲이란 煩手淫聲	
〃	禮樂可興	명분이 바르게 서면 예악이 행해진다.	
권21 경사문	關雎	관저편을 보는 관점	
〃	聞韶	'문소'의 의미 고증	
〃	鑄無射	주경왕이 무역을 주조한 뜻	
권22 경사문	童謠	동요가 가진 사회적 의미	
권23 경사문	官妓	관기의 역사와 유래	
〃	師延	사연과 미미지악	
〃	周樂去商	주나라 음악에 商조가 쓰이지 않은 이유	
〃	後燭		
권24 경사문	經解	經解 中 樂經의 의의	
권25 경사문	六笙詩	육생시 고증	
〃	北鄙殺伐	북비의 소리는 망하는 소리이다.	
〃	鄭聲佞人	정성과 영인의 위태로움	
〃	七始詠	七始란 樂歌의 數(복희에서 요까지)일 것이다.	
권26 경사문	歌商歌齊		
〃	河臨	우륵의 음악이 미미지악이라면 지금까지 전해질까?	
〃	破正樂	淫樂이 正樂을 깨뜨림	

　　위의 표에 보이듯 성호 이익의 경우 왕실의례를 비롯하여 악률이론, 예악사상, 음악 제도, 경학 등은 물론 음악에 관한 태도, 악기 등의 내용에 이르기까지 음악 관련 내용이 매우 다양하게 저술에 포함되어 있음을 알 수 있다. 그러나 서유구의 경우 성호처럼 다양한 관심은 드러내지 않았다. 음악 관련 내용 가운데서도 비교적 실용적인 것만을 다룸으로써 『임원경제지』의 「유예지」와 「이운지」의 내용을 한정시켜 놓았다.

이러한 태도는 19세기 문인들의 일부에서 드러나는 '전문화'되어 가는 태도와 한편 일치하는 것이기도 하다.

서유구가 「이운지인(怡雲志引)」에서 밝힌 것처럼 그의 말년의 꿈은 소박하였다. 글은 이름을 기록할 정도면 되고, 생산은 입을 것과 먹을 것을 자급할 정도면 되지 다른 바람이 없고 오직 임원(林園)에서 아취를 키우며 세상에 대한 욕심 없이 일생을 마치기를 바란다고 했다.[63] 향촌에서 살아가는 문인 서유구, 그의 음악 생활도 이러한 생각에 기반한 것이다.

5. 맺음말

서유구가 『임원경제지』 속에 남긴 음악 관련 기록은 그 내용의 규모나 깊이 면에서 볼 때 음악사적인 면에서 큰 비중을 차지하는 것은 아니다. 그러나 18세기 후반에서 19세기 초의 문인 사대부가 향촌에 거주하면서 실생활에 필요한 실용적 지식과 문화적인 면에서 필요한 교양의 실제에 대해 기록한 책이므로 그것을 통해 생활인으로서의 문인 지식층이 자신의 삶을 윤택하게 하기 위해 어떠한 음악 활동을 했는지 보여주고 있다는 면에서 주목할 만하다. 특히 「유예지」의 '방중악보(房中樂譜)' 에 수록된 악보들, 예컨대 영산회상과 가곡·보허사·시조 등과 같은 음악은 조선 후기에 크게 발달을 보인 음악으로서 서유구 당시 민간 지식층이 즐겨 연주하던 음악 가운데 인기가 있는 음악에 어떤 것들이

---

63 徐有榘, 『林園經濟志』, 「怡雲志引」, "書足以記姓名耳, 産足以資衣食耳, 無他望也. 惟祈林園養雅, 無求於世, 以終身焉."

있는지 여실히 알려 주고 있어 당대의 음악문화를 읽는 데 도움을 주고 있다.

「유예지」는 독서(讀書)·사(射)·산(算)·서(書)·화(畵)·악(樂)의 여섯 범주에 대해 논한 것이다. 이 가운데 권6 '방중악보'에 거문고·금(琴)·양금·생황 등 네 악기의 악보를 수록하였다. 「유예지」에서 서유구는 일반적으로 이야기하는 '육예(六藝)'를 인식하고 '유예(遊藝)'의 개념을 가져왔지만, 육예 가운데 '예'와 '악'에 대하여는 논하지 않았다. 그 이유에 대하여는 예악(禮樂)의 조목이 번잡하기 때문이고 서유구 당시 대악(大樂)은 이미 사라졌거나 변형된 지 오래되어 되살릴 수 없기 때문이라 하였다.

주지하듯이 조선 후기에는 음악사상적인 면에서 많은 학자들에 의해 중요한 논의가 진전이 되었고, 특히 서유구의 조부 서명응의 경우 시(詩)와 악(樂), 그리고 예(禮)에 이르기까지 상당한 깊이의 논의까지 학술적으로 진전시킨 바 있다.[64] 이와 같은 현실이 뒷받침되어 있기 때문에 굳이 『임원경제지』에서 심오한 예악사상을 논의하지 않아도 되었을 것으로 보인다. 그러나 한편 서유구가 생각한 『임원경제지』의 위상, 즉 『임원경제지』는 심오한 사상을 논의하기 위해 저술한 책이라기보다 오히려 실용서의 성격이 강한 저술로 상정해 놓았기 때문에 굳이 거기에 예악사상을 포함하지 않아도 무방하리라 간주했을 것이라 생각된다.

악기와 악보를 다룬 「유예지」에 거문고·금·양금·생황의 네 악기의 도설(圖說)과 그 악기를 연주하기 위해 필요한 악기 자체에 대한 지식, 그리고 네 가지 악기를 위한 악보를 수록하여 실용성이 두드러진다.

---

64 서명응이 연구한 시와 악에 관하여는 송지원(2000), 「시악묘계를 통해 본 서명응의 詩樂論」(『한국학보』 제100집, 일지사) 참조.

특히 악기에 대한 설명에서는 악기의 구조와 특징, 기호 설명, 수법(手法)의 부호, 지법(指法)의 변화를 통한 연주법, 각 줄에 대한 명칭, 구음의 설명, 운지법, 악기의 도설 등을 함께 수록하였다. 아울러 그 악기로 연주하는 음악 악보도 실어 실제 연주자들이 활용할 수 있도록 배려하였다.

이러한 악보는 서유구 당시 문인들이 주로 연주했던 악기와 음악 생활의 일면을 알려 주고 있다. 문인 지식층들이 즐겨 연주했던 악기와 음악이, 혹은 연주하고자 했던 악기(금) 등이 무엇이었는지 알 수 있었다. 서유구 당시 문인 지식층들이 즐겨 연주하던 거문고 음악으로는 가곡과 영산회상, 그리고 (현악)보허사가, 당금(唐琴), 즉 중국 금의 경우 서유구 당시 실제 활발한 연주를 했던 악기라기보다는 당시 문인 지식층들의 큰 관심을 끌었던 악기로서 주로 여러 종류의 금에 대해 소개하고 그 특성을 설명하는 것에 그치고 있다. 서유구의 관심 이후 19세기 후반에 역시 문인 지식층 집단에서 금을 위한 악보가 만들어지는 것을 보면 서유구의 노력이 후세에 정착된 것이라 볼 수 있다.

18세기 후반에 중국을 통해 우리나라에 유입된 양금을 위한 음악으로는 영산회상과 가곡, 시조 악보가 수록되어 있었으며 생황을 위한 악보도 가곡 위주로 수록하고 있어 서유구 당시 문인들이 방중악(房中樂)으로 즐겨 연주했던 음악이 가곡(歌曲)과 영산회상·보허사·시조 등이었음을 확인하였다. 「유예지」의 '방중악보'가 악보를 위주로 다룬 것에 비해 「이운지」에서는 시골에서 살며 삶을 한적하게 즐기기 위한 악기에 대해 논의하였다.

서유구의 음악 취미는 18~19세기 당시 서울 지식인이 가졌던 음악에 대한 관심의 향방과 일정 정도 맥락을 같이하는 것으로 보인다. 조선 후기의 서울 지역은 줄풍류 문화가 무르익었던 곳이다. 당시 서울의 문인들 가운데 문화적인 면에서 새로운 분위기를 조성했던 이들로서 박지원을 필두로 한 연암그룹 인물들이 있었다. 이들은 각기 악기 하나씩을 연마하여 여럿이 어울려 음악을 창출해 내는 줄풍류 문화의 발달에 기여를 했으며 그 문화는 서울 지역 지식인들의 취미로 자리 잡게 되었다. 그 결과로서 현재까지 많은 음악인들이 연주하는 현악 영산회상과 같은 줄풍류 음악이 융성하게 되는 성과를 이루어 내었다.

풍석 서유구가 제시한 향촌에 사는 문인들의 음악 생활은 과거 예악사상(禮樂思想)의 이념적 틀에서 빠져나와 그 무게가 한결 가벼워진 것으로 보인다. 예악사상의 틀에서 이념적인 논의가 우선이 되기보다 주로 실제 생활에서 몸소, 몸으로 행할 수 있는 음악과 관련된 내용을 모으고자 했다는 점에서 그러하다.

또 「유예지」의 서문에서 '육예'의 '예(禮)'와 '악(樂)'에 관한 논의를 배제한 배경에서 풍석이 음악을 둘러싼 논의를 한결 실용적이면서도, 생활 속에서 다소 가볍게, 혹은 즐기며 하고자 하는 차원으로 변화시키고자 하는 의도를 읽을 수 있다. 이는 음악 행위를 '현실 생활'의 일부에서 수행했다는 점에서 주목할 부분이다. 이는 '음악은 닦는 것'이라는 화두에서 더 나아가 음악은 일상에서 생활의 일부로, '즐기며 행하는 것'이라는 인식의 전환일 수 있다. 아울러 음악을 관념적 차원에서 현실적 차원으로 끌어올린 것이라는 측면에서도 생각해 볼 수 있는바, 이는 풍석을 비롯한 18~19세기 문인들에게 음악이란 무엇인지 생각하는 기회가 되었다.

參考文獻

姜世晃,『豹菴遺稿』.

朴齊家,『貞蕤集』.

朴趾源,『燕巖集』.

徐命膺,『詩樂和聲』.

徐有榘,『林園經濟志』.

『書傳集註』. 金赫濟 校閱. 明文堂, 1981.

成大中,『靑城集』.

『詩傳』, 保景文化社, 1990.

『신역악학궤범』, 이혜구 역주, 국립국악원, 2000.

『練藜室記述』, 민족문화추진회, 1982.

『禮記』,「樂記」.

『禮記集說』, 保景文化社, 1990.

柳慶種,『海巖稿』.

柳得恭,『泠齋集』.

柳重臨,『增補山林經濟』.

李德懋,『靑莊館全書』.

_____,『雅亭遺稿』.

李得胤,『玄琴東文類記』.

李 瀷,『星湖僿說』.

李圭景 엮음,『歐邏鐵絲琴字譜』.

李圭景,『五洲衍文長箋散稿』.

丁若鏞,『與猶堂全書』, 경인문화사, 1987.

_____,『樂書孤存』, 서울대 규장각한국학연구원, 2007.

『朝鮮王朝實錄』, 국사편찬위원회, 1969~1986.

洪大容,『湛軒集』.

洪元燮,『太湖集』.

김대중(2011), 「풍석 서유구의 산문연구」, 서울대학교 박사학위논문.

김영욱(1988), 「「유예지」 소재 농엽에 관한 연구」, 한양대학교 석사학
　　위논문.

노기춘(2000), 「『山林經濟』의 引用文獻 分析考」, 『書誌學硏究』 제19
　　집, 書誌學會.

문석윤 외(2012), 『담헌 홍대용 연구』, 사람의무늬.

문선주(2001), 「서유구의 『畵筌』과 『藝翫鑑賞』 연구」, 한국정신문화
　　연구원 석사논문.

박은순(2000), 「서유구의 서화감상학과 『임원경제지』」, 『한국학논집』
　　제34집, 한양대학교 한국학연구소.

송방송(1982), 「『遊藝志』의 笙簧字譜 解讀과 그에 나타난 紫芝羅葉」,
　　『韓國音樂史硏究』, 영남대학교 출판부

송지원(1992), 「朝鮮後期 中人音樂의 社會史的 硏究」, 서울대 석사학
　　위논문.

＿＿＿(1999), 「朝鮮 中華主義의 음악적 실현과 淸 文物 수용의 의의」,
　　『國樂院論文集』 제11집, 國立國樂院.

＿＿＿(2002), 「성호사설을 통해 본 성호 이익의 음악인식」, 『실학연
　　구』 제4집.

＿＿＿(2004), 「18세기 한국 음악사회의 몇 局面」, 『18세기 연구』 제7
　　호, 한국18세기학회.

＿＿＿(2012), 「담헌의 음악지식과 소통」, 『담헌 홍대용 연구』, 사람
　　의무늬.

신영주(2005), 「『이운지』를 통해 본 조선 후기 사대부가의 생활모습」,
　　『한문학보』 13집.

심경호(2011), 「『임원경제지』의 박물 고증 방식과 문명사적 의의」, 『풍석 서유구와 임원경제지』, 소와당.

안대회(2006), 「林園經濟志를 통해 본 徐有榘의 利用厚生學」, 『韓國實學研究』 11, 韓國實學學會.

옥영정(2011), 「『임원경제지』 현존본과 서지적 특성」, 염정섭 외, 『楓石 徐有榘와 林園經濟志』 所收.

유봉학(1995), 『燕巖一派 北學思想 研究』, 일지사.

엄혜경(1983), 「七絃琴의 한국적 수용」, 서울대학교 석사학위논문.

염정섭 외(2011), 『楓石 徐有榘와 林園經濟志』, 소와당.

이우성(1963) 「18세기 서울의 도시적 양상」, 『향토서울』 17호.

_____(1983), 「실학연구서설」, 『실학연구입문』, 일조각.

_____(2010), 『韓國의 歷史像』(李佑成 著作集).

이혜구(1996), 「韓國의 琴樂」, 『한국음악연구』, 민속원.

임형택 외(2012), 『연암 박지원 연구』, 사람의무늬.

장사훈(1966), 「遊藝志의 軍樂打令과 현행 軍樂과의 관계」, 『國樂論攷』, 서울대학교 출판부.

조창록 외(2014), 『풍석 서유구 연구』(上), 사람의무늬.

정명현(2009), 「『임원경제지』 사본들에 대한 서지학적 검토」, 『奎章閣』 34.

정명현 외(2012), 『임원경제지: 조선 최대의 실용백과사전』, 씨앗을뿌리는사람.

韓民燮(2010), 「徐命膺 一家의 博學과 叢書·類書 編纂에 관한 研究」, 高麗大學校 박사학위논문.

한양대 한국학연구소(2001), 『18세기 조선지식인의 문화의식』, 한양대학교 출판부.

楓石 徐有榘 「葆養志」의 형성에 대한 연구

문석윤 | 경희대학교 철학과 교수

1. 서론

1) 『임원경제지(林園經濟志)』의 일반적 특성

풍석(楓石) 서유구(徐有榘)는 자신의 방대한 저작『임원경제지(林園經濟志)』의 「예언(例言)」에서, 사람이 세상을 살아가는〔處世〕데에는 출(出)과 처(處)의 두 가지 길이 있다고 하였다.[1] 출(出)이란 조정에 출사(出仕)하여 세상을 구제하고 백성에게 유익을 끼치는〔濟世澤民〕것이요, 처(處)란 향촌에 머물면서 생산에 힘쓰고[2] 뜻을 기르는〔食力養志〕것이다. 그는 또한 자신이『임원경제지』를 지은 것은 출사하여 국가를 경영하기 위한 것이 아니라, 거향청수지사(居鄕淸修之士)의 향거사의(鄕居事宜)를 위한 것, 곧 향촌에 머물면서 수양(修養)에 힘쓰는 이들이 마땅히 힘써야 할 바를 알려 주기 위한 것이라고 하였다.[3] 제목의 '임원(林園)'은

---

1 『林園經濟志』,「例言」, "凡人之處世, 有出處二道, 出則濟世澤民, 其務也 ; 處則食力養志, 亦其務也."『林園經濟志』는 고려대학교 도서관 소장본(高大本)을 기준본으로 하고, 오사카 부립도서관 소장본(大阪本)을 대조본으로 삼아 적절하게 교감하면서 참조하였다. 현재 확인된 판본 중에는 大阪本이 시기적으로는 가장 앞선 先行本으로서, 아직 편집이 확정되지 않은 原稿本 혹은 校正臺本이라고 한다면, 高大本은 편집이 완료된 상태의 定本 혹은 그의 傳寫本이라고 할 수 있다. 또 하나의 주요 판본인 서울대학교 규장각 소장본(奎章閣本)은 高大本에 準하는 판본이다. 모두 筆寫本이다. 『林園經濟志』의 판본 상황에 대해서는 정명현(2009), 옥영정(2011) 등을 참조.

2 '食力'이란 사전적으로는 '노동을 통해 생활한다'는 의미와 '노동 생산 활동을 통해 생활하는 사람'을 의미하기도 한다(『漢語大詞典』'食力'條 참조). 여기에서 '노동' 혹은 '노동 생산 활동'은 농업·공업·상업을 포함한 산업 전반의 것이다. 즉『孟子』의 '勞力'과 '勞心'의 구분에서 '勞力'에 해당하는 것이라고 할 수 있다.

3 『林園經濟志』,「例言」, "至於鄕居養志之書, 眇有裒集者. 在我邦, 僅有『山林經濟』一書, 然中多宂瑣, 所採亦狹, 人多病之. 故於此略採鄕居事宜, 分部立目, 搜群書而實之." 풍석은 같은 글에서 또한 '居鄕淸修之士'라는 용어를 사용했다.

바로 그러한 뜻을 표명한 것이다.[4]

그런데 거기에 '경제(經濟)'라는 말을 붙인 것은 무슨 뜻인가? 통상 '경제(經濟)'는 국가를 경영하고 세상을 구제한다고 하는, 출사자(出仕者)의 활동을 가리키는 말이므로, 그것을 임원(林園)에 물러난 향거자(鄕居者)에게 적용하는 것은 적합해 보이지 않는다. 이에 대해서는 이미 홍만종이 답변을 제시해 둔 것이 있다. 홍만선(洪萬選, 1643~1715)이 지은 『산림경제(山林經濟)』는 제목에서 이미 『임원경제지』와 유사할 뿐 아니라 그 저작 취지나 내용에서 『임원경제지』의 선구라고 할 수 있는데, 그 서문에서 홍만종(洪萬宗, 1643~1725)은 "'경(經)'이란 서무(庶務)를 처리하는 것이고 '제(濟)'란 널리 중생(衆生)을 구제하는 것인데, 조정(朝廷)에는 조정의 사업이 있으니 그것이 조정의 경제이고, 산림(山林)에는 산림의 사업이 있으니 그것이 곧 산림의 경제이다."[5]라고 명확히 밝혀 두었던 것이다.

풍석은 자신의 『임원경제지』가 『산림경제』를 계승하여 발전시킨 것이라는 의식을 가지고 있었으므로[6] 그러한 용어와 용법 또한 이어받은 것이라고 이해할 수 있다.[7] 결국 향촌에 사는 사대부의 삶의 경영에 필

---

4 위와 같은 곳, "以'林園'標之者, 所以明非仕宦濟世之術也."

5 洪萬宗, 「山林經濟序」, "'山林'與'經濟', 異途. '山林', 獨善其身者樂之; '經濟', 得意當世者辨之. 其異若是, 而亦有所同者存焉. 盖'經'字經理庶務, '濟'字普濟羣品. 廊廟而有廊廟之事業, 則是廊廟之經濟也; 山林而有山林之事業, 則是山林之經濟也. 所處之地雖異, 其爲經濟則一也." 『山林經濟』의 원문과 번역은 민족문화추진회(현 한국고전번역원)의 번역본 『국역 산림경제』(1989년 중판)를 참고하였다.

6 『林園經濟志』, 「例言」, "至於鄉居養志之書, 尠有裒集者. 在我邦, 僅有『山林經濟』一書, 然中多冗瑣, 所採亦狹, 人多病之. 故於此略採鄉居事宜, 分部立目, 搜群書而實之." 그런데 이 논문의 주제인 「보양지」에 한해서 말한다면 풍석이 참조한 것은 『山林經濟』가 아니라 그를 대폭 증보한 『增補山林經濟』이다.

7 '山林'이 隱居退修의 분위기를 가지고 있는 데에 비해 '林園'은 鄉居經營의 이미지가 더 강하다는 점에서 향촌 경영의 취지에 더 부합하는 명칭이라고 할 수 있겠다.

수적인 실용적 지식들을 제공하고자 하는 것이 『임원경제지』 편성의 목적이었다. 그리고 그것은 사대부 자신의 수양을 포함하여 자신의 집 안을 관리하고[經理庶務], 자신이 처한 향촌 공동체를 이롭게 하는[普濟羣品] 두 방면의 경영을 포함하고 있었다. 풍석에서 사대부의 향촌에 서의 삶은 조정 출사를 위한 준비라는 소극적인 의미를 지니는 데 그치 지 않고, 향촌을 경영하고 구제한다는 적극적인 의미를 지닌 것이었으 며, 그것은 '경제'라는 용어에 함축적으로 표현되어 있다고 할 수 있는 것이다.

풍석이 『임원경제지』에서 다룬 지식의 범위는 실로 향촌에서의 사대 부의 삶을 구성하는 생산적·문화적·사회적 요소를 모두 포함한 광범위 한 것이었다. 그 '포괄성'은 그것에 담긴 지식의 첫 번째 특징이다. 『임원 경제지』는 16개의 지(志)로 구성되어 있는데, 그중 「본리지(本利志)」(토지 제도·곡물농사), 「관휴지(灌畦志)」(채소·약재 재배), 「예원지(藝畹志)」(화 훼 재배), 「만학지(晩學志)」(과일·나무 재배), 「위선지(魏鮮志)」(기후예측) 는 농업 생산과 관련된 지식을 모아 놓은 것이며, 「전어지(佃漁志)」(목 축·양어·양봉·사냥·고기잡이)는 어업·축산업 등과 관련된 지식을 모 아 놓은 것이다. 「정조지(鼎俎志)」에는 음식 곧 식생활과 관련된 지식을, 「섬용지(贍用志)」에는 건축과 다양한 도구 제작과 관련된 수공업적 지식 을, 「상택지(相宅志)」에는 주거지의 선택과 경영과 관련된 지식을, 그리 고 「예규지(倪圭志)」에는 가정 경제 운영과 상업 활동과 관련된 지식들을 모아 놓았다. 이것들은 대체로 사대부가 향촌의 '생산 활동[食力]'에 참 여하는 것과 관련된 지식에 해당하는 것들이라고 할 수 있을 것이다.

풍석은 더 나아가 유교 교양인으로서 사대부의 문화적 삶과 관련된 지식 또한 꼭 필요한 것으로 보았다. 그래서 「유예지(遊藝志)」에는 독서 법·활 쏘는 법·수학·글씨·그림·음악 관련 지식을 모아 두었는데,

이는 대체로 유교의 전통적 기본 교양과목이라고 할 수 있는 육예(六藝, 禮·樂·射·御·書·數)에 해당하는 지식들이라고 할 수 있다. 「이운지 (怡雲志)」에는 그에 더하여 사대부의 고아한 문화적 삶을 위한 지식이라고 할 수 있는 골동(骨董)·여행·정원·서재 꾸미기 등 다양한 취미 관련 지식들을 모아 두었다. 풍석은 또한 생물학적 생명의 보존을 위한 '양생(養生)'과 관련된 지식을 「보양지(葆養志)」에, 그리고 그와 밀접하게 관련된 의약(醫藥)에 관한 지식을 「인제지(仁濟志)」에 모아 두었다. 이것들은 '인제(仁濟)'라는 명칭이 보여 주듯이 단지 개인적인 생명 보전에 관한 관심에 그치는 것이 아니라 '제중(濟衆)'의 의미를 또한 지닌 것으로서,[8] 사대부의 향촌 경영에 불가결의 것이었다고 할 수 있다. 풍석은 더나아가 「향례지(鄕禮志)」에 향촌에서의 공동체적 삶의 구축 및 영위와 관련된 다양한 향례(鄕禮)에 관한 지식을 모아 두었다. 이것들은 대체로 사대부가 향촌에서 '뜻을 기르는[養志]' 것과 관련된 지식에 해당할 것이다. 결국 『임원경제지』는 향촌에서 사대부가 자신의 삶을 독립적으로 구성하기 위해 필요한 모든 지식을 포괄적으로 모아 놓은 것이라고 할 수 있다.[9] 『임원경제지』에 수록된 지식의 빈틈없는 '포괄성'은 향촌에 사는 사대부의 삶의 독립성을 지향하고 있다.[10]

---

8 김호(2014)는 『인제지』가 『동의보감』을 계승한 점을 강조하면서 '제중의 기획'이라는 용어를 사용하였다(322면, 385면).

9 풍석 자신이 그 대강을 다음과 같이 요약하여 두고 있다. 『林園經濟志』, 「例言」, "凡耕織種植之術, 飮食畜獵之法, 皆鄕居之需也. 占候以勸農, 相基以卜築, 及夫殖貨營生, 庀器利用之節, 亦所宜有, 故今所蒐採也. '食力'固備矣. 居鄕淸修之士, 豈但爲口腹之養哉? 藝苑肄習文房雅課, 以及頤養之方, 所不能已者, 至如醫藥, 爲窮蔀備急之用, 吉凶等禮, 正宜略加講行者, 故亦竝蒐採焉." 그 세세한 내용의 개략을 정명현·민철기·정정기·전종욱 외(2012)에서 확인할 수 있다.

10 조창록(2014)은 『임원경제지』는 '사대부가 관직에 의존하지 않고 자립적으로 살아가는 기술'을 수록한 책이라고 규정하고 있다(47면).

『임원경제지』에 수록된 지식(편성)의 또 하나의 특징은 철저한 '실용성'이다. 『임원경제지』에서 풍석은 지식에 대해 확정된 '진리'의 관점이 아니라 실생활에서 활용할 수 있는 '실용'의 관점으로 접근한다. 『임원경제지』는 편저(編著)로서의 성격을 지니고 있다. 그것은 해당 주제에 대한 참고가 될 내용들을 여러 책들, 특히 당대의 여러 실용서와 유서(類書)들에서 재인용하여 새롭게 편집하고 그에 대한 풍석 자신의 보충설명과 변증(辨證) 및 고증(考證)을 곁들여 편성한 것이다.[11] 그는 완전히 모순적인 것이 아니라면 대립적인 견해들을 함께 수록하였다. 그 자신의 변증 혹은 진리 주장이 아주 없다고 할 수는 없지만 지배적이지는 않다. 『임원경제지』에서 지식은 누구에게나 어디에서나 동일하게 적용된다는 의미에서 보편적인 것으로 확정되고 배타적으로 자기를 주장하는 '진리' 혹은 '지식'이라기보다는 실용적으로 활용할 수 있는 '정보'에 가깝다.[12]

다만 그 정보들은 매우 체계적으로 정리되어 있다. 『임원경제지』는 현저하게 면밀한 체계성을 지니고 있다. 그러나 그 '체계성' 역시 이론적 구성이라는 의도에 따른 것이라기보다는 철저하게 실용적 의도에 의한 것이라 할 수 있다. 독자들이 일목요연하게 관련 정보를 확인할 수 있도록 한다는 것이다. 『임원경제지』의 정보량은 방대하다. 그 방대성은 한편으로 그의 실용성과 대중성을 잠식한다.[13] 그것의 편집적 체계성은 이런 문제의 해결 혹은 보완을 위해 마련된 것으로 볼 수 있다. 『임원경제

---

11 심경호(2011)는 다음과 같이 『임원경제지』의 성격에 대해 지적한 바 있다. "『임원경제지』는 조선 후기에 박학의 지향 속에서 출현한 다양한 종류의 유서들 가운데, 중국 유서와 전적의 내용을 재편집한 유서, 변증을 겸한 유서 겸 잡고류 저술, 실용백과전서 겸 잡고 체제의 대형 편저의 성격을 갖추었다고 말할 수 있다."(210면)
12 이와 관련해서는 各志에 따라 편차가 있을 수 있다. 이 논문의 대상이 된 「葆養志」의 경우는 이런 측면이 두드러진 것으로 보인다.
13 김호(2014) 역시 이러한 점을 비판적으로 지적한 바 있다(385면).

지』는 백과사전적 성격을 가지지만, 지식 자체에 대한 무한한 호기심과 박물학적 지식욕에 기초한 박학풍(博學風)에서 한 발 빗겨나,[14] 삶의 구축과 관련된 실용적 활용을 염두에 두고 '실용성'을 중심으로 지식을 수집하고 정리한 것이라고 특징지을 수 있다.[15]

『임원경제지』의 실용적 성격은 그것이 지식의 '지역성'을 강조하는데에서 또한 두드러진다. '진리'는 보편적이고 불변적이라고 하는 것이 진리에 대한 하나의 생각이라면 ── 그것은 도덕적 지식에 있어서는 유교의 경우도 어느 정도 비슷하다[16] ── 풍석은 지식의 시간적·공간적 제한성을 이야기한다. 그는 다음과 같이 말한다.

우리 인간들의 삶은 지역이 각기 다르고 습속도 같지 않다. 그러므로 구체적인 상황에서 실제로 실행함에는 고(古)와 금(今)의 간격이 있고 내

---

14 달랑베르는 『백과전서』 서문에서 다음과 같이 말했다. "우리가 시작한 (그리고 완성하기를 원하는) 이 저서는 두 목표를 갖는다. 이 저서는 백과사전처럼 인간 지식의 질서와 맥락을 가능한 한 설명해야 한다. 과학과 기술, 공예에 관한 이론적 사전처럼 이 저서는 인문적인 것이든 기술적인 것이든 각각의 학문과 기술에 관해 그 기초가 되는 일반적 원칙들과 그 실체이자 본질인 가장 중요한 세부 사항을 포함해야 한다."〔마들렌 피노, 이은주 옮김(1999), 86면(전자책)에서 재인용〕. 유럽 계몽주의 시대의 『백과전서』는 인간 지식에 대한 자부심을 바탕으로 하여 그의 확인과 전수를 위한, 지식의 수집과 체계적 분류를 목적으로 한 것이었다. 따라서 그것은 실생활에서 지식의 실용적 활용을 위해 편성된 것은 아니었다고 해야 할 것이다.

15 심경호(2011)는 『林園經濟志』가 李圭景의 『五洲衍文長箋散稿』에 비해 탐구의 대상은 좁지만, 名物度數之學의 가치를 인정하고 나아가 명물도수지학의 실용성을 강조한 점에서는 조선 후기 학술의 지향을 공유하고 있다고 지적한다(188~189면). 그는 또한 같은 글에서 조선 후기의 博物學的 관심은 性理學의 理에 대한 인식, 곧 모든 사물에는 至理가 있다는 관점을, 관념성을 배제한 가운데 발전시킨 것이라는 해석을 내놓았다(196면).

16 물론 도덕적 지식의 구체적인 내용이라고 할 수 있는 禮에 관한 지식의 경우 지역적 특성의 배려가 강조된다는 점에서 이는 또한 단순하게 말하기는 어렵다. 조선의 禮學에서, 中國의 禮書들에 기원을 둔 禮의 근본적 원칙은 不變으로 여겨진 동시에 실제적인 세부적 규정과 실제적 시행에서는 시간이나 장소의 구체성이 중요하게 고려되어 왔다.

(內)와 외(外)의 구분이 있다. 어찌 중국에 필요한 것을 우리나라에 시행하고도 장애가 없겠는가? 이 책은 오로지 우리나라를 위해 쓴 것이다. 그러므로 채록한 것들은 다만 지금 당장 쓸 수 있는 방책들이고, 그 적절하지 않은 것들은 취하지 않았다. 그러나 또한 좋은 제도로서 지금 살펴 시행할 수 있음에도 우리나라 사람들이 아직 강구하지 못한 것들은 함께 상세하게 기록해 두어 후세 사람들이 그를 본떠 실행할 수 있도록 하였다.[17]

지식의 실용성, 즉 실제적 유효성을 이야기하기 위해서는 그것의 시대적 · 지역적 특수성을 고려하지 않을 수 없다는 것이다. 역설적으로 풍석이 수용한 지식의 상당 부분은 중국의 문헌에 수록된 것이라는 점에서, 그리고 오랜 세월을 거쳐 축적된 것이라는 점에서 그것의 실용적 성격은 제한받을 수밖에 없다. 수용(需用)의 관점에서 그것의 현실적 적합성 혹은 유효성은 심각하게 고려되지 않을 수 없다. 지식의 구체적 적용 혹은 활용을 위해서는 그것의 시간과 공간의 특수성을 고려하지 않을 수 없는 것이다. 물론 풍석의 그러한 시각이 일반적 지식론으로서 실용주의적 지식론을 함축 혹은 주장하는 데로 나아가느냐,[18] 또한 그에게서 실제로 철저하게 그러한 원칙이 관철되었는가 하는 것은 또 다른 문제로서, 『임원경제지』 편성의 원칙에서 그러한 실용주의적 관점이

---

17 『林園經濟志』, 「例言」, "吾人之生也, 壤地各殊, 習俗不同, 故一應施爲需用, 有古今之隔, 有
內外之分, 則豈可以中國所需, 措於我國而無礙哉? 此書專爲我國而發, 故所採, 但取目下適
用之方, 其不合宜者, 在所不取. 亦有良制, 今可按行而我人未及講究者, 竝詳著焉, 欲後人之
倣而行也."

18 최근 전통 유교를 미국의 '실용주의(pragmatism)'와 비교하여 그 철학적 특성을 규명하고
자 하는 노력이 일부 미국의 중국철학 연구자들에 의해 시도되고 있다(데이빗 홀, 김동식
옮김, 1997; Joseph Grange, 2004 등 참조). 전통 유교와 실학에서의 실용주의적 세계관
혹은 지식론의 문제를 우리의 시각에서 제대로 규명하는 것은 풀어야 할 과제이다. 그와
관련하여 정해창(1996) 참조.

천명되고 있다는 것은 그와 별도로 그 자체로 중요하다고 할 수 있을 것이다.

그것은 음식의 경우 더욱 현저하게 드러난다. 풍석은 음식의 기호에 대해서는 유교에서 지향하는 가치의 보편성이 적용될 수 없음을 말한다.

무릇 우리 사람들의 먹을거리〔口實〕에는 고(古)와 금(今)의 다름이 있고 화(華)와 이(夷)의 간격이 있다. 구역(區域)이 이미 다르면 물과 땅의 산물도 같지 않으니 각각 좋아하는 바가 있게 되는 것은 자연스러운 양상〔勢〕이다. …… 무릇 유자(儒者)들은 지금의 풍속에 의거하면서 옛날의 경전을 담론하기에, 매양 구차하게 얽매인다는 비난을 초래하니, 음식에 대해서도 마땅히 그러하다. …… 세상에 역아(易牙 : 중국 고대의 유명한 요리사)가 없으니 누구를 좇아 맛(있는 음식의 표준)을 얻겠는가? …… 하물며 여기 임원에 거처함에 어찌 강구할 겨를이 있겠는가? 오직 마땅히 풍속에 인하여 조절하면 되는 것이다.[19]

그러나 인용의 말미에서 우리는 한편으로 그가 음식에 대해서도 그러한 보편적 옳음의 가능성을 완전히 배제하고 있지는 않다는 것을 알 수 있다. 그것은 음식에도 유교적 가치를 적용할 수 있다는 의미에서가 아니라, 맛의 보편성의 차원에서 말하는 것이다. 역아(易牙)와 같은 탁월한 요리사가 있다면 그는 지역과 시간을 넘어선 보편적으로 훌륭한

---

19 『林園經濟志』, 「鼎俎志引」, "夫吾人之口實, 有古今之異, 有華夷之隔. 區域旣別, 水土之産不同, 則各有所好, 勢也. …… 凡儒者據今俗而譚古經, 每招拘牽之譏, 至於飮食亦宜然也. …… 世無易牙, 孰從而得味? …… 況此林園之居, 何暇講究乎? 惟當因俗而節焉, 可也." 各志의 서문에 해당하는 引들은 大阪本에 한 책으로 모아 전하고 있다. 各引의 원문과 번역은 임원경제연구소에서 펴낸 정명현 · 민철기 · 정정기 · 전종욱 외(2012)에 실려 있는 영인본과 번역을 참조하였다.

맛을 가진 음식 혹은 그 표준을 제공할 수 있다는 것이다.[20] 다만 이 책의 목적은 그러한 보편성에 있지 않고 구체적 적용성에 있으며, 그 경우는 구체적 상황이 더 중요하고 또 실용적으로 유의미하다고 할 수 있다고 하였다.

2) 『임원경제지』의 저술 배경: 사대부의 새로운 자기규정

『임원경제지』는 사대부의 독립적인 삶, 즉 어떤 점에서는 수기치인(修己治人)의 이상 속에서 국가 관료로서 혹은 행정적·정치적 의무를 본질적인 의무로서 ─물론 그것은 권리이기도 하지만─ 지고 있었던 전통적인 사대부의 굴레를 벗어나 향촌에서 생산 활동에 종사하면서 문인 교양인으로서의 품격을 유지한다고 하는 새로운 의미에서의 사대부의 삶의 요구를 배경으로 하여, 그들의 삶의 실제적인 지침으로 구축된 것이었다. 즉 시대의 변화에 따른 사대부상의 변화 요구에 반응하여 새로운 사대부상을 제시하고 모색하는 가운데 저작된 것이었다.

그것이 배경으로 하는 새로운 의미의 사대부의 이상 혹은 정체성은 이미 이중환(李重煥, 1690~1752)의 『택리지(擇里志)』에서 제안된 것이기도 하였다.[21] 『택리지』의 「사민총론(四民總論)」에서 이중환은 사대부를 유교 문명의 근간인 예(禮)를 실행하는 문화적 교양인으로 규정하고, 하나의 직역(職役)인 동시에 모든 사람이 지향하여야 할 바의 이상적 인간

---

20 이것은 『孟子』, 「告子上」의 다음과 같은 내용을 바탕으로 한 것이다. "口之於味, 有同耆也. 易牙先得我口之所耆者也. 如使口之於味也, 其性與人殊, 若犬馬之與我不同類也, 則天下何耆皆從易牙之於味也? 至於味, 天下期於易牙, 是天下之口相似也."

21 『擇里志』는 곧 『八域可居誌』로서, 『林園經濟志』 특히 「相宅志」의 편성에서 주요하게 참고된 문헌이었다.

혹은 가치로 제시하여, "사대부라는 이름이 없어지지 않는 것은 옛 성인의 법을 지키기 때문이다. 그러므로 사·농·공·상을 막론하고, 사대부의 행실을 한결같이 닦는 것이 마땅하다."라고 말한다.[22] 사대부에 대한 이러한 새로운 인식 혹은 자기규정은 연암 박지원에게도 발견되며,[23] 아마도 그를 거쳐 풍석에게로 이어진 것이라고 할 수 있다. 『임원경제지』는 바로 그러한 새로운 시대적 요구의 산물 혹은 그에 대한 답변으로 제출된 것으로서, 조선 후기의 시대적 요구에 적극 부응한 학술적 모색으로서의 실학(實學)의 의의를 지니고 있다고 하겠다.[24]

풍석이 구상한 새로운 사대부의 삶은 문인 교양인으로서의 그것만이 아니며, 생산 활동을 사대부로서의 삶에 있어서도 본질적인 내적 조건으로 삼는 그러한 전반적 생활인으로서의 삶이었다고 할 수 있다.[25]

---

22 李重煥, 허경진 옮김(2007), 17면 참조.
23 燕巖에서의 士大夫 혹은 士의 자기 인식의 확대 혹은 변형에 주목한 연구로서 임형택 (2012); 김용태(2012) 등을 참조.
24 전통적인 實學의 분류에서 서유구는 利用厚生學派로 분류되어 왔다. 李佑成(2010) 참조. 안대회(2006)는 『林園經濟志』의 利用厚生學的 면모를 명확하게 천명하였으며, 그것은 이헌창(2009)에 의해 재확인되었다. 최근에 조창록(2014)은 『임원경제지』를 농업·공업·상업을 포괄하는 산업 전반을 지향하여 편성된 '이용후생을 위한 기술서'로서, 즉 이용후생학의 집성으로 이해해야 한다고 지적하고, "서유구의 이용후생학의 가장 큰 특징은 단순히 지식과 정보를 집성한 점에 있는 것이 아니라 그것을 임원 생활에서 구현한 점에 있다고 할 것이다."라고 하여 그 실천적 성격을 강조하였다(37~52면). 한편 김대중 (2011)은 서유구의 지향이 실용적인 동시에 심미적이며, 향촌적인 동시에 도시적이라고 하는 복합적 성격을 가지고 있다고 지적하고, 그의 학문적 지향을 향촌에서의 사대부의 자립적 삶을 지향하는 데 기여하는 학문으로서 '林園經濟學'이라는 용어로 개념화할 것을 제안한 바 있다.
25 이것의 실학적 의의에 대해서는 유봉학(2011), 286면 참조. 유봉학은 동시에 풍석의 한계를 지적하여 "19세기 전반 조선 사회가 전면적으로 동요하면서 아래로부터 새로운 질서를 요구하는 기층 민중의 요구가 분출하였음에도 그에 관심을 기울이지 않았"으며, 그것은 경화사족인 풍석의 한계라고 지적하였다(291~292면 참조). 이것은 김대중(2011)에 의해 지적된 바이기도 하다(227~229면 참조). 그러나 풍석의 관심은 단지 사대부의 자기규정에 제한된 것은 아니었으며, 또한 향촌 공동체의 구제로 향하고 있었다. 그와 관련

그것은 전통적으로 직접적인 노동이나 생산 활동을 경시하고 자신을 관리자와 지배자로서, 즉 노력자(勞力者)에 대한 노심자(勞心者)로서 규정한 전래의 자기규정을 깨는 것이었다.[26] 그것은 또한 단지 지주(地主) 혹은 지주 경영인으로서 농민 노동에 기생하는 토지소유자로서가 아니라 직접적인 노동자로서의 삶을 내적으로 용인하는 것이었다는 점에서 이전의 자기규정으로부터 본질적인 변화를 함축하고 있다고 할 수 있다.[27]

풍석은 「본리지인(本利志引)」에서 공자(孔子)가 "耕也, 餒在其中."(『論語』, 「衛靈公」)이라고 한 말에 대해 새롭게 해석하고 있는데, 그것은 농업 생산에 대한 위와 같은 그의 새로운 입장과 관련이 있다. 즉 전후 문맥에서 "學也, 祿在其中."에 대비된 것으로서 군자(君子)는 생산 활동보다는 도(道)에 대한 추구로서의 학(學)에 관심을 가져야 한다는 말로 이해될 수 있는 것이다.[28] 그런데 풍석은 그것을 인간으로서 어찌할 수 없는 천운(天運)과 지의(地宜), 곧 자연적 한계로 말미암아 힘써 노력해도 흉년을 맞이할 수 있다는 의미로 해석하고, 그럼에도 재해를 방지하고 농사기술을 개발하는 노력을 기울이는 것이 인간의 몫이라는 점을 강조하고 옛 사람들이 그런 취지로 돈본교색(敦本敎穡, 농업을 중시하고

해서는 심경호(2011), 216면 참조. 이진수(1999)는 풍석이 「보양지」에서 導引을 중시하고 질병을 치료하는 導引을 체계화한 것은 도인을 개인 양생의 단계에서 대중 치료체조로 체계를 확립한 것이며, 그가 농민들의 생활과 경제 등에 커다란 관심을 가지고 있었던 점을 보여 준다고 주장하였다(240~241면). 향촌 공동체의 구축과 관련하여 풍석의 「鄕禮志」를 분석한 연구로서, 본 연구서에 함께 수록된 이봉규의 논문을 참조.

26 勞力과 勞心의 구분은 『孟子』, 「滕文公上」, "或勞心, 或勞力; 勞心者治人, 勞力者治於人; 治於人者食人, 治人者食於人. 天下之通義也."에 근거한 것이다.

27 『林園經濟志』, 「灌畦志引」, "況玆林園雅標, 分畦布種, 抱瓮灌苗, 實是恒需之, 不可少者."

28 『論語』, 「衛靈公」, "子曰, 君子謀道不謀食. 耕也, 餒在其中矣; 學也, 祿在其中矣. 君子憂道不憂貧."

농사를 가르치는)의 설을 말하였으며, 자신의 저술이 바로 그러한 취지를 계승한 것이라고 하여 오히려 사대부들이 농업에 관심을 가져야 한다는 당위성으로 연결하여 설명하였다.[29] 이는 그가 「관휴지인(灌畦志引)」에서, 「관휴지」가 노포(老圃)의 학(學)을 갖추기 위함이라고 하여 공자가 배제하였던 노포(老圃)의 학[30]을 거론하는 것에서도 확인된다.[31] 풍석은 더 나아가 사대부가 공업생산에도 뜻을 두어야 한다고 말한다.[32] 또한 상업에 대해서도 소극적이지만 익히지 않으면 안 된다고 하였다.[33] 즉 사대부의 전통적 정체성(자기규정)을 확대·변용시켜, 문화 교양 계층으로서의 사대부가 동시에 생산적 활동에 참여할 수 있고, 또한 참여해야 한다고 본 것이다.

이러한 사대부의 자기인식의 확대는 다른 한편으로는 전통적인 사·농·공·상(士農工商)의 구분을 넘어서, 그가 어떤 직역에 속하든 보편적으로 추구할 수 있는 이상적 인간상으로서의 '사대부' 관념을 제시하

---

29 『林園經濟志』, 「本利志引」, "然則尼聖有云'耕也, 餒在其中.' …… 此又何以稱焉? 曰, 然. '金穰'·'水毀', 天異其運; '五粟'·'五穀', 地異其宜, 吾於此奈何哉? 雖然, 不曰'天工, 人其代之'也乎? 區種·車戽, 所以弭旱也; 圩岸·溝洫, 所以制澇也; 糅㮦·淤蔭, 所以變瘠爲良也. 古之人, 敦本敎稼之說, 備矣. 特患蚩蚩之䁱能勸相也."

30 『論語』, 「子路」, "樊遲請學稼, 子曰, '吾不如老農.' 請學爲圃. 曰, '吾不如老圃.' 樊遲出. 子曰, '小人哉, 樊須也! 上好禮, 則民莫敢不敬; 上好義, 則民莫敢不服; 上好信, 則民莫敢不用情. 夫如是, 則四方之民襁負其子而至矣, 焉用稼?'"

31 『林園經濟志』, 「灌畦志引」, "所以備老圃之學也."

32 『林園經濟志』, 「贍用志」, 訓工, "論士夫宜留意工制."

33 『林園經濟志』, 「倪圭志引」, "然食貨之術, 固君子所不取, 亦君子所不棄也. 故爲邦, 必以此爲先務. …… 至若君子之修道, 何嘗以溫飽爲志哉? 陋巷簞瓢, 不改其樂者, 與之以'賢哉!' 學稼學圃, 不先禮義者, 斥之爲小人, 其所養可知也. 雖然道所貴者, 適可也. 守株而不知通宜, 亦非正也. 故食貨之術, 不可全棄也. …… 我邦士大夫高自標致, 例以販賣爲鄙事, 固然矣. 或如窮鄕自修, 多貧窶之徒也, 不知父母之飢凍, 不顧妻孥之詈誶, 而攢手支膝, 高談性理, 豈非史遷之所恥乎! 故食之之術, 不可不講. 於其術也, 又有別焉. 農者本也, 賈者末也. 是書也, 始於本利, 重農之道也; 終以倪圭, 爲其末而輕之也."

는 데로 나아갈 수 있다.[34] 『택리지』에서 새롭게 제안된 '사대부'는 바로 그에 해당하는 것이었다. 즉 농민이라고 하더라도 그가 고도화된 생산력과 잉여를 바탕으로 문인 교양을 갖출 수 있다면 그 또한 사(대부)라고 할 수 있으며, 또한 그렇게 해야 한다는 것이다. 이것은 풍석에 있어서는, 그리고 풍석의 시대에서는 아직은 가능성에 불과한 것이었다고 하더라도 전통적인 생산과 지배의 분리를 깨고 새로운 통합의 시대로 이어지는, 혹은 이어질 수 있는 길을 연 것이라고 할 수 있다.[35]

『임원경제지』의 저술 배경에는 어쨌든 바로 그러한 의미에서의 독립적 사대부의 출현에 대한 어떤 의식이 있었다고 할 수 있지 않을까? 즉 이전에 사환(仕宦)을 지향하는 지배층으로서의 사대부에서, 독자적 생산 활동을 배경으로 하고 문화적 교양을 갖춘 노동하는 교양인으로서의 삶의 가능성을 인식하고 그것을 확보하고 실현할 수 있는 실제적인 지식들을 제공하고자 하는 의도가 있었던 것은 아닐까? 그러한 이상은 『택리지』나 『산림경제』와 『증보산림경제』에서도 있었던 것이요,[36] 『임원경제지』는 바로 그러한 지향과 시도에서 거두어진 하나의 괄목할 만한 결실이었다고 할 수 있지 않을까? 집권 사대부들이 점점 더 피지배계층으

---

34 앞의 주1)의 『林園經濟志』, 「例言」에서 "凡人之處世, 有出處二道." 운운한 것에서, '人'은 실제로는 사대부에 해당하는 것이지만 또한 동시에 그러한 사대부를 넘어 일반적인 인간의 지향을 표현한 것이라고 볼 수 있지 않을까?

35 조경달에 의하면 박지원의 손자 朴珪壽의 士論에는 "양반의 이상향을 설정함으로써 민중의 총체적인 신분 상승을 구상"한 '상승 지향적 평등사상'이 담겨 있다. 이는 곧 "당시의 민중이 그야말로 주체로 등장했으며, 그들 또한 당위적 士像을 추구하고 있었다는 것을 시사한다."(조경달, 2009, 40~41면 참조). 朴珪壽(1807~1876)는 서유구의 다음 세대에 속한다고 할 수 있다.

36 「增補山林經濟序」에 의하면 『增補山林經濟』의 편자 柳重臨(1705~1771)에 대해 세상은 '狂者'로 대하였다고 한다. 그것은 아직 그러한 전개가 일반인에 의해서는 납득되지 않는 미래의 것임을 단적으로 보여 준다.

로부터 유리되어 폐쇄화·특권화되는 상황 속에서 다른 한 편 일부 사대부들이 자신들과 피지배 생산계층의 관계를 새롭게 규정하고 더 나아가서는 그들 속으로 들어가 자기 자신을 생산계층의 일원에 두면서 동시에 문화적 교양을 갖춘 존재로 재규정하기에까지 이르는 등의 움직임을 보이는 것은 바로 실학 혹은 실학자들의 자기 인식의 중요한 전개 양상이었다. 『임원경제지』는 바로 그러한 의미에서 또한 당시 실학의 중요한 산물이자 생산물로 이해할 수 있는 것이다.

3)「보양지」서술의 목적과 성격: 전통 양생론(養生論)의 종합

「보양지(葆養志)」는 그 대부분이 다른 저작들로부터의 인용 혹은 재인용으로 구성된 편저(編著)의 성격을 지닌 것으로서,[37] 그 편성의 목적은 '섭생(攝生)' 혹은 '양생(養生)'이다. 지(志)의 제목을 '보양(葆養)'이라 함은 '보존하여 기른다.'는 의미로서,[38] 그 대상은 당연히 '생명〔生〕'이다. '보양'은 곧 '양생'인 것이다. 그때 생명은 일차적으로 생물학적인 개념이다. 생명을 가진 개체로서의 인간은 자신의 주변 환경과 긴밀하게 상호작용을 하는 유기적 생명체로서 자신의 생존, 그의 지속과 확대를 끊임

---

37 三木榮(1972)은 풍석의 「葆養志」와 「仁濟志」가 醫書를 多數 인용하고 있지만 많은 경우 再引用을 한 것으로서 학술적 가치는 크지 않다고 지적하였다(248면). 그의 주장은 특히 「仁濟志」를 중심으로 박상영(2012)에 의해 자세하게 검토되었다. 「葆養志」의 경우, 아래에서 논술한 바와 같이 재인용의 문제가 전혀 없는 것은 아니지만 그다지 크지 않은 것으로 보인다. 풍석은 「보양지」에 대해 '洌上 徐有榘準平 纂'이라고 표기하였다. 즉 여러 서적들에 나타난 논설들을 纂輯한 것이라는 것이다. 굳이 '準平'이라는 자신의 字를 밝혀 둔 것은 '어떤 기준에 따라 평가하고 선택하였다'는 것을 重義的으로 표현한 것은 아닐까?

38 葆는 곧 保로서, 葆養은 곧 保養이다. 淸나라 紀昀의 『閱微草堂筆記』, 「灤陽消夏錄」四에 "若其葆養元神, 自全生命, 與人無患, 于世無爭, 則老壽之物, 正如老壽之人耳."라고 했다.

226

없이 욕구하며 그를 위해 활동한다. '양생'은 단적으로 바로 인간의 그러한 활동을 가리키는 것이라고 할 수 있다. 「보양지」는 바로 그러한 활동을 효과적으로 수행하기 위한 여러 가지 원리와 방법에 대한 지식들을 수렴하여, 바로 활용하기 쉽게 체계적으로 정리해 놓은 것이라고 할 수 있다. 즉 「보양지」는 양생서의 성격을 지닌 것으로서 우리의 생명을 유지하고 기르는 것을 목적으로 한다.

오늘날에도 어느 정도 그러하지만 향촌에서 삶을 영위하는 경우 마주치게 되는 중요한 문제 중 하나가 의료의 혜택에서 소외될 수 있다는 점이다. 풍석은 그 점에 대해 명확하게 인식하고 있었으며, 그것은 「보양지」와 「인제지(仁濟志)」 편성의 구체적인 동기가 되었다.[39] 의원이나 약에 의지하지 않고 건강한 삶을 유지하기 위해 필요한 지식들을 모아 놓는다는 것이다. 말하자면 인간의 건강과 장수를 위해 참고할 만한 기본적이고 유용한 지식들을 체계적으로 수집하고 편집한 실용적 도구서가 「보양지」이다. 「인제지」가 '질병(疾病)'의 '치료'에 초점을 둔 것이라면 「보양지」는 그러한 요소를 완전히 배제하지는 않지만 우리 자신에 내재한 생명력의 보존과 강화에 초점을 둔다. 또한 건강한 삶의 문제와 관련해서, 그 편집 순서에서 그러하듯이, 그 중요성에서 「보양지」는 「인제지」에, 그리고 보양은 치료에 앞선다.[40]

---

39 『林園經濟志』, 「葆養志」 권4, 修眞편, 導引장, '導引療病諸方', "玄家貴導引而左藥石, 俗士親藥石而昧導引. 余獨憂夫山林澤藪遐陬僻壞之地, 素無攻醫之方, 又乏鍼砭之具, 一朝疾生, 莫知所措, 而終不免於夭折促短者, 何限哉? 今取修養家所言導引療疾之方, 芟繁撮要, 分門類彙, 俾不待求之廬扁方劑, 而反諸吾身, 可以發膏肓起廢疾, 將與田夫, 共此自然聖惠方也."; 「仁濟志引」, "況林園之居, 不可於大方家之肆習."

40 이것은 동아시아의 전통적 '건강' 개념이 修養論的 전통과 밀접한 관련을 가지고 형성되어 있음을 보여 준다. 시대와 지역에 따른 건강 개념의 다양성에 대해서는 강신익(2008); 곽노규 · 김시천(2008) 참조.

풍석은 결코 불멸(不滅) 혹은 불사(不死)를 지향하지 않았다. 그는 인간이 죽음을 극복할 수 있다고 보지는 않았으며, 몸이 가진 수명의 한계 속에서 건강하게 오래 사는 것을 양생(養生)의 목표로 삼았다고 할 수 있다. 그것은 곧 유교에서 이상적으로 그리는 삶, 곧 공동체 속에서 인간다움을 실현하면서 교양인으로서 살아간다고 하는 것이다. 그것은 양생론들이 대체로 불멸을 지향하는 도교에 뿌리를 두고 있는 상황과 충돌한다.[41] 그러한 점에 대해 풍석은 충분히 의식하고 있었다.

유기적 생명체로서의 인간은 자신의 생존에 유리한 것에 대해서는 쾌락, 생존에 불리한 것에 대해서는 고통이라고 하는 생리적이고 심리적인 반응을 나타낸다. 생명의 존속과 관련하여 그는 자연스럽게 고통은 피하고 쾌락은 얻음으로써 자신의 생명을 보존한다. 그러나 종종 생명의 존속을 위해서는 오히려 일시적 고통을 감내하고 쾌락을 절제하는 것이 필요한 경우들이 발생한다. 단지 자연적으로 익숙해진 본능적 반응에서 더 나아가 반성적 이론으로서의 '양생론'이 형성되는 것은 바로 그러한 지점에서이다. 따라서 대개의 '양생론'이 역설적이게도 욕구의 '절제'를 기본적 원리로 내세우는 것은 당연한 현상이라 하겠다.

양생(養生)은 기본적으로 개인주의적 사유를 배경으로 한다. 맹자(孟子)에 의해 무군(無君)의 논리로 비판된 양주(楊朱)의 '위아론(爲我論)'은 곧 '경물중생(輕物重生)'을 모토로 한 것으로서, 국가나 사회적 질서에 앞서 개인 생명의 우선적 중요성을 강조한 개인주의 사상이라고 할 수 있다. 양주의 그러한 사상은 도가(道家) 철학의 선하(先河)가 되었다.[42] 양

---

41 不滅 혹은 不死를 지향하는 道教 養生論을 개괄적으로 소개한 책으로 앙리 마스페로, 표정훈 옮김(2000) 참조.

42 이에 대해서는 宋榮培(1987); 韓庚德(1993) 참조. 곽노규·김시천(2008)은 楊朱의 사상을 이해함에 있어 道家보다는 黃老學과의 관련성을 강조하는 최근의 경향을 소개하고 그에

생(養生) 활동은 개인 생명의 중요성에 대한 긍정 및 강조와 함께 자연 현상에 대한 관심과 이해를 바탕으로 한다는 점에서, 한편으로 세계에 대한 자연주의적 관심을 대변하고 또 한편으로는 국가적 강제에 대한 반성을 그 핵심으로 하는 도가 사상이 양생 사상과 관련성을 맺게 되는 것은 납득할 만하다.

반면 맹자가 그것을 비판한 데에서 분명하게 드러나는 바와 같이, 유교에서 기본적인 관심은 가족을 기초로 하는 사회 국가 공동체를 구성하고 유지하는 데 있었다. 개인의 부귀(富貴)와 장수(長壽)는 운명에 달린 것으로서 우리가 추구한다고 해서 얻을 수 있는 것이 아니며,[43] 인간에게는 자신의 개체적 생명을 넘어서 지향하는 바가 있으니, 공동체의 안녕을 위해서는 자신의 생명조차도 기꺼이 내어놓을 수도 있다는 것이 유가의 신념이었다. 그러한 입장에서 양생은 결코 핵심적인 관심 사안이 될 수 없었다. 개인의 생명과 평안, 개체적 생명의 보존과 확장은 그 자체로서는 이기적 관심으로 치부될 것이기 때문이다.

물론 유가에서 양생에 대한 관심이 비록 일차적인 관심은 아니었다고 하더라고 완전히 배제된 것은 아니었다.[44] 부귀와 장수는 유교에서도 중요한 관심사였다. 공동체를 구성하는 개인들의 건강한 생존은 그것이 절대적 우선성을 가지는 것으로 주장되지 않는 한 반드시 필요하고 또한

___

대해 조심스럽게 비판하고 있다. 佛敎의 경우, 역시 기본적으로는 그러한 개인주의적 사유를 배경으로 한 것으로서 그들의 해탈에 대한 관심은 개체적 생존을 지향하는 것과는 구별되는 것이었지만 유가적 관점에서는 또한 양생론의 한 변주로서 이해될 수 있었다.

43 『孟子』, 「盡心 上」, "殀壽不貳, 修身以俟之, 所以立命也."; 같은 곳, "孟子曰, 求則得之, 舍則失之, 是求有益於得也, 求在我者也. 求之有道, 得之有命, 是求無益於得也, 求在外者也."

44 예를 들어 柴田淸繼(1988)는 다음과 같이 말한다. "孔孟에 있어서 생명은 윤리적 규범의 실천보다도 가치가 낮은 것에 지나지 않았던 것이다. …… 그러나 儒家에는 효도 실천의 제일보로서 신체의 보전을 중요시하는 일면이 있었던 것도 명확하다. …… 또한 仁의 실천의 결과로서 장수가 가능해진다는 관념이 있었다."(177면)

권장되는 것이라고 할 수 있다. 특히 유교적 공동체의 근간이 되는 가족 공동체의 유지와 재생산을 위해서는 노인에 대한 봉양과 후손의 출생 및 양육이 필요하며, 따라서 양생론의 실용적이고 실제적인 지식들은 그를 위해 유용하게 활용될 수 있는 것들이었다. 또한 욕구의 절제를 기본 원리로 하는 '양생론'은 수신(修身)을 중시하는 유학자들의 일반적인 정서에도 어느 정도 부합하는 것이었다. 양생(養生)은 수신 혹은 수양(修養)의 범위 안에서 그 일부로 이해될 수도 있었다.[45] 그런 점에서 양생은 단지 개인주의적 지향을 가진 것이 아니라 공동체적 맥락에서 공동체의 안녕을 지향하는 것으로 이해될 수 있는 여지를 가지고 있었다.[46]

따라서 풍석이 「보양지」를 편성한 것은 유학자로서의 그의 정체성을 훼손하는 것이 결코 아니었다. 그와 관련된 풍석의 인식이 그의 「보양지인」에 다음과 같이 잘 표현되어 있다.

도가(道家) 계통에는 연정(煉精)의 설이 있고, 불교(佛敎)의 진리에는 마음을 다스리는 방법을 밝힌다는 내용이 있다. 그 말에 "어떤 것이 시작이 없는 때로부터 있어서 낳고 낳아 그침이 없다. 하늘과 땅에 앞서서 스스로 있으며, 하늘과 땅이 있고 난 후에도 또한 스스로 있다."라고 하였다.

---

45 정우진(2011)은 逆으로, 修養은 특수한 養生으로서, 養生의 일종으로 이해할 수 있다고 주장한다. 修養과 養生의 통합적 측면에 대해서는 柴田淸繼(1988) 참조. 물론 사실 용어로서의 '修養'은 전통적으로 '修身'의 의미보다는 '養生'의 의미를 지닌 것이었다.

46 이진수(1999)는 「보양지」에서 질병을 치료하는 導引을 체계화한 것은 導引을 개인 양생의 단계에서 대중 치료체조로 확립한 것이며, 이는 풍석이 농민들의 생활과 경제 등에 커다란 관심을 가지고 있었던 점을 보여 준다고 주장하였다(240~241면). 이것은 앞에서 인용된 『林園經濟志』, 「葆養志」 권4, 修眞편, 導引장, '導引療病諸方'절의 "將與田夫, 共此 自然聖惠方也." 운운한 것에 근거한 주장인 듯하다. 양생론의 이러한 측면은 「葆養志」에서 인용한 양생서 중 하나인 『修眞秘要』의 발문에서, 醫術이 "無非所以全世命厚民生."(「修 眞秘要跋」)라고 한 것과 잘 조응한다. 또한 醫學과 養生學이 '利用厚生'을 위해 필요불가결의 것임을 이해할 수 있게 한다.

도가에서는 그것을 '현빈(玄牝)'이라고 하고, 불교에서는 그것을 '진여(眞如)'라고 하였다. 두 종교의 가르침은 오로지 그것을 보존함을 임무로 삼고 그것 밖에 무엇을 구하지 않는다. 그러므로 도가에서는 맑고 고요하며 작위가 없이[淸淨無爲] 진(眞)을 닦고 지(知)를 제거하여 신선이 되어 올라가는 데에 이르고, 불교에서도 맑고 고요하며 작위가 없이 마치 마른 나무와 타 버린 재와 같이 하여 부처가 되기를 기약한다. 그 말한 것들이 어찌 견해가 없다고 하겠는가? (다만) 그것 한 가지로써 가르침을 베푸니 치우친 것이다. 오직 우리 성인(聖人)의 진리는 떳떳한 인륜에 근본을 두고 예악형정(禮樂刑政)으로 그것을 구체화하여 서로 의지하게 하고 서로 편안하게 하였으니 마음을 다하고 본성을 밝히는 학문이 저절로 그 안에 깃든다. 그래서 세상을 구제할 수 있다. 이 진리는 형체가 있는 것에서 얻은 것이요, 저들 두 종교는 형체가 없는 것에서 얻은 것이다. 이것을 기준으로 판단한다면 거의 우리와 그들 사이의 차이를 알 수 있다. 비록 그러하나 우리들이 어찌 일찍이 신(神)과 기(氣)의 수렴(收斂)을 버린 적이 있었던가? 다만 그것이 큰 진리의 한 가닥일 뿐이므로 드물게 말했을 뿐이다. 『맹자』에 야기(夜氣)를 기르는 내용이 있고, 주자(朱子)도 일찍이 공동도사(空同道士)의 이름을 가탁하여 조식(調息)의 방법에 뜻을 둔 적이 있다. 그것을 폐할 수 없음은 분명한 것이다. 무릇 사람의 삶이란 하늘에서 받은 것이기에 본래 어둡지 않다. 욕심으로 그것을 얽어매고 잃어버리기 때문에 끝내는 그 처음 상태를 회복하지 못하는 것이 세상의 도도한 풍조가 된 것일 뿐이다. 그런 상황에서 정좌(靜坐)하여 관심(觀心)하고, 화(火)를 내려 정(精)을 기르며, 그를 통해 그 생명을 보존하는 것은 또한 하나의 진리인 것이다.[47]

---

47 『林園經濟志』,「葆養志引」, "道家者流, 有煉精之說; 釋氏之道, 明治心之義. 其言曰, '有物自

여기에는 유교를 세계관의 중심으로 하되 도교적이고 불교적인 지식들을 수렴하여 활용할 수 있다는 생각이 담겨 있다. 도교는 인체에 대한 자연주의적 접근을 통해, 불교는 마음을 다스린다고 하는 심리적 영역에서 각각 몸의 양생을 위한 지식을 제공하였다는 것이다. 그들이 지향하는 목표 혹은 그를 위한 지식 자체를 목적으로 삼는 것이 아니라, 실제적인 활용의 관점에서 유교적 가치의 실현을 위한 도구로서 그들 이교(異敎)적인 가르침을 수용할 수 있다는 것이다. 그러한 한계 속에서이지만 풍석은 그들 이교(異敎)에 대해서 어느 정도 개방적인 태도를 취하고 있었다고 평가할 수 있다.

그에 의하면 유교는 인간 존재의 사회적 성격에 기초를 두고 자신의 공동체성을 실현할 수 있는 제도적 장치와 철학을 가지고 있으며 그것을 통해 제세(濟世, 사회적 구원)하고자 한다는 점에서, 개인적 구원에 초점을 둔 도교 및 불교와는 다르다. 유교가 몸의 양생을 또한 무시하지 않았음은 맹자의 야기설(夜氣說)과 주자의 「조식잠(調息箴)」의 예에서 알 수 있으며, 그들이 잘못을 범한 것은 그들의 양생설 자체가 아니라 그들이 인간 생명의 공동체성에 대한 각성에 이르지 못함으로써, 양생설을 공동체의 도덕적 각성과 개선이라고 하는 제세(濟世)의 동기와 결합하지 못한 데 있다는 것이다. 인간이 하늘로부터 온전한 생명을 받았

無始來, 生生不已. 先天地而自在, 後天地而亦自在.' 道謂之玄牝, 釋謂之眞如, 二氏之立敎也, 專以保此爲務, 不求乎其外. 故道者淸淨無爲, 修眞去知, 而至於登仙; 釋者亦淸淨無爲, 若枯木死灰, 以期於成佛. 其爲說也, 豈無見也? 一以是設敎者, 偏也. 惟吾聖人之爲道也, 本於彝倫, 參之以禮樂刑政, 相維焉, 相安焉, 而盡心明性之學, 自寓於其中, 所以濟世也. 是道也, 得於有形者也; 彼二氏者, 得於無形者也. 由是而判, 庶可見吾與彼之異矣. 雖然吾人何嘗舍神氣之收斂哉? 特係是大道之一緖, 故罕言之. 孟子有夜氣之養, 朱子嘗託於空同道士, 而留意於調息之法焉. 其不可廢, 審矣. 夫人之生也, 受於天者, 固不昧也. 有所欲以梏亡之, 竟不得復其初者, 滔滔也. 于以靜坐觀心, 降火而養精, 以保厥生, 抑一道也."

지만 욕망으로 말미암아 그것을 왜곡하고 상실하여 결국 그 원래대로의 생명을 누리지 못하는 것이 일반적인 상황인 가운데, 그를 돌이키고자 하는 노력으로서의 양생론은 유가의 입장에서도 수용될 수 있는 일면의 진리를 가지고 있다는 것이다.

4) 이 논문의 과제

「보양지」는 전통 동아시아 세계의 다양한 양생론을 종합적이고 체계적으로 구성하여 완정한 양생서로 편성되었다. 그를 위해 풍석은 전통 양생론의 이론적·실천적 상황을 감안하여 기본적인 형식 틀을 세우고 세목을 정한 후, 그 각각에 적합한 내용들을 자신이 구할 수 있는 모든 전통 양생서 속에서 선택하여 인용하고 배열하였으며, 필요한 경우 자신의 안설(按說)을 달았다.

「보양지」는 저자 자신의 주장을 기록한 저술이 아니라 대부분 중국과 한국의 선행 양생서들에서 가져온 인용들로 내용이 채워진 만큼, 저자 자신의 저작권 혹은 독자적 견해는 그들 인용들의 선택과 배열, 즉 편집에 있으며, 부분적으로 기록되어 있는 안설(按說)들에 나타나 있다고 할 수 있다.[48] 물론 그가 선택한 인용들은 자신이 어느 정도 그 실효성을 확인하고 확신하는 것들이었다고 할 수 있을 것이다. 실제로 안설들 중 일부는 그러한 자신의 견해를 반영하여 인용문들에 대해 추가 설명을 제시하거나 충돌되는 견해들에 대한 자신의 변증을 제시한 것들도

---

48 정명현·민철기·정정기·전종욱 외(2012)에는 「보양지」에 62개의 按說이 있는 것으로 계산하였다. 실제 按說은 59개이며, 풍석이 按說로 표시하지는 않았으나 그 내용상 按說로 볼 수 있는 3개를 포함하면 62개가 된다. 이에 대해서는 아래에서 다시 살펴볼 것이다.

발견된다. 그런 점에서 「보양지」에 실린 내용들은 어느 정도 풍석 자신의 견해로 인정할 수 있을 것이다.

따라서 「보양지」에 나타난 풍석의 양생론 혹은 양생 인식은 거기에서 그가 선택한 인용들에 담겨진 지식의 내용들, 그리고 간혹 등장하는 자신의 안설(按說)들을 살펴봄을 통해서 알 수 있다고 할 것이다. 그러나 그에 앞서 어떤 의미에서는 더욱 기본적으로 「보양지」의 편집 체제, 그 형식적 틀을 분석해 봄으로써 확인할 수 있다고 본다. 즉 그것이 제시하는 양생 지식들의 구체적인 내용뿐 아니라 지식의 선택과 배열 혹은 배치에 그의 양생 인식이 드러나 있다는 것이다. 물론 그것의 형식적 틀의 구성은 일차적으로 열람자들이 편리하게 이용할 수 있도록 한다는 실용적 의도에 기인하는 것일 수 있다. 하지만 기존의 방대한 양생 지식들 가운데 무엇을 선택하고 어떻게 배열하는가 하는 것은 그의 양생 인식의 기본적인 틀을 통해 가능하게 되는 것이다. 따라서 풍석의 양생 인식을 알기 위해서는 「보양지」의 체제 혹은 서술 구조를 분석해 볼 필요가 있다.

그러한 분석이 제대로 수행되기 위해서는 방법론적으로 「보양지」의 형성 과정에 대한 분석이 필수적이다. 즉 「보양지」가 인용한 양생서들이 어떠한 것들이었는지 그 성격과 내용, 그리고 편집 체제가 어떠했는지를 살펴보고, 그것을 「보양지」의 체제 및 구조와 비교해 보아야 한다. 즉 그 형식적 구조와 내용을 역사적 형성의 관점에서 분석할 필요가 있다. 다행스럽게 풍석은 자신이 인용한 내용들의 출전을 꼼꼼하게 밝혀 두었다. 따라서 우리는 그러한 출전 사항들을 검토하면서 「보양지」가 어떤 책들에서 어떤 부분들을 어느 정도 인용했는가 하는 것을 확인하고 그리고 그들 인용서들의 성격과 내용, 형식을 비교 분석함을 통해서 「보양지」가 어떤 방식으로 선행 양생서들을 계승하고 극복했는지에 대해 알 수 있을 것이다.

이 논문은 바로 그런 관점에서 「보양지」의 형성에 관한 연구라고 할수 있다. 즉 「보양지」가 어떤 방식으로 형성되어 오늘날의 형태를 가지게 되었는가 하는 것에 대해 연구한다는 것이다. 따라서 여기에서의분석은 구체적인 내용보다는 그 형식적 구조의 측면에 집중될 것이다. 그에 덧붙여 「보양지」에 기록되어 있는 안설(按說)들을 분류하고 초보적으로 분석하고자 한다. 그를 통해 「보양지」의 형성과 관련하여 앞의구조 분석에서는 포착되지 않은 부분이 조명될 것이며, 또한 내용상에서 풍석의 양생 의식을 이해하는 조그마한 단서를 얻을 수 있기를 기대한다.

서술의 편의상 먼저 「보양지」의 목차 구성을 통해 전체적인 구조를간단하게 살펴보고자 한다. 이를 통해 나타난 「보양지」 전체의 구조에대한 개략적인 그림을 가지고서 본격적인 분석에 착수할 것이다.

2. 「보양지」 목차 구성에 나타난 기본 구조와 성격

풍석은 「보양지인」에서 「보양지」의 목차 구성에 대해 다음과 같이간략하게 설명하였다.

지금 「보양지」에는 정(精) · 기(氣) · 신(神) 조양(調養)의 절(節)이 있고, 수진(修眞)의 목(目)이 있는데, 이들은 도가와 불교의 법(法)을 참작한 것이다. 또한 수친(壽親)의 방(方)과 육영(育嬰)의 법(法)이 있는데, 이들은본래 우리 유교의 항규(恒規)이다. 대개 이들 이진섭생(頤眞攝生)은 또한옛날부터 전해 내려온 방법이 있는 것으로서 진리의 한 갈래이므로 완전

히 버릴 수 없는 것이다. 그러므로 대략 수습하여 함께 모아 두었다.[49]

이 인용문을 통해 우리는「보양지」서술의 기본적인 구조와 성격을 파악할 수 있다. 풍석은「보양지」가 기본적으로 네 부분으로 이루어져 있다고 하였다. 즉 정(精)·기(氣)·신(神)의 조양(調養)을 다룬 부분, 수진(修眞)을 다룬 부분, 수친(壽親, 양친의 장수)을 다룬 부분, 육영(育嬰, 영아 보육)을 다룬 부분이 그것이다. 풍석은 그 각각에 대해 절(節)·목(目)·방(方)·법(法)이라는 용어를 사용하여 구분하였다. 그것을「보양지」의 실제 내용 혹은 목차 구성(〈표 1〉참조)과 비교하면, 정·기·신의 조양을 다룬 부분은 권2와 권3에 해당되며, 수진을 다룬 부분은 권4에, 수친을 다룬 부분은 권6, 육영을 다룬 부분은 권7에 각각 해당된다.

풍석은 또한 정·기·신의 조양을 다룬 부분과 수진을 다룬 부분은 도가와 불교의 이론들을 참작하여 작성하였고, 수친과 육영은 본래 유교에 전통적인 가르침들이 있어 왔던 것이라고 하였다. 또한 총괄적으로 '이진섭생(頤眞攝生)' 곧 양생에 대해서는 예로부터 전해 오는 방법(이론)들이 있어 왔으며, 그것들 역시 진리의 한 갈래이므로 다 버릴 수 없고 대략 함께 모아 서술해 두었다고 하였다. 곧「보양지」는 유교와 도교와 불교의 양생 이론들을 포괄적으로 수렴하여 정리하였다는 것이다. 물론 그것은 아무런 기준 없이 모든 이론을 수렴한 것은 아니었다. 그것을 진리의 한 갈래로 볼 수 있다고 부언한 것은 곧 그것들을 수렴하는 통합적 '진리〔道〕'의 기준이 있다는 말로 이해할 수 있다. 즉 유교의 진

---

49 『林園經濟志』,「葆養志引」, "今此志中, 有精·氣·神調養之節, 有修眞之目, 此參酌乎道釋之法也. 有壽親之方, 有育嬰之法, 此固吾人之恒規也. 蓋玆頤眞攝生, 亦有自古流傳之方, 爲道之一端, 不可全棄. 故所以略綴而兼叙也與."

리 관념에 부합하는 한에서 실용적 유용성에 입각하여 이전의 전통적 양생론들을 선별하여 수록한 것이라고 할 수 있다는 것이다.

「보양지」각 권과 장의 제목과 그 각각이 차지하는 서술 분량, 인용된 문헌의 수 등을 정리하면 〈표 1〉과 같다. 이에 기초하여 「보양지」의 전체 서술 구성에 대해 좀 더 구체적으로 살펴보기로 하자.

〈표 1〉「보양지」의 목차 구성과 권별(卷別)·장별(章別) 분량 현황 (권8,「養生月令表」제외)

권수	권1		권2			권3			권4			권5			권6		권7		합
篇名	總叙		精氣神			起居飲食			修眞			服食			壽親養老		求嗣育嬰		
章名	攝生	戒忌	保精	調氣	嗇神	養形	節食	律時	導引	按摩	歌訣	藥餌	酒醴	雜方	調元	療病	求嗣	育嬰	
면수	10.5	9.5	18.5	13	23.5	43.5	17	11.5	63	4.5	16.5	104	9.5	6.5	7.5	35.5	49.5	30.5	474
비율	2.2	2.0	3.9	2.7	5.0	9.2	3.6	2.4	13.3	0.9	3.5	21.9	2.0	1.4	1.6	7.5	10.5	6.4	100
인용수	22	13	66	22	85	221	70	52	23	8	10	410	53	24	22	198	155	95	1,549
비율	1.4	0.8	4.3	1.4	5.5	14.3	4.5	3.4	1.5	0.5	0.6	26.5	3.4	1.6	1.4	12.8	10.0	6.1	100

「보양지」권1은 총서(總叙)이다. 「보양지」전체에 대한 총론(總論) 혹은 서론(緖論)의 형식을 취하고 있다. 양생론 일반에 대한, 즉 양생의 개념과 일반적인 원칙들에 대한 총론적 성격의 서술을 하였다. 총 20면으로 4.2%의 분량이다. 섭생(攝生)과 계기(戒忌)의 두 장으로 되어 있다. 그가 섭생장(攝生章)과 계기장(戒忌章)을 나눈 기준 혹은 이유가 무엇인지는 명료하지 않다. 다만 대체로 전자가 긍정적이고 적극적인 방식으로 양생의 일반적인 원칙들을 논한 것이라면 후자는 부정적이고 소극적인 방식으로 같은 내용을 서술한 것으로 보인다. 섭생장은 총 17절 22개의 인용문으로 되어 있으며, 양생의 필요성과 어려움을 설명하는 '논수진미이(論修眞未易)'로부터 시작하여 양생의 기본 방법을 논한 '양생삼

술(養生三術)', '양생팔요(養生八要)' 등을 거쳐, 양생은 우리 몸의 정과 기와 신을 손상하지 않는 것을 위주로 한다고 하는 '논양생이불손정기신위주(論養生以不損精氣神爲主)'로 마쳤다. 계기장은 양생에 해가 되는 것들을 서술한 '양생육해(養生六害)', '양생십육해(養生十六害)'로부터 시작하여 양생을 위해서는 먼저 병을 다스려야 한다는 '양생필선치병(養生必先治病)', 질병과 쇠로의 원인을 각각 다룬 '논질병지인(論疾病之因)'과 '논쇠로지인(論衰老之因)' 등을 거쳐 '양생선견사난(養生先遣四難)'에 이르기까지 8개의 절 13개의 인용문으로 되어 있다. 인용된 모든 인용문 끝에는 그 출처를 빠짐없이 기록하였다.[50]

이하 권2에서 권8까지는 정기신(精氣神)·기거음식(起居飲食)·수진(修眞)·복식(服食)·수친양로(壽親養老)·구사육영(求嗣育嬰)·양생월령표(養生月令表) 등 각 권별로 하나씩의 주제를 다루고 있다. 권8의 양생월령표(養生月令表)를 제외하고 각 권은 2개 혹은 3개의 장으로 나뉘어 있으며, 각 장에는 모두 '총론(總論)'을 두어 개괄적인 서술을 하고 이어 각론(各論)을 서술하는 방식을 취했다.

먼저 권2는 인간의 생명을 정과 기와 신의 세 가지 요소 혹은 관점에서 이해할 수 있다는 도교적 인간 이론을 기초로 해서 그에 입각한 보정(保精)·조기(調氣)·색신(嗇神)의 양생론을 제시하였다. 권3은 일상생활의 양생론이다. 양형(養形)·절식(節食)·율시(律時) 세 장을 두어 각각 일상생활에서 구체적으로 실행할 수 있는 양생론을 조목조목 정리해 두었다. 분량상으로 권2가 11.6%, 권3이 15.2%로, 합해서 26.8%에 달한다.

분량상으로 가장 많은 것은 권4 수진(修眞) 편과 권5 복식(服食) 편으

---

50 각 절 내에 소항목을 둔 경우에는 항목 이름 바로 밑에 네모를 치고 출처 문헌을 써넣은 후에 관련 인용문을 수록하였다.

로서, 각각 17.7%와 25.3%로 도합 43%를 차지한다. 권4는 도인(導引)과 안마(按摩) 두 장으로 되어 있는데 전통적인 도교 수련을 다루고 있다. 부록으로 양생의 요체를 운율을 갖추어 외우기 쉽게 전달하고 있는 가결(歌訣)들을 모아 두었다. 권5는 약이(藥餌)·주례(酒醴, 附 糕餌) 두 장으로 되어 있다. 주로 실제적으로 건강을 도모하고 다양한 질병을 치유하는 데 도움을 줄 수 있는 약물과, 약이 될 수 있는 음식들을 다루었다. 부록으로 베개·빗·목욕 도구 등 양생에 도움이 되는 것들의 실제적인 제조 방법들을 모아 놓은 잡방(雜方)을 실었다.

권6 수친양로(壽親養老) 편과 권7 구사육영(求嗣育嬰) 편은 노인(老人)에게 필요한 양생 방법들과 자손을 낳고 양육하는 데 필요한 다양한 양생 이론들을 다루고 있다. 권6에는 조원(調元)과 요병(療病)이라는 두 장을 두었고, 권7에는 구사(求嗣)와 육영(育嬰) 두 장을 두었다. 이는 곧 유교 윤리 실천의 핵심적 처소인 가족의 구성과 유지와 관련해서, 가족의 재생산과 보존을 위한 지식들을 모아 놓은 것이다. 그것은 유교 윤리의 기본 덕목인 효(孝)의 실천과 밀접하게 관련된 것이라고 할 수 있다. 풍석의 양생론이 단지 개인주의적 성격에서 머물지 않고 공동체, 즉 유교적 세계의 보존과 관련하여 적극적인 의의를 지닐 수 있음을 보여 주는 부분이다. 분량상으로는 각각 9.1%와 16.9%로서 도합 25%를 차지한다.

이러한 각 권 혹은 분야의 분량상의 차이는 기존 양생 지식의 현황을 반영하는 것이기도 하겠지만, 대체로 각 분야 사이의 균형이 취해지고 있다는 점에서 풍석 자신의 양생 인식을 또한 반영하고 있다고 할 수 있다. 도교 및 불교의 양생 지식들을 적극적으로 활용하는 동시에 유교적 중심을 잃지 않은 데 특징이 있다고 하겠다.

권8은 양생월령표(養生月令表)이다. 표의 형식을 취하고 있다. 가로 변은 정월(正月) 건인(建寅)부터 십이월(十二月) 건축(建丑)까지 12개월로 나뉘어 있고, 세로 변은 좌공(坐功)·음찬(飮餐)·즐목(櫛沐)·탈착(脫著)·복이(服餌)·기거(起居)·요병(療疾)·구사(求嗣)·금기(禁忌)·불양(祓禳)·벽온(辟瘟)이라고 하는 11개의 항목으로 나누어져 있다. 각 월별·항목별로 구체적인 양생 방법이 서술되어 있다.

「보양지」의 기본 구조에 대한 이러한 이해를 기반으로 이제 「보양지」 각 권별·장별 주요 인용 문헌들에 대해 살펴보기로 하자.

3. 「보양지」 인용 문헌 분석: 주요 인용 서목(引用書目)과 인용 빈도

「보양지」는 소수의 안설(按說)을 제외한다면[51] 대부분 중국과 한국의 다양한 양생서에서 가져온 인용으로 채워져 있다. 따라서 그 인용 서적에 대한 분석, 곧 어떤 책으로부터 얼마나 인용을 했는지, 그 책은 어떤 성격을 가지고 있는지 등을 알아보는 것은 「보양지」의 형성 과정과 그 성격을 이해하는 데 있어 필수적인 기초 작업이라고 할 수 있다. 즉 「보양지」의 형성에 대한 분석을 위해서는 먼저 「보양지」에 인용된 양생서들의 종류와 빈도수에 대해 파악할 필요가 있다. 이를 통해 「보양지」가 의지하고 있는 앞선 양생서들의 종류와 형식에 대해 파악하는 것이 가능할 것이고, 그것들이 「보양지」를 구성하는 데 ― 내용뿐 아니라 형식면에

---

51 「보양지」의 인용서 중 풍석 자신의 저작인 『金華耕讀記』가 2차례 등장한다. 권4 修眞 제1장 導引의 '導引療病諸方'절의 경우, 전체가 『金華耕讀記』로 출처 표시가 되어 있지만, 실제 내용은 그 서문에 해당하는 앞부분을 제외하고는 풍석 자신의 저작이 아니라 대부분 『養生導引法』의 내용을 정리하여 그대로 인용한 것이다. 그 외에 권5 服食 제1장 藥餌의 '固齒方'절에 『金華耕讀記』로 출처 표시가 되어 있는 인용이 하나 더 있다.

서, 사실 그 두 가지는 떼어낼 수 없는 관계를 가지고 있다 ─ 있어 어떤 역할을 했는지, 「보양지」의 서술 형식과 구조가 의미하는 것이 무엇인지를 추론해 볼 수 있는 것이다. 「보양지」에 인용된 주요 인용서를 중심으로 인용 빈도를 정리하면 아래 〈표 2〉와 같다.

〈표 2〉「보양지」주요 인용 문헌 권별(卷別)·장별(章別) 인용 빈도수 일람(권8 제외)

卷數	권1		권2			권3			권4			권5			권6		권7		권8		합
篇名	總叙		精氣神			起居飮食			修眞			服食			壽親養老		求嗣育嬰		養生月令表		
章名	攝生	戒忌	保精	調氣	畜神	養形	節食	律時	導引	按摩	歌訣	藥餌	酒醴	雜方	調元	療病	求嗣	育嬰	坐功	外	
인용 수	22	13	66	22	85	221	70	52	23	8	10	410	53	24	22	198	155	95			1,549
비율	1.4	0.8	4.3	1.4	5.5	14.3	4.5	3.4	1.5	0.5	0.6	26.5	3.4	1.6	1.4	12.8	10.0	6.1			100
養生延命錄	3	1				1	1					2									8
眞誥		4	2			2								1							9
雲級七籤	1	1	4		4	23						1		1				3			38
三元延壽書	1(1)		20(9)		23(24)	32(24)	20(5)	16(10)	1	1		2					3(3)	1(2)			120(78)
千金要方			16			43		4				8	3								74
保生要錄				1		4	4	1	1			1		1							13
養生導引法									5												5
攝生要義			2	1	2	2	12	9	1	5											34
類修要訣									1		(9)										1(9)
本草綱目						1						43	19	1			1	2			67
食物本草												2									2
醫學入門						4						21	4			4	18	19			70
婦人良方																	13	3			16
厚生訓纂						2	5	2							19	3	12	5			48

卷數	권1		권2			권3			권4			권5			권6		권7		권8		합
篇名	總叙		精氣神			起居飮食			修眞			服食			壽親養老		求嗣育嬰		養生月令表		
章名	攝生	戒忌	保精	調氣	嗇神	養形	節食	律時	導引	按摩	歌訣	藥餌	酒醴	雜方	調元	療病	求嗣	育嬰	坐功	外	
壽親養老書															2	164					166
增補山林經濟			3			4	4					6	4				20	14			55
淸衆新編												4				24					28
保生心鑑									1										전체		1
養生月覽																				전체	0
壽養叢書	1		1	5	1	3	1	4				2									18

「보양지」가 그 내용 구성에서 주요하게 빚지고 있는 문헌 현황들을 각 권(편)별로 정리해 본다면 다음과 같다.

1) 권1 총서(總叙): 『양생유찬(養生類纂)』

권1 총서(總叙)편 섭생(攝生)장의 경우, 『양생연명록(養生延命錄)』인용이 3회로 가장 많으나, 대개 한 개의 절에 하나의 문헌을 인용하여 지배적인 문헌은 없다. 계기(戒忌)장의 경우도 상황은 비슷하여 『진고(眞誥)』에서 4건을 인용한 외에 지배적인 인용 문헌은 없다.

다만 풍석이 직접 언급을 하지는 않았지만 『양생유찬(養生類纂)』이라는 문헌과의 관련성을 조심스럽게 추정해 볼 수 있다. 『양생유찬』은 아래에서 다시 언급될 『양생월람(養生月覽)』이라는 책의 편집자이기도 한 주수중(周守中)이 편찬한 양생서로서, 양생부(養生部)·천문부(天文部)·지리부(地理部)·인사부(人事部)·모수부(毛獸部)·인개부(鱗介部)·미곡부(米穀部)·과실부(果實部)·채소부(菜蔬部)·초목부(草木部)·복이부(服餌部)의 11부로 나누어 각 부별로 다양한 항목들을 두고 그와 관련된 양생 지식들을 선행 양생서들에서 뽑아 편성하였다. 그리고 각 인용의 말미에 출처 문헌을 밝혀 두었다.[52] 이는 기본적으로「보양지」와 같은 방식이라고 할 수 있다.「양생부」를 서술하면서 '총서양생(總叙養生)'을 두었다. 이것 또한「보양지」의 '총서(總叙)'를 연상시킨다.[53]

더욱 흥미로운 것은「보양지」, '총서'에 인용된 인용문의 다수가『양생유찬』,「양생부」, '총서양생'에 실려 있다는 것이다. 즉「보양지」전체의 첫 번 인용문인 섭생장 '논수진미이(論修眞未易)'절에『운급칠첨(雲級七籤)』으로 출처 표기가 되어 있는 첫 번째 인용문으로부터『금기편(禁忌篇)』으로 출처 표기가 되어 있는 '선섭양차복이(先攝養次服餌)'절의 인용문에 이르기까지 14개의 인용문, 즉 섭생장의 인용문 22개 중 14개가 '총서양생'에도 그대로 혹은 좀 더 완전한 형태로 동일한 인용 표시를 한 채로 실려 있다.[54] 계기장의 경우는 13개의 인용문 전체가 '총서양생'

---

52 周守中은 南宋의 학자로서 周守忠이라고 하기도 한다. 그가『養生類纂』을 편성한 것은 1220년경으로 추정된다(張志斌, 2012 참조). 張志斌(2012)에 의하면 현재 전하는『養生類纂』의 판본은 크게 3종이 있다. 즉 明 成和10년 甲午(1474) 錢塘 謝潁의 重刻本, 明 萬曆 24년 丙申(1596) 胡氏序刊 映旭齋『壽養叢書』本, 明 萬曆 31년 癸卯(1603) 虎林 胡氏 文會堂『格致叢書』本이 그것이다. 謝潁의 重刻本은 22권으로 편성되어 있으며, 나머지 두 본은 2권으로 되어 있다. 22권 본에 비해 2권 본에는 빠진 내용들이 있다고 한다.

53 하지만『養生類纂』에서는「養生部」외에는 그러한 예를 적용하지 않았으며,「養生部」내에 따로 세목을 두지 않았다는 점에서「보양지」의 분류 체계와 그 이상의 공통점은 없다.

54 다만 제3절 '論人生大期'의 첫 번째 인용문은『老子養生要訣』이 출처로 표시되어 있으나,『養生類纂』에는 동일한 내용이 포함된 좀 더 긴 형태의 인용이『養生延命錄』으로 출처가 표시되어 있다. 현전하는『養生延命錄』,「敎誡篇」제1에는 이것이 "老君曰"이라고 하여 인용되어 있다. 이는「보양지」에『老子養生要訣』로 출처가 표기된 것을 어느 정도 설명해 주는 것이라고 할 수 있다.『養生類纂』의 인용에는 "老君曰"이라는 부분이 빠져 있다. 그렇다면 풍석은「보양지」를 편성할 때 이 인용문을 채택하면서『養生類纂』을 참조하였

에 그대로 실려 있다. 이는 풍석이 「보양지」 권1, 총서편을 편성하면서
『양생유찬』의 '총서양생' 부분을 기본적으로 참조하였으며 ─물론 해당
인용의 원 출처를 가능한 확인하였다고 하더라고 ─상당 부분 그로부
터 재인용한 것이 아닐까 추론하게 한다.

　『양생유찬』의 '총서양생'은 「보양지」의 나머지 부분을 편성하는 데에
도 기본 문헌으로 활용된 것으로 보인다. 예를 들어 권2의 조기(調氣)장
'논영위(論榮衛)'절에 『원기론(元氣論)』을 출처로 하여 2건의 인용문이 실
려 있는데, 모두 『양생유찬』, '총서양생'에도 『원기론』을 출처로 하여 인
용되어 있다. 「보양지」에서 『원기론』 인용은 그 2건이 유일하다는 점에
서, 『양생유찬』에서 간접 인용했을 가능성이 높다. 그 외에도 「보양지」
전체에 걸쳐 『양생연명록(養生延命錄)』을 출처로 한 것은 8건인데, 그 전
부가 『양생유찬』, '총서양생'에 실려 있다.[55] 또한 권2의 색신(嗇神)장의
총론(總論), 권3 양형(養形)장의 총론(總論) 등에서 인용된 『노자양생요
결(老子養生要訣)』의 전체와 권2의 조기(調氣)장 '논인유사기(論人有四氣)'
절에서 인용된 『보생론(普生論)』 등도 『양생유찬』의 같은 곳에 실려 있
는 것이다.

　『양생유찬』은 다양한 양생서들에서 내용들을 발췌하여 인용하고 그
출처를 밝히는 방식으로 편성되었다. 이는 기본적으로 「보양지」와 같은
형식으로, 풍석이 「보양지」를 편성하는 데 유용하게 참고할 수 있었던

다 하더라도 『養生延命錄』의 기록에 근거하여 출처를 수정 혹은 확정한 것이라고 추정할
수 있다. 陶弘景의 『養生延命錄』은 『養性延命錄』이라고 불리기도 하며, 시중에서 구할
수 있는 한글번역본은 『양성연명록』으로 되어 있다.

55　그렇다고 하더라도 위의 주54)에서 알 수 있는 바와 같이 원 출처인 『養生延命書』를 직접
확인하였던 것으로 보인다. 권3의 節食章 제7절 消食法의 『養生延命錄』 인용문 출처를
高大本과 奎章閣本에서는 『養生延命書』로 표시하였으나 이는 『養生延命錄』의 단순 오기
인 것으로 보인다. 大阪本에는 『養生延命錄』으로 표기되어 있다.

것은 자연스러운 일이라고 할 수 있다. 만약 풍석이『양생유찬』을 재인용한 것이 사실이라면, 풍석이 굳이『양생유찬』을 출처로 밝히지 않은 것은 그 사실을 숨기려 했던 것이라기보다는,『양생유찬』전체가 인용문들로 구성되어 있으므로 별도로『양생유찬』을 인용 서목으로 들 필요가 없었기 때문일 것이다.

2) 권2에서 권3까지:
  『삼원연수서(三元延壽書)』,『섭생요의(攝生要義)』

〈표 2〉의 분포를 통해 알 수 있는 바와 같이 권2에서 권3까지는『삼원연수서(三元延壽書)』인용이 가장 많고 두드러진다. 권2에서 권3까지는 정·기·신의 인간론과 그에 따른 양생론, 그리고 기거와 음식이라고 하는 생활 양생론 등을 그 내용으로 하고 있다. 그것은 권5와 권6의 전문적인 도교 양생론과 대비된다.「보양지」에서『삼원연수서』는 그 인용 빈도수가 압도적일 뿐 아니라 그 분류 세목의 상당수를 또한 그것으로부터 차용하여 왔다는 점에서「보양지」의 편집 구성에 상당히 큰 영향을 미친 것으로 볼 수 있다. 〈표 2〉의 해당 항목에서 ( ) 속의 숫자는「보양지」상에는 다른 인용 서목으로 표시되어 있지만 현존『삼원연수서』에서 그 동일 내용을 확인할 수 있는 것으로서, 간접 인용 혹은 그와 관련된 것으로 추정할 수 있는 인용 자료의 숫자이다. 그것을 포함한다면『삼원연수서』인용은 더욱 많았다고 할 수 있다.

『삼원연수서』는 원(元)의 유의(儒醫) 이붕비(李鵬飛)의 저작으로, 유교적 관점에서 도교적 양생 사상을 수용하여 반영하였다고 평가된다.[56]

---

56 이에 대해서는 蓋建民(2006) 참조.『三元延壽書』의 온전한 명칭은『三元參贊延壽書』혹

이미 조선 초기에 우리나라에 수입되어 활용되고 있었다.[57] 『삼원연수서』는 인간 생명의 기원을 천원(天元)·지원(地元)·인원(人元)의 세 가지로 파악하고, 그 각각에서의 양생법으로 정기불모(精氣不耗)·기거유상(起居有常)·음식절도(飮食節度)를 제시하고 각각에 관련된 구체적인 양생 지식들을 모아 놓았다. 그 첫 번째 천원(天元)과 관련된 '정기불모(精氣不耗)'는 대체로 「보양지」 권2의 보정(保精)장에 해당하고, 지원(地元)과 관련된 '기거유상(起居有常)'은 「보양지」 권3의 양형(養形)장과 권2의 색신(嗇神)장에 해당하며, 인원(人元)과 관련된 '음식절도(飮食節度)'는 「보양지」 권3의 절식(節食)장에 해당한다. 둘 사이에는 완전히 일치되지 않는 점이 있기는 하지만 기본적인 구조적 유사성을 확인할 수 있는 것이다. 또한 「보양지」 세목의 상당 부분이 『삼원연수서』의 그것과 일치한다는 점에서 「보양지」의 편성에서 『삼원연수서』가 그 틀에서나 내용에서 기본적인 참고서적으로 사용되었다는 것을 추론할 수 있다.

물론 풍석은 정·기·신의 세 가지를 인간 몸의 세 가지 원리로 제시하였지만 그것을 천·지·인에 연결시키지는 않았다. 또한 그는 『삼원연수서』에서 인간 이해의 기본으로 제시한 '인설(人說)'을 채택하지 않았

은 『三元延壽參贊書』이다. 盖建民에 의하면 '三元'은 『周易』의 天·地·人 三才 사상을 도교 측에서 받아들여 형성한 개념이며, '參贊'은 『中庸』의 '參天地, 贊化育'에서 가져온 것이다. 李鵬飛에 대해서는 高偉(1993) 참조.

57 『三元延壽書』는 원래 1291년경 중국에서 출간된 이후 여러 차례 重刊된 것으로 보인다 (盖建民, 2006, 32~33면 참조). 우리나라에서는 世宗 20년(1438) 全州府에서 5卷 1冊으로 重刊한 것이 연세대학교 도서관에 소장되어 전하고 있다. 번역서로서 金載斗 譯註, 『삼원연수서』(2011, 한국학술정보)가 있다. 『三元延壽書』는 세종 때 일차 편찬하였고 성종 초에 공식적으로 출간된 『醫方類聚』에 그 내용의 상당 부분이 전재 인용되어 있다(주 인용, 2012 참조). 이와 관련해서는 또한 安相佑·金南一(1999) 참조. 또한 許浚의 『東醫寶鑑』에도 다수 인용되고 있다고 한다(成昊俊, 2001 참조).

다. 그 대신 인간 신체를 정·기·신의 원리적 차원과 현상적 차원에서 형(形)으로 구분하여 기거(起居)를 대체로 후자에 대입시키고〔기거에 해당하는 내용 중 일부가 신(神)의 차원의 양생으로 배치되었다.〕, 절식(節食)을 함께 편성하여 각각의 차원에서의 양생론을 정리하였다.

이는 『동의보감』에서 내경(內景)과 외형(外形)을 구분한 것과 유사하다. 그러나 『동의보감』에서는 내경(內景)에 신형(身形, 總論에 해당)·정(精)·기(氣)·신(神)·혈(血)·몽(夢)·성음(聲音)·언어(言語)·진액(津液)·담음(痰飮)·오장육부(五臟六腑)·포(胞)·충(蟲)·소변(小便)·대변(大便)이 배당되고, 외형(外形)에 두(頭)·면(面)·안(眼)·이(耳)·비(鼻)·구설(口舌)·아치(牙齒)·인후(咽喉)·경항(頸項)·배(背)·흉(胸) 등이 배당된 것에 비해, 「보양지」에서는 정·기·신을 독립시키고, 내경은 오장육부에 해당하는 것으로 이해하고, 정·기·신 외에(혈은 정에 포함) 내경과 외형으로 분류된 분류 항목 대부분을 형(形)에 포함시켰다. 이것은 정·기·신의 원리적 측면과 경험할 수 있는 인체의 현상적 측면을 구분한 것으로서 『동의보감』의 분류 기준과는 상당히 다른 것이라고 하겠다. 이는 자세한 음미가 필요한 부분이다.

결국 「보양지」는 『삼원연수서』나 『동의보감』 등의 분류 체계에서 일부 영향을 받은 것이 사실이겠지만, 풍석 자신의 독자적 분류 방식을 취한 것으로 그 자신의 신체 이해를 반영하고 있다고 하겠다. 그것은 결국 『삼원연수서』가 그러하듯이 기본적으로 도교적 개념과 이해를 기초로 하고 있지만, 유교적인 세계관과 충돌하지 않는 범위 내에서 도교적 지식을 활용한 것이라고 할 수 있다.

권2에서 권3까지 『삼원연수서』 외에 가장 많이 인용된 문헌은 『천금요방(千金要方)』이다. 『천금요방』은 당(唐)의 손사막(孫思邈)이 편성한 것으로서, 양생서라기보다는 의서(醫書)에 가까운 것이라 할 수 있다.

총 74회 인용되었는데, 그중 권2 보양(保精)장에 16회, 권3 양형(養形)장에 43회, 율시(律時)장에 4회가 인용되어 있다. 그러나 대체로 단편들을 쪼개어 인용한 것이고 실제 인용 분량은 많지 않다. 또한 「보양지」 편성에 편집적 영향을 끼친 것은 많지 않다.

인용 횟수로는 그다지 많지 않지만 그 내용의 비율에서는 상당한 부분을 차지하면서 『삼원연수서』 다음으로 권2에서 권3의 편성에 영향을 준 것으로 『섭생요의(攝生要義)』를 들 수 있다. 『섭생요의』는 하빈장인(河濱丈人)[58]의 저서로서, 존상(存想)·조기(調氣)·안마(按摩)·도인(導引)·형경(形景)·음식(飲食)·거처(居處)·방중(房中)·사시(四時)·잡기(雜忌)의 10편으로 구성되어 있다. 「보양지」에 인용된 것은 총 34회이다. 편명들이 대체로 「보양지」의 서술에 반영되어 있고 인용 분포도 비교적 고르다는 점에서 『삼원연수서』와 함께 「보양지」의 편성에 기본적으로 참고가 된 서적이라고 할 수 있다. 특히 「보양지」 권2의 조기(調氣)장은 『섭생요의』의 「조기편(調氣篇)」의 내용 거의 전부를 그대로 전재하였으며, 그 편의 말미에 "蘇氏養生訣云"이라 한 것도 「보양지」 권4의 도인(導引)장 '간묘수진법(簡妙修眞法)'절에 『소씨양생결(蘇氏養生訣)』을 출처로 하여 그대로 인용되어 있다. 「보양지」 권2의 보정(保精)장에는 「방중편(房中篇)」의 상당량이 2건으로 나뉘어 인용되어 있다. 또한 권2의 색신(嗇神)장 '논존상(論存想)'절은 「존상편(存想篇)」을 그대로 옮겨 놓았으며, 제목 자체도 『섭생요의』로부터 온 것이라고 할 수 있다. 또한 「보양지」 권3의 양형(養形)장 '논내경(論內景)'절은 「형경편(形景篇)」에 "腑臟內景, 各有區別." 운운한 내용 전체를 그대로 인용하였으며, 제목 자체도 그로부터 온 것임을 알 수 있다. 그리고 권3의 절

---

58 河濱丈人은 곧 明의 王廷相(1474~1544)으로 추정된다. 高雨(2010); 吉文輝(1993) 참조.

식(節食)장의 경우 「음식편(飮食篇)」의 거의 전부를 12건으로 나누어 인용하였다. 또한 권3의 율시(律時)장의 경우 또한 「사시편(四時篇)」 전체를 세목별로 나누어 인용하고 있다. 『황제소문(黃帝素問)』이라 출처를 표시한 것도 「사시편(四時篇)」에 "內經云"이라 하여 내용 그대로 인용되어 있다. 이와 같이 『섭생요의』는 「보양지」 권2에서 권3에 전폭적으로 반영되어 있으며, 편집 세목의 설정에도 상당한 영향을 준 것으로 볼 수 있다.

3) 권4에서 권5까지: 『양생도인법(養生導引法)』, 『섭생요의 (攝生要義)』, 『유수요결(類修要訣)』, 『본초강목(本草綱目)』

권4 이후 『삼원연수서』의 영향은 제한적이다. 물론 『삼원연수서』에도 '자보유약(滋補有藥)'과 '도인유법(導引有法)'이라는 절이 있으며, 「보양지」 권4의 도인(導引)장과 안마(按摩)장에 각 1건, 그리고 권5의 복이(服餌)장에 2건이 인용되어 있다. 그러므로 그것이 「보양지」 권4와 권5의 편성에 아무런 영향을 주지 않았다고 할 수는 없지만, 권4에서 권5까지 주요하게 참조된 양생서는 『양생도인법(養生導引法)』과 『섭생요의(攝生要義)』, 『유수요결(類修要訣)』, 『본초강목(本草綱目)』 등이다.

도교적 양생술에 대해 다루고 있는 권4 수진(修眞)편의 경우, 도인(導引)장은 『양생도인법』에 의존도가 가장 높고, 안마(按摩)장은 거의 대부분 『섭생요의』에서 인용하였다. 『양생도인법』은 「중풍문(中風門)」을 필두로 「노인문(老人門)」까지 27문으로 되어 있는데, 질병 치료와 양생을 위한 도인법을 수록하고 있다.[59] 그중 「보익문(補益門)」에 '팽조곡선와인법(彭

---

[59] 편찬자가 누구인지는 명확하지 않다. 현재 『養生導引法』은 明 胡文煥의 『壽養叢書』에

祖穀先臥引法)'과 '왕자교팔신도인법(王子喬八神導引法)'이 실려 있는데, 모두「보양지」권4, 수진편 도인장에 상당히 긴 내용이 그대로 전재되어 있다. 같은 곳의 '영씨도인행기법(甯氏導引行氣法)'절 역시「보익문(補益門)」의 내용을 그대로 전재한 것이다.『도장경(道藏經)』이 출처로 표시된 '화타오금희법(華佗五禽戲法)' 역시『양생도인법』,「오금희법(五禽戲法)」에 "道藏經云"이라 하여 그대로 실려 있다. 따라서「보양지」는 그것을 재인용한 것일 가능성이 있다. '거병연년육자법(去病延年六字法)'이라 한 것은 기본적으로『유수요결(類修要訣)』에서 인용된 것이지만 그 속에『양생도인법』,「노인문(老人門)」의 내용이 함께 인용되어 있고,『복기토납결(服氣吐納訣)』이라 출처가 표시된 것은 또한『양생도인법』에 실려 있는 것이다. 또한 풍석 자신의『금화경독기(金華耕讀記)』로 출처가 표시된 '도인요병제방(導引療病諸方)'은 그 대부분이『양생도인법』의 내용을 거의 그대로 옮긴 것이다. 따라서「보양지」권4, 수진편 도인장은 거의『양생도인법』에 의존하고 있다고 할 수 있다.

한편 안마(按摩)장의 경우는「총론」을 포함하여 총 7건 중 5건이『섭생요의』,「안마편」의 내용을 거의 전부 그대로 세목을 붙여 나누어 인용한 것이다. 앞에서『섭생요의』가「보양지」권2와 권3의 편성에도 상당한 영향을 주었음을 살펴보았지만, 권4의 안마장의 경우는 제목을 포함하여 거의 전적으로『섭생요의』,「안마편」에 의존하고 있다고 할 수 있다.

또한 권4에 부록으로 편성한 '가결(歌訣)'의 경우는「보양지」자체에

편성되어 있다.『수양총서』에는 그 편자와 관련하여 '錢塘 胡文煥 德甫 校正'으로 표기되어 있으며 별도의 序文 혹은 跋文이 없으므로 출판 사항에 대한 자세한 정보는 알 수 없다.

서는 출처 표시를 하지 않고 찬자명(撰者名)으로 표시하였지만, 소동파(蘇東坡)의 「양생결(養生訣)」을 제외하고는 기록된 9개의 가결(歌訣) 모두가 『유수요결(類修要訣)』에서 그 내용 그대로 확인된다는 점에서, 그것으로부터 인용한 것으로 볼 수 있다.[60] 그뿐 아니라 「보양지」 권2의 보정(保精)장 '총론'에 『여순양가석허가(呂純陽可惜許歌)』로 출처 표시된 1건 등도 그것에 실려 있다는 점에서 「보양지」 편성에 『유수요결』이 또한 기본 자료로 활용되었다고 추정할 수 있다.

권5 복식(服食)편의 경우는 다양한 약용(藥用) 식물과 음식의 조제법을 다룬 약이(藥餌)와 주례(酒醴, 附 糕餌)의 두 장으로 편성되어 있고, 부록으로 건강에 도움이 되는 베개·빗·그릇 등의 제조법을 다룬 잡방(雜方)이 편성되어 있다. 권5의 편성에서는 『본초강목(本草綱目)』[61]을 비롯하여 다양한 본초류(本草類)의 서적들이 주로 활용되었다.[62] 구체적인 제조법들을 담은 처방들인 만큼, 「보양지」 중 가장 많은 문헌들이 인용되었다.

---

60 『類修要訣』의 편자는 胡文煥이다. 그의 『壽養叢書』에 편성되어 있다. 그 끝부분에 「類修要訣後言」이 있는데 「心丹歌」라는 이름이 붙어 있고 말미에 "萬曆壬辰孟秋朔月 錢塘洞玄子 胡文煥 德甫 書于全初庵中."이라고 쓰여 있다. 萬曆 壬辰은 1592년이다. 『類修要訣』의 내용에 대해서는 黃玉燕·湯爾群(2012) 참조.

61 『本草綱目』은 明의 李時珍(1518~1593)이 엮은 藥學書로서 1596년에 간행되었다.

62 『本草衍義』에서 4회, 『本草拾遺』에서 14회, 『圖經本草』에서 20회, 『食物本草』에서 2회 인용되었다. 그 외에 권5에서 인용되고 있는 본초 관련 서목으로 『大明本草』, 『唐本草』, 『開寶本草』, 『神農本草』, 『證類本草』, 『食療本草』, 『食性本草』, 『藥性本草』, 『日華本草』 등이 있다. 이들 本草類에 해당하는 문헌들에 대해서는 가와하라 히데키, 김광래 옮김(2009), 제1부의 서술을 참고할 수 있다. 권5에서 많이 인용된 문헌으로 本草類 외에 明 李梴의 『醫學入門』 등이 있다. 『醫學入門』의 인용은 권5(25회)와 권7(37회)에 집중되어 있다.

4) 권6에서 권7까지 : 『수친양로서(壽親養老書)』, 『후생훈찬(厚生訓纂)』, 『증보산림경제(增補山林經濟)』, 『제중신편(濟衆新編)』

유교적 효(孝) 사상과 밀접하게 관련이 있는 권6 수친양로(壽親養老)편은 조원(調元)장의 경우는 『후생훈찬(厚生訓纂)』에, 요병(療病)장은 『수친양로서(壽親養老書)』와 『제중신편(濟衆新編)』에 전적으로 의존하고 있다. 또한 권7 구사양육(求嗣養育)편의 경우 구사(求嗣)장은 『삼원연수서』를 포함하여 다양한 양생서들이 활용되고 있는 반면, 육영(育嬰)장에 대해서는 『후생훈찬』과 『증보산림경제(增補山林經濟)』에 대한 의존도가 높다.

가장 많이 인용된 『수친양로서』는 송(宋) 흥화령(興化令) 진군직(陳君直) 저(著)로 표기된 서문이 앞에 붙어 있으며, 「식치양로익기방(食治養老益氣方)」을 필두로 한 17개의 처방으로 구성되어 있다.[63] 그 처방의 제목과 내용들은 거의 그대로 「보양지」 권6, 수친양로(壽親養老)편 요병(療病)장에 옮겨져 있다.[64] 『수친양로서』는 『의방유취(醫方類聚)』나 『동의보감(東醫寶鑑)』에서도 이미 인용된 서적으로서 오래전부터 우리나라에도 많이 알려져 있었다.

『후생훈찬(厚生訓纂)』은 가정(嘉靖) 28년(1549)에 명(明)의 유학자 주

---

63 『壽親養老書』는 宋代의 養生家 陳直(1018~1087)이 1085년경 편찬하였다. 陳直은 泰洲 興化縣(지금 江蘇省 興化縣) 縣令을 역임하였다. 원래 제목은 『養老奉親書』로서, 현전하는 중국 최초의 노년 의학 전문서로 알려져 있다. 후에 鄒鉉이 1307년에 내용을 대폭 增補하고 『壽親養老新書』로 개명하여 출간하였다(陳可翼 · 李春生, 1982 참조). 胡文煥의 『壽養叢書』에 수록된 『壽親養老書』는 『壽親養老新書』가 아니라 『養老奉親書』에 해당하는 부분이다.

64 『壽親養老書』에 실린 17개 처방 중 '食治老人虛損羸瘦諸方'과 '簡妙老人備急方' 2개를 제외한 15개가 제목 그대로 반영되었다. 「보양지」 권6, 療病章에 실린 처방은 모두 18개이며, 나머지 3개는 『濟衆新編』에서 인용되었다.

신(朱臣)이 구주태수(衢州太守)로 재임하는 동안 '민생일용(民生日用)'에 도움을 주고자[65] 총 6권으로 찬(撰)한 것으로, 육영(育嬰)·음식(飮食)·기거(起居)·어정(御情)·처기(處己)·목친(睦親)·치가(治家)·양로(養老)·법언(法言) 등으로 구성되어 있다.[66] 그 제목들에서 그것이 명확히 유교적 관점을 취하고 있음을 알 수 있다. 「보양지」에서는 48회 인용되었는데, 그 분포는 권3 기거음식(起居飮食)편 양형(養形)장에 2회, 절식(節食)장에 5회, 율시(律時)장에 3회, 권6 수친양로(壽親養老)편 조원(調元)장에 19회, 요병(療病)장에 3회, 권7 구사육영(求嗣育嬰)편 구사(求嗣)장에 11회, 육영(育嬰)장에 5회 인용되었다. 권3에도 일부 인용되었지만 대부분 권6과 권7에 인용이 집중되어 있다.

육영(育嬰)장의 경우는 특히 『증보산림경제(增補山林經濟)』에 의존한 바가 크다. 『증보산림경제』는 영조 42년(1766) 유중림(柳重臨)이 홍만선(洪萬選)의 『산림경제(山林經濟)』를 증보하여 엮은 책으로, 복거(卜居)·치농(治農)·종수(種樹)·양화(養花)·양잠(養蠶)·목양(牧養)·치포(治圃)·섭생(攝生)·치선(治膳) 상하(上下)·구황(救荒)·가정(家庭) 상하(上下)·구사(救嗣) 상하(上下)·구급(救急)·증보사시찬요(增補四時纂要)·사가점후(四家占候)·선택(選擇)·잡방(雜方)·동국산수록(東國山水錄)·남사고십승보신지(南師古十勝保身地)·동국승구록(東國勝區錄)으로 구성되어 있다. 이것들 중 「보양지」와 주로 관계가 있는 항목은 섭생(攝生)과 구사(求嗣) 두 항목이다. 「보양지」에는 권2 정기신(精氣神)편 보정(保精)장에 3회, 권3 기거음식(起居飮食)편 양형(養形)장에 4회, 절식(節食)장에 4회, 권5 복식(服食)편 약이(藥餌)장에 6회, 주례(酒醴)장에 4회, 권7 구사

65 「厚生訓纂引」 참조.
66 『厚生訓纂』에 대해서는 杜松·張玉輝(2011) 참조.

육영(求嗣育嬰)편 구사(求嗣)장에 20회, 육영(育嬰)장에 14회 인용되었다. 모두 합해 55회로서 상당히 많은 편에 속하므로 「보양지」 편성 시 기초 자료로 활용한 것은 분명해 보인다. 적어도 권7의 편성에서는 그 의존도 는 매우 크다고 하겠다.

그런데 『증보산림경제』에는 별도의 출처 표시가 없이 해당 내용들을 수집해 놓았기 때문에 「보양지」에서 그 자료를 활용했을 때는 일일이 출처를 확인할 필요가 있었을 것이다. 전통 시대의 상황에서 정확한 출처를 확인하는 과정은 상당한 어려움이 있었을 것이 짐작된다. 그 과정에서 오류가 발생할 가능성은 충분하며, 또한 끝내 확인하지 못하고 인용해 놓은 경우들도 있을 수 있었다.

실제로 「보양지」 권2, 정기신편 보정장 제6절 '상부인법(相婦人法)'에 인용된 6개의 인용 중 3개가 『증보산림경제』로 출처 표시가 되어 있다. 그러나 실제 확인해 본 결과 6개의 인용 전부가 『증보산림경제』, 「섭생(攝生)」, '상부인법(相婦人法)'에 실려 있는 그대로를 순서를 달리하여 원출처를 밝히고 인용한 것이었다.[67] '상부인법'이라는 항목 자체의 설정과 그에 담긴 인용들은 거의 전적으로 『증보산림경제』에 의존하고 있다고 할 수 있다.

그 예와 유사한 것이 「보양지」 권2의 육영(育嬰)장 제7절 '교회법(交會法)'으로서, 이들은 모두 『천금요방』으로 출처 표시가 되어 있으며, 실제로 현전하는 『천금요방』에서 일치하는 기록을 확인할 수 있다. 그런데 그 인용들은 『증보산림경제』, 「섭생」의 '교합법(交合法)'에 같은 내용이 인용되어 있다. 다만 '교합법'에 인용된 것은 약간 부정확하여서 글자의

---

67 다만 「보양지」 해당 부분에 『千金要方』과 『攝生要義』로 출처가 표시된 것들은 현전하는 해당 서적들에서는 확인되지 않는다. 물론 필자가 찾지 못한 것일 수도 있다.

탈락과 생략과 출입이 많은 반면, 「보양지」의 것은 비교적 정확하게 인용
되어 있다는 차이가 있다. 「보양지」 편성 시 『증보산림경제』의 내용을
참조하되 원 출처에서 확인을 하여 교정한 것이라 추정할 수 있다.

5) 권8: 『보생심감(保生心鑑)』, 『양생월람(養生月覽)』

월별로 시행할 양생 관련 수칙을 '좌공(坐功)'에서 '벽온(辟瘟)'에 이르
기까지 11항목으로 나누고 표의 형식으로 일목요연하게 정리한 권8 양
생월령표(養生月令表)는 '좌공'의 경우는 전부 『보생심감(保生心鑑)』에서,
나머지 항목들의 경우는 전부 『양생월람(養生月覽)』의 내용을 정리하여
인용한 것이다.[68]

『보생심감』에는 정덕(正德) 병인(丙寅) 춘왕정월(春王正月)에 고남사
(古南沙) 철봉거사(鐵峰居士)가 쓴 서문이 있다. 정덕 병인은 1506년에
해당한다. 거기에서 『보생심감』의 편자인 철봉거사는, "수양(修養)은 태
을씨(太乙氏)에서 시작되었고, 도인(導引)은 음강씨(陰康氏)에서 시작되
었다. 태을(太乙)의 때에 의약(醫藥)이 아직 정립되지 않아, 혈기(血氣)를
조화하는 것으로 장생(長生)을 보장하려 하여 수양(修養)의 법이 드러나
게 되었으며, 음강(陰康)의 때에는 백성들이 중퇴(重腿)로 고통받자 무법
(舞法)을 제정하여 기혈(氣血)을 소통하게 하여 도인(導引)의 술(術)이
나타났다."[69]라고 하여 수양(修養)과 도인(導引)의 탄생에 대해 설명하고

---

68 정명현 · 민철기 · 정정기 · 전종욱 외(2012)에서 권8 '養生月令表'에 해당하는 전체 내용
을 풍석 자신의 저술로 분류한 것(993면)은 오류이다.

69 「保生心鑑序」, "嘗聞修養始于太乙氏, 而導引則始于陰康氏也. 太乙氏, 醫藥未立, 乃調和血
氣, 以保長生, 而修養之法顯. 陰康時, 民患重腿, 因制舞法, 以疏氣血, 而導引之術名. 故民
皆賴以調攝, 無夭傷之患, 建法異而致妙同, 蓋眞上古保民之心法也."

있다. 양생법(養生法)과 도인술(導引術)은 모두 의학(醫學)과 약학(藥學)이 아직 발달하기 전에 백성들의 병과 고통을 덜고 장생할 수 있도록 한다는 보민(保民) 곧 위민(爲民)의 방책으로 만들어졌다는 것이다. 이는 풍석이「보양지」를 집필한 것과 기본적으로 같은 취지의 것으로서,「보양지」권4, 수진(修眞)편 도인(導引)장 '총론' 첫머리에 첫 부분이 인용되어 있다.

「보양지」권8, '양생월령표'의 첫 번째 항목 '좌공'은 『보생심감』,「태청이십사기수화취산도(太淸二十四氣水火聚散圖)」에서 24절기에 따라 기(氣)의 변화를 서술하고 그에 적합한 '좌공'(5월까지) 혹은 '행공(行公)'을 기술한 것을, 12개월로 나누어 차례로 옮겨 두었다. 『보생심감』에는 그 각각에 '치병(治病)'을 두어 서술하였고 또한 각각에 해당하는 그림들이 있는데 그것들은 채용하지 않았다. 사실 이 내용은 이미「보양지」권4, 수진편 도인장 제9절인 '이십사절도인법(二十四節導引法)'에 그림 없이 그 내용이 그대로 수록되어 있는 것이기도 하다. '이십사절도인법'에서 풍석은 먼저 『보생심감』의「수진요결(修眞要訣)」을 서문에 해당하는 것으로 싣고, 그 다음에 '치병(治病)'을 포함하여「태청이십사기수화취산도」의 본 내용 전체를 실었다.

그런데 풍석은 그 출처로서 『보생심감』이 아니라 『성현보수통감(聖賢保修通鑑)』이라는 서명을 적어 두었다. 그런데 『보생심감』의 서문을 보면, "홍치(弘治) 을축(乙丑)년 가을 『성현보수통감』을 보았는데 앞에서 고금(古今)에 도(道)를 배우는 자들의 실책을 서술하고, 뒤에 도술(道術)과 요병(療病)의 공(功)을 썼다. 깊이 아름답게 여기고 마음으로 좋아하여 후세에 전하고자 하였다. …… 다만 그것이 간략하여 상세하지 않고 숨겨져 드러나지 않은 것을 애석하게 여겨, 여러 월령(月令)들을 참조하고 옛날의 의경(醫經)들을 수집하여 반복하여 연구하고 틀린 것을 바로 잡고 간략한 것을 보충하며, 아울러 활인심(活人心) 팔법(八法)[70] 등을 채용하고 그림을 잘 그리는 자를 명하여 본떠 그리게 하니 모두 32도(圖)를 헤아렸다. 하나의 책으로 찬집하여 『보생심감』이라 이름하였다.”[71]라고 하였다. 즉 『성현보수통감』은 『보생심감』의 선행서로서 언급된 책이었다. 풍석이 그 책을 직접 보고 인용한 것일 수도 있으나 『보생심감』에서 간접 인용하면서 그 원 출처를 소급하여 『성현보수통감』이라 기록한 것일 가능성이 크다.

한편, 『양생월람(養生月覽)』은 앞에서 나온 『양생유찬(養生類纂)』의 편자인 주수중(周守中)의 편저로서 역시 1220년경 편찬된 것으로 추정된다.[72] 주로 『천금월령(千金月令)』, 『상한유요(傷寒類要)』, 『운급칠첨(雲級七籤)』, 『사시찬요(四時纂要)』 등의 문헌에 근거하여 편성되었다.[73] 정월부터 십이월까지 각 월별로 별도의 분류 없이 최소 22조(4월)에서 최대 80조(5월)에 이르는 양생 관련 지식들을 여러 책에서 인용하였으며, 각 인용 아래에 인용 서목을 기록해 두었다.

‘양생월령표(養生月令表)’에서 풍석은 음찬(飮餐)·즐목(櫛沐)·탈착(脫著)·복이(服餌)·기거(起居)·요병(療疾)·구사(求嗣)·금기(禁忌)·불양(祓禳)·벽온(辟瘟)이라고 하는 10개의 항목을 두고, 『양생월람』의 내용을 그 항목에 따라 재편집하였다. 미리 항목을 설정하고 해당하는 인용들을 배당한 것이라기보다는 『양생월람』의 내용을 기초로 분류항목들을 추

---

70 『保生心鑑』에는 附錄으로 臞仙의 『活人心法』이 편성되어 있다. 이것이 退溪의 『活人心方』의 모태가 된 것은 잘 알려진 사실이다.

71 「保生心鑑序」, “弘治乙丑秋, 適見『聖賢保修通鑑』, 前序古今學道之失, 後書道術療病之功, 深嘉契愛, 而欲傳之, …… 惜乎簡而未詳, 微而不著. 乃用參諸月令, 搜古醫經, 反復硏究, 正訛補略, 幷采活人心八法, 命善圖者繪形摹寫, 計總三十二圖, 纂爲一帙, 目之曰『保生心鑑』.”

72 楊威·朱二苓·于崢(2011) 참조.

73 傅景華(1986) 참조.

출하고 각 인용들을 그에 따라 재분류하는 방식으로 편성해 간 것으로 보인다. 내용 전체가 『양생월람』에서 확인되지만 『양생월람』 전체를 인용한 것은 아니다. 정월(正月)의 경우 총 74조 중 54조를 인용하였으며, 이월(二月)의 경우 총 35조 중 27조를 인용하였다. 대략 70~80% 정도가 인용되어 있는 것이다.

『양생월람』에는 각 조항별로 인용 서목이 명시되어 있지만, 풍석의 '양생월령표'에는 전혀 인용 표시가 없다. 이는 앞에서 살펴본 「보양지」 편성 원칙에 위배되는 것이라고 할 수 있지만, 실제로 적용하기 편하게 표의 형식으로 편집되었다는 점에서 일일이 인용 표시를 하는 것은 지나치게 복잡하게 보일 수 있다는 점, 그리고 전체적으로 그 항목의 설정과 분류 형식에서 풍석 자신의 편집 의견이 강하게 반영되었다고 하는 점에 그 원인이 있다고 할 수 있을 것이다.

4. 『수양총서(壽養叢書)』와의 관련성 문제

이 지점에서 한 가지 특기할 만한 사실은 「보양지」 편성에서 기본적으로 참고가 된 문헌들 대부분이 명(明) 대에 편성된 총서인 『수양총서(壽養叢書)』에 들어 있다는 점이다.

1) 『수양총서(壽養叢書)』에 대해

『수양총서(壽養叢書)』는 『격치총서(格致叢書)』의 편찬자로 알려져 있는 명(明) 호문환(胡文煥)[74]이 대체로 송(宋)·원(元)·명(明) 시기에 형성된 양생서(養生書)들을 모은 것으로, 대부분 민간에서 구하기 어려운

258

희귀서들로서 자신의 집안에 전하고 있었던 서적 등을 일반에 보급하고
자 하는 목적으로 총서의 명칭을 붙이고 새롭게 각인(刻印)하여 출간한
것이다.[75] 중국중의약출판사(中國中醫藥出版社)에서 1997년 점교(點校)하
여 출간한 『수양총서전집(壽養總書全集)』에는 총 34종 68권이 실려 있
다.[76] 그 「점교(點校) 범례(凡例)」에 의하면 저본(底本)이 된 것은 만력
(萬曆) 호림(虎林) 호씨(胡氏) 문회당(文會堂) 초각본(初刻本)을 청인(淸
人)이 초(抄)한 정초본(精抄本)이며, 그 교본(校本)으로 만력(萬曆) 호림

---

74 胡文煥에 대해서는 于爲剛(1982); 王寶平(1999); 劉筱玥(2012) 등을 참조.

75 于爲剛(1982)에 의하면 胡文煥이 新刻한 叢書로서 현재 확인되는 것으로 『百家名書』, 『格
致叢書』, 『修養叢書』, 『胡氏粹編五種』 등 4종이 있으며, 이들 각각에 편성된 서적들은
중복되는 것들이 많다. 또한 『壽養叢書』에 실려 있는 서적들은 『格致叢書』에 모두 들어
있다고 한다(64면). 현재 日本 國立國會圖書館에 소장된 『格致叢書』 93책 본(205-15)에는
『壽養叢書』에 편성된 『類修要訣』, 『養生導引法』, 『養生月覽』, 『養生集覽』, 『攝生要義』, 『脈
訣』, 『食鑑本草』 등이 들어 있다. 기본적으로 『格致叢書』는 수록 서적의 범위를 달리한
다양한 판이 있었으며, 『壽養叢書』도 마찬가지였던 것으로 추정할 수 있다.

76 그 내용은 다음과 같다. 1. 『食物本草』 上·下, 2. 『食鑑本草』 上·下, 3. 『養生食忌』(附 急
救良方), 4. 『藥性賦』 上(元 東垣 李杲 撰)·下(明 鰲峰 熊宗立 道軒 撰), 5. 『山居四要』
5권, 6. 『養生月覽』 上·下, 7. 『養生類纂』 上·下, 8. 『類修要訣』 上·下(附 類修要訣續附),
9. 『攝生集覽』, 10. 『三元參贊延壽書』 4권, 11. 『養生導引法』, 12. 『保生心鑑』(附 活人心法),
13. 『修眞秘要』, 14. 『厚生訓纂』 6권, 15. 『壽親養老書』, 16. 『攝生要義』, 17. 『錦身機要』
上·下(附 大道修眞捷要選仙指源篇) 18. 『香奩潤色』(錢塘 胡文煥 德甫 著) 19. 『心印紺珠
經』(錢塘 胡文煥 德甫 校) 上·下, 20. 『醫學便覽』(陽山 蘆河 解楨 應堅 著) 4권, 21. 『醫學要
數』(錢塘 胡文煥 德甫 纂), 22. 『醫學權興』(錢塘 胡文煥 德甫 校), 23. 『醫學碎金』(番易 梅屋
老人 周札 正倫 編述) 4권, 24. 『怪證奇方』(小仙 李樓 纂集) 上·下(附 怪證奇方雜錄附),
25. 『應急良方』(錢塘 胡文煥 德甫 編纂), 26. 『海上仙方』 前集(隱居 溫大明 著)·後集(孫眞
人 著), 27. 『褚氏遺書』(齊 褚澄 編), 28. 『脈訣』(眞人 崔紫虛 撰), 29. 『軒轅黃帝治病秘法』
(錢塘 胡文煥 德甫 校), 30. 『靈樞心得』(錢塘 胡文煥 德甫 選) 上·下, 31. 『素問心得』(錢塘
胡文煥 德甫 選) 上·下, 32. 『幼幼集』(南京太醫院吏目 孟繼孔 著) 上·中·下, 33. 『太素心
要』(胡文煥 德甫 校正) 上·下, 34. 『太素脈訣秘書』(胡文煥 德甫 校正). 아래의 16종본의
목록과 비교해 보면 『藥性賦』를 제외하고는 순서는 다르지만 初刻本의 16종이 앞부분에
편성되어 있음을 알 수 있다. 또한 대체로 양생서를 전반부에 의학서를 후반부에 배치한
것을 알 수 있다. 이것은 풍석이 「보양지」를 앞에, 「인제지」를 뒤에 편성한 것을 연상시킨
다. 숫자는 편성 순서를 보여 주기 위해 필자가 임의로 첨가한 것이다. 다만 34종본 『壽養
叢書』에 수록된 의학서들은 「仁濟志」에서는 거의 활용되지 않은 것으로 보인다.

(虎林) 호씨(胡氏) 문회당(文會堂) 초각본(初刻本)을 사용하였는데, 현존의 초각본(初刻本)에는 16종만이 포함되어 있다고 한다.

그 문회당 초각본에 해당하는 것으로 추정되는 것을 『북경도서관고적진본총간(北京圖書館古籍珍本叢刊)』82(書目文獻出版社)에서 확인할 수 있다. 거기에 『수양총서(壽養叢書)』라는 이름 아래 총 16종 36권이 영인 수록되어 있다.[77] 현재 고려대학교 도서관에 소장되어 있는『수양총서(壽養叢書)』(화산 C6 B65)는 16종 6책으로 되어 있는데, 그 내용과 인쇄 형태, 판형 등이 『북경도서관고적진본총간』 82와 완전히 동일하며 다만 그 수록 순서가 다를 뿐이다.[78] 고려대학교 소장본의 편성 순서에 따라『수양총서』에 포함된 양생서들의 편성 연대와 편자를 표로 정리해 보면 〈표 3〉과 같다.

〈표 3〉 『수양총서(壽養叢書)』 포함 서목 16종의 편년 및 편자

	서명 (권수, 부록사항)	편저자 (교정자)	편년	비고
1	三元參贊延壽書 (5권)	李鵬飛 撰(胡文煥 校)	1591년	九華澄心老人李鵬飛 撰 序(1591년)
2	養生類纂 (上·下)	周守中 纂集(胡文煥 校閱)	1220년(경)	胡文煥 序(1596년)

---

77 그 표지 이면에 "據明胡文煥刻本影印"이라 註記되어 있다. 北京圖書館古籍珍本叢刊本은 편성 순서가 1.『三元參贊延壽書』, 2.『類修要訣』, 3.『修眞秘要』, 4.『攝生要義』, 5.『錦身機要』, 6.『保生心鑑』, 7.『厚生訓纂』, 8.『養生導引法』, 9.『養生月覽』, 10.『養生類纂』, 11.『攝生集覽』, 12.『壽親養老書』, 13.『山居四要』, 14.『食物本草』, 15.『食鑑本草』, 16.『養生食忌』의 순서로 편성되어 있다. 『類修要訣』 뒷부분에 결락된 부분이 있다. 영인할 때 빠뜨린 것일 수도 있고 애초에 결본을 영인한 것일 수도 있다.
78 이 고려대 소장본에는 '壽養叢書' 書名과 함께 '一集 三元延壽書'에서 '十六集 錦身機要指源篇'까지가 목록으로 제시되어 있는 표지면 左下에 "得月齋周譽吾藏板"이라는 표기가 있다. 그리고 '長水后人'과 '黃德周印'이라는 藏書印 두 개가 찍혀 있다. 周譽吾는 明代에 金陵 지역에서 활발하게 활동하였던, 周氏 姓을 가진 書坊主의 한 명이었다. 그와 관련해서는 許振東·宋占萜(2011) 참조. 黃德周가 누구인지는 未詳이다.

	서명 (권수, 부록사항)	편저자 (교정자)	편년	비고
3	養生月覽 (上・下)	周守中 編輯(胡文煥 校正)	1220년	
4	攝生集覽	(胡文煥 校正)		
5	攝生要義	河濱丈人 著(胡文煥 校)		序 王廷相(1474~1544) 上蔡後學張惟恕 後序
6	類修要訣 (上・下) (類修要訣續附)	胡文煥 編輯	1592년	胡文煥 撰序(秣陵陳邦泰 大來書) 胡文煥後言(1592년)
7	厚生訓纂 (6권)	周臣 編輯(胡文煥 校正)	1549년	在山周臣 撰引(1549년)
8	山居四要 (5권)	汪汝懋 編輯(胡文煥 校正)	1360년	天台劉仁本 序(1360년) 권5는 附加
9	壽親養老書	陳直(1018~1087)著(胡文煥 校正)		宋興化令陳君直 序 원명: 養老奉親書
10	食物本草 (上・下)	(胡文煥 校)		
11	食鑑本草 (上・下)	寗源 編 (胡文煥 校)		京口 山矅
12	養生食忌 (附 急救良方)	胡文煥 纂輯		
13	養生導引法	(胡文煥 校正)		
14	保生心鑑 (附 活人心法)	鐵峰居士 纂集 (胡文煥 校正)	1506년	古南沙鐵峰居士 序(1506년). (瞿仙의 活人心序)
15	修眞秘要	(胡文煥 校正)	1515년	王蔡의 序(1515년) 雲崖道人 跋
16	錦身機要 (上・中・下) (附 大道修眞捷要選仙 指源篇)	混沌子 撰, 魯至剛 註 (胡文煥 校)		魯至剛 叙

『수양총서』에 들어 있는 서목들의 면모를 일견해 보면, 「보양지」가 기본적으로 의지한 양생서들 중 다수가 발견된다. 즉 권1에서의『양생유찬』, 권2와 권3에서의『삼원연수서』와『섭생요의』, 권4와 권5에서의『양생도인법』,『섭생요의』와『유수요결』, 권6과 권7에서의『수친양로서』와 『후생훈찬』, 권8에서의『보생심감』과『양생월람』등이 모두『수양총서』

에 들어 있는 것이다. 그 외에도 『식물본초』에서 2회, 『수진비요』에서 1회 인용하여, 총 11종의 서적을 사용하였음이 확인된다. 이 중 7종은 직접 인용을 하였고, 『양생유찬』과 『보생심감』, 『양생월람』은 직접 서명을 기록하지는 않았지만 권1과 권8의 내용 거의 전부가 이들 서적에서의 인용이었음은 앞에서 지적한 바와 같다. 「보양지」 전체 인용 건수 1천549건에서 『수양총서』 8종으로부터의 인용건수는 373건으로 24%에 달하며, 만약 『유수요결』에서의 실제적 인용 9건(권4)과 『양생유찬』에서의 간접 인용 27건(권1), 권8의 전체 내용을 더한다면 그 비율은 30% 이상이 될 것이다. 결국 「보양지」는 그 편성에서 상당 부분 『수양총서』에 의존하고 있다고 할 수 있다. 그것은 앞에서 살펴본 바와 같이 단순히 내용면에서만이 아니라 그 형식면에서도 그러한 것이었다.

풍석이 실제로 『수양총서』를 기본 문헌으로 활용하였는지, 혹은 그것은 단지 우연에 의한 것으로서 별도의 총서[79] 혹은 개별 저서들로부터 작업을 하였는지는 지금으로서는 확실하게 알 수 없다. 문헌의 집중도로 볼 때 만약 풍석이 실제로 『수양총서』를 기본 문헌으로 활용하였다면, 16종이 수록된 명 대의 초각본을 활용한 것으로 추정할 수 있다.[80]

2) 「보양지」에서의 『수양총서』 출처 표기

이와 관련하여 「보양지」에 『수양총서(壽養叢書)』로 출처 표기가 된 인용문이 18건 있다는 점을 음미해 볼 필요가 있다. 그 구체적인 분포는

---

[79] 앞의 주75)에 의하면 『壽養叢書』는 또한 胡文煥의 『格致叢書』에도 들어 있으므로 풍석이 이용한 것은 『格致叢書』일 가능성도 있다.

[80] 16종 외에, 34종에 포함된 것으로 『褚氏遺書』에서 4회, 『脈訣』에서 1회 인용하였다.

〈표 2〉에 나타난 바와 같다. 그를 보면 대체로 권1에서 권3까지 인용되어 있음을 알 수 있다. 그런데 사실『수양총서』는 제목이 알려 주는 바와 같이 다양한 양생서들을 모아 놓은 총서라는 점에서 다른 문헌들과 구별된다.『수양총서』에 포함된 다수의 양생서들로부터의 인용들에 대해서는 그 각각의 서명으로 출처 표기하면서 동시에 어떤 인용들에 대해서는『수양총서』라고 출처 표기한 것을 어떻게 이해할 수 있을까?

일단 이로부터 분명한 한 가지 사실은 풍석이『수양총서』를 알고 있었다는 것이다. 그러나 혹 이『수양총서』가 앞에서 설명한『수양총서』와 다른 어떤 책을 가리킬 가능성은 없는 것일까? 물론 그럴 가능성이 절대로 없다고 할 수는 없을 것이다. 하지만 실제로 그럴 가능성은 대단히 적다고 할 것이다.

사실『수양총서』는 우리나라에 상당히 일찍 소개된 것으로 보이며,『수양총서』를 인용 서목으로 적시한 경우도 다수 선행 사례가 있다. 먼저 서애(西厓) 유성룡(柳成龍)의 문인으로 알려진 월간(月澗) 이전(李㙉, 1558~1648)의 문집에『수양총서』를 보았다는 기록이 있으며,[81] 허균(許筠, 1569~1618)의『한정록(閒情錄)』,「섭생(攝生)」편에는『수양총서』를 출전으로 한 인용들이 여럿 있다. 또한 무엇보다 풍석이『임원경제지』를 편성하면서 그 선행 사례로 지목한『산림경제』에『수양총서』로 인용 표시한 다수의 사례가 발견된다. 사실 상당히 많은 정도가 아니라, 정확하게 세어 보지 않았지만 80~90% 정도가『수양총서』로 출처 표기가 되어 있다.『산림경제』는 그 편성에서 압도적으로『수양총서』에 의존한 것이라고 볼 수 있다. 그렇다면 거기에서『수양총서』는 무엇을 가리키는가?

---

81 李㙉,『月澗集』권2,「與叔平」,『韓國文集叢刊』續10책, 302d면 참조.

당장 『산림경제』, 「섭생」, '총론'에 실린 첫 번째 인용문이 『수양총서』로 출처 표기가 되어 있다. 그런데 그것은 바로 「보양지」 권1의 섭생(攝生)장 3번째 절 '논인생대기(論人生大期)'의 3번째 인용문과 같은 내용으로서, 「보양지」에는 『삼원연수서』로 출처 표기가 되어 있으며 실제로 현전하는 『삼원연수서』에 그것이 실려 있음을 확인할 수 있다. 그렇다면 『산림경제』는 『삼원연수서』에서 인용했지만 그것이 『수양총서』에 들어 있었기에 『수양총서』로 출처 표기를 한 것이라고 추정할 수 있지 않을까?

또한 『산림경제』, 「총론」 6번째 인용문의 경우는 「보양지」 권1, 계기(戒忌)장 첫 번째 절에 『노자양생요결』을 출전으로 하여 실려 있으며, 『양생유찬』 등에 그대로 실려 있다. 이것 역시 『양생유찬』 등에서 그것을 간접 인용하였고, 『양생유찬』이 『수양총서』에 실려 있기에 『수양총서』로 출처를 표기한 것으로 추정할 수 있다. 사례 전부를 확인하지 못하였지만 모두 그럴 가능성이 있다. 그렇다면 『산림경제』에 『수양총서』로 인용된 것은 바로 호문환의 『수양총서』라고 보아도 좋을 것 같다. 「보양지」 편성에서는 그것들의 소재를 좀 더 분명하고 정확하게 각 양생서로 되돌려 기록해 놓은 것이라 할 수 있다.

또 한 가지 주의를 기울일 필요가 있는 사실은 『임원경제지』의 초기 편집본으로 추정되는 대판본(大阪本)에 『수양총서』로 표기된 것들은 대체로 육안으로 보기에, 다른 출처 표기의 필체가 본문의 필체와 큰 차이가 없이 방정한 반면, 필체도 약간 차이가 나고 좀 급히 채워 넣은 듯 흘겨 써져 있다는 점이다. 즉 애초 편성할 때 쓴 것이 아니라 나중에 추가로 써 넣은 듯해 보인다는 것이다. 그렇다면 이것은 실제로 명확하게 출처가 확인되지 못한 것을 가장 일반적으로 참고한 문헌 집성인 『수양총서』로 나중에 일괄적으로 출처 표기한 것이라고 추정할 수 있지 않을까?

이와 관련하여 「보양지」 권2의 색신(嗇神)장 제6절 '논사려(論思慮)'의 6번째 인용문의 경우를 참조할 만하다. 그것은 『수양총서』로 출처 표기되어 있는데, 유사한 내용이 『양생유찬』에 『노자양생요결』을 출처로 하여 수록한 것에 들어 있다. 다만 인용의 후반부에 차이가 있어 의아심을 낳는다. 해당 인용은 『산림경제』, 「양심지(養心志)」에도 『수양총서』를 출처로 하여 인용되어 있는데, 그 내용은 『양생유찬』의 내용을 그대로 인용하였고 따라서 인용 후반부에서는 「보양지」의 것과는 차이가 있다. 그런데 흥미로운 점은 『증보산림경제(增補山林經濟)』, 「양심법(養心法)」에도 해당 내용이 출처 표기 없이 인용되어 있는데, 그 인용 내용이 이번에는 「보양지」의 것과 완전히 일치한다는 것이다. 결국 「보양지」를 편성할 때 『증보산림경제』의 것을 가져왔으나 정확한 출처를 확인하지 못했고, 따라서 처음에는 출처 표기를 비워 두었다가 나중에 결국 정확한 출처 확인을 하지 못하게 되자 『산림경제』의 예에 따라, 혹은 임의로 『수양총서』로 출처 표기를 한 것이라 추론할 수 있다.

만약 임의로 그렇게 한 것이라고 한다면, 그러한 임의성을 가능하게 한 것은 곧 『수양총서』에 대한 「보양지」의 광범위한 의존도였다고 할 수 있을 것이다. 어쨌든 이러한 추론은 「보양지」의 『수양총서』 출처 표기의 모든 경우를 다 해명할 수는 없다고 해도 어느 정도 개연적인 타당성은 가질 수 있다고 본다. 실제로 「보양지」에 『수양총서』로 출처 표기된 것이 『수양총서』에 편성된 문헌에 들어 있는 것으로 확인되는 경우도 있다. 앞의 예도 그에 들어갈 수 있다고 하겠는데, 권3의 율시(律時)장 제7절 '논조모(論朝暮)'의 3번째 인용문은 『수양총서』로 출처 표기가 되어 있으나 『삼원연수서』에 해당 내용이 나온다. 다만 『삼원연수서』에는 '조(朝)'가 '단(旦)'으로 되어 있는 차이가 있다. 그 바로 다음 인용문의 출처가 『삼원연수서』이고 그 소재도 같은 곳이라는 점에서 이는 역시 의아한 측면이 있지만, '조'와 '단'의 차이를 중대하게 생각해서 『삼원연수서』를 채택하지 않고 미상(未詳)으로, 결국 『수양총서』로 출처 표기를 한 것일 수도 있다. 그렇다면 그것은 '논사려(論思慮)'의 6번째 인용문의 경우에도 마찬가지로 적용할 수 있을 것이다.

이러한 사실들은 한편으로는 풍석이 「보양지」를 편성하면서 다양한 문헌에서 인용문을 가져오되 그 정확한 원 출처를 밝히고 그 내용을 확인하는 데 있어서 상당히 심혈을 기울였다는 것을 보여 준다. 그것은 나름대로 고증적 철저성을 기한 것이라고 평가할 수 있다. 사실 원 출전을 확인하는 것은 당시 상황으로서는 결코 간단한 작업은 아니었을 것이다. 분명 출처를 잘못 표기한 것, 잘 확인되지 않는 것들이 다수 있었을 것이다. 초기 편집본으로 추정되는 대판본(大阪本)의 상란(上欄)에 간간이 붙어 있는 '서명사고(書名俟考, 인용 서명은 다시 확인할 필요가 있음)'라는 첨지(籤紙)는 그러한 상황을 보여 주는 동시에 풍석이 출전 확인에 상당한 노력을 기울이고 있음을 단적으로 보여 주는 것이라고 하겠다. 출전 표기에 대한 수정과 보완이 계속 이루어진 상황은 대판본(大阪本)과 후에 정리된 판본의 필사본으로 추정할 수 있는 고대본(高大本)과의 비교를 통해 확인할 수 있다. 대판본에 출전 부분이 비어 있는 것이 고대본에는 채워져 있는 경우, 그리고 대판본의 출전 표기가 고대본에서는 수정되어 있는 경우 등이 다수 발견되는 것이다. 그럼에도 끝내 출전이 잘 확인되지 않은 것들이 분명히 있었을 것이다. 『수양총서』로 출처 표기를 한 것들은 위에서 살펴본 바와 같이 사실은 출전의 확인이 어려웠던 것들이라 해도 좋을 것이다.

3) 『수양총서유집(壽養叢書類輯)』의 문제

『수양총서』와 관련하여 또 한 가지 검토해 볼 문제가 있다. 즉 화음 (華陰) 이창정(李昌庭, 1573~1625. 자는 仲蕃, 호는 華陰, 無求翁. 본관은 延安)이 1620년 『수양총서』의 내용을 다시 정리하여 편찬한 『수양총서유집(壽養叢書類輯)』이 오늘날까지 전하고 있다는 사실이다. 그 자신이 쓴 발문에 의하면 호문환(胡文煥)의 『수양총서』가 고금(古今)의 수양가(修養家)들의 양생요법(養生要法)들을 모아 놓은 것이지만 편집이 고르지 않으며 논의가 복잡하고 중복된 부분과 오류를 범한 부분들이 있어서 활용하기에 적당하지 않다는 점, 그리고 식물이나 약물 같은 경우 중국과 우리나라 사이에는 산물이 같지 않고 또 명칭도 일치하지 않는 문제가 있다는 점, 또한 여러 저자들의 양생론들 중 연기(鍊氣)나 채정(採精) 등 괴탄하고 유교적 세계관에 맞지 않아 법도로 삼기에 적당하지 않은 것들이 있다는 점 때문에, 새롭게 그것들을 편성하여 우리나라 사람들이 이용하기에 적당하고 편리하도록 하였다는 것이다.[82]

『수양총서유집』은 상·하 2권에 나누어져 있으며, 상권은 「총론(總

---

82 李昌庭, 『壽養叢書類輯』, 「跋」, "按『壽養叢書』, 卽古今修養家養生要法, 有『三元延壽書』, 有『壽親養老書』, 有『食物本草』, 有『養生月覽』, 有『保生(心鑑)』·『攝生集覽』·『(養生)類纂』·『(養生)食忌』·『食鑑(本草)』·『修眞(秘要)』·『(養生)導引(法)』等書, 凡十二篇, 集成一帙, 命之曰'叢書'. 皆南極臞仙·京口山臞·河濱丈人, 及李鵬飛·陳君直·周守中·胡文煥諸人所著也. 凡攝養將息之方, 各有門目, 互相發揮, 所謂養生之書, 至是秩然咸備矣. 然而編輯參差, 論議多岐, 重複舛訛, 寓目棼眩, 茫然如望洋. 如食物藥物, 則我國與中朝, 地產不同, 名稱亦殊, 按名求實, 十昧四五. 且諸家所記, 多愧誕不經, 有不可爲法於世者, 至於鍊氣採精等說, 尤非修身俟命者之所願聞也. 玆敢考校諸書, 略其繁文, 去其重複, 正其舛訛, 芟其荒誕, 就人之易知易行者, 以類輯之, 爲十六篇, 揭諸君子. 論議之益於人者, 冠其首, 謂之「總論」, 其次曰「心志」, 曰「身體」, 曰「起居」, 曰「嗜慾」, 曰「飲食」, 曰「天地」, 曰「節序」, 曰「孕育」, 曰「服用」, 曰「米穀」, 曰「草木」, 曰「禽獸」, 曰「虫魚」, 皆修養家日用不可闕者. 校其重輕以先後之, 末復略於導引而詳於醫藥, 盖欲抑妖務常, 納民於壽, 而不失正也. 觀者倘取於斯, 求之日用事物之間, 而不入於濶誕高遠之域, 則庶乎其可也. 歲萬曆庚申(1620년)中夏華陰散人無求翁謹跋."

論)」,「양심지편(養心志篇)」,「보신체편(保身體篇)」,「신기거편(愼起居篇)」,
「생기욕편(省嗜慾篇)」,「절음식편(節飮食篇)」 등이며, 하권은 「복용편(服
用篇)」,「미곡편(米穀篇)」,「초목편(草木篇)」,「금수편(禽獸篇)」,「충어편
(蟲魚篇)」,「도인편(導引篇)」,「의약편(醫藥篇)」으로 구성되어 있다. 기본
적으로 『수양총서』에 들어 있는 『섭생요의(攝生要義)』의 체제와 내용을
바탕으로 하여 『수양총서』의 내용을 추려 정리한 것이라 할 수 있다. 주
목할 것은 이러한 것이 『산림경제』의 편성 체제와 대체로 일치한다는
사실이다. 즉 『산림경제』,「섭생(攝生)」편에서는 먼저 '총론(總論)'을 두
었고, 그 다음에 양심지(養心志)·생기욕(省嗜慾)·절음식(節飮食)·보신
체(保身體)·신기거(愼起居)·도인(導引)·복식(服食) 등의 장을 차례로
두고 있는 것이다. 약간의 순서 바꿈과 출입이 있지만 기본적으로 일치
하는 것이라고 볼 수 있다. 이는 또한 『증보산림경제』에 계승되어 있다
(〈표 4〉 참조). 『산림경제』와 『증보산림경제』의 편성 시 『수양총서유집』
의 영향을 조심스럽게 추정해 볼 수 있는 것이다. 더 나아가 『산림경제』
에서 『수양총서』로 출처 표기된 것이 실제로는 『수양총서유집』으로부터
의 인용, 즉 재인용일 가능성도 있다.[83]

---

[83] 이는 두 책을 면밀히 비교 검토한다면 명확히 알 수 있을 것이다. 여기에서는 그렇게
할 여유가 없었다. 다만 『山林經濟』,「攝生」의 '總論' 및 '養心志'를 『壽養叢書類輯』의 '總
論' 및 '養心志篇'과 각각 대략적으로 비교한 결과, 『山林經濟』에 『壽養叢書』로 출처 표기
가 된 것들은 대체로 『壽養叢書類輯』에도 실려 있는 것으로 확인되었다. 즉 『山林經濟』의
'總論'에 『壽養叢書』로 출처 표기가 된 것은 총 8건인데 그중 6건이 『壽養叢書類輯』의
'總論'(그중 2건은 '養心志篇')에 실려 있는 것이 확인되었으며, 『山林經濟』, '養心志'에 『壽
養叢書』로 출처 표기된 것은 총 17건인데 그중 15건이 『壽養叢書類輯』, '養心志篇'에 실려
있는 것으로 확인되었다. 이는 類似度가 상당히 높은 것으로 『山林經濟』에 『壽養叢書』로
출처 표기된 것이 실제로는 『壽養叢書類輯』일 가능성이 높다고 추정할 수 있다. 『산림경
제』, '총론'에는 『厚生訓纂』이라 출처 표기된 인용이 1건 있다. 이는 『수양총서유집』에는
실려 있지 않은 것으로서 『厚生訓纂』에서 직접 인용한 것이거나 혹은 다른 서적에서의
재인용일 수도 있다. 그와 관련하여 許筠의 『閒情錄』,「攝生」에는 『산림경제』, '총론'의

「보양지」가 그 두 문헌을 계승하고 있다는 점에서 역시『수양총서유집』의 직접 혹은 간접적인 영향을 추론할 수 있다. 사실 위에서 언급한『수양총서유집』의 편성 취지는, 만약『수양총서』에 대한「보양지」의 상당한 의존도가 사실이라면「보양지」의 편성 취지와도 통할 수 있다고 본다. 즉「보양지」는『수양총서』를 해체하여 자신의 시대의 조선에 적합하게 재편성한 것으로 볼 수 있다는 것이다. 물론「보양지」는 단순히『수양총서』만이 아니라 그 범위를 넘어서 광범위한 문헌들을 또한 참조하고 편성의 대상에 집어넣었으며, 그 편집 체제와 목차 구성에서도 훨씬 더 세분화되고 체계적인 방식으로 구성되었다는 점에서 독자성을 지닌다고 하겠다.

4)『수양총서』와「보양지」:「보양지」편성의 역사적 의의

중국 양생학사(養生學史)에서 명(明)·청(淸) 시기는 송(宋) 이후 촉진된, 양생학(養生學)과 의학(醫學)이 밀접한 상호 관련을 가지면서 상호 발전을 촉진하고 보충하는 경향성이 더욱 강화되면서 양생학이 불교와 도교의 영향을 벗어나 점점 더 실제에 적합하고 실천을 중시하는 방향으로 발전해 간 시기로 평가되고 있다.[84] 즉 양생학이 주로 도교(道敎) 측의 인사들에 의해 발전해 온 결과, 종교적이고 비의적(秘義的) 사유와 밀접한 관련을 지니고 있었고 또한 그 효용성을 지나치게 과장하는 경

인용을 포함하여『厚生訓纂』으로 출처 표기가 된 몇 건의 인용이 있다.『산림경제』의 것이 그것을 재인용했을 가능성도 있다고 하겠다. 한편, 무슨 근거에 의해서인지 알 수 없지만『국역 산림경제』번역문에서 원문에『(壽養)叢書』로 표기된 것을『壽養叢書類輯』으로 옮겨 놓은 경우가 있다.

84 李慶升(1993), 4~7면 참조.

향이 있었으며 그 종국적 목표로서 영생불멸(永生不滅)의 존재, 곧 신선 (神仙)이라고 하는 신적 존재가 되는 것을 지향하였다고 한다면,[85] 송 (宋) 대 이후 세속의 윤리적 세계를 삶의 중심에 둔 관계로 몸에 대해서 도 적극적인 관심을 가지지 않을 수 없었던 유교 지식인들이 양생에 관 심을 가지게 되면서 자연스럽게 양생론에도 신유학적 합리성의 세례가 주어지지 않을 수 없었던 것이요, 그 결과 양생학과 의학의 결합이 이전 시기에 비해 더욱 강화되었다는 것이다.

명(明) 호문환(胡文煥)에 의한 『수양총서(壽養叢書)』의 편성은 이러한 상황 속에서 이해될 수 있다. 앞에서 살펴본 바와 같이 『수양총서』에 편 성된 양생서들은 다수가 유교적 배경을 가진 지식인들에 의해 저작된 것이었다.[86] 그것은 이제 양생학의 주체가 실제적인 삶과 생활을 중시하 는 유교적 세계관을 배경으로 하는 사대부들에게로 옮겨 갔다는 것을 단적으로 보여 준다. 『수양총서』는 양생에 대한 유교 사대부들의 관심 과 수요를 반영하여 출간된 것이었다. 그것과 거의 같은 시기(1591년)에 간행된 명(明) 고렴(高濂)의 『준생팔전(遵生八牋)』은 양생에 관한 지식들

---

85 이는 『壽養叢書類輯』의 서문에서 명확하게 지적된 바이기도 하다. 앞의 주82) 참조.
86 이는 각 문헌들의 서문과 목차 등을 통해서도 어느 정도 확인할 수 있다. 元의 李鵬飛가 쓴 『三元延壽書』의 서문(1291년)에 "其說皆具見於黃帝岐伯『素問』老聃莊周及各醫書中. 其與孔孟無異."라고 하였고, 明의 周臣이 편찬한 『厚生訓纂』(1549년)은 育嬰・御情・處 己・睦親・治家・養老 등의 편으로 구성되어 있다. 또한 胡文煥의 『類修要訣』의 서문 (1592년)에는 "人之有生孰要哉? 要莫過于全此生也. 全此生孰要哉? 要莫過于修此身也. 于 是玄門有修眞之說, 實吾儒修身之理一也. …… 世之論修者, 悟此而知雖死猶生之道, 不以儒 玄爲二, 則余是書或有小補."라고 하여 유교적 입장에서 도교의 양생설을 통합하여 수용 한 측면을 더욱 분명하게 보여 주고 있다. 그리고 王蔡가 쓴 『修眞秘要』 서문에서는 修身 延命之術이 『孟子』의 '知言'과 '養氣', 『易』의 '自强不息' 등과 동일한 맥락에서 이해될 수 있다고 주장하면서 "聖學者, 但見以工麗詞章爲重, 曾無一言以及吾身之造化者, 可勝嘆哉! 予得此集, 豈容自私, 遂付諸梓, 以廣前人修己治人之意."라고 하여 자신이 이 책을 上梓하 는 의의를 천명하고 있다.

과 함께 서화(書畵)나 골동(骨董) 수집과 관련된 지식을 전하고 있다. 이를 통해 우리는 양생이 유교 사대부들의 주요한 관심이 된 상황을 분명하게 알 수 있다.[87]

또한『수양총서』가 어느 정도 상업적 목적을 가지고 편성되고 출판되었다는 것[88]은 당시 양생 지식이 일반화·대중화된 양상을 보여 주는 것이라고 할 수 있다. 즉 소수의 도교 수련가들이나 몇몇 지식인들에게 비의적(秘義的)으로 전수되는 것이 아니라 광범위하게 사대부 문인 지식인들과 더 나아가 일반인들에게 양생 지식이 개방되어 보급되는 상황과 관련이 있다는 것이다. 그러한 것은 현실세계에서 행복과 향락을 추구한다고 하는, 명(明) 대 생활 문화의 세속화 경향에 따라 건강에 대한 당대인들의 관심 또한 증대한 데 따른 것으로, 그만한 수요가 있었던 당시 사정을 반영한 것이었다.[89]

그러한 사정들은 조선의 경우도 어느 정도 비슷하였다. 16세기에 퇴

---

87 三浦國雄은『遵生八牋』을 文人과 養生의 친밀한 관계를 보여 주는 문헌으로 제시하고, 그러한 관계가 조선의『山林經濟』와『林園經濟志』에 의해 계승되고 있다고 간략하게 지적한 바 있다. 미우라 구니오(2003), 제3장「육우와 양생」, 286~287면 참조.

88 于爲剛(1982)에 의하면 胡文煥이 刻書한 목적은 기본적으로 영리를 추구한 것이라고 하며, 때문에 독자의 수요에 따라, 같은 이름을 가진 총서라고 하더라도 수록 서적의 범위를 달리한 다양한 형태로 편성하여 출판하였다고 한다.『壽養書』는 시장의 수요에 따라『格致叢書』에서 수양과 관련된 서적들을 모아 따로 명목을 세워 발행한 것이었다. 그리고『壽養叢書』자체도 마찬가지 이유로 다양한 규모로 발행되었다(64면). 이는『四庫全書總目』에서『格致叢書』에 대해 "是編爲萬曆天啓間坊賈射利之本. 雜采諸書, 更易名目. 古書一經其點竄, 並庸惡陋劣, 使人厭觀. 且所列諸書, 亦無定數. 隨印數十種, 卽隨刻一目錄. 意在變幻, 以新耳目, 冀其多售. 故世間所行之本, 部部各殊, 究不知其全書凡幾種."〔『四庫全書總目』卷134, 子部 44, 雜家類存目 11,『格致叢書(無卷數, 江蘇巡撫采進本)』〕라고 지적한 바와 일치한다. 그러나 王寶平(1999)은 그가『格致叢書』등을 輯刻했던 것은 영리적 목적도 있었겠지만 古籍을 보호하고 일반에 그것들을 보급하고자 하는 열망이 더욱 컸다고 보고 있다.

89 明代 士人 文化의 世俗化에 대해서는 陳寶良(2004), 82~85면 참조.

계(退溪)는 『활인심법(活人心法)』을 활용하여 『활인심방(活人心方)』을 편성한 바 있으며,[90] 17세기 초반에 편성된 『동의보감』은 양생학과 의학의 결합 분위기를 배경으로 하여 편성된 것이었다.[91] 『동의보감』은 『수양총서』를 참고하지는 않은 것으로 보이지만,[92] 『동의보감』이 편성된 거의 같은 시기에 이미 『수양총서』는 조선에 소개되어 허균의 『한정록』에 인용되었고, 또한 그것을 좀 더 유교적 세계관에 충실하게 선별하여 요약한 『수양총서유집』이 편성되었던 것이다. 일반적으로 『동의보감』이 도교적 세계관을 바탕으로 하고 있었다면,[93] 『수양총서유집』은 위에서 언급한 바와 같이 더욱 분명하게 유교적 세계관을 중심으로 양생론을 구축하고자 하는 의지와 관심을 반영하고 있는 것이었다.[94] 그러한 관점은

---

90 이에 대해서는 이윤희(2006), 「해제」 참조. 『活人心法』은 『壽養叢書』에 편성되어 있는 『保生心鑑』에 부록으로 실려 있다. 물론 『壽養叢書』가 편성된 것은 대략 1596년으로 퇴계 사후이다.

91 『東醫寶鑑』은 醫書임에도 養生을 근본 혹은 중심으로 삼고 있다고 한다. 金洛必(1997)은 그것을 '道本醫末論'이라 규정하였다. 신동원(2001)에 의하면 그것은 선조가 지시한 편성 지침 중 첫 번째 원칙에 해당하는 것을 준수한 것이요, 『黃帝內經』을 비롯하여 전통적으로 취해진 관점이므로 새삼스러운 것은 아니다(161~166면).

92 成昊俊(2001), 90~94면에 의하면 『東醫寶鑑』의 주요 인용 문헌 중에 『三元延壽(參贊)書』가 들어 있고 『活人心法』도 인용되어 있다. 『삼원연수서』는 宋 代에 편성된 것으로서 비교적 일찍이 우리나라에 소개되어 영향을 미치고 있었고, 그 외에는 『수양총서』 수록 문헌으로서 활용된 것이 없는 것으로 보아(『활인심법』은 『보생심감』에 부록으로 편성되어 있다), 이것은 『수양총서』와는 별도의 단행자료로서 활용된 것으로 추정할 수 있다.

93 『東醫寶鑑』에 담겨 있는 의학 및 양생 사상의 배경에 대해서는 다양한 논의가 이루어져 왔다. 金洛必(1997)은 『東醫寶鑑』의 기본 입장은 道教 사상(특히 南派 계통의 內丹思想)을 근본으로 하여 의학이론을 전개하는 '道本醫末論'의 입장이라고 천명하였다. 成昊俊(2001)은 그에 대해, 『東醫寶鑑』의 醫學的 自然·人間象은 宋·元 代의 內丹思想과 金·元 代의 儒醫 醫學이 결합되는 形象이라고 하여, 도교와 유교의 회통으로 파악하였다(87면). 김호(2000)는 한 걸음 더 나아가, 유학의 체계 내에서 道와 佛을 절충하는 三教會通의 철학이라고 주장하였다(134면). 그러나 그것을 三教會通的이라고까지 말하는 것은 지나치다는 지적도 있다(신동원, 2001, 89~92면). 한편 김남일(1999)은 易學的 배경을 강조하였다. 어쨌든 『東醫寶鑑』이 대체로 도교 사상을 기본으로 하고 있다는 데는 어느 정도 의견의 일치가 있다고 볼 수 있다.

『산림경제』와『증보산림경제』에 전수되었으며, 좀 더 개방적인 방식으로 풍석의 「보양지」에까지 이어졌다고 할 수 있다.

「보양지」는 결국 조선에서의 양생에 관한 사대부들의 관심의 한 종합적 결산물이라고 볼 수 있다. 「보양지」는『동의보감』을 참고하였을 뿐 아니라,[95]『산림경제』와『증보산림경제』를 계승하여 편성되었으며,『수양총서』를 주요 문헌으로 활용하고 있다. 또한『준생팔전』을 주요한 참고 문헌으로 활용하였다.[96] 「보양지」는 명ㆍ청 시기, 즉 17~18세기 동아시아 양생학의 그러한 흐름 위에서 기존의 성과를 수렴하면서, 조선의 현실을 반영하여 형성된 것이라고 할 수 있는 것이다.

한편『수양총서유집』이 일본에 건너가 출간되었고,[97] 식물학자이자

---

94 한편 비슷한 시기에 이루어진 趙偉(1552~1621)의『二養編』은 유교적 세계관에 기초하여 養生論을 흡수하고자 하는 시도의 한 전형을 보여 준다. '二養'이란 본성에 기초하여 우리의 마음을 操存涵養한다고 하는 '養心'과, 욕망을 절제하고 우리의 신체를 保護攝養한다고 하는 '養生'을 가리킨다.『二養編』은 上篇에 '養心'에 해당하는 유교적 수양론을 배치하고 下篇에 '養生'에 해당하는 養生論을 배치하였다. 下篇의 養生論은 기본적으로『東醫寶鑑』의 편성체계를 바탕으로 道敎의 養生論과 유교적 교훈을 합하여 서술하고 있다는 점에서,『二養編』은『東醫寶鑑』에 대한 유교적 보완 흡수를 지향하고 있다고 평가할 수도 있을 듯하다. 그것은 곧 유교의 수양론 속에 양생론을 흡수하는 것이라고 할 수 있다고 본다.『二養編』에 대해서는 이진수(1999), 제6장; 성호준(2011) 등을 참조.

95 풍석은 「보양지」와 「인제지」를 분리함으로써,『동의보감』에서 통합된 양생학과 의학의 구분을 다시 시도한 것으로 평가할 수 있다. 그것은 그 중요성과는 별도로 그 확실성과 유용성에서 의학적 지식과 양생학적 지식의 차별성을 명확히 하고 의학적 지식의 우월성을 상대적으로 확보하고 천명한 것이라고 볼 수 있다. 풍석에 의하면 의학 지식이야말로 신뢰할 만한 것이었다. "其有實見而有濟人之功者, 惟醫藥之道乎."(「仁濟志引」)

96 『遵生八牋』은 「보양지」에 12회 인용되어 있다(권5 服食, 藥餌 8회, 酒醴 2회, 雜方 2회). 정명현ㆍ민철기ㆍ정정기ㆍ전종욱 외(2012)의 「이운지 해제」(1375면)와 「정조지 해제」(833면)에 의하면,『遵生八牋』은『怡雲志』의 인용 문헌 중 가장 많이 인용되어 178회 인용되었으며,『鼎俎志』에도 60회 인용되었다. 풍석이『林園經濟志』를 편성하면서 주요하게 의지하고 있는 문헌 중의 하나라고 할 수 있는 것이다.

97 三木榮(1973), 109면 참조. 그에 의하면 無求翁 編,『壽養叢書類輯』4권 4책으로 寬文 9年(1669)에 일본에서 출간되었다고 한다.

실학자인 가이바라 에키켄(貝原益軒, 1630~1714)에 의해 「보양지」와 유사한 성격의 『양생훈(養生訓)』이 출간된 점을 감안한다면,[98] 이는 17~18세기 동아시아의 보편적 현상이었다고 볼 수도 있을 듯하다. 「보양지」는 아직 서학(西學)이 우리의 삶과 신체에 대한 이해에 구체적인 영향을 끼치기 이전에, 『수양총서』 등을 포함하여 다양한 문헌 속에 담겨 있는 전통적인 양생론을 당대 조선의 상식과 수요에 맞추어 선택적으로 종합하여 편성한 것이라고 할 수 있다.

5. 「보양지」 형성 과정의 재구성

이제 앞에서 드러난 사실들을 기초로 하여 풍석이 「보양지」를 편성할 때 어떤 과정을 거쳤는지 가설적으로 재구성하여 설명해 보기로 하자.

1) 조선(朝鮮)의 선행(先行) 양생 관련 문헌들로부터

「보양지」는 기본적으로 서론에 해당하는 '총론'을 두고 그 다음에 각론을 두는 방식으로 편성되었다. 이는 매우 단순한 듯하지만 강력한 구성 방식이다. 풍석은 그것을 「보양지」 전체에서, 그리고 각론을 이루는 각각의 편에서 이중적으로 적용하였다. 즉 「보양지」 권1, '총서'는 「보양

---

98 『養生訓』은 8권으로 되어 있으며, 권1과 권2는 總論(上·下)이고, 권3과 권4는 飮食(上·下), 권5는 五觀, 권6은 愼病, 권7은 養老, 권8은 服用이다. 이 중 五觀에는 대체로 「보양지」의 調氣와 嗇神·養形·導引 등에 해당하는 내용이 포괄적으로 다뤄지고 있다. 그 내용을 대략 살펴보면 「보양지」에 비해 작가 자신의 지역성과 체험을 반영한 개성적 성격이 두드러지는 것으로 보인다.

지」 전체의 서론에 해당하며, 각론에 해당하는 권2에서 권7까지 각 편의 각 장에는 모두 예외 없이 먼저 '총론'을 두고 이어서 각론을 제시하고 있는 것이다. 「보양지」는 또한 기본적으로 다른 문헌으로부터의 인용들로 구성되어 있으며, 모든 인용들의 말미에는 그 인용문의 출전이 명기되어 있다. 이것 또한 「보양지」 편성의 한 특징이다.

이런 기본 편성 방식은 체계적인 저술에 있어 비교적 합리적인 방식이라 할 수 있는 것으로서, 편자인 풍석의 합리성을 보여 주는 것이라고 볼 수 있겠지만, 또한 그에 앞선 문헌들에서 선례를 확인할 수 있는 것이기도 하다. 예를 들어 풍석 자신이 자신의 『임원경제지(林園經濟志)』 편성의 선행 사례로 제시하였던 『산림경제(山林經濟)』, 그중에서도 내용상 「보양지」에 해당하는 것이라 할 수 있는 그 「섭생편(攝生篇)」에서 우리는 같은 형식을 발견할 수 있다. 즉 먼저 '총론(總論)'을 두었고,[99] 그 다음에 양심지(養心志)·생기욕(省嗜慾)·절음식(節飮食)·보신체(保身體)·신기거(愼起居)·도인(導引)·복식(服食) 등의 장을 두고 그에 해당하는 내용들을 선행 양생서들에서 발췌하여 인용하고 그 말미에 출전이 되는 인용 서목을 기록해 두었다. 기본적으로 「보양지」와 동일한 형식으로서, 「보양지」는 그것을 좀 더 확장하고 보완하면서 좀 더 포괄적이고 체계적으로 만든 것이라고 볼 수 있다.

『산림경제』를 증보한 선행 사례로서, 「보양지」에서도 다수 인용된 『증보산림경제(增補山林經濟)』가 있다. 『증보산림경제』에서 「보양지」와 내용상 관련이 있는 편은 「섭생편(攝生篇)」과 「구사편(求嗣篇)」이다. 「섭생편」에는 먼저 '총론(總論)'을 두었고 이어 각병십법(却病十法)·양심법(養心法)·생기욕(省嗜慾)·상부인법(相婦人法) 등의 세목을 두어 서술하였

---

99 판본에 따라 이 소제목이 없는 경우도 있다고 한다.

다. 또한 「구사편(求嗣篇)」에도 먼저 '구사총론(求嗣總論)'을 두었고, 이어 상녀법(相女法)·고본건양탕(固本健陽湯)·오자연종환(五子衍宗丸) 등의 세목을 두어 서술하였다. 「보양지」는 그 세목의 내용에 있어서는 다르지만 기본 서술 형식에서 바로 『산림경제』와 『증보산림경제』의 이러한 편집 체제를 이어받은 것이라고 할 수 있다.

아래의 〈표 4〉를 참조하면, 편집 체제상에서 「보양지」가 『산림경제』와 『증보산림경제』를 계승한 측면을 명확히 확인할 수 있다. 또한 『산림경제』 및 『증보산림경제』는 그 편집 체제에서 『수양총서유집』을 상당 부분 계승하였다는 것을 알 수 있다. 특히 권1에서 권5까지 그러한 면이 두드러진다. 「보양지」는 이러한 조선의 양생 관련 문헌들의 전통 위에 서 있다고 할 수 있을 것이다.

〈표 4〉 養生書 목차 비교

葆養志		山林經濟	增補山林經濟	攝生要義	厚生訓纂	養生類纂	壽養叢書類輯
권1 總叙	攝生	總論	攝生總論			養生部 '總叙養生'	總論
	戒忌			10) 雜忌篇	8) 法言		
권2 精氣神	保精	2) 省嗜慾	2) 省嗜慾	8) 房中篇	4) 御情		4) 省嗜慾篇
	調氣			2) 調氣篇			
	嗇神	1) 養心志	1) 養心法	1) 存想篇	5) 處己		1) 養心志篇
권3 起居 飲食	養形	4) 保身體 5) 愼起居	4) 保身體 5) 愼起居	5) 形景篇 7) 居處篇	3) 起居 (附諸忌)	3) 人事部	2) 保身體篇 3) 愼起居篇
	節食	3) 節飲食	3) 節飲食	6) 飲食篇	2) 飲食 (附諸忌)		5) 節飲食篇
	律時			9) 四時篇			7) 調節序篇

葆養志	山林經濟	增補山林經濟	攝生要義	厚生訓纂	養生類纂	壽養叢書類輯
권4修眞 導引	6) 導引	6) 修鍊要約	4) 導引篇			13) 導引篇
권4修眞 按摩			3) 按摩篇			
권4修眞 (附)歌訣	7) 臞仙導引訣					
권5服食 藥餌	8) 服食	7) 服食諸方			10) 服餌部	8) 服用篇 14) 醫藥篇
권5服食 酒醴						
권5服食 (附)雜方	9) 神枕法					
권6壽親養老 調元				5) 睦親		
권6壽親養老 療病				7) 養老		
권7求嗣育嬰 求嗣		求嗣上		6) 治家		
권7求嗣育嬰 育嬰		求嗣下(養兒)		1) 育嬰(附諸忌)		
권8養生月令表						
					1) 天文部	6) 順天地篇
					2) 地理部	
					4) 毛獸部	11) 禽獸篇
					5) 鱗介部	12) 蟲魚篇
					6) 米穀部	9) 米穀篇
					7) 果實部	
					8) 菜蔬部	
					9) 草木部	10) 草木篇

2) 『수양총서(壽養叢書)』에 편성된 양생서(養生書)들로부터

물론 앞에서 살펴본 바와 같이 『산림경제』와 『증보산림경제』는 『수양총서』를 주요 문헌으로 활용하였다. 〈표 4〉에서 확인할 수 있는 바와 같이 내용 구성에서뿐 아니라 편집 형식면에서도 어느 정도는 그러했다. 그들 두 책이 편집 면에서 상당 부분 의존하고 있는 것으로 보이는 『수양총서유집』이 기본적으로 『수양총서』를 재편집하여 구성한 것이었다는 점에서 이는 당연한 것이라고 할 수 있다.

이는 「보양지」로 이어진다. 앞의 인용 문헌 분석에서 명확히 알 수 있듯이 「보양지」는 기본적으로 『수양총서』를 기본 문헌으로 사용하였다. 인용문들의 다수가 그것으로부터 왔다는 점에서 그러할 뿐 아니라, 기본 체제의 구성에서도 그러하다고 할 수 있다. 특히 권1과 권8의 경우는 직접 서명을 거론하지는 않았지만 그 내용에서 『양생유찬(養生類纂)』과 『보생심감(保生心鑑)』, 『양생월람(養生月覽)』에 거의 전적으로 의존하고 있다고 할 수 있다.

〈표 2〉에서 알 수 있는 바와 같이, 인체에 대한 원리적 및 현상적 이해에 기반한 생활 양생을 다룬 권2에서 권3까지는 그 내용 및 기본 체제의 구성에서 『삼원연수서(三元延壽書)』에 의존하는 바가 매우 크다. 도인(導引)과 복식(服食)이라고 하는 도교의 전문적 양생술을 다룬 권4와 권5에서는 『양생도인법(養生導引法)』과 『섭생요의(攝生要義)』, 『유수요결(類修要訣)』이, 그리고 유교의 효(孝)의 덕목과 밀접하게 관련을 가진 권6과 권7의 경우는 『수친양로서(壽親養老書)』와 『후생훈찬(厚生訓纂)』이 기본적으로 활용되었다.

3) 소결(小結)

결국「보양지」는 조선의 선행 양생 관련 문헌들에서 수용한『수양총서』를, 한편으로는 그것들이 정리한 것에 기초하여 수용하였으며, 동시에『수양총서』자체로 소급하여 가서 그를 더욱 광범위하고 포괄적으로 정리하는 방식으로 편성된 것이라고 추정해 볼 수 있다. 그 과정에서 풍석은『수양총서』에 편성된 각 양생서별로 인용 출전 관계를 확인하여 명확하게 표시하였으며, 그들 양생서에 인용되어 있는 것을 재인용하는 경우라 하더라도 원 출처를 가능한 확인하여 밝혀 두었다.

이와 관련하여 몇 가지 사례를 더 살펴볼 필요가 있다.「보양지」권2의 보정(保精)장 제6절 '상부인법(相婦人法)'은 6건의 인용문으로 되어 있다.『천금요방』에서 2건,『증보산림경제』에서 3건,『섭생요의』에서 1건이다. 그런데『증보산림경제』권7,「섭생편」을 찾아보면, 거기에도 '상부인법'이라는 분류 제목이 나오고 그와 관련된 인용문들이 출처표시 없이 실려 있는데「보양지」의 인용문에 해당하는 것들 전체가 실려 있다. 또한『산림경제』권1,「섭생편」에도 그에 해당하는 인용문이 3건 실려 있는 것이 발견되는데 모두『수양총서』로 인용 표시 되어 있다. 그 형성 순서가『산림경제』→『증보산림경제』→「보양지」라고 하는 것을 감안한다면 다음과 같이 그 형성 과정을 추론할 수 있다. 즉『증보산림경제』의 편성 시『산림경제』의 내용을 참조하되 그것을 내용에 따라 분류하고, 관련 내용을 좀 더 보충하였다. 이를 풍석이「보양지」를 편성할 때 참조하면서 그 세목을 적절한 위치에 배치하고 해당 인용문들의 출처 문헌을 확인하면서 좀 더 정확하게 출전 표시를 하고 출처 문헌에 따라 적절하게 배열하였다. 그 과정에서『산림경제』에『수양총서』로 표기된 것들에 대해『섭생요의』1건와『천금요방』2건으로 분명하게 출처 표시를 할 수 있게 된 것이다. 풍석은 그 과정에서 원문에 약간의 손질을 가하기도 하였던 것으로 보인다. 『천금요방』에서의 인용문들을 보면 내용에 맞게 주어를 삽입하거나, 중간에 불필요한 내용을 생략하기도 하고, 또 결론이 되는 말을 붙이기도 한 것이다.

이러한 방식은 「보양지」의 다른 부분 편성에서도, 항상 같은 방식은 아니었다고 하더라도, 어느 정도 전형적으로 이루어진 것이라고 보아도 좋을 듯하다. 예를 들어 권1의 편성에서 『양생유찬』을 참조한 방식 또한 비슷했으리라 생각된다. 다만 권1의 분류 제목들은 어떤 것은 인용문의 시작 부분에서 가져온 것으로 보이지만 대부분의 경우 풍석 자신의 편집적 창안으로 볼 수 있다. 반면 권2와 권3에 이르기까지 『삼원연수서』에서의 인용들은 그 분류 제목 또한 상당 부분 『삼원연수서』의 것을 그대로 사용하고 있다. 어쨌든 총체적으로 풍석은 이전 문헌들의 편집 체제나 형식을 어느 정도 참조하면서 스스로 체계적인 틀을 잡고 분류 제목을 확정하였다. 그리고 관련 글들을 수집하고 출전 확인을 거쳐 같은 출전의 것들은 같이 모으고 적절하게 배열 순서를 잡아 체계적으로, 그리고 열람하기 편리한 방식으로 편집하였다고 할 수 있는 것이다.

6. 풍석의 안설(按說)에 대한 분석

「보양지」는 대부분 인용으로 구성되어 있지만, 또한 편집자인 풍석 자신의 주석 혹은 해설과 변증을 내용으로 하는 여러 가지 유형의 안설 (按說)들이 각 편에 배치되어 있다. 「보양지」의 편성을 재구성하는 경우 이들 안설의 성격을 살펴보는 것이 반드시 필요하다.

「보양지」에는 총 62개의 안설이 있다.[100] 각 편·장별 안설의 분포는 〈표 5〉과 같다.

〈표 5〉 按說의 분포(총 62회)

篇名	總叙		精氣神			起居飲食			修眞			服食			壽親養老		求嗣育嬰		養生月令表
章名	攝生	戒忌	保精	調氣	嗇神	養形	節食	律時	導引	按摩	歌訣	藥餌	酒醴	雜方	調元	療病	求嗣	育嬰	
按說						8			2		2	17	2	2		2	7	2	18

서유구의 각 안설을 살펴보면 크게 다음의 4가지 유형으로 분류할 수 있다.

1) 훈고(訓詁): 글자나 단어의 음을 밝히거나 뜻을 풀이한 것(3회)

〔4〕 水之在口, 曰'玉泉', 亦曰'華池'. (養形 11, 論津唾)
〔9〕 '骱'音腔, 尻骨也. (導引 9, 二十四節導引法)
〔22〕 '坙'音'愁'. 『爾雅』"澱, 謂之坙." (藥餌 9, 滋補藥餌諸方〈陰陽二錬丹〉)

---

100 이 중 3개는 '按' 표시가 없지만 실제로는 按說로 볼 수 있기에 함께 포함시켰다. 按說의 정확한 숫자와 내용을 확인하는 과정에서 전종욱 박사(한국한의학연구원)의 도움을 받았다. 전종욱 박사는 2014년 9월 30일 실시학사재단에서 있었던 연구중간발표에서 본 논문의 초고에 대한 논평을 통해 그 외에도 많은 유익한 조언을 해 주었다. 또한 경희대 정우진 박사와 박사과정에 재학 중인 윤민향 씨도 본고의 초고를 읽고 여러 가지 유익한 조언과 교정을 해 주었다. 이 자리를 빌려 감사를 표하고 싶다.

2) 교감(校勘): 글자의 교감 사실을 기록한 것(2회)

〔1〕 '齫'當作'齝', 齒蠹也. (養形 8, 論齒牙)

〔5〕 ('氣痔') 一作'五痔'. (養形 12, 便溺)

3) 설명(說明): 속설이나 다른 문헌 등을 이용하여 내용을 부가적
으로 설명한 것(48회)

〔2〕 『眞誥』作"鮑助事" (養形 8, 論齒牙)

〔3〕 『雲級七籤』亦云, "人能終日不涕唾, 常含棗核咽之, 令人受氣生津
液也. 取津液, 非咽核也." (養形 11, 論津唾)

〔7〕 『禮記』"寢, 無伏." (養形 16, 論睡寐)

〔8〕 此論夏夜睡法也. (養形 16, 論睡寐)

〔10〕 玄家貴導引, 而左藥石; 俗士親藥石, 而昧導引. 余獨憂夫山林澤
藪遐陬僻壤之地, 素無攻醫之方, 又乏針砭之具, 一朝疾生, 莫知所措,
而終不免於夭折促短者, 何限哉. 今取修養家所言導引療疾之方, 芟繁
撮要, 分門類彙, 俾不待求之盧扁方劑, 而反諸吾身, 可以發膏肓起廢
疾, 將與田夫, 共此自然聖惠方也. (導引 12, 導引療病諸方. 按 표시 없음)

〔11〕 玄家所言衛生之法, 蓋多韻語, 爲便記誦也. 其單論一事者, 已散
見於各類, 而其統言諸法, 不可割裂者, 別立歌訣一目, 而載之云. (歌
訣 제목)

〔12〕 此雖以導引訣名篇, 其實統論修養之法, 不獨專言導引一事也.
(歌訣 2, 導引訣)

〔17〕 柏卽側柏. 詳見『晩學志』. (藥餌 6, 服草木方〈栢實〉)

〔18〕 海松子, 見『晩學志』. (藥餌 7, 服果方〈海松子〉)

〔20〕 高濂『服食方』云, "人參須用新羅參." (藥餌 9, 滋補藥餌諸方〈瓊玉膏〉)

〔23〕『劉氏保壽堂方』云, "取童男女小便, 必澤潔淨無滯氣. 疾病者, 沐浴更衣, 各聚一室, 用潔淨飮食, 塩湯與之. 忌葱蒜韭薑辛辣羶腥之物." 又云, "熬成秋石, 後和潔淨香濃乳汁, 日晒夜露. 但乾卽添乳汁, 取日精月華, 四十九日, 數足收貯."(藥餌 9, 滋補藥餌諸方〈陰陽二鍊丹〉)

〔24〕一方, 好乳汁二盞, 好酒或梨汁, 生薑汁, 合二盞, 同煮一沸, 名乳酒膏.(藥餌 9, 滋補藥餌諸方〈接命丹〉)

〔25〕釀黑豆法, 見上. 釀槐子法, 見「服草木方」.(藥餌 11, 明目方)

〔26〕靑鹽, 一名戎鹽, 西羌産也.(藥餌 12, 點洗諸方)

〔27〕赤豆屑, 最能固齒. 有一老人, 年過七十, 能咀骨鯁. 問何術致此, 曰, "無他法. 屑赤豆刷齒, 少停用水漱之, 如是十餘年, 終身無齒病. 曾得之過去乞僧云耳.(藥餌 13, 固齒方〈赤豆屑〉.『金華耕讀記』. 按 표시 없음)

〔28〕『醫鑑』作'旱蓮膏'. 金陵草, 卽旱蓮之一名也.(藥餌 14, 烏鬚方〈金陵煎〉.『醫鑑』作'旱蓮膏'라고 한 것은 大阪本 본문에는 없고 상란에 주기되어 있음)

〔29〕方見滋補酒醴方(藥餌 14, 烏鬚方〈烏鬚酒〉)

〔30〕淫羊藿, 一名三枝九葉草. 今松京人, 每於五月五日, 取葉煮取汁, 炊飯拌麴, 如常釀法云. 甚補益也.(酒醴 1, 滋補酒醴諸方〈仙靈脾酒〉)

〔31〕犬用純黃雄犬. 或云, "烏犬大能補益男子."(酒醴 1, 滋補酒醴諸方〈戊戌酒〉)

〔33〕雲水未詳.(雜方 4, 洗浴湯方〈四種香湯〉)

〔34〕亦可調塩食.(療病 4, 食治養老益氣方〈榛子粥〉)

〔35〕俗法, 黃梨一大顆, 用刀穴其底, 空瓢內白蜜三二匙, 復用所割蔕肉, 蓋定周身, 刺作細孔數十, 每孔納胡椒一枚, 以紙漬水裏, 屢重糠火, 煨熟食之, 治咳嗽神效.(療病 13, 食治老人喘嗽諸方〈煨棃方〉)

〔36〕方見「滋補酒醴方」.(求嗣 7, 求嗣藥房〈戊戌酒〉)

〔37〕『得効方』云, "婦人妊子不成, 數墮胎, 炙胞門子戶, 各五十壯." (求嗣 8, 求嗣鐵炙法〈取穴法〉)

〔38〕『得効方』, "婦人絶嗣, 炙關元三十壯, 可報炙之." (求嗣 8, 求嗣鐵炙法〈取穴法〉. 大阪本에는 없음)

〔40〕一云, "旺相日, 春甲寅乙卯, 夏丙午丁巳, 秋庚申辛酉, 冬壬子癸丑, 下種, 吉." (求嗣 13, 交會時辰)

〔41〕一云, "雞子合糯米同食, 子生寸白蟲." 又云, "妊婦多食雞, 子患諸蟲." 又云, "妊食雞子多, 令子失音." (求嗣 22, 妊娠食忌)

〔42〕與『仁濟志』婦科産後陰脫, 參看. (求嗣 26, 十一産候〈盤腸産〉)

〔43〕今俗如不得金銀器, 則投金銀一小片於湯中同煎, 亦得. (育嬰 5, 洗沐法)

〔44〕「聖惠方」取猪乳法. 令兒猪飮母乳, 便提猪母後脚起, 猪兒口自離乳, 急用手將之, 卽得乳. 非此法, 不可取也. (育嬰 7, 乳哺法)

〔45〕詳見『仁濟志』, 下同. (養生月令表 正月 辟瘟)

〔46〕一云, "春月宜腦足俱凍." (養生月令表 正月 脫著)

〔47〕詳見『仁濟志』, 下同. (養生月令表 正月 療疾)

〔48〕方見『灌畦』, 下'百合'同. (養生月令表 2월 服餌〈薯蕷〉)

〔49〕方見『仁濟志』. (養生月令表 2월 辟瘟)

〔50〕方見『仁濟志』. (養生月令表 2월 辟瘟)

〔51〕方見第五卷. (養生月令表 3월 服餌〈松花酒〉)

〔52〕一云, "令人吉利." (養生月令表 5월 櫛沐)

〔53〕方見『仁濟志』. (養生月令表 5월 服餌〈六一泥〉)

〔54〕方見『仁濟志』. (養生月令表 5월 服餌〈鬼哭丹〉)

〔55〕一云, "六日忌沐, 令人胡臭." (養生月令表 6월 櫛沐)

〔56〕一云, "一服三合." (養生月令表 7월 服餌)

〔57〕一云, "七月內, 取富家田中土, 塗竈, 大富." (養生月令表 7월 祕禳)

〔58〕一云, "取蜘蛛, 陰乾, 納衣領中." (養生月令表 7월 療疾)

〔59〕一云, "建丙日食雉, 令人短氣." (養生月令表 8월 飮餐)

〔60〕一云, "傷人神, 損壽." (養生月令表 9월 飮餐)

〔61〕一云, "成反胃病." (養生月令表 9월 飮餐)

〔62〕一云, "佩茱萸食餌, 飮菊花酒, 令人長壽." (養生月令表 9월 祕禳)

4) 변증(辨證): 대립하는 견해를 지적하거나 변증을 시도한 것(9회)

〔6〕此與『西山記』論頻沐頻浴之害者異, 亦可備一義也. (養形 13, 論沐洗)

〔13〕修養家服食法, 有'閉目, 存左目中出日, 右目中出月, 化生黃英之醴, 下流口中, 九咽之'之法. 又有'服霧, 服三氣, 服五星'之法, 皆存想錬氣之術, 非眞嚼服日月五星之氣也. 今並不錄. (藥餌 3, 服氣方〈嚼月精〉)

〔14〕醫家所謂'元氣相火', 仙家所謂'元陽眞火', 一也. 天非此火, 不能生物; 人非此火, 不能有生. 故老人虛人, 與二七以前少陰同寢, 藉其薰蒸, 最爲有益. 杜甫詩云, '煖老須燕玉', 政此意也. 但不可行淫以喪寶促生耳. 近時術家, 令童女以氣進入鼻竅, 臍中精門, 以通三田, 謂之接補. 此亦小法, 不得其道者, 反以致疾. (藥餌 3, 服氣方〈人氣〉. 按 표시 없음)

〔15〕, 〔16〕沈存中『筆談』有'久用苦蔘, 揩齒傷腎腰重'之說. 朱震亨則云, "苦蔘峻補陰氣, 或過服而致腰重者, 因其氣降而不升也, 非傷腎也." 是數說, 雖皆指苦蔘之根. 然要之, 根與實, 氣味不相遠, 其不可久服, 明矣. 又按, 李時珍『本草綱目』云, "『素問』云, '五味入胃, 各歸其所, 喜攻久而增氣, 物化之常也. 氣增而久, 夭之由也.'"『玉氷註』云, "入肝爲溫, 入心爲熱, 入肺爲淸, 入腎爲寒, 入脾爲至陰而兼四氣, 皆

爲增其味, 而益其氣, 各從本臟之氣, 故久服黃連苦蔘而反熱者, 此其類也. 氣增不已, 則臟氣有偏勝, 偏勝則藏有偏絶, 故有暴夭. 是以藥不具五味, 不具四氣, 而久服之, 雖且獲勝, 久必暴夭. 此誠服食家炯戒也. 覽者宜觸類而長之. (藥餌 6, 服草木方〈苦蔘實〉)

[19] 或以穭豆, 爲卽服食家所稱烏豆. 今攷『本草』, 穭豆卽小豆之黑者耳. 若仙家所用烏豆, 本大豆之烏黑而緊細者, 初無穭豆之名. 詳見『鼎俎志』. (藥餌 8, 服穀方〈大豆〉)

[21] 杏仁性熱, 不可久服. 說已見前. (藥餌 9, 滋補藥餌諸方〈八卦藥方, 兌卦〉)

[32] 『雲級七籤』云, "靑木華葉五節, 五五相結. 故辟惡氣, 撿魂魄, 制鬼烟, 致靈跡, 以其有五五之節, 所以爲益於人耳." 又曰, "此香多生滄海之東." 據此則靑木香卽吾東産, 而今不可知矣. 豈卽我東五葉松耶. (雜方 4, 洗浴湯方〈五種香湯〉)

[39] 『千金要略』云, "交會當避丙丁日", 與此異. (求嗣 13, 交會時辰)

5) 「보양지」 안설(按說)의 이해

「보양지」의 안설은 대체로 부연 설명의 성격을 띤 것이 압도적이라는 점을 알 수 있다. 훈고 · 교감 · 변증이 '사실'에 대한 엄격한 접근 태도를 보여 준다고 한다면, 설명은 실용서로서의 활용성을 높이기 위한 장치의 성격을 지니고 있다. 이는 「보양지」가 실용서로 편성된 것이란 점에서 당연한 것이라고 할 수 있다. 하지만 또한 거기에 훈고 · 교감 · 변증이라고 하는 고증적 요소가 있다는 점을 무시해서는 안 될 것이다.

어쨌든 「보양지」 전체에서 안설이 차지하는 분량은 크지 않지만 「보양지」가 단순히 인용문들을 적절하게 편집하는 데 그치지 않고, 그것들이 담고 있는 내용에 대한 풍석 자신의 검토와 검증이 상당 부분 수행된 결과물이라고 하는 것을 이야기할 수 있을 것 같다.

7. 「보양지」 편성의 특징

「보양지」는 기본 편성 체제와 형식에서 『산림경제』와 『증보산림경제』를 계승하고, 또한 편집과 내용 편성에서는 『수양총서』를 기본적으로 참고하였지만 단순히 그들 선행 양생서들을 그대로 답습한 것은 아니었다. 그들 선행 양생서들과 비교할 때 「보양지」의 편성은 다음과 같은 특성을 지닌다고 할 수 있다.

1) 체계성(體系性)

「보양지」는 인용문들로 구성되어 있지만 그것을 배열하는 데서는 상당히 세심하게 체계화되어 있다. 즉 먼저 양생의 주요 주제를 8개의 편(篇)으로 나누어 포괄하고 각 편에 한 권씩을 배당하였다. 또한 각 편별로 2개 혹은 3개의 장(章)과, 각 장별로 내부의 세부적 주제를 표시하는 다수의 절(節)과, 절에 따라서는 그 세부적인 항목들을 제시하는 목(目)으로 나누어 체계적으로 목차를 구성하고 각 주제에 따라 적절하게 분량을 조절하여 인용문들을 선택하여 싣고 있다.[101]

---

101 篇·章·節·目의 체계는 지금 전하는 「보양지」의 편성 실제에 기초하여 필자가 임의로 구분한 것이다. 서유구 자신이 제시한 편집 체계는 '部와 目', 혹은 '大目과 細條', '節·目·方·法' 등이다. 部는 章, 目은 節에 해당하며, 大目은 節, 細條는 目에 해당하는 것으로 볼 수 있으며, '節·目·方·法'은 모두 章에 해당한다고 할 수 있다.

또한 전체 내용을 총괄하는 '총서(總叙)'가 제1편으로 편성되어 있고, 각 편의 각 장에는 어김없이 '총론(總論)'을 먼저 제시하고 그 다음에 각론(各論)으로 절(節)들을 편성하는 형식으로 이루어져 있다.[102] 이는 그가 전통 양생론을 상당히 체계적으로 서술하고자 했다는 것을 보여 준다. 이러한 체계성은 『수양총서』를 포함하여 중국의 양생서들에서는 잘 발견되지 않는 특성이라고 할 수 있다.

좀 더 구체적으로 살펴본다면, 제1편(권1)은 '총서(總叙)'로서, 「보양지」의 서론(緒論) 혹은 총론(總論)에 해당되는 부분이다. '섭생(攝生)'과 '계기(戒忌)'라고 하는 두 장으로 나누어져 있다. '섭생'이 양생의 일반적이고 적극적 측면을 다룬 것이라면, '계기'는 소극적 측면을 다룬 것이다. 또한 양생의 기본 개념과 원칙들을 다양한 서적에서 인용하여 배열하였다.

제2편에서는 양생적 활동의 대상으로서의 우리 몸에 대해 논하고 있다. 우리 몸을 정(精)과 기(氣)와 신(神)으로 보는 관점을 기본 틀로 하여 보정(保精)·조기(調氣)·색신(嗇神)의 세 장으로 구성되어 있다. 정·기·신론은 도교적 인체 이해에서는 일반적인 것으로서,[103] 양생론을 정리함에 정·기·신론으로부터 하는 이러한 구성은 『동의보감(東醫寶鑑)』을 상기시키는 것이기도 하다. 그러나 『동의보감』의 체계 구성과 「보양지」의 그것은 차이가 있음은 앞에서 지적한 바와 같다.

권3은 '기거음식(起居飲食)'이라고 칭하였다. 즉 앞에서 우리 몸의 구조와 그에 따른 양생 지식에 대해 제시하였다면, 여기에서는 일상생활에서의 양생을 다룬다. 풍석은 그것을 양형(養形)·절식(節食)·율시(律

---

102 각 편의 개략적인 내용에 대해서는 앞의 서술 참조.
103 精·氣·神 개념의 기원에 대해서는 金洛必(1987) 참조.

時)의 세 장으로 나누었다. 여기에서 형(形)이란 곧 인간의 개체적 신체 자체를 다룬 것으로서, 내부의 장기와 머리와 얼굴, 눈과 귀, 입과 코, 치아, 지체, 외부 생식기, 땀과 침, 대변과 소변 등 우리 외부의 신체와 그의 부산물 모두를 포함한다. 즉 양형(養形)장은 우리의 신체 전반을 어떻게 관리할 것인가에 관한 양생 지식들을 다룬다. 거기에는 각 신체 기관들의 관리뿐 아니라 세수와 목욕, 걷고 섬, 앉고 누움, 수면, 노동, 말과 웃음, 울음, 의복과 거처와 관련된 양생 지식들을 세밀하게 제시하고 있다.

절식(節食)장은 음식과 관련된 양생 지식을 집중적으로 다루었다. 오미(五味)를 조화롭게 섭취할 것, 음식 섭취의 절제, 계절에 따른 음식 섭취, 농담의 문제, 소식법, 차와 술 등에 이르기까지가 소개되고 있다. 율시(律時)장은 각 계절별, 요일별, 시간별로 필요한 양생 지식을 다루었다. 이는 마지막 권8의 '양생월령표'에서 또한 집중적으로 정리되어 있다. 이러한 일상생활에서의 양생이야말로 「보양지」 전체에서 핵심적인 것이라고 할 수 있을 것이다.

권4는 '수진(修眞)'으로서, 주로 도교적 양생수련법들을 다루고 있다. 도인(導引)과 안마(按摩)로 구성되어 있으며, 부록으로 양생의 요체를 운율을 갖추어 외우기 쉽게 전달하고 있는 가결(歌訣)들을 모아 놓았다. 권5는 '복식(服食)'으로서, 약물과 약이 되는 음식을 통한 양생법을 다루었다. 약이(藥餌)·주례(酒醴. 附 糕餌) 두 장으로 나누어져 있으며, 부록으로 베개·빗·그릇 등을 다룬 잡방(雜方)을 실었다. 양생에 도움이 되는 것들의 실제적인 제조 방법들을 모아 놓았다.

권6은 '수친양로(壽親養老)'이고, 권7은 '구사육영(求嗣育嬰)'이다. 이는 곧 유교 윤리의 실천의 핵심적 처소인 가족의 구성과 유지와 관련해서, 가족의 재생산과 보존을 위한 지식들을 모아 놓았다. 그것은 유교 윤리의 기본 덕목인 효(孝)의 실천과 밀접하게 관련된 것으로서, 풍석의 양생론이 유교적 세계의 보존과 관련하여 도구적으로 사용되고 있음을 보여 주고 있다. 권6은 조원(調元)과 요병(療病)의 두 장으로 되어 있고, 권7은 구사(求嗣)와 육영(育嬰)의 두 장으로 되어 있다. 노인의 봉양과 자녀 양육에 관한 전반적인 내용이 자세하게 다루어지고 있다.

「보양지」는 향촌에서의 사대부의 삶의 구축이라는 관심을 중심으로, 동아시아의 전통적인 양생 지식을 종합하여 체계적으로 구성한 것이라고 할 수 있다.

2) 종합성

동진(東晉)의 양생가(養生家) 장담(張湛)은 『양생요집(養生要集)』, 「서(敍)」에서 양생의 요체(要諦) 열 가지를 다음과 같이 제시한 바 있다.

> 양생(養生)의 대요(大要)는 첫째는 색신(嗇神)이요, 둘째는 애기(愛氣)이고, 셋째는 양형(養形)이고, 넷째는 도인(導引)이고, 다섯째는 언어(言語)이고, 여섯째는 음식(飲食)이고, 일곱째는 방실(房室)이고, 여덟째는 반속(反俗)이고, 아홉째는 의약(醫藥)이고, 열째는 금기(禁忌)이다. 이를 벗어나는 것은 무시할 수 있다.[104]

이들 열 가지는 전통 양생학의 기본 항목이라고 할 수 있을 것이다.

---

[104] "養生大要, 一曰嗇神, 二曰愛氣, 三曰養形, 四曰導引, 五曰言語, 六曰飲食, 七曰房室, 八曰反俗, 九曰醫藥, 十曰禁忌. 過此已往, 義可略焉." 陶弘景의 『養生延命錄』에 인용된 것을 재인용하였다.

그것을 「보양지」의 목차와 비교한다면 권1에서 권5까지의 내용에서 거의 그대로 반영되어 있다. 즉 색신(嗇神)과 애기(愛氣), 방실(房室)은 권1 '정기신'의 보정·조기·색신에 해당하며, 양형(養形)과 언어(言語), 음식(飮食)은 권2 '기거음식'의 양형·절식에 해당한다. 도인(導引)은 권4의 '도인'에, 의약(醫藥)은 권5, '복식'의 약이에 해당한다. 반속(反俗)과 금기(禁忌)는 권1, '총서'의 섭생과 계기에 해당시킬 수 있다. 장담이 제시한 양생의 대요는 「보양지」에 모두 포괄되어 있다. 「보양지」는 더 나아가 유교적 효 개념을 배경으로 하여 양생론의 특별한 적용으로서 '수친양로'와 '구사육영'을 포함시켰고, 또한 월령의 관념을 배경으로 하여 '율시'와 '양생월령표'를 추가하였다.

「보양지」의 이러한 포괄적이고 종합적인 특색은 현대의 전통 양생학 분류체계와도 어느 정도 조응한다. 최근 중국에서 나온 『중의양생학(中醫養生學)』이라는 책자를 참고해 본다면, 중의양생학(中醫養生學)의 기본 내용으로 조양정신(調養精神)·조절음식(調節飮食)·기거유상(起居有常)·노일적도(勞逸適度)·식약양생(食藥養生)을 들었고, 구체적인 양생방법으로는 식물양생법(食物養生法)·약물양생법(藥物養生法)·안마양생법(按摩養生學)·침자양생법(針子養生法)·기공양생법(氣功養生法)·운동양생법(運動養生法)을 들었다. 이를 「보양지」의 구성과 비교한다면, '조양정신(調養精神)'은 사람의 정신, 의식과 사유 활동의 조절을 통해서 심신 건강을 보지(保持)하는 일종의 양생 방법으로서 대체로 「보양지」 권1, '정기신(精氣神)', 특히 색신(嗇神)에 해당하며, 조절음식(調節飮食), 기거유상(起居有常)과 노일적도(勞逸適度)는 권3, '기거음식'의 양형(養形)·절식(節食)·율시(律時)에 해당한다. 그리고 식약양생은 권5, '복식(服食)'의 약이(藥餌)에 해당한다. 또한 거기에서 제시된 양생 방법들 중에 침자양생법(針子養生法)을 제외하고는 대체로 「보양지」에서 발견할 수 있다. 그 편성의 포괄성과 종합성에서 「보양지」는 오늘의 관점에서 볼 때에도 통할 수 있는 종합 양생서라고 평가할 수 있을 것이다.

앞에서 살펴본 바와 같이 「보양지」는 조선의 양생서 전통을 계승하고, 특히 송·원·명 시기의 양생서들을 집성하여 명(明) 대에 편성된 『수양총서』에 기초하여 그 내용과 체제를 형성하였지만, 또한『여씨춘추(呂氏春秋)』나『회남자(淮南子)』,『황제내경(皇帝內經)』등 선진(先秦)·진한(秦漢) 시기의 문헌들과 도홍경(陶弘景)의『양생연명록(養生延命錄)』, 갈홍(葛洪)의『포박자(抱朴子)』내외편(內外篇) 등 위진(魏晉) 시기의 문헌들, 그리고 당(唐) 손사막(孫思邈)의『천금요방(千金要方)』에 이르기까지 송(宋) 대 이전의 양생 문헌들을 직접 혹은 재인용의 방식으로 참조하였다. 그것은 실로 동아시아의 전통적인 양생 사상과 양생론들을 포괄적으로 종합하고 있다고 평가할 수 있을 것이다.[105]

3) 고증성(考證性)

앞에서 살펴본 바와 같이 풍석은 「보양지」를 편성하면서 다양한 문헌에서 인용문을 가져오되 그 정확한 원 출처를 밝히고 그 내용을 확인하는 데 있어서 상당한 심혈을 기울였다. 그것은 나름대로 고증적 철저성을 기한 것이라고 평가할 수 있다. 인용 출처를 밝히는 방식은 사실 조선에서는 『동의보감』이나 허균의 『한정록』 등에 선행 사례가 있으며, 직접적으로는 『산림경제』의 방식을 계승한 것이라고 할 수 있다. 그러나 그들 선행 양생서들이 그 출전 정보에서 소략하거나 부정

---

105 정명현·민철기·정정기·전종욱 외(2012)의 「보양지 해제」(전종욱 집필)에 따르면 「葆養志」에 인용된 문헌은 총 269종에 이른다.

확하였다고 한다면 「보양지」는 가능한 정확하게 원 출전을 확인하여 제시하고자 하였으며, 비록 광범위하다고 할 수는 없지만 문제가 되는 부분에 대해서는 자신의 안설(按說)을 두어 훈고 · 교감 · 설명 혹은 변증적 주석을 제시하였다는 점에서 고증적 성격을 강화하였다고 평가할 수 있다.[106]

원 출전을 확인하는 것은 당시 상황으로서는 결코 간단한 작업은 아니었을 것이다. 분명 출처를 잘못 표기한 것, 잘 확인되지 않는 것들이 다수 있었을 것이다. 초기 편집본으로 추정되는 대판본(大阪本)의 상란(上欄)에 간간이 붙어 있는 '서명사고(書名俟考)'라는 첨지(籤紙)는 그러한 상황을 보여 주는 동시에 풍석이 출전 확인에 상당한 노력을 기울이고 있음을 단적으로 보여 주는 것이라고 하겠다. 출전 표기에 대한 수정과 보완이 계속 이루어진 상황은 대판본과 후에 정리된 판본의 필사본으로 추정할 수 있는 고대본(高大本)과의 비교를 통해 확인할 수 있다. 대판본에 출전 부분이 비어 있는 것이 고대본에는 채워져 있는 경우, 그리고 대판본의 출전 표기가 고대본에서는 수정되어 있는 경우 등이 다수 발견되는 것이다.

그렇다면 풍석이 이렇게 인용문들의 출전을 열심히 찾아 기록하였던

---

106 韓㳱燮(2010)은 고증적 학문 방법이 실용성을 제고하기 위한 것이라 지적한 바 있다 (6~7면, 34면 참조). 그러나 고증학이 '사실'의 규명에 집중하는 것이라면, 그것은 오히려 실용과 대립되는 가치일 수도 있다. 문제는 전통 학문이 '사실'보다는 도덕 혹은 윤리적 가치, 그리고 그와 관련된 이기심성의 담론에 관심을 집중하였다는 데 있다. 그에 대해 실용적 가치를 강조하는 경우 자연적으로 사실에 대한 경험적 지식의 중요성이 부각되며, 그 점에서 '사실'과 '실용'은 손을 잡게 되는 것이다. 고증학의 결과 혹은 그 방법상에 동원된 다양한 경험적 사실—그 대부분은 여전히 생생한 경험 자체가 아니라 문헌에 기록된 것이었고 그런 점에서 한계가 있지만—은 현실 생활의 문제를 해결할 수 있는 실용적 지식에 관심을 기울인 실학적 지식인들에게 유용한 자원과 방법을 제공해 주었다고 할 수 있다.

이유는 무엇이었을까? 우리는 그것을 어떻게 이해할 수 있을까? 『증보산림경제』는 출전을 밝히지 않았으며, 『수양총서유집』도 철저하게 밝히지 않았다. 『산림경제』의 경우 출전을 모두 밝히기는 했지만 『수양총서』라고만 표기하고 일일이 해당 서적을 다 밝히지 않은 경우가 많았다. 사실 실용적 지식 자체가 목적이라면 굳이 전거를 일일이 찾아 밝힐 필요가 없을 것이다. 양생서들은 그 실용적 성격으로 말미암아 누적되어 가면서 계속해서 재인용되는 특성이 있으며, 지식의 출처보다는 지식의 현재적 적실성이 더욱 중요하므로 그 출처를 명확히 하는 것은 일차적으로 중요한 것이라고 할 수는 없는 것이다. 위의 『증보산림경제』에는 실제로 일체 출전이 밝혀져 있지 않으며, 「보양지」의 편성에 중요한 역할을 하였던 16종본 『수양총서』 중 인용 출처를 밝히는 방식으로 서술된 것은 『양생유찬(養生類纂)』과 『양생월람(養生月覽)』 두 문헌에 불과하다.[107]

풍석의 의도를 굳이 추정해 본다면 다음과 같이 생각해 볼 수도 있다. 즉 풍석이 「보양지」에서 정리하여 제공하고자 한 것은 독창적 지식이 아니라 기존의 지식을 정리하여 전달하는 입장이었다. 정리 혹은 전달자의 관점에서 지식의 소재를 명확히 밝혀 둠으로써 독자들로 하여금 지식의 소재 혹은 지식의 책임과 권리의 소재를 분명히 알 수 있도록 할 필요성이 있었다는 것이다. 그의 안설에 설명적 주석이 압도적으로 많은 것도 역시 같은 취지에서였다고 해석할 수 있다고 본다.

---

107 『수양총서』에 속한 이 두 문헌은 모두 周守中이 편찬한 것이라는 점에서, 周守中의 어떤 개성을 보여 주는 것일 수 있다.

8. 맺음말

　풍석 서유구의 「보양지葆養志」는 『동의보감』으로부터 『산림경제』와 『증보산림경제』로 이어지는 조선에서의 양생 관련 문헌들의 전통을 계승하고, 송·원·명 시기 중국의 양생학(養生學), 특히 명(明)의 각서가(刻書家) 곧 서적 출판가였던 호문환(胡文煥)의 『수양총서(壽養叢書)』에 집성된 문헌들을 기본으로 하여 형성된 것이었다. 주로 도교 계통에서 축적된 전통 양생론의 지식들을, 현실적 삶에 대한 유교 사대부들의 관심을 반영하여 실용적으로 선택하고 수용한 것이라 할 수 있다. 거기에서는 현실의 세속적 삶의 범위를 넘어선 영생이나 초월에 대한 지향은 배제되었다.

　「보양지」는 양생 관련 전통적 지식의 체계적 종합이라는 점에서 그 이론적 의의를 어느 정도 인정할 수 있지만, 기본적으로 실용서로서의 성격을 지닌다. 그것의 체계성은 분명 한편으로는 실용성의 강화에 기여하는 것이었고, 그의 안설(按說)들 역시 보완 설명을 주로 한 것으로서 본서의 실용성을 강화하기 위한 것이라고 할 수 있다. 한편 그것의 실용성은 건강에 대한 개인적 관심을 넘어서 가족 공동체의 보전과 향촌 공동체의 유지와 유익을 지향하고 있었다는 점에서 '이용후생(利用厚生)'의 정신에 충실한 것이었으며, 유교 사대부의 실천적 관심을 배경으로 한 것이었다.

　『임원경제지』에서 표출된 풍석의 관심은 향촌에서 문인 교양을 갖춘 생산인, 노동하는 교양인으로서 살아가는 새로운 사대부(士大夫)의 삶을 어떻게 빈틈없이 구축할 것인가 하는 데 있었다. 「보양지」 그리고 이어 편성한 「인제지」는 공적 의료체계가 부족한 상황 속에서 독자적으로 건강과 장수, 그리고 출산과 육아에 이르기까지 자기 자신의 생명과 가족의 보전과 재생산, 향촌 사회의 유지와 유익을 가능하게 하기 위해 꼭 필요한 실용적 지식을 집성해 놓은 것이었다. 풍석에게서 양생은 그런 의미에서는 농업이나 수공업, 상업 활동과 마찬가지로 생산 활동의 일종이라고 할 수 있을 것이다.[108]

그가 구축하고자 한 사대부의 삶은 전통적인 유학자의 수기치인(修己治人)의 이념을 배제한 것은 아니었지만 수기(修己)의 영역에 실제적인 생산 영역을 포괄함으로써, 그리고 그것을 단지 통치와 관리의 관점이 아니라 생산자의 관점에서 그렇게 함으로써 수기(修己)를 치인(治人)에 종속시키는 전통적 구도를 넘어선 것이었다고 할 수 있다. 즉 풍석은 생산 활동을 사대부의 삶의 본질적인 부분으로 이해함으로써 전통적인 사대부 상을 넘어서는 새로운 사대부 상을 제시한 것이라고 할 수 있다. 사대부는 단지 관료가 될 자격을 갖춘 문인 교양인이 아니라 생산인으로서, 관료가 될 수도 있지만 또한 향촌에서 자신의 독자적 삶을 영위하여 갈 수 있는 독자적 존재로 자리매김되었다. 생산 활동은 그의 경제적 기반을, 그리고 문인 교양은 그의 정신적 기반을 제공한다.

사대부에 대한 이러한 이해는, 사대부 자신의 삶에 대한 진지한 성찰과 반성을 배경으로 한 것으로서, 그것은 이른바 조선에서는 실학(實學)의 시대에 일어나고 있던 한 양상이었다. 도시적 삶의 독자성이 비교적 분명하지 않거나 취약한 상황에서, 그리고 농업 이외의 산업적 기반이 마찬가지로 미약한 상황 속에서 사대부가 선택할 수 있는 삶의 방식은

---

108 상업이 농업과 수공업 생산 활동에 기반해서 수행되는 이차적 혹은 유사 생산 활동이라고 한다면, 양생은 그러한 생산이 삶을 지탱하기 위해 필요한 것과 마찬가지로 우리의 삶의 지탱을 위해 필요하다는 점에서 유사 생산 활동이라고 할 수 있다.

향촌에서 농업 생산에 종사하면서, 동시에 사대부로서의 유교적 교양과 철학을 연마하고, 그것을 실현할 수 있는 공동체를 구성해 가는 것이 될 것이다. 근대성에 대한 최근의 성찰 및 성과를 배경으로 하여 그러한 삶의 방식이 가지는 함의와 새로움을 곰곰이 음미할 필요가 있을 것이다.

도시적 삶의 발전과 노동의 분업화라고 하는 것이 근대 산업 사회의 주요한 표지라고 한다면, 풍석이 지향한 사대부의 삶 역시 그러한 요소들을 완전히 배제하지는 않았지만[109] 기본적으로 향촌에서의 통합적 삶을 지향하고 있었다는 점에서는 반대 방향을 지향하고 있었다고 할 수도 있다. 그러나 그것이 단순히 과거로 회귀하는 반동적 지향으로서 풍석의 한계를 보여 주는 것이라고 치부할 수는 없을 것 같다. 그것은 조선 당대의 상황 속에서 자신을 성찰하고 나아갈 방향을 모색한 한 지식인의 진보적 관심을 반영하고 있는 것이다. 그것은 전통적인 '노력(勞力)'과 '노심(勞心)'의 구분을 넘어서 노동 행위와 그 행위의 주체로서의 몸에 대한 새로운 시각을 제시한 것인 동시에 어떤 점에서는 현대의 파편화된 삶을 넘어선 통합된 삶의 이상을 보여 주는 것으로 평가할 수도 있지 않을까?

「보양지」는 전통적인 양생론을 유교적 합리성에 기초하여 체계적으로 종합하여 정리한 것이다. 이러한 점에서, 오늘날 적합하게 활용할 수 있는 사상적이고 기술적인 측면을 전통 양생론으로부터 읽어 내고자 하는 관심에서 접근하기에도 좋은 책이라 할 수 있다. 그러한 측면은 「보양지」의 내용에 대한 접근을 통해 더욱 구체적으로 확인될 수 있다. 「보

---

109 이용후생학파의 일원으로서 풍석의 면모는 누차 확인되고 있으며, 그가 지향한 것은 단지 농촌에서의 전통적인 목가적 삶이 아니라 도시적 기술과 취향을 통합한 것이었다고 볼 수 있다. 앞의 주24) 참조.

양지」에 담겨 있는 양생론과 양생 의식을 본격적으로 규명하는 것, 즉 과거에서 현재에 이르는 동아시아 양생학(養生學)의 전개에서 그 이론적이고 실천적인 의의를 해명하고 그 의의를 논하는 것은 필자의 한계를 넘어서는 것으로서 차후의 과제로 남길 수밖에 없다.[110]

---

110 이와 관련된 선행 연구로서 이진수(1999) 제4장; 이봉호(2013) 등을 참조.

徐有榘,『林園經濟志』, 大阪府立圖書館 소장본.

_____,『林園經濟志』, 高麗大學校圖書館 소장본.

_____,『林園十六志』, 서울大學校 奎章閣 소장본.

柳重臨,『增補山林經濟』I · II · III, 농촌진흥청, 고농서국역총서 5, 2013.

李重煥, 허경진 옮김,『택리지』, 서해문집, 2007.

李昌庭,『壽養叢書類輯』, 국립중앙도서관 소장본,『韓國韓醫學大系』40, 驪江出版社, 1992.

趙倬,『二養編』, 국립중앙도서관 소장본,『韓國韓醫學大系』40, 驪江出版社, 下篇만 영인함, 1992.

洪萬選,『국역 산림경제』I · II, 민족문화추진회(현 한국고전번역원), 1989.

涵蟾子 輯,『金丹正理大全諸眞玄奧集成』,『續修四庫全書』1295, 子部宗敎類, 上海: 上海古籍出版社.

王蔡 · 混沌子,『修眞秘要 · 錦身機要』, 北京: 中醫古籍出版社, 珍本醫籍叢刊, 1994.

陶弘景, 金載斗 譯註,『양성연명록』, 學古方, 2013.

李鵬飛, 金載斗 譯註,『삼원연수서』, 이담Books(한국학술정보), 2011.

胡文煥 輯,『壽養叢書全集』, 北京: 中國中醫藥出版社, 1997.

胡文煥 編,『壽養叢書』,『北京圖書館古籍珍本叢刊』82 所收, 北京: 書目文獻出版社.

가와하라 히데키(川原秀城), 김광래 옮김(2009), 『독약은 입에 쓰다』, 성균관대학교 출판부.

강신익(2008), 「건강은 없다: 복잡성의 진화와 의학」, 인제대학교 인문 의학연구소, 『인문의학−인문의 창으로 본 건강』 수록.

곽노규 · 김시천(2008), 「고대 동아시아에서 건강과 양생」, 인제대학 교 인문의학연구소, 『인문의학−인문의 창으로 본 건강』 수록.

金洛必(1987), 「性命論과 精氣神論」, 『泰東古典硏究』 제3집, 翰林大 學校 泰東古典硏究所.

_____(1997), 「東醫寶鑑의 철학적 기초」, 『제3의학』 제2권 제2호, 현 곡학회.

김남일(1999), 「『東醫寶鑑』을 통해 살펴본 許浚의 醫易思想」, 『周易 硏究』 제4집, 韓國周易學會.

김대중(2011), 「풍석 서유구의 산문연구」, 서울대학교 박사학위논문.

김용태(2012), 「實學과 士意識」, 임형택 외, 『연암 박지원 연구』 수록.

김호(2000), 『허준의 동의보감 연구』, 일지사.

____(2014), 「楓石의 醫學論: 「仁濟志」의 '利用厚生'을 중심으로」, 조 창록 외, 『풍석 서유구 연구』 上 수록.

노기춘(2000), 「『山林經濟』의 引用文獻 分析考」, 『書誌學硏究』 제19 집, 書誌學會.

_____(2006), 「林園經濟志 引用文獻 分析考(2)」, 『書誌學硏究』 제35 집, 書誌學會.

데이빗 홀, 김동식 옮김(1997), 「새로운 유학(儒學)과 새로운 실용주 의: 비교론」, 『철학연구』 41, 철학연구회.

마들렌 피노, 이은주 옮김(1999), 『백과전서』, 한길사.

미우라 구니오(三浦國雄), 이승연 옮김(2003), 『주자와 기, 그리고 몸』, 예문서원.

300

박상영(2012), 「『인제지』의 조선 후기 의사학적 위상과 의의」, 『韓國實學研究』 25, 韓國實學學會.

成昊俊(2001), 「『東醫寶鑑』의 철학적 연구-儒學과 道教사상을 중심으로」, 성균관대학교 박사학위논문.

성호준(2011), 「曺倬의 『二養編』과 『東醫寶鑑』」, 『東洋文化研究』 제8집, 영산대학교 동양문화연구원.

宋榮培(1987), 「楊朱학파의 개인주의와 생명존중론」, 『외국문학』 13, 열음사.

신동원(2001), 『조선사람 허준』, 한겨레신문사.

심경호(2011), 「『임원경제지』의 박물 고증 방식과 문명사적 의의」, 염정섭 외, 『楓石 徐有榘와 林園經濟志』 수록.

안대회(2006), 「林園經濟志를 통해 본 徐有榘의 利用厚生學」, 『韓國實學研究』 11, 韓國實學學會.

安相佑・金南一(1999), 「『醫方類聚』 總論의 體制와 引用方式 分析」, 『慶熙韓醫大論文集』 제22권 제1호, 慶熙大學校韓醫科大學韓醫學研究所.

앙리 마스페로, 표정훈 옮김(2000), 『불사(不死)의 추구』, 동방미디어.

염정섭 외(2011), 『楓石 徐有榘와 林園經濟志』, 소와당.

옥영정(2011), 「『임원경제지』 현존본과 서지적 특성」, 염정섭 외, 『楓石 徐有榘와 林園經濟志』 수록.

유봉학(2011), 「풍석 서유구의 학문과 사상」, 염정섭 외, 『楓石 徐有榘와 林園經濟志』 수록.

이봉호(2013), 「서유구 「보양지」 속의 도인과 안마-치료와 예방으로서 도인술」, 『道教文化研究』 제38집, 韓國道教文化學會.

李佑成(2010), 「實學研究序說」, 『李佑成著作集 1 : 韓國의 歷史像』, 창비.

이윤희(2006), 『활인심방』, 예문서원.

이진수(1999), 『한국 양생사상 연구』, 한양대학교 출판부.

이헌창(2009), 「『林園經濟志』의 경제학」, 『震檀學報』 108, 震檀學會.

인제대학교 인문의학연구소(2008), 『인문의학－인문의 창으로 본 건
　　강』, 휴머니스트.

임형택 외(2012), 『연암 박지원 연구』, 사람의무늬.

임형택(2012), 「燕巖의 經濟思想과 利用厚生論」, 임형택 외, 『연암 박
　　지원 연구』 수록.

정명현(2009), 「『임원경제지』 사본들에 대한 서지학적 검토」, 『奎章
　　閣』 34.

정명현·민철기·정정기·전종욱 외(2012), 『임원경제지－조선 최대
　　의 실용백과사전』, 씨앗을뿌리는사람.

정우진(2011), 「養生의 기원에 관한 연구」, 『범한철학』 제62집, 범한
　　철학회. 2011년 가을.

정해창(1996), 「실학의 현대적 의미: 실학과 실용주의 비교」, 『정신문
　　화연구』 19권 4호(통권 65호).

조경달, 허영란 옮김(2009), 『민중과 유토피아』, 역사비평사.

조창록 외(2014), 『풍석 서유구 연구』 上, 사람의무늬.

조창록(2014), 「楓石의 실학자적 위상과 '林園經濟'」, 조창록 외, 『풍석
　　서유구 연구』 上 수록.

주인용(2012), 「『三元延壽參贊書』에 관한 연구」, 원광대학교 박사학
　　위논문.

韓庚德(1993), 「楊朱의 대안: 양주학파사상의 종합적 재구성을 위한
　　試論」, 『泰東古典硏究』 제9집, 泰東古典硏究所.

韓英燮(2010), 「徐命膺 一家의 博學과 叢書·類書 編纂에 관한 硏究」,
　　고려대학교 박사학위논문.

盖建民(2006), 「試論道敎"三元延壽"養生思想及其現代意義」, 『湖南大學學報』(社會科學版) 제20권 제4기.

高雨(2010), 「論《攝生要義》的作者問題及其養生理念」, 『江西中醫學院學報』 제22권 제2기.

高偉(1993), 「金元医家考」, 『甘肅中医學院學報』 제10권 제2기.

吉文輝(1993), 「河濱丈人考─兼談醫史人物傳記資料檢索」, 『南京中醫學院學報』 제9권 제2기.

杜松 · 張玉輝(2011), 「《厚生訓纂》學術思想略述」, 『中國中医基礎医學雜志』 제17권 제7기.

傅景華(1986), 「中醫養生文獻槪述」, 『河北中醫』, 1986년 제6기.

三木榮(1972), 『朝鮮醫學史及疾病史』, 東京: 醫齒藥出版株式會社.

_____(1973), 『朝鮮醫書誌』, 大阪: 學術圖書刊行會.

柴田淸繼(1988), 「修養と養生─中國古代思想におけるその一體性」, 坂出祥伸 編, 『中國古代養生思想の總合的研究』 所收.

楊運高(1991), 「中醫養生四大主要流派之研究」, 『國醫論壇』, 1991년 제2기(총26기).

楊威 · 朱二苓 · 于峥(2011), 「《養生月覽》以四時陰陽爲法的養生思想」, 『河北中醫藥學報』 제26권 제3기.

王寶平(1999), 「明代の刻書家胡文煥に關する考察」, 『汲古』 36, 汲古書院.

于爲剛(1982), 「胡文煥與《格致叢書》」, 『圖書館雜志』, 1982년 제4기.

李慶升(1993), 『中醫養生學』, 北京: 科學出版社.

張志斌(2012), 「南宋養生名著《養生類纂》文獻學考査」, 『中醫文獻雜誌』, 2012년 제2기.

陳可冀 · 李春生(1982), 「我國早期老年病學專著《奉親養老書》」, 『中醫雜誌』, 1982년 제10기.

陳寶良(2004),『明代社會生活史』, 北京: 中國社會科學出版社.

劉筱玥(2012),「《香奩潤色》文獻与學術价值研究」, 南京中医藥大學 碩士學位論文.

坂出祥伸 編(1988),『中國古代養生思想の總合的研究』, 東京: 平河出版社.

許振東·宋占茹(2011),「明代金陵周氏家族刻書成員與書坊考述」,『河北大學學報』(哲學社會科學版) 제36권 제2기.

黃玉燕·湯爾群(2012),「從《類修要訣》談胡文煥的養生思想」,『吉林中醫藥』 제32권 제1기.

Joseph Grange(2004), *John Dewey, Confucius, and Global Philosophy*, New York: State University Of New York Press, Albany.

| 楓 石 |

『林園經濟志』를 통해 본 楓石의 禮學과 經濟觀

―「鄕禮志」와「倪圭志」를 중심으로 ―

이봉규 | 인하대학교 철학과 교수

1. 서론

본 연구의 주요 관심은 『임원경제지(林園經濟志)』 가운데 「향례지(鄕禮志)」의 예식(禮式)과 「예규지(倪圭志)」의 경제(經濟)에 대한 지침들을 분석하여 서유구(徐有榘)의 예학과 경제관을 살펴보는 데 있다. 『임원경제지』에 대한 연구는 주로 이용후생과 실사구시의 측면에서 그 실학적 특색을 밝히는 것에 중점이 있었다. 곧 농법 · 의학 · 건축 · 복식 등 생산과 생활에서의 실용 기술과 관련한 측면에서 그 의의를 평가해 왔다.[1] 그러나 『임원경제지』에는 실용 기술 이외에 향례와 사례의 규식을 수록한 「향례지」와 재화의 관리방법을 다룬 「예규지」가 편제되어 있다. 이들 두 편은 중국의 유사한 농서와 경제서들에서 발견되지 않는 것이고, 『반계수록』 이래 『증보산림경제』 등 이전 조선에서 간행된 경제서들의 전통을 이은 것으로, 이들에 비하여 더 구체적이고 체계적인 형태를 갖춘 것이다. 이것은 '경제'에 대한 성찰에서 조선 실학이 지니는 한 특징으로서 관찰된다. 따라서 예학과 경제가 결합된 측면에서 『임원경제지』의 실학사적 의의를 설명할 필요가 있다.

먼저 서유구의 예학에 대한 문제의식을 살펴볼 필요가 있는데, 현재 남아 있는 자료에서는 서유구 자신이 자신의 예학적 관점을 직접 설명하는 내용을 발견하기 어렵다. 대신 서유구의 학문적 문제의식을 살필 수 있는 부분이 발견된다. 따라서 학문적 문제의식과 예학의 가학적 연

---

1 연구사에 관해서는 조창록 외 저(2014)의 「楓石의 실학자적 위상과 '林園經濟'」 참조. 그리고 이 책 뒤에 서유구 관련 연구 성과들이 집성되어 있다.

원을 살피는 간접적 분석을 통해 서유구의 예학론에 접근하고, 이어 정조 대 조정에서 『향례합편』의 편찬 활동 경험이 「향례지」의 구성에 반영된 양상을 살펴보았다.

「향례지」의 내용에 대해서는 향례와 사례로 나누어 향음주례와 향사례, 그리고 상례와 제례에 대한 서유구의 관점을 위주로 살펴보았다. 그 이유는 「향례지」가 『향례합편』을 그대로 수록하고 향음주례·향사례·상례, 그리고 제례의 예식을 자신이 보완하는 형태로 구성하였기 때문이다. 음사례에 관해서는 향음주례가 역사적으로 가졌던 맥락에 주의하면서 서유구의 관점을 재조명하였다. 상제례에 대해서는 서유구가 새롭게 제정하는 관점과 방식, 그리고 이어받고 있는 학문적 전통을 살펴보면서 그 의미들을 분석하였다.

「예규지」와 관련해서는 먼저 「예규지」의 구성 방식과 이용한 인용서들을 살펴보고, 『증보산림경제』의 「가정(家政)」과 연계해서 그 성격을 살펴보았다. 이어 「예규지」에서 '제용(制用)'과 '화식(貨殖)'으로 나누어 제시한 재화의 경영법에 깃든 경제관의 특징과 유교사적 의의를 살펴보았다. 마지막으로 향례와 경제가 결합된 텍스트로 『임원경제지』의 사상사적 의의를 살펴보았다.

2. 서유구 예학의 연원

1) 가학적 전통

서유구의 학문 형성에 조부 서명응(徐命膺, 1716~1787), 생부 서호수(徐浩修, 1736~1799), 중부(仲父) 서형수(徐瀅修, 1749~1824) 등을 통한 가학의 학풍이 크게 영향을 미치고 있다. 조부 서명응의 학문은 서유구에게 가학적 연원이 된다.[2] 이는 서명응의 아내가 병으로 누웠을 때 손자인 서유구 부부가 조부를 수발하게 된 환경에서 비롯한 것으로 인격과 학문 전반에 걸쳐 영향을 받았음이 분명하다. 특히 서명응의 지시로 「위사(緯史)」를 작성하는 등 농서와 유서(類書)에 대한 관심과 경험은 특히 조부에게서 촉발된 것이라고 할 수 있다.[3] 생부 서호수는 정조의 명으로 『도서집성』을 구입해 왔을 뿐 아니라, 외규장각을 짓고 『규장총목』을 편찬하는 등 당시 중국의 지적 성과를 수용, 정리하는 일을 선두에서 수행하였다. 서유구는 묘표(墓表)에서 서호수가 『혼개통헌집전(渾蓋通憲集箋)』, 『수리정온보해(數理精蘊補解)』, 『율려통의(律呂通義)』 등 저술을 하였을 뿐 아니라, 조정에서 천문 관련 사안이 발생하면 그 처리를 주도하였다고 말하고 있다.[4] 따라서 수리와 천문의 측면에서 생부 서호수의 학문이 영향을 미쳤을 것으로 보인다.

농업 · 수리 · 천문 등 기술의 측면 이외에 학문 일반에 대한 서유구의 시야와 관련해서 보면, 중부 서형수의 영향이 깊게 나타난다. 서형수는 자신의 글들을 정리하여 『시유집(始有集)』으로 편찬할 때 서유구를 참여시키고 그 서문을 쓰게 하였다. 1799년 서형수는 사은부사로 연경

---

2 徐有榘, 『楓石全集』 卷5, 「祭王父保晩齋先生文」, "粤在甲辰, 保晩齋叢書垂成, 而史類闕一焉. 先生將編『緯史』補之, 手定其義例, 以授小子曰: '事鉅工大, 吾老矣力不能, 無已則汝卒吾業, 可乎? 吾開其端, 汝成其終, 一書而祖孫之精力在此, 則後之讀此者, 安知不賞我家學之源流邪?' 小子跽而受, 退而不敢惰也. 會有事中撤, 先生遂取而親焉. 旣成, 趣令倩人繕寫曰: '欲迨我視未昏神未疲, 讎勘一過也. 汝曾謂老人餘日多邪?' 噫先生固有所前知者邪? 書凡六冊, 其四冊寫畢于前冬, 經先生手較, 而其二未及焉. 皇復前數日, 取其先寫者一冊進于先生, 時先生涔涔若不省, 猶爲之手較者再, 旣未替勞於前, 又未董役於後, 以速其成, 竟使先生齎此未卒之志, 是小子罪也."

3 徐有榘, 『楓石全集』 卷6, 「跋本史」.

4 徐有榘, 『楓石全集』 卷6, 「本生先考文敏公墓表」, "素嫺曆象之學, 著有『渾蓋通憲集箋』, 『數理精蘊補解』, 『律呂通義』諸書. 論者推爲專門絶藝, 朝廷有星曆述作, 輒待公裁定, 雖其周流踐歷不常于一職乎, 至雲觀梨園, 未嘗一日不帶焉."

에 가면서 정조로부터 휘주(徽州) 등 지역에 전하고 있을 민본 주자서를 구득해 오라는 명령을 받는다. 그는 귀국한 뒤에, 연경에서 기윤(紀昀)을 만나 주자서와 송본 『한서(漢書)』의 구득방법을 상의하고 또 자신의 시문집에 서문을 부탁하여 받아온 내용을 「기효람전(紀曉嵐傳)」으로 남겨 놓았다.[5] 서유구는 58세 무렵 『사고전서총목』을 읽고 나서, 이전에 『괴서잡지(槐西雜志)』, 『난양소하록(灤陽銷夏錄)』 등 수필잡록을 읽고 가졌던 기윤에 대한 인상, 곧 소품류를 잡기하는 문장가로 생각하였던 것에서 벗어나 한학(漢學)의 대가로서 재인식하게 된다. 서형수는 기윤의 제요가 주자의 설에 대하여 비판하는 부분에 대하여, 고증학을 위주로 하는 학문의 성격상 불가피한 부분으로 여기고 육학(陸學)이 주자학을 배척한 것과 동렬에 놓는 것에 반대한다. 이것은 고증학의 성과를 인정하면서 주자학을 견지하거나 보완하려는 학문적 입장에 서형수가 있음을 보여 준다. 서유구 역시 기윤의 업적을 정현이나 마단림의 업적에 상응하는 가치가 있음을 인정하면서, 주이존(朱彝尊)·고염무(顧炎武)·염약거(閻若璩) 등 명·청 대 한학자들의 학술적 성과를 활용하는 한편, 패관잡기적 지식과 문장에 대해서는 강조할 필요가 없다고 여긴다. 서유구의 학문적 시야는 서형수와 마찬가지로 주자학을 학문의 근간으로 견지하면서 명·청 대 한학의 성과를 통해 주자학을 보완하고, 치용(致用)과 구시(求是)의 차원에서 활용하는 관점이라고 할 수 있다. 이러한 서유구의 시야는 조부 서명응을 비롯하여 생부 서호수, 중부 서형수 등 집안의 학술적 가풍 속에서 자연스럽게 형성된 것으로 해석된다.[6]

원(元) 대에 『사서집주』에 대하여, 관련된 『주자어류』와 제자들의 훈

---

5 徐瀅修, 『明皐全集』 卷14, 「紀曉嵐傳」.
6 徐有榘, 『楓石全集』 卷2, 「上仲父明皐先生論紀曉嵐傳書」.

석을 가지고 집주에 소(疏)를 부가하는 형태로 보완하는 성과들이 출현한다. 그 결과 진덕수(眞德秀)의 『사서집의(四書集義)』, 축씨(祝氏)의 『사서부록(四書附錄)』, 채씨(蔡氏)의 『사서집소(四書集疏)』, 조씨의 『사서찬소(四書纂疏)』가 차례로 편찬되고 오징(吳澄)이 가장 늦게 출현하여 이들 성과들에 대하여 변석하였는데 취하고 버린 작업이 정치하지 못하였다. 이후 진력(陳櫟)이 『사서발명(四書發明)』을, 호병문(胡炳文)이 『사서통(四書通)』을 지어 오씨의 변석에서 미비된 점들을 보완하였다. 진력은 만년에 『사서발명』과 『사서통』을 합편하려고 하였지만 미처 실현하지 못하였고 그의 제자였던 예사의(倪士毅)가 『사서집석(四書輯釋)』으로 합편하여 편찬하였다. 따라서 『사서집석』은 주자 이후 원 대에 이르기까지 주자의 제자들에 의해 이루어진 성과들을 총망라하는 사상사적 의의를 지닌다.

원 대 성리학자 예사의의 『사서집석』이 1341년(至正 元年) 건양 유씨(建陽劉氏)의 일신당(日新堂)에서 간각된 뒤 7년 후 예사의는 수정을 가하였는데 간행하지는 못하였다. 수정본은 명(明) 초 지방에서 판각되었는데, 이때 원 대 정복심(程復心)의 『사서장도찬석(四書章圖纂釋)』과 합편되어 편찬되었다. 명 영락(零落)연간에 호광(胡廣) 등이 『사서대전』을 편찬할 때 『사서집석』이 저본으로 이용되었는데, 대전본이 통용된 이후로 이 『사서집석』은 학자들의 관심에서 멀어져 통용도 드물어졌다. 명 선덕(宣德), 정통(正統)연간에 왕봉(王逢)·유섬(劉剡) 등이 명 초 간행된 합편본을 토대로, 예사의의 수정본과 원 대 기타 사서류의 선본 저작을 모아 『사서통의(四書通義)』를 간행한 바가 있어 조선에도 알려졌지만, 『사서집석』의 원본은 세상에 널리 통용되지는 못하였다.[7]

---

7 顧永新(2006).

서형수는 서유구와 함께 예사의(倪士毅)의『사서집석(四書輯釋)』완본을 구하여 여러 후대의 판본에서 부가된 부분을 떼어 내 원래의 모습을 되찾아 주는 교감을 가하고, 1부 필사한 다음 목판을 간행하는 작업을 도모하였다. 서형수는 그런 작업이 '경을 보위하고 도를 돕는[衛經翼道]' 대의(大義)가 담겨 있다고 자부하였다.[8] 서유구는 일부를 누락시키거나 또는 '문제(文帝)'를 '원제(元帝)'로 표기하는 등『사서대전』의 오류를 지적하면서, 한 시대 교학을 현창시켜 오류투성이의 대전본에만 매몰되지 않게 하기 위해서 이『사서집석』의 간행이 중요하다고 중부의 작업을 높이 평가하고 있다.[9]

서형수는 또한『국조보감』,『문헌비고』,『해동명신록』,『인물고』등을 참조하여 본기·연표·지(志)·전(傳) 등을 갖춘 당대 조정사(朝廷史)를 쓰고 싶어하였다. 그는 이런 의지를 서유구에게 밝힌 바 있다.[10] 서유구는 서형수의 학문적 작업들을 높이 평가하면서 동시에, 십삼경에 대해 주소 이후 산출된 성과들 가운데『주역절중(周易折中)』,『시경전설휘찬(詩經傳說彙纂)』,『서경전설휘찬(書經傳說彙纂)』,『춘추전설휘찬(春秋傳說彙纂)』,『주례의소(周禮義疏)』,『의례의소(儀禮義疏)』,『예기의소(禮記義疏)』등을 포함하고,『효경』과『이아』에 대해 교정을 가하고,『춘추』삼전을 독립시켜서 주소(註疏)를 보완하는 전설(傳說)의 편찬이 필요하다고 건의하였다. 그는 또한『시(詩)』의「소서(小序)」,『고문상서』,『대학』의 개정, '춘왕정월(春王正月)' 등 경학상의 사안에 대하여 분명하게 입장을 밝혀야 한다고 말하고 있다.[11]

---

8 徐瀅修,『明皐全集』卷5,「答有榘」.
9 徐有榘,『楓石全集』卷3,「上仲父明皐先生論四書輯釋書」.
10 徐瀅修,『明皐全集』卷5,「答從子有榘」.
11 徐有榘,『楓石全集』卷3,「上仲父明皐先生論四書輯釋書」, "『易』用『折中』,『詩』『書』『春秋』

십삼경에 대하여 주소(註疏)를 전설(傳說)의 형태로 보완하자는 의견으로부터 두 가지 맥락을 함께 읽을 수 있다. 하나는 주소 이후 새롭게 제시된 경학적 성과들을 종합하여 주소를 보완함으로써 학문적 시야를 넓히려는 의지이다. 이것은 『사서집석』의 편찬을 통해 대전본의 경학적 오류를 보완하고자 하는 의도와 같은 실사구시(實事求是)의 맥락이다. 또 하나는 주소 이후의 새로운 경학적 성과들을 수렴할 때 주자 경학의 성과를 기반으로 보완하는 방식으로 수렴하는 것이다. 서유구가 주소를 전설의 체제로 보완하고자 한 발상은 『시』, 『서』, 『춘추』에 대한 전설휘찬(傳說彙纂)에서 가져온 것이다. 휘찬은 옹정(雍正)연간에 왕명으로 간행된 것으로, 경문에 대한 주석을 구성할 때, 주자와 그 후학에 의해 이루어진 성과를 '집전(集傳)', 기타 여러 학자들의 일반적인 견해들을 '집설(集說)', 일반적 견해와 다른 소수의 견해를 '부록(附錄)', 자신의 견해를 '안(案)' 등으로 분류하여 기존 주석들을 망라해 놓았다.[12] 삼례의소(三禮義疏) 가운데 『예기의소(禮記義疏)』는 『대학』과 『중용』에 대하여 주자의 『대학장구』와 『중용장구』를 그대로 수록하면서, 전체적으로 의리의 귀착처는 정주를 기준〔圭臬〕으로 삼는 입장을 취하였다.[13] 서유구는 청 대 이들 성과를 바탕으로 십삼경에 대하여 주자학 이전의 주소

用『彙纂』, 三禮用『義疏』, 益加隲栝, 次及『孝經』『爾雅』, 而『大學』『中庸』, 還之『禮記』, 『左傳』『穀梁』『公羊』, 各自爲書, 合成十三經傳說, 而註疏爲前編, 傳說爲後編, 網羅諸儒之箭解, 而古今幷收闡揚羣聖之謨訓, 而微奧畢願, 顧不偉歟! 雖卽不行于今, 猶可藏之笥篋, 以竢百世, 從子當奉筆硯相役, 得附訂閱之末, 掛名編尾, 亦足不朽矣. 若夫『詩』之小序, 『書』之古文, 『大學』之改本, 『春秋』之春王正月, 公吾心大吾目, 拄彼嘵嘵之齰, 立我正正之轍, 勿撓焉勿懾焉, 可也. 顧後瞻前, 當斷不斷, 則盈庭之訟, 終無堂上之人矣, 其於後死之責, 何哉?"

12 가령 『書經傳說彙纂』은 蔡沈의 『書集傳』을 傳으로 삼아 앞에 배치하였다. 전설휘찬의 체제는 사고전서본을 참고하였다.

13 「禮記義疏凡例」, "說禮諸家或專尙鄭孔, 或喜自立說而好排注疏, 紛紛聚訟, 玆各虛心體究, 無所專適, 惟說之是者從之, 至於義理之指歸, 一奉程朱爲圭臬云."

(註疏)를 주자학의 입장에서 새롭게 보완하는 전설(傳說) 체제를 갖추고
자 한 것이다.

예학의 측면에서 서유구 자신은 가학적 연원을 직접 밝히는 기록을
남지지 않았지만, 서명응과 서호수 등 서유구 가문이 국가 행례의식의
수행과 의주의 편찬에 참여하고 있는 상황을 통해 간접적으로 살펴볼
수 있다. 예악의 개보에 참여하여 활동한 측면에서 볼 때, 서유구 가문
의 가학 연원은 증조부 서종옥(徐宗玉)으로 거슬러 올라간다. 서종옥은
1743년(영조 19) 대사례(大射禮)의 의절을 『오례의』와 『명회전』을 참고
하여 정하고 행할 때 참여하였고, 종묘의 제사에 사용하는 악가(樂歌)의
개정을 건의하여 수용되었지만, 실행에 옮기지는 못하였다.[14] 서명응은
악가 개정에 대한 선친의 뜻을 이어받아 정언(正言)으로 재직하던 1754
년 상소하여 문소전과 종묘에 사용하는 악가를 재정비할 것을 건의하고,
결국 1765년 영조의 명으로 『해동악장(海東樂章)』의 편찬에 참여하였으
며,[15] 개인적으로는 『아악도서(雅樂圖書)』를 편찬하였다.[16] 서호수 역시
종묘 제사의 악장을 정리하여 책으로 편찬하는 일에 참여하였다.[17] 『임
원경제지』의 「유예지」에 정리된 당시 악보들은 이러한 선대의 가학에
기반하여 이루어진 것이다.

영조 대에 대사의(大射儀)가 재정비된 후, 정조는 연사례(燕射禮)를 시
행하고 의주를 새로 수립하였다. 대사례는 본래 천자와 제후의 제사에
참여하여 도울 사람들을 선발하는 의례로 반궁(泮宮)에서 행하지만, 연
사(燕射)는 연음(燕飮)하는 가운데 사례(射禮)를 행하는 것이다. 『의례』,

---

14 『영조실록』, 영조 19년 계해(1743) 윤4월 7일(경신), 17일(경오) 기사.
15 『영조실록』, 영조 41년 을유(1765) 4월 7일(임자) 기사.
16 徐有榘, 『楓石全集』 卷8, 「書祖考文靖公遺事」.
17 『정조실록』, 정조 15년 신해(1791) 6월 22일(을축) 기사.

「연례(燕禮)」에는 주인이 사(士)에게까지 술을 따라 주는 절차가 끝난 뒤에 "활쏘기를 할 경우 대사정(大射正)이 사사(司射)가 되어 향사례와 같은 절차로 행한다."라고 하였다.[18] 연사는 곧 연례를 행하면서 연음을 위해 행하는 것으로, 대사례에 비하여 간소하고 제사 등 조건에 구애받지 않으면서 언제나 행할 수 있는 것이다.

실록에 따르면, 정조는 1779년 9월 불운정에서, 1783년 12월 춘당대에서 연사례를 행하였는데, 이들 의례에 서명응·서호수·서형수 등이 참여하였다. 정조는 연사례를 실행하면서 의주를 제정하게 하고 「연침음사례의주(燕寢飲射禮儀註)」라고 명명하였는데, 최종 개찬은 서명응이 맡았다. 서명응이 올린 「연사습의(燕射習儀)」의 홀기 내용은 『정조실록』(1783년 12월 기사)에 수록되어 전한다.[19] 서명응은 『의례』, 『개원례』, 『오례의』 등을 참작하여 의주를 새로 작성하였는데, 국왕과 신하들이 4발의 활을 쏠 때 절주(節奏)로 사용할 악가로 '황의(皇矣)' 7절과 '대부(大夫)' 5절을 직접 지어 반영하였다. 이로써 제후의 연사의주(燕射儀註)가 조선에서 악가가 함께 사용되는 완비된 형태로 새롭게 제정되었다.

이러한 서명응의 연사의주(燕射儀註) 편찬 경험은 이후 『향례합편』 편찬에 참여하는 서유구에게 자연스럽게 기반이 되었을 것으로 보인다. 편찬 과정에서 서유구는 정조의 명에 따라 향음와 향사의 두 의주를 직접 새로 제정하여 정조에게 제시하였다. 『의례』의 규정에 의하면, 연사(燕射)는 향사(鄕射) 의절과 같다. 다만 서유구는 악가를 사용하지 않는 형태로 향사의(鄕射儀)를 제정하였는데, 이것은 제후의 연사와 구별하면서

---

18 『儀禮註疏』, 「燕禮」, "若射, 大射正爲司射, 如鄕射之禮."
19 徐命膺의 『保晩齋集』에는 「燕射習儀芴記」가 수록되어 있지 않고, 燕射 가운데 행하는 樂歌 중 「皇矣」와 「大夫」 각 1장이 전한다.

동시에 절검을 위한 것이었다. 정조는『향례합편』에 서유구가 제정한 새로운 의주를 수록하지 않고, 서유구 개인 저술 가운데 포함시키도록 권고하였고, 서유구는 정조의 말대로『임원경제지』에 「향례지」를 두어 자신이 제정한 향음의(鄕飮儀)와 향사의(鄕射儀)를 수록하였다. 요컨대『임원경제지』의 두 의주는 한편으로 조부 서명응이 연사(燕射)의 의주를 제정하였던 가학적 경험을 이어받으면서, 한편으로 정조의『향례합편』편찬에 주도적으로 참여하였던 결과로 탄생한 것이라고 할 수 있다.

2) 『향례합편(鄕禮合編)』의 편찬과 「향례지(鄕禮志)」의 구성

정조는 1795년 전국에 향음주례를 강습하게 하고 혜정(惠政)을 베풀도록 조치하는 윤음을 발표하였다. 혜경궁의 회갑을 맞이하여, '즐거움을 백성과 함께 나누는' 국왕의 본분을 행하는 취지였다. 또한 '하루 예를 행하여도 사방이 감발되는' 예의 역속(易俗) 효과에 의지하여 점점 투박해지는 풍속을 변화시키고자 하는 취지였다.[20] 정조는 이를 구체화하기 위하여 1797년 향음·향사의 의절을 책으로 묶게 하여『향례합편』으로 명명하고, 새로 간행한『소학』,『오륜행실』과 함께 전국에 반사하게 하였다.『오륜행실』은『삼강행실도』와『이륜행실도』를 합편한 것으로,『소학』과 함께『향례합편』을 보조하기 위한 것이었다.[21]

『향례합편』은 향음주례·향사례·향약·관례·혼례 등의 순서로 역

---

20 『정조실록』, 19년 乙卯(1795, 乾隆 60) 6월 18일(丁酉) 기사, "施于有政, 與百姓同樂, 后王之事也. …… 古人所謂一日禮行, 四方風動者, 未必不在於玆矣. 其令京外長民之官, 講習修明其申誡之辭, 續當頒示."
21 『정조실록』, 21년 丁巳(1797, 嘉慶 2) 7월 20일(丁酉) 기사;『홍재전서』권184, 「羣書標記」6, 命撰 2, 五倫行實圖.

대 의주를 합편하여, 1797년 원일(元日)에 내린 정조의 윤음(綸音), 그리고 향음주와 향약 제도의 역대 연혁에 대한 간략한 설명과 정조의 간행 취지를 담은 「총서(總敍)」를 서두에 붙인 것이다. 그 합편한 내용을 보면, 향음주례는 『의례』, 『예기』, 『개원례』, 『명집례』, 『국조오례의』의 의주를, 향사례는 『의례』, 『예기』, 『국조오례의』를, 향약은 『주자증손여씨향약』을, 관례와 혼례는 『서의』와 『가례』, 『국조오례의』의 의주를 채택하고 있다. 『의례』의 경우 『의례주소』를 기본으로 하면서 『의례경전통해』의 주자 주석을 함께 참고하여 일부 반영하였다. 이를 도표로 정리하면 다음과 같다.

<표 1> 『향례합편』 체제 구성

章	節目	細目	內容備考
綸音	御製養老務農, 頒行 『小學』, 『五倫行實』, 『鄕飮酒禮』, 『鄕約』		
目錄	鄕禮合編目錄		
總敍	鄕禮合編總敍	周制, 漢, 唐, 宋, 明, 國朝(世宗, 中宗, 顯宗, 英宗)	鄕飮酒禮
		宋, 國朝(中宗, 明宗－李滉, 先祖－李珥, 顯宗－宋時烈)	鄕約
		當宁(正祖)	鄕禮合編(小學, 五倫行實, 鄕飮酒禮, 冠禮, 昏禮, 鄕約)
鄕飮酒禮	『儀禮』		鄭玄 注, 賈公彦 疏 (節略) 『儀禮經傳通解』 이용
	『記』		鄭玄 注, 賈公彦 疏, 朱熹 按 (節略) 『儀禮經傳通解』 이용
	『禮記』, 「鄕飮酒義」		鄭玄 注, 孔穎達 疏 (節略)
	『唐開元禮』		
	『宋史』, 「禮志」		朱熹, 「行鄕飮酒告先聖文」을 포함

章	節目	細目	內容備考
	『大明集禮』		
	『大明會典』		
	『國朝五禮儀』		
鄉射禮	『儀禮』		鄭玄 注, 賈公彦 疏 (節略)
	『記』		鄭玄 注, 賈公彦 疏 (節略)
	『國朝五禮儀』		
鄉約	『藍田呂氏鄉約』		
	『朱子增損呂氏鄉約』		
士冠禮	『司馬氏書儀』		
	『朱子家禮』		『書儀』 부분 생략; 本註 포함
	『國朝五禮儀』		
士昏禮	『司馬氏書儀』		
	『朱子家禮』		『書儀』 부분 생략; 本註 포함
	『國朝五禮儀』		
編輯			編纂者(李秉模, 尹蓍東, 閔鍾顯, 沈煥之, 徐龍輔, 李始源, 徐有榘, 崔光泰, 黃基天), 監印(李晚秀)

　　1795년 윤음을 보면, 『향례합편』의 내용 구성과 관련하여 정조의 처음 계획은 향음과 향사의 역대 의주를 합편하여 전국에 반사하는 것이었다. 그러자 우의정이었던 윤시동(尹蓍東)은 주자가 수정한 여씨향약을 함께 포함시켜 향음주례를 시행하는 날 함께 읽게 하자고 건의하였고, 정조는 향약이 마을마다 사정에 따라 달리할 수 있기 때문에 획일적으로 하는 것이 폐단을 유발할 수 있다고 우려하였다. 향음과 향사는 전국적으로 동일하게 규정할 수 있는 공적인 의례이지만, 향약은 향촌의 사정에 따라 자율적으로 제정하여 행해지는 자치적 성격이 강한 제도여서 일률적으로 규정하는 것이 향촌의 사정과 부합하지 않아 폐단을 나을

수 있기 때문이다. 그러나 윤시동과 예조의 거듭된 건의에 따라 결국 향약을 『향례합편』에 포함시켰는데, 정조는 향약의 편집을 서유구와 민종현(閔鍾顯)에게 담당하게 하였다.[22]

향약에 대한 이러한 정조의 우려는 표면적인 이유이고, 실제로는 향약 규정이 백성을 통제하고 상호 공격하게 하는 수단이 되는 것에 있었다. 이는 백성들이 향약 주도자의 통제에 옴짝달싹 못하는 상황에 대한 우려로, 이이(李珥)가 향약의 시행에 대하여 우려하였던 관점을 이어받은 것이다.[23] 이이는 향약의 시행에서 발생하는 폐단에 대하여 양민(養民)이 일정한 수준에 오르지 않은 상태에서 향약으로 교민(敎民)을 행하면 효과가 없다는 것과, 조정과 관료가 먼저 바르지 않은 상황에서 향약을 통해 백성을 바르게 하면, 근본이 바르게 되지 않은 상태에서 말단을 바로잡는 조치가 되어 실패한다고 보았다.[24] 이이의 우려는 곧 관료들이 향약을 가지고 백성을 자의적으로 통제하는 것에 대한 것인데, 정조 역시 이 점을 염두에 두고 향약 규정을 엄격히 시행할 경우 백성들을 풍화시키는 것이 아니라 도리어 분쟁만 조장하는 결과를 초래할 수 있다고

---

22 『정조실록』, 21년 丁巳(1797, 嘉慶 2) 6月 2日(辛未) 기사; 『향례합편』, 「總敍」 14면 참조.
23 正祖, 『弘齋全書』 권164, 「日得錄」, 文學, "『鄕禮合編』將印行, 敎曰: '鄕飮、鄕約, 修明古禮之擧, 蓋出於廣敬因本回漓返淳之意, 而鄕飮則固無爲弊之可言, 鄕約則古今異宜, 擧行之際, 約條太嚴, 則安知無反致騷擾, 轉啓爭競, 如潁川鉤距之弊乎? 故右相以必可行爲言, 故使之編書同頒, 而先正之所不能推行者, 今之方伯守宰, 誰任其責也?" 先正은 李珥를 가리킨다. 같은 책 권184, 「羣書標記」 6, 命撰 2, '鄕禮合編'에서는 "至若鄕約, 昉於宋儒呂大勻, 而朱夫子取其文增損之以爲良規, 謹稽我祖宗故事, 亦嘗講明是法, 今又以朱子刪定本附於下, 而以今不敎之民, 亟以撓之, 誠恐風俗異宜, 推行不去, 先正李珥嘗言鄕約之不便, 可謂先獲."라고 하여 직접 李珥를 거론한다.
24 『선조수정실록』, 6년 계유(1573, 만력 1) 9월 1일(무인) 기사, "鄕約是三代之法, 而殿下命行之, 此近代所無之盛事. 但凡事有本有末. 人君正心, 以正朝廷; 正朝廷, 以正百官; 正百官, 以正萬民, 鄕約乃正萬民之法也. 朝廷百官, 未底於正, 而先正萬民, 則捨本治末, 事必無成. 今者已擧盛典, 不可中止. 殿下必須躬行心得, 而施及朝廷, 政令皆出於正, 然後民有所感發而興起矣."

보았던 것이다.

향약의 시행이 백성들에게 수탈하는 합법적 수단으로 악용되는 일은
조선시대 내내 흔히 있었다. 『향례합편』 편찬에 참여하였던 서용보(徐龍
輔, 1759~1816)는 가평에서 양정(良丁)을 모집하여 백성들로부터 비용과
물품을 추렴하게 시키는 규정을 향약 조례에 넣어 시행하면서, 향약의
시행이 도리어 백성들을 수탈하는 폐해를 낳고 있음을 발견하고 조례를
파기시킨 바 있다. 정조가 우려하였던 것이 현실에서 발생한 사안이었
다. 서용보는 향약조례의 파기로 인해 탄핵을 받았는데, 자신의 의도가
곧 향약의 시행을 저지하는 것이 아닌 시행의 악용을 저지하는 것이었
다고 항변하였다. 순조는 서용보의 조치에 대하여 합당하다고 보고 관
찰사의 직위에 대한 사직 요청을 반려하였다.[25]

『향례합편』이 반사된 뒤에 목민관과 사족 지식인들에게 반향이 매우
컸다. 정조의 반사 이후 지방에서 향음·향사례의 시행과 향약 등 관련
절목의 편찬은 전국적으로 확산되었던 것으로 보인다. 평생 출사하지
않았던 이동급(李東汲, 1738~1811)은 칠곡에서 활동하면서 성주목에서
시행하기 위한 「향약절목(鄕約節目)」을 제정하여 시행하였는데, 그는 서
문에서 정조의 뜻을 받들어 봄과 가을로 향음주례를 시행, 향풍(鄕風)을
계도할 것을 천명하고 있다. 그는 실제로 1807년 방백 윤광안(尹光顔)이
주관하여 향음주례를 행하는 데에 정종노(鄭宗魯)와 함께 삼빈(三賓)으
로 참가하여, 「대구향교행향음주례서(大邱鄕校行鄕飮酒禮序)」를 직접 지
었다.[26] 정약용은 『국조오례의』의 향음주례 규정이 너무 간단하다고 판

---

25 徐龍輔, 『竹石館遺集』 제4책, 「因文躍淵疏, 陳加平鄕約始末疏」. 이 사건은 실록에 수록되지
   않았다. 시기는 서용보가 京畿觀察使를 맡았던 1803년(순조 3) 5~6월경으로 추측된다.
26 李東汲, 『晩覺齋先生文集』 卷3, 「鄕約節目」; 「大邱鄕校行鄕飮酒禮序」.

단하고, 『향례합편』을 참고해서 스스로 향음주의(鄕飮酒儀)를 새롭게 제정하여 『목민심서』속에 수록하였다. 향사례의 경우는 『향례합편』의 규정에 따를 것을 권고하고 있다.[27] 요컨대 정조 『향례합편』 간행은 조선 후기 지방에서 향례가 확대되는 한 계기가 되었다.

서유구는 『향례합편』의 편찬 과정에서 향약을 편집한 것 이외에 향음과 향사에 대한 절목을 직접 제정하였다. 새로운 의주는 『개원례』와 『명집례』의 의주를 사례로 참작하면서 『의례』의 복잡함과 『국조오례의』의 소략함을 절충하는 형태였다. 그는 새로 제정한 의주를 역대 의주들 끝에 부가하여 올렸다. 정조는 고례를 복원하기 어려운 이상 국제(國制)를 준용하는 것이 '구장(舊章)을 따르는 뜻'[28]을 잃지 않는 것이라고 보고 채택하지 않았다. 대신 서유구 자신의 문집에 수록하여 후대에 전하도록 권유하였다. 정조는 『국조오례의』의 규정을 조종성헌으로 준수하는 쪽을 택한 것인데, 그 이유는 명확치 않지만, 새로운 규정으로 시행에 혼란을 가중시킬 수 있다고 우려한 것이 아닌가 생각된다.

『임원경제지』, 「향례지」는 향음주의(鄕飮酒儀)·향사의(鄕射儀)·향약(鄕約)·사창계약속(社倉契約束)·관례·혼례·상례·제례로 구성되어 있다. 향음주례·향사례·향약·관례·혼례의 부분은 『향례합편』의 내용을 전부 그대로 가져와 수록하였다. 『향례합편』과 비교해 보면, 먼저 향약 뒤에 이이의 사창계약속(社倉契約束)을 추가하였는데, 입약범례(立約凡例) 부분만 빼고 그대로 가져와 수록하였다. 상례와 제례 절목을 새로 편성하여 보완하였는데 모두 서유구 자신이 제정한 절목이다. 상례와 제

---

27 백민정(2014).
28 『詩』, 「大雅」, '假樂'에 "不愆不忘, 率由舊章."이라고 하였고, 『孟子』, 「離婁上」에 "『詩』云 '不愆不忘, 率由舊章', 遵先王之法而過者未之有也."라고 하였다.

례의 절목은『가례』를 근간으로 삼으면서『가례의절』,『상례비요』,『제의초(祭儀鈔)』등을 참작하여 찬정하였는데, 자신의 의견으로 새롭게 보완할 때에는 '안(按)'으로 표기하여 구별하였다. 그리고 서유구 자신이 찬정한 향음주의와 향사의를 향음과 향사 두 절목의 끝에 추가하였다. 전체 내용을 도표로 표시하면 다음과 같다.

〈표 2〉「향례지」체제 구성

章	節	目	著·註·疏	備考
通禮	鄕飮酒禮	『儀禮』	鄭玄 注, 賈公彦 疏 (節略)	『鄕禮合編』과 동일
		『唐開元禮』		『鄕禮合編』과 동일
		『宋史』,「禮志」		『鄕禮合編』 가운데「行鄕飮酒告先聖文」생략
		『明集禮』		『鄕禮合編』과 동일
		『國朝五禮儀』		『鄕禮合編』과 동일
		新定儀	徐有榘	『楓石集』에서 인용
	鄕射禮	『儀禮』	鄭玄 注, 賈公彦 疏 (節略)	『鄕禮合編』과 동일
		『國朝五禮儀』		『鄕禮合編』과 동일
		新定儀	徐有榘	『楓石集』에서 인용
	鄕約	「朱子增損呂氏鄕約」	朱熹	『鄕禮合編』과 동일
		社倉契約束	李珥	『栗谷全書』에서 인용
冠婚禮	冠禮	『書儀』	司馬光	『鄕禮合編』과 동일
		『家禮』	朱熹	『鄕禮合編』과 동일
		『國朝五禮儀』		『鄕禮合編』과 동일
	昏禮	『書儀』	司馬光	『鄕禮合編』과 동일
		『家禮』	朱熹	『鄕禮合編』과 동일
		『國朝五禮儀』		『鄕禮合編』과 동일

章	節	目	著·註·疏	備考
喪祭禮	喪禮	復	徐有榘	『家禮』本文 및 本註, 『儀禮』(注疏), 『禮記』, 『家禮儀節』, 『書儀』, 『喪禮備要』, 徐有榘 案
		具繡(訃書式)		
		襲(具)		
		小斂(具)		
		大斂(具)		
		成服(具, 服制圖)		
		朝夕哭奠		
		吊賻(慰疏式, 慰人祖父母亡狀式, 答狀式)		
		奔喪		
		治裝(具, 祠土地祝文式)		
		發引(具)		
		窆葬(具, 祠土地祝文式)		
		虞祭(具, 祝文式, 設饌儀, 設饌圖)		
		卒哭(答慰疏式)		
		祔祭(祝文式)		
		小祥(具)		
		大祥(具)		
		禫祭(具)		
		吉祭		
		改葬(開塋域祠土地祝文, 啓墓前祠堂告辭, 啓墓時祠土地祝文, 啓墓告辭, 改葬後祠土地祝文, 虞祭祝文, 改葬後祠堂告辭)		
	祭禮	立祠堂(有事告辭, 改題主告辭, 出主告辭, 合祭埋主祝文式, 合祭祖以上祝文式, 合祭新主祝文式)	徐有榘	『家禮』本文 및 本註, 『張氏祭禮考』, 『張氏祭儀考』, 『家禮儀節』, 『擊蒙要訣』, 『栗谷祭儀鈔』, 『喪禮備要』, 徐有榘 案
		時祭(出主告辭, 祝文式)		
		忌祭(出主告辭, 祝文式)		
		墓祭(祝文式)		
		喪服中行祭儀		

「향례지」에서 상례와 제례를 새로 보입(補入)하여 향음·향사와 더불어 사례를 함께 수록한 것은 『향례합편』이 사례 가운데 관례와 혼례만 수록한 것을 보완한 것이지만, 그 연원은 『고사촬요(考事撮要)』로 거슬러 올라가 살펴볼 수 있다. 인조 대 최명길과 이식(李植) 등에 의해 『고사촬요』가 보완될 때, 관에서 행하는 의례와 민간의 실생활에 필요한 계산법·치료법 등 백과사전적 지식들이 추가되었다. 그 가운데 '향사의'· '향음주의'와 더불어 가례와 관련해서 '혼서식(婚書式)'과 '오복국제(五服國制)' 등이 들어 있는데, 이들은 모두 『국조오례의』에서 가져온 것이다. 서명응은 이 『고사촬요』를 다시 보완해서 『고사신서(攷事新書)』로 재편하였는데, 이때 '사관의(士冠儀)'·'사혼의(士昏儀)'·'사상의(士喪儀)'·'사제례(士祭禮)' 등 사례(四禮)를 새로 편성하여 추가하면서, 『가례』를 기준으로 하여 실행 위주로 좀더 간략하게 서명응 자신이 직접 제정하였다. 향음주의와 향사의는 『국조오례의』를 그대로 가져왔기 때문에 『고사촬요』와 내용상 차이가 없다. 그러나 『고사촬요』에서 추가되었던 '혼서식'과 '오복국제'를 빼고, 대신 사례(四禮)에 대해 서명응 자신이 직접 제정한 의주(儀註)를 추가하였다.[29]

『고사촬요』의 경우 어숙권이 처음 책으로 엮을 때는 개인적으로 행한 것이지만, 널리 활용되면서 이후 보완될 때에는 국왕의 명을 받아 행하였기 때문에 보완하는 사람들이 자신의 뜻에 따라 의주를 제정할 수 없었던 것으로 생각된다. 따라서 의례와 관련해 추가된 부분들은 『국조오례의』에서 가져와 추가하였던 것이다. 반면 『고사신서』는 서명응이 개인적으로 새로 보완하여 편찬한 것이어서, 자신이 직접 실용 위주로

---

29 『考事撮要』와 『攷事新書』의 내용은 국립중앙도서관 소장본에 근거하였다. 관련 연구로 박권수(2010).

새로 제정한 사례 의주를 추가할 수 있었던 것으로 생각된다.

「향례지」의 구성은 기본적으로『향례합편』에 기초한 것이지만, 관혼례를 사례로 확대하여 상·제례의 경우 서유구 자신이 직접 제정한 의주를 추가한 것은『고사신서』의 사례를 이어받은 것으로 보인다. 흥미로운 점은 상례와 제례를 부가하면서 조부가 제정한 의주를 채택하지 않고 자신이 직접 제정한 의주를 넣은 부분이다. 이것은 조부의 의주를 보완하는 차원이 아니다. 서유구는 절목을 한편으로『가례』에 더욱 충실하게 근거하면서, 한편으로『서의(書儀)』,『가례의절(家禮儀節)』,『상례비요(喪禮備要)』,『제의초(祭儀鈔)』등 중국과 조선의 예서들을 주석으로 반영하여 새로 작성하였다. 조부 서명응은 세부 절목을 줄이고 실용을 위주로 기술하고 있는 반면, 서유구는 세부 의절을 완벽하게 갖추어 놓고, 변례의 상황까지 고려하여 실행의 표준을 제시하고 있다. 따라서 의절로서의 완성도가 높아진 대신 간소함이나 편리함 등 실용성은 상대적으로 서명응의 절목에 비하여 줄어든 형태다. 예컨대 부고의 경우 서명응은 호상(護喪)이 상주를 대신해서 부고한다는 것만 기술하였지만, 서유구는 부고의 서식과 더불어 상주를 표기하는 방식까지 당시 속례를 수용하여 상세하게 제시하였다.[30] 오복제(五服制)의 경우, 서명응은 일반적인 사례들을 위주로 기술한 반면, 서유구는 변례적 상황을 고려하여 기술하고 있는데, 장기복(杖期服)의 경우, 서유구는 모상(母喪) 중에 부상(父喪)을 당한 변례적 상황[31]을 함께 수록하면서, 성복(成服)을 기준으로 부상(父喪)의 발생 시점에 따라 자최삼년(성복 이전 부 사망)과 장기

---

30 徐命膺,『攷事新書』,「士喪禮」, 初終;『林園經濟志』,「鄕禮志」, 喪禮, 訃書式.
31 여기서 '변례적 상황'이라고 함은 삼례서와 후대의 예전에 규정되어 있지 않아 규정을 새로 설정해야 하는 상황을 의미한다.

(성복 이후 부 사망)의 두 가지로 규정을 세우는 조선 학자들의 설을 들어서 규정을 제시한다.[32]

향례 절목의 제정에서 볼 때, 『향례합편』은 이후 더 확대된 관찬서가 편찬되지 않았다는 점에서 조선 후기 관찬서의 한 정점을 차지한다. 『임원경제지』, 「향례지」는 『고사촬요』의 발전 형태인 조부 서명응의 『고사신서』, 그리고 서유구 자신이 참여하여 편찬한 『향례합편』을 수용, 보완하여 진일보시키고 있다. 서유구는 향음주례·향사례와 더불어 상례·제례에 대하여 서유구 자신이 전면적으로 새롭게 상세한 의주(儀註)를 제정하여 부가함으로써 향음·향사와 사례에 대한 의주가 하나의 완비된 체제를 이루게 하였다. 따라서 「향례지」는 향례 절목에 대한 조선 후기 대표적 사찬서일 뿐 아니라, 향례 절목에 관한 공적·사적 성취를 함께 수렴하여 진전시킨 점에서 조선시대 향례 절목 발전사의 한 정점에 있다고 할 수 있다.

3. 「향례지(鄕禮志)」의 예식 내용과 특성

1) 향사례(鄕射禮)와 향음주례(鄕飮酒禮)

'향례(鄕禮)'라는 용어를 분류 개념으로 사용한 것은 주희가 처음이다. 삼례서 자체에서 '향례(鄕禮)'는 등장하지 않는다. 정현의 주석에서 향례는 향음주례를 줄인 말로 사용되기는 하였지만,[33] 예를 분류하는 개념으

---

32 徐有榘, 『林園經濟志』, 「鄕禮志」, 5책 63면, 喪禮, 成服, '杖期' 조항.

33 陳澔, 『禮記大全』, 「王制」, "耆老皆朝于庠, 元日習射上功, 習鄕上齒. 大司徒帥國之俊士與執事焉."의 注: "鄕, 謂飮酒也. 鄕禮, 春秋射、國蜡, 而飮酒養老."

로 사용되지 않았다. 주희는 『의례경전통해』에서 『의례』와 『예기』 각 편의 내용을 가(家)·향(鄕)·학(學)·방국(邦國)·왕조(王朝) 등으로 분류하면서, 향례에 사상견(士相見)·투호(投壺)·향음주(鄕飮酒)·향사(鄕射) 등을 포함시켰다.[34] 그러나 주희의 이 분류는 다소 임의적이다. 가령 사상견례(士相見禮)는 직위(職位)를 가진 사가 상견하는 예로, 그 내용 가운데에는 사(士)가 작명을 받아 국군(國君)을 알현하는 의절도 있다. 주자는 이들 부분을 떼어서 학례(學禮) 가운데 신례(臣禮)에 배치하였다. 명 대 황좌(黃佐, 1490~1566)는 『태천향례(泰泉鄕禮)』를 간행하면서 향음·향사 이외에 사례(四禮)와 향약·향교(鄕校)·사창(社倉)·향사(鄕社)·보갑(保甲) 등 규약도 포함하였다.[35] 정조의 명으로 간행된 『향례합편(鄕禮合編)』에는 향음주·향사·향약·관례·혼례 등이 포함되어 있다. 그리고 『임원경제지』의 「향례지」에는 『향례합편』의 내용에 상례와 제례가 더 추가되어 있다. 요컨대 '향례'가 분류 개념으로 사용될 때 그 범위는 사용하는 사람에 따라 일정하지 않지만, 송 대 이후 향촌의 제도 규약과 의례를 포함하는 넓은 의미로 사용되고 있음을 알 수 있다.

향당(鄕黨)의 차원에서 빈(賓)을 모시고 술을 마시는 의식이 향음주례라면, 활을 쏘는 의식이 향사례가 된다. 두 의례는 향음(鄕飮)−상덕(尙德), 향사(鄕射)−상공(尙功)으로 목적에서 그 중점이 구분되는 독립된 의례이다. 그러나 실제 행하는 과정은 향음(鄕飮)−향사(鄕射)−연(燕)의 연속된 의례로 행해진다. 『의례(儀禮)』에서 향사례의 의절은 향사의 전단계에서 여수(旅酬) 의절 이전 사정(司正)을 세우는 의절까지 향음주례 의절을 행하고, 활을 쏘는 의절을 행한 다음에 다시 여수(旅酬)

---

34 朱熹, 『儀禮經傳通解』, 「儀禮經傳目錄」.
35 『泰泉鄕禮』은 四庫全書本 참조.

등 연음(燕飮)하는 향음(鄕飮)의 의절을 진행하는 것으로 구성되어 있다.

이 두 향례는 정치적으로 국가가 행정의 기초 단위 수준인 향(鄕)과 주(州)에서 인재를 발굴하고 교육을 진작시키는 흥현흥학(興賢興學)과 상하 사이의 공경을 통해 사회를 안정시키는 존치상덕(尊齒尙德)의 두 목적을 담고 있다. 향음주례에 대하여 정현(鄭玄)은 『삼례목록(三禮目錄)』에서 "제후의 향대부(鄕大夫)가 3년마다 행하는 인재 선발에서 덕이 뛰어난 인재[賢者]와 기예가 뛰어난 인재[能者]를 국군에게 바치는데 예로써 빈(賓)을 삼고 더불어 술을 마신다."[36]라고 설명한다. 이것은 그 취지를 인재 선발에 두고 행하는 공적인 국례(國禮)로 향음주례의 위상을 설정하는 것이다.

그러나 후대에 이를수록 향음주례는 인재 선발보다 장유의 질서를 확립하여 향당의 안정을 도모하는 쪽에 더 중점이 두어진다. 『예기정의(禮記正義)』 소(疏)에는 향음주례의 취지에 대하여 정현의 설명 이외에 다시, ① 당정(黨正)이 음주의 예를 주관하는 경우, ② 향사례(鄕射禮)를 시행하기 위해 먼저 행하는 경우, ③ 경(卿)·대부(大夫)·사(士)가 국중(國中)의 현자를 모시고 음주의 예를 행하는 경우 등을 들면서, 향사례가 공(功) 곧 현능(賢能)을 높인다면, 향음주례는 치(齒) 곧 장유를 우선시한다는 「왕제(王制)」의 말을 인용하고 있다.[37] 『예기대전』, 「향음주의(鄕飮酒義)」 서두는 "향인이 때에 따라 모여서 술을 마시는 예"[38]라는 여대림(呂大臨)의 말을 인용하고 있다. 『명회전(明會典)』이나 『국조오례의』의 규정에서는 향음주례 설치의 목적을, "연장자를 존숭하고, 덕행이

---

36 『十三經註疏』(整理本) 10책 145면, 『儀禮註疏』 권8, 「鄕飮酒禮」, "鄭『目錄』云: '諸侯之鄕大夫, 三年大比, 獻賢者能者於其君, 以禮賓之, 與之飮酒.'"

37 위와 같은 책, 위와 같은 곳, 疏 부분.

38 『禮記大全』 695면, 「鄕飮酒儀」 제45, 첫부분.

있는 이를 숭상하고, 예양(禮讓)의 기풍을 일으키는 것"에 두고 있다.[39] 인재의 선발이 추천에서 시험 위주의 방식으로 바뀌면서 향음주례와 향사례는 본래 지녔던 인재 선발 과정의 기능을 상실하고 점점 상하 사이의 사회적 안정을 유도하는 쪽으로 의미가 강화되어 실행되었음을 보여준다.

조선시대에서 보면 향음·향사는 흥학(興學)과 화합(和合)에, 그 가운데에서도 후자에 중점이 있었고, 추천과 같은 인재 선발의 과정으로 수행되는 기능은 발휘되지 않았던 것으로 보인다. 『성종실록』에는 『국조오례의』가 편찬된 뒤에 향음·향사의 예를 확산시키려는 윤음들이 자주 발견된다. 김종직은 수령으로 재직하면서 향음·향사의 예를 실행하여 풍화의 효과가 있었다고 말하고 있다.[40] 『국조보감』에는 김종직의 말과 더불어 그의 문하에서 김굉필(金宏弼)·정여창(鄭汝昌)·남효온(南孝溫)·김일손(金馹孫)·이원(李黿) 등이 배출되었음을 적고 있어,[41] 흥학의 측면에서도 그 의미를 부여하고 있다. 그러나 실록을 비롯한 문집들에서 행해진 사례들에서 태학 등 상급 학교로 보낼 후보자를 천거하거나 또는 인재를 선발하는 과정으로 향음·향사의 두 예가 실제로 행해진 경우는 발견되지 않는다.

향례는 성격상 국례로서의 공적인 측면과 향당의 자치적 측면이 함께 포함되어 있다. 『당개원례』(刺史)나 『명회전』(縣令), 조선의 『국조오례의』(官司) 등 국전에서는 향음주례나 향사례의 주체를 해당 지역의 장관(長官)으로 규정하여 행례 주체가 관(官)으로 되어 있다. 1383년 명

39 『明會典』 권78, 「禮部」 37, '鄕飮酒禮'; 『國朝五禮儀』 권4, 「嘉禮」, '鄕飮酒儀', 89면, "鄕飮之設, 所以尊高年·尙有德·興禮讓."
40 『성종실록』, 14년 계묘(1483) 8월 16일(병자) 기사.
41 『國朝寶鑑』 권17, 성종조 3.

(明)에서 반포된 「향음주례도식(鄕飮酒禮圖式)」에는 1월 15일, 10월 1일 등 1년에 두 차례 시행되는 향음주례의 비용을 관전(官錢)에서 지급하도록 규정하고 있다.[42] 『국조오례의』는 지급 주체를 명확히 표시하지 않았지만 이 규정을 준용하는 것으로 해석된다. 향례의 시행 주체가 정부의 관원(官員)이고, 『국조오례의』가 국전(國典) 곧 국가에서 공적으로 행하는 의례에 대한 규정인 이상, 필요한 물품을 적정하게 준비하라는 규정의 지급 주체도 해당 관부가 됨은 분명하다.[43]

그러나 『국조오례의』의 규정과 상관없이 조선 후기에 이르면 서원교육의 팽창과 더불어 향음와 향사는 관원이 주인이 되어 행하는 경우뿐 아니라, 사족들이 자체적으로 행하는 것이 널리 확산된 것으로 보인다. 윤증은 자신의 세거지에 있는 향숙(鄕塾)에서 향례 절목을 재정(裁定)하여 시행하였다.[44] 안정복은 자신의 거주지에 리택재(麗澤齋)를 세워 해마다 향례를 행하였다. 『순암집』에는 그가 재정한 향사의(鄕射儀)가 전한다.[45] 정약용은 형 정약전이 향사례를 행한 것을 행장에 기술하였고, 그 자신 역시 신대년(申大年)이 주관하는 향사례에 참여하여 그 서문을 썼다.[46] 향음주례의 경우는 이처럼 기록으로 남긴 사례 이외에도 향약이 행해진 곳에서는 매우 보편화되었을 것으로 생각된다. 따라서 서유구가 『임원경제지』 안에 「향례지」를 편성한 것은 조선 후기 사족들이 자체적으로 향음주례와 향사례를 행하던 기풍이 반영된 것으로 생각된다.

---

42 『明會典』卷78, 「禮部」 37, '鄕飮酒禮'.
43 『國朝五禮儀』 2책, 290~291면, 「가례 향음주에 관한 의식」. 술과 안주를 필요한 양만큼 적절히 마련할 것을 규정하고 있지만, 지급 주체는 명시하지 않았다. 이것은 주인이 해당 官司로 규정된 만큼 지급 주체는 이 官司인 것으로 해석된다.
44 尹拯, 『明齋遺稿』, 「明齋年譜」 권1, 25년(1652, 효종 3) 임진 3월 기사.
45 安鼎福, 『順菴集』, 「順菴先生行狀」; 『순암집』 권17, 「鄕射禮笏記」.
46 丁若鏞, 『定本與猶堂全書』 3책, 242면, 「先仲氏墓誌銘」; 2책, 411~413면, 「江皐鄕射禮」.

예제를 재성문화(再成文化) 해 가는 측면에서 보면, 조선의 경우 16세기 이후 고례(古禮)를 참작하여 『국조오례의』와 『가례』의 규정을 새롭게 개보하는 재성문화 작업이 국가와 사대부 양쪽에서 활성화되어 조선 후기에 다양한 예서들이 산출된다. 『속오례의』와 『국조상례보편』이 영조대 국가에 의해 새롭게 개보된 결과라면, 가문마다 구비한 가례홀기와 가례서, 『가례집람』, 『상변통고』, 『가례증해』, 『사의』, 『예의유설』, 『예의유집』 등은 18~19세기 사대부들이 『가례』 연구를 집성하여 새롭게 개보한 결과들이다.[47]

향례의 경우, 국가에서 시행을 독려하는 정책을 계속 시행하였지만, 규정을 개보하여 새로 편찬하는 재성문화는 진행되지 않았다. 반면, 사대부들은 지방에서 직접 향례에 참여하거나 또는 직접 시행하면서 개보의 필요성을 느꼈고, 개별적으로 『국조오례의』의 규정을 보완한 새로운 「향음주의」와 「향사의」를 산출하였다. 위에서 언급한 것처럼 사족들은 수령이 주인으로 행하는 관 주도 방식 이외에 자체적으로 향약과 향례를 행하면서 종족과 향당의 화합을 도모하였다. 따라서 향음주례를 행하면서 의절의 보완이나 간소화가 필요하였고, 그에 따라 자체적으로 홀기를 마련하는 데 이른다.

그런데 여기서 주목되는 것은 조선 후기 경제서에서 향음과 향사의 의주를 새로 제정하여 수록하고 있는 점이다. 유형원은 『반계수록』에 자신이 제정한 「향음주의(鄕飮酒儀)」와 「향사의(鄕射儀)」[48]를 수록하였는데, 천거를 통해 인재를 발굴하는 빈흥(賓興)의 과정을 제도화하여 과거제의 한계를 보완하기 위함이다. 그는 교육과 선발의 분야 가운데 공

---

47 이봉규(2011; 2013).
48 현행본에는 제목만 있고 본문이 빠져 있지만 원래는 갖추어져 있었을 것으로 생각된다.

거사목(貢擧事目)에 향례 시행을 규정해 놓고 있다. 이것은 선발 가운데에서도 천거의 측면에서 향례를 이용하는 것이다. 규정은 ① 봄과 가을로 서울과 지방에서 교육상황을 시찰하면서 하루는 『소학』, 『가례』, 사서(四書), 육경(六經), 『근사록』 등의 범주에서 시험하고, 그 다음 날 하루는 향사례를 행하는 것, ② 3년마다, 현능(賢能)을 발굴하여 서울의 경우 사학(四學)에서 중학(中學)으로, 지방의 경우 현학(縣學)에서 영학(營學)으로 천거할 때, 천거자를 빈(賓)으로 모시는 향음주례 의식을 행하여 천거하는 것 등 두 가지이다. 이들 비용은 물론 모두 관에서 담당하도록 규정하였다.[49]

인재 선발과 관련하여 천거제의 회복을 통해 과거제의 한계를 보완하는 방법은 조선 후기 제도개혁론의 한 흐름을 형성한다. 서명응은 정조에게 올린 개혁책에서 과거제를 식년시 위주로 엄격하게 시행하는 것과 동시에 학교교육을 진작시켜 인재를 배양해야 한다고 주장한다. 이를 위해 지방에서 향음·향사의 예를 규약을 읽는 과정[讀法]과 결합하여 행하고, 이를 토대로 향숙(鄕塾)에서부터 단계적 천거과정을 거쳐 태학에 올려 보내는 것을 제도화해야 한다고 주장한다.[50]

이익과 정약용은 천거제의 회복을 통해 문예(文藝) 위주의 과거제가 갖는 한계를 보완하려는 유형원의 입장을 계승하면서도, 향음·향사 두 예제의 시행을 천거제와 연계하여 제도화하는 주장은 제시하지 않는다. 대신 상하 사이의 쟁탈을 막는 존치상덕(尊齒尙德)의 측면에서 제도의

---

49 柳馨遠, 『磻溪隧錄』 권10, 敎選之制下, 「貢擧事目」, "一. 每春秋, 京則司敎, 外則監司巡列學 …… 讀法考講諸生 …… 仍與通讀講論, 明日又行射禮. / 一, 每三年季秋, 大比, 京則本學敎官長貳, 外則守令敎官, 攷其德行道藝, 而選賢者能者, 論升于中學營學, 會其鄕老學衆, 以鄕飮酒之禮禮賓之."

50 『英祖實錄』, 영조 30년 갑술(1754, 건륭 19), 7월 3일 (庚辰) 기사; 『保晚齋集』 권9, 「科擧議」.

시행이 필요하다고 본다.[51]

『향례합편』을 편찬할 때 정조는 향음·향사의 기능 가운데 인재 선발과 관련한 기능이 후대에 유명무실해졌음을 잘 알고 있었다.[52] 정조는 『향례합편』에 대해 "공경함을 확대하여 근본에 따르고, 부박한 풍속을 돌이켜 순박한 풍속으로 돌아가게 하는 취지"에서 간행한 것이라고 밝히고 있다.[53] 이것은 존치상덕의 기풍을 확산시켜 사회를 안정시키는 교속(矯俗)에 중점을 두고 향례를 시행하고자 함을 천명한 것이다. 『실록』 등 관련 사료를 통해 볼 때, 정조는 『향례합편』의 간행을 인재 선발을 위한 선거제도 등과 연관해서 적극적으로 언급하지 않는다. 이것은 『향례합편』의 간행을 통해 향례를 확산시키는 정조의 정책이 과거제의 폐단을 극복하기 위해 천거제를 도입하고 그와 연관해서 향례의 시행을 주장하는 유형원·서명응 등의 제도개혁론과 일정한 차이가 있음을 말해 준다.

서유구는 자신이 향음주의(鄕飮酒儀)를 새로 제정할 때 교속(矯俗)에 중점을 두는 정조의 취지를 잘 알고 있었다. 서유구 역시 향례 시행을 선거제도와 관련하여 의미를 부여하지 않는다.[54] 서유구는 향음주의에서 빈(賓)을 치덕(齒德), 곧 해당 향촌에서 연령이 높고 덕망 있는 사람으로 정하도록 규정하였다. 이것은 현자를 천거할 때 향음주례를 행하

---

51 이익의 경우는 『星湖僿說』, 「鄕飮酒禮」, 「學校不尙閥」, 「三豆四豆」, 「鹿鳴宴」 등. 정약용의 경우는 『정본여유당전서』 24책, 87~92면, 『경세유표』 권1, 「春官禮曹」, 貢擧院; 27책, 285~291면, 『목민심서』 권4, 「吏典」, 擧賢.

52 正祖, 『弘齋全書』 권164, 「日得錄」, 文學 5.

53 正祖, 『弘齋全書』 권164, 「日得錄」, 文學 4, "鄕禮合編將印行. 教曰: '鄕飮·鄕約修明古禮之擧, 蓋出於廣敬因本回漓返淳之意.'" 『鄕禮合編』을 간행하면서 내린 綸音도 같은 취지로 기술되어 있다.

54 徐有榘, 『楓石全集』 卷9, 「題新定鄕飮鄕射儀」.

고 그 천거하는 현자를 빈(賓)으로 세우도록 규정한 『반계수록』과, 또 조부 서명응이 3년마다 천거하기 위한 후보를 공정하게 확보하기 위해 봄과 가을로 향음주례를 행하도록 규정한 방향과는 매우 다른 것이다.[55] 서유구의 규정은 수령이 향당의 연배가 높고 덕망이 있는 자를 빈으로 모시고 향촌에서 서치(序齒), 곧 연령을 위주로 상하의 질서를 확립하는 의례로서 향음주례를 시행하는 것을 의도한 것이다.

서유구는 향음주의에 사정을 세운 뒤에 독법(讀法), 곧 규약을 읽는 절차를 설정하였다. 이것은 송 대 향약이 나오면서 보완된 것으로, 공적인 규정은 『명집례』의 향음주례 규정에서 비롯한다. 안정복의 「향사례 홀기(鄕射禮笏記)」나 홍중삼의 「향약통변(鄕約通變)」 등 여러 규정에서도 마찬가지인데, 조선 후기에 널리 유행한 일반적 형태로 규약의 내용은 『명집례』의 독약(讀約) 내용을 그대로 가져온 것이다. 규약은 효(孝)와 경(敬)을 독려하는 내용이다. 향음주례는 서치(序齒)를 표현하는 다양한 의절뿐 아니라 이 독법(讀法)의 과정을 통해 향인의 선행과 악행을 드러냄으로써, 유교의 종법윤리적 사회의식을 향인들이 공유하게 유도하는 교속(矯俗)의 효과를 발휘하게 된다.

이러한 교속(矯俗)은 향촌 사대부가 향약 등을 통해 자치적으로 행하기도 하지만, 관이 참여하는 형태로 국가와 사대부가 결합하여 함께 수행함으로써 향촌 사회의 자치적 성격뿐 아니라 일정 부분 국가의 공공성을 함께 수반하게 된다. 이것은 유교사회가 가지는 한 특징이기도 하다.

---

[55] 『반계수록』에는 빈은 곧 천거하는 인물이기 때문에 빈에 대하여 별도로 규정하지 않았다. 다만 유형원이 10월에 향인을 모아 놓고 대접하면서 序齒를 위한 향음주례를 시행할 경우 60세 이상의 덕망이 있는 노인을 賓으로 모시도록 규정하고 있다. 『磻溪隨錄』 卷10, 「敎選之制下」, 鄕飮酒禮節目附, "孟冬之月, 正齒位, 則守令爲主人, 鄕之老人年六十以上有德望者一人爲賓."

서유구는 새로 제정한 의주에서 태학은 대사성(大司成), 향학은 읍재(邑宰)가, 곧 관장이 주인이 되어 시행하도록 규정하였다.[56] 이것은 『반계수록』의 향음주의 규정과 같다.[57] 안정복은 향음주례를 포함하는 형태로 향사례홀기를 제정하면서 주인에 대하여 특별히 규정하지 않았는데,[58] 그것은 안정복 자신이 속한 향당에서 사족이 자체적으로 행하는 홀기를 수립하는 데 중점을 두었기 때문이다. 안정복의 홀기와 비교할 때 서유구와 유형원의 향음주의는 관(官)이 수행 주체가 되게 규정함으로써 향례를 민간의 사적 의례가 아닌 국가의 공적인 의례로 수행하는 것이 되게 하였다. 이러한 향례의 규정으로 보면, 「향례지」와 나아가 『임원경제지』는 사족이 향촌에서 자신들의 생활을 영위하기 위해 수립한 민간의 경제방략으로서만 의미를 지니지 않는다. 오히려 유교사회의 사회적 공공성을 관(官) 곧 국가가 주관하여 공공성을 담은 의례를 공적으로 수행함으로써 향촌 사회를 국가적 또는 공공적 삶을 영위하게 유도하는 방략도 함께 갖춘 경제서로 이해할 필요가 있다.

2) 상(喪)·제(祭)례

「향례지」에는 사례(四禮)가 모두 갖추어져 있지만, 관례와 혼례는 『향례합편』의 내용을 그대로 가져온 것이어서 서유구 자신의 관점을 말해

---

56 徐有榘,『楓石全集』卷9,「題新定鄕飮鄕射儀」, "每年孟冬, 內而太學, 外而鄕學, 擇吉辰行禮, 官長爲主人.【太學大司成, 鄕學邑宰.】"

57 柳馨遠,『磻溪隨錄』卷10,「敎選之制下」, 鄕飮酒禮節目附, "貢賢能行鄕飮酒之禮, 皆官長爲主人.【州縣, 守令爲主人; 諸道, 監司爲主人; 京學, 官長爲主人. 有故, 則州縣敎官若諸道京學貳官代行.】"

58 安鼎福,『順菴集』권17,「鄕射禮笏記」.

주지 않는다. 그러나 상례와 제례는 서유구 자신이 직접 제정하여 부가해 놓은 것이어서 서유구의 예학적 특색을 읽을 수 있다. 따라서 상례와 제례를 중심으로 살펴보기로 한다.

상례는 길게는 25개월 또는 27개월 동안 진행되는, 기간이 가장 길고 의절이 가장 복잡한 유교 의례이다. 조선시대 상례 절목은 『가례』와 『가례의절』에 의거하여 시행하다가, 신의경과 김장생에 의해 『상례비요』가 제정되자 사족들은 당색과 상관없이 하나의 표준서로 널리 활용하였다. 『상례비요』는 『의례』에 의거하여 『가례』의 절목을 보완하였는데, 이것은 고례(古禮)를 회복하여 예를 두텁게 실현하려는 관점에 입각한 것이다.[59] 『상례비요』의 이 관점은 이후 많은 학자들에게 공유되었지만, 한편으로 이익(李瀷) 등 일부 학자들은 『상례비요』가 절목의 번잡함과 비용의 증대를 초래하는 점을 비판하고 예의 정신은 구현하되 절목과 물품은 간소화하는 방향으로 새롭게 절목을 제정하기도 하였다.[60]

「향례지」의 '상례'는 충실하게 『가례』 체제에 의거하여 절목을 구성하였다. 『가례』의 본주(本註)를 가져와 수록하고, 『의례』 등 고례, 『가례』의 부주(附註), 『가례의절』, 『상례비요』를 이용하여 보완한 형태이다. 수록된 고례들은 기본적으로 『상례비요』에 수록된 것이다. 아마도 『상례비요』에서 선별하여 수록한 것으로 생각된다. 『가례』의 부주(附註) 가운데 인용된 사마광의 『서의(書儀)』를 적극 활용한 점이 또한 특색이다. 아마도 「관례」와 「혼례」에서 『서의』의 절목을 『가례』의 절목과 독립시켜 수록하였던 것을 고려하여, 상·제례에서는 별도로 수록하는 대신 주석에서 적극 활용하는 방식을 취한 것으로 생각된다.

---

59 장동우(2013).
60 이봉규(2005).

서유구가『가례』체제로 '상례'의 절목을 구성하면서, 절목의 세부 내용에 대하여 가장 많이 활용한 규정은『상례비요』지만, 둘 사이에 뚜렷한 차이도 발견된다. 먼저, 서유구는『상례비요』에서『가례』의 본주 가운데 반영하지 않은 부분까지 모두 해당 절목 아래 수록해 놓았다. 또한『상례비요』에서『가례』에 없는 부분을『의례』에 의거하여 절목으로 설정한 부분들에 대하여 서유구는 일부 빼 버리고『가례』의 본래 절목으로 되돌려 놓았다. 곧 고례(古禮)로『가례』를 보완한 것에 대하여 일부분 다시『가례』체제로 되돌려서 절목을 구성한 것이다. 예컨대, 서유구는『상례비요』에서『의례』에 의거하여 추가해 놓은 설치(楔齒)와 철족(綴足)를 빼고, 설빙(設氷)을 절목으로 둔 것에 대하여 절목에서 빼고 주(注)로 부기하였다. 오복제에 대한 규정을『상례비요』에서는『가례』의 조항을『의례』에 의거하여 보완하면서,『명집례』와『국조오례의』의 규정을 금제(今制)와 국제(國制) 항목을 설정하여 뒤에 부기하였다. 서유구는『상례비요』에서 보완하였던 것을 모두 없애고『가례』의 본주(本註)를 수록하였다.『상례비요』에서 조곡(朝哭)·조전(朝奠)으로 절목을 세분해 놓은 것에 대해서도 다시『가례』체제에 맞추어 조전(朝奠) 절목으로 통일하고『가례』본주를 수록하여 곡을 먼저 하고 전을 올리는 의절을 설명하였다.

그러나 물품의 경우 대부분『상례비요』에서 제시한 물품 규정을 적극 활용하면서, 필요한 경우 속례를 수용하였다. 예컨대, 습(襲)에 사용하는 대대(大帶)에 대하여『상례비요』에서는 가례의 규정을 가져와 수록하고, 준비하지 못하는 경우엔 사자가 생전에 사용하던 대(帶)를 이용하면 된다고 보완한다. 그리고 사자가 여성인 경우 사용하는 대대(大帶)에 대해서는 규정을 제시하지 않고 상고해 보아야 한다고 말하고 있다.[61]

---

61 김장생,『사계전서』제5책, 9면(한국고전번역원 국역본, 김능하 역, 2001).

서유구는『상례비요』의 규정을 가져와 수록하면서, 한편으로 여성의 대대(大帶) 제도에 대하여 "지금 시속에 부인의 대대는 옅은 분홍색 비단을 사용하여 만드는데, 그 제도는 남자의 대대와 같게 한다."[62]라고 속례로서 보완하고 있다. 우제(虞祭)의 경우『상례비요』에서는 제구(祭具)와 축문의 서식을 먼저 제시하여 설명한 다음,『가례』의 절목에 따라 우제 의절을 설명하고 보완해 놓았다. 서유구는 먼저『가례』의 절목에 따라 우제의 의절을 설명한 다음,『상례비요』의 제구(祭具)와, 축문 서식에 대한 설명을 가져와 수록하는 형태로 체제를 변경하였다. 그리고 그 뒤에 '설찬의(設饌儀)'와 '설찬도(設饌圖)'를 편성하여 보완하였는데, 그 이유는『가례』에서 설명한 상 차리는 방식이 우리 시속의 제도와 다르기 때문인데, 서유구는 이이의『제의초』에서 시제(時祭) 때 상 차리는 방식을 가져와『가례』의 상차림 방식을 대체하였다. 이 과정에서『가례』에서는「우제(虞祭)」의 두 번째 절목인 "집사자는 제기를 진설하고 음식을 갖추어 놓는다〔執事者陳器具饌〕." 아래 본주에 들어 있는 상차림에 관한 본주를 '설찬의(設饌儀)'로 별도 절목을 세워 옮겨 놓았다. 요컨대 서유구는『상례비요』에서『가례』체제를 변경해 놓은 부분들을 다시『가례』체제로 복원해 의절을 재구성하면서, 한편으로 의절을 수행하기 쉽게 속제를 반영하면서 필요한 경우는 별도의 절목을 두어『가례』를 보완하고 있다.

「향례지」의 상례 구성은 절목의 경우『가례』의 절목을, 절목에 대한 주는『가례』의 본주를 충실하게 수용하고 거기에 의절의 수행을 용이하게 하기 위해『가례의절』,『상례비요』, 속례 등 필요에 따라 적절하게

---

62 徐有榘,『林園經濟志』제5책, 59면 하단,「鄕禮志」, 喪祭禮, "今俗, 婦人大帶, 用絳繒爲之, 制如男子大帶."

당시 통용되는 규정과 사례를 택하여 보완하였다. 그런데 현재 『풍석집』
등 서유구의 언명들 속에서 절목과 그 규정에서 『상례비요』가 『가례』로
부터 이탈하였던 부분들을 다시 『가례』의 체제로 되돌려 놓은 이유에
대하여 별다른 설명이 발견되지 않는다. 『상례비요』를 충분히 이용하면
서도 굳이 다시 체제를 『가례』-『가례』의 본주-『상례비요』 등 보충 주
석의 세 층위로 재구성한 이유가 무엇일까?

성리대전본을 저본으로 삼아 '가례도(家禮圖)'에 대한 김장생의 비판
을 함께 붙여 영조 시기 간행한 7권본 『가례』는 배치를 가례절목-가례
본주-가례부주의 세 층위를 경(經)-전(傳)-소(疏)의 형태로 구성하고
있다. 곧 주자가 구성한 절목과 주자가 본래 부가하였던 것으로 전해지
는 본주를 경과 전으로 삼고, 그 밑에 양복(楊復) 등의 부주(附註)를 소
(疏)로 삼아 부가한 형태이다. 곧 부주가 부가된 『가례』는, 경-전-소
라는 표현은 사용하지 않았지만, 체제의 구성 자체가 주자의 절목-경,
주자의 본주-전, 양복의 부주-소 형태로 구성되어 있다. 서유구의 「상
례」는 절목과 본주를 『가례』의 체제에 따라 구성하고, 소(疏)에 해당하
는 양복의 부주(附註) 대신, 부주에 들어 있던 『서의(書儀)』를 비롯하여
『가례의절』, 『상례비요』, 속제(俗制) 등 후대의 성과들을 활용하여 의절
을 수행하기 쉽도록 개보한 것이다. 이 과정에서 『상례비요』에서 새롭
게 편성한 제구(祭具)와 설찬의(設饌儀) 등을 해당 의절이 끝나는 뒤에
재편하고, 필요한 경우 스스로 절목을 세워 보완하는 새로운 변경을 가
하였던 것으로 보인다. 따라서 서유구의 '상례'는 『가례』의 「상례」가 경
-전-소의 체제로 구성된 것을 그대로 준수한 것이 한 특징이다. 또한
경-전에 해당하는 부분을 그대로 계승하면서, 조선에서 수행이 용이하
도록 소(疏)를 전면적으로 새롭게 구성하여 부주(附註)를 대체함으로써,
양복 부주본을 대체하는 새로운 가례 표준서로서 위상을 가질 수 있게

하였다. 이것은 십삼경주소를 주자학적 성과를 반영하는 새로운 십삼경 전설(十三經傳說)을 구성하고자 하였던 문제의식을 이어받고 있는 것으로도 생각된다. 요컨대 서유구의 '상례'는 양복 부주본『가례』를 대체하는 조선본 또는 서유구 부주본『가례』라고 할 수 있다.

제례의 체제 구성에서 보면,『가례』의「통례(通禮)」, '사당(祠堂)'을 제례의 앞쪽으로 옮겨 '립사당(立祠堂)'으로 본주와 함께 재배치하고, '정지삭망즉참(正至朔望則參)' 절목의 본주를 이이의『제의초』주석으로 대체하여 부가하였다. '립사당' 뒤에는 유사고사(有事告辭), 개제주고사(改祭主告辭), 출주고사(出主告辭), 합제매주축문식(合祭埋主祝文式), 합제조이상축문식(合祭祖以上祝文式), 합제신주축문식(合祭神主祝文式) 등 관련 고사(告辭)와 축문식(祝文式)을『상례비요』에서 가져와 부가하였다. '시제(時祭)' 이하 절목은『가례』에 따랐는데, 초조(初祖)와 시조(始祖)에게 제사하는 절목은 생략하고, 제례 뒤에『제의초』에 제시된「상복중행제의(喪服中行祭儀)」를 가져와 수록하였다.『가례』에서 앞쪽에「통례(通禮)」속에 배치한 '사당(祠堂)'을 제례의 앞으로 옮겨 재배치하는 방식은『상례비요』이후 조선의 예서에서 흔히 발견되는 형식이다.『상례비요』에서는「담제(禫祭)」뒤에「길제(吉祭)」,「개장(改葬)」의 절목을 설정하여 고사(告辭), 축문 서식 및『가례』의 사당 제도를 배치하였다. 그러고 나서『가례』의「제례」를 가져와『격몽요결』등을 가지고 보완하였다. 이후『사의(士儀)』나『사례편람(四禮便覽)』등에서 같은 방식을 취하는데, 『사례편람』이나 서명응의『고사신서』에서는 사당 제도를「제례」의 첫 부분으로 배치하였다. 서유구 역시 이러한 방식을 택하여 '사당'을 제례 처음에 재배치하고, 제례 각 절목을 '『가례』절목-『가례』본주-서유구 자신이 정리한 주석'의 형태로 재구성한 것이다.

다만, '상례'와 달리 본주(本註)에 해당하는 부분 일부를『제의초』에 제시된 이이의 주석으로 대체하고 있다. 곧 '정지삭망즉참(正至朔望則參)', '시제는 중월에 행하는데 열흘 전에 미리 날을 택한다[時祭用仲月, 前旬卜日]'는 절목의 본주 부분을 모두 『제의초』의 설명으로 대체하였는데, 본주 가운데 설명이 불필요한 부분과 시조 제사 등 관련이 없다고 생각되는 부분, 그리고 점을 쳐서 날짜를 택하는 의절 등을 제외한 것이다. 『제의초』에서는 시제를 춘분·하지·추분·동지로 정해 놓고, 이 날짜가 안 되면 중월(仲月)의 정(丁)·해(亥)일에 지내도록 규정하였다. 또한 시조와 훼철한 선조에 대해 제사하는 절목을 삭제하였는데, 이것은 사대부의 분수에 맞지 않는다는 주자의 설에 따른 것으로, 『제의초』이래 조선 가례서의 일반적 입장이다. 요컨대 서유구는 주자의 입장에 따라 시조 제사에 대한 규정을 삭제하고, 사당을 제례에 편입하여 재배치하는 등 『가례』의 체제를 일부 조정하면서, '절목-본주-서유구 자신이 정리한 주석'의 틀을 대체로 견지하였다. 이처럼 일부 삭제하고 조정한 것은 의절의 수행을 용이하게 하려는 관점의 반영으로 생각된다.

서유구는 제전(祭田)에 대한 규정에서 본주 아래에 다음과 같은 조단(曹端)의 말을 부가하고 있다.

매년 수확이 일정한 전지 50묘를 떼어내 그 지대 수입을 별도로 비축해서 제사의 비용으로만 충당한다. 그 전지의 소유권은 '모군모씨제전'이라는 여섯 글자를 새기고, 제전의 위치와 수량 등 내용을 비석에 새겨 사당 대문 왼쪽에 세워서 자손이 영원히 보전하여 지키게 한다. 저당이나 매매를 거론하는 자가 있으면 불효죄로 논한다.[63]

---

63 曹端, 『曹月川集』, 「家規輯畧」, "撥常稔田五十畝, 別蓄其租, 專充祭祀之費, 其田券印某郡某氏祭田六字, 字號步畝亦當勒石祠堂之左, 俾子孫永遠保守. 有言質鬻者, 以不孝論."

서유구는 이 말을 『장씨제례고(張氏祭禮考)』에서 인용해 놓고 있는데, 명 초에 활동한 조단(曹端, 1376~1434)의 「가규집략(家規輯略)」에 나온다. 『장씨제례고』는 『송사(宋史)』에 기록된 장재(張載)의 『횡거장씨제의(橫渠張氏祭儀)』 또는 『문헌통고(文獻通攷)』에 수록된 『횡거장씨제례(橫渠張氏祭禮)』와 관련된 것으로 생각되는데, 분명치 않다. 남송 대 이래 제전(祭田)을 영구히 확보하여 제사를 통한 종족의 보전을 꾀하는 것은 사족들의 주요한 과제가 된다. 조단의 「가규집략(家規輯略)」에는 50묘가 150묘로 되어 있다. 명 대 가례서들에는 대부분 시조 제사 절목이 삭제되지 않고 들어 있다. 『가례의절(家禮儀節)』이나 도희영(屠羲英)의 『향교례집(鄕校禮輯)』 등 조선에도 영향을 주었던 명 대 가례·향례서에도 시조와 시조 이하 5세조 이상에 대한 제사 절목을 그대로 두고 있다. 청 대 『만몽사례집(滿蒙四禮集)』에서는 시조 이하 5세를 넘어선 신주들을 묘소 곁에 묻지 않고 사당의 별도 공간에 모시는 규정을 두고 있다. 150묘는 아마도 대종(大宗) 위주의 제사 규모와 상관이 있을 것으로 생각된다.

50묘의 제전 수입이 어느 정도의 제사 규모를 유지할 수 있는지는 별도의 연구가 필요해 보인다. 그러나 서유구의 제전에 대한 보완 규정은 주자의 문집이나 어류에 보이는 4세로 제한하여 소종 위주로 제사의 범위를 한정하는 관점에 충실하면서도, 제전을 통한 독립된 재정을 확보하여 가례 수행과 종족의 계승을 영속화하려는 강한 의지를 보여 준다. 또한 가정 경제에서 가례 수행을 위한 재정 확보가 우선적으로 고려되고 있는 한 측면도 보여 준다. 가정 경제와의 상관성에 대해서는 다음 절에서 살펴보기로 한다.

상·제례와 관련하여 서유구가 활용하는 조선의 예서는 『제의초』, 『격몽요결』, 『상례비요』가 중심이다. 비록 『상례비요』와 체제를 달리하여 『가례』의 체제로 다시 되돌려서 경−주−소의 형태로 재구성하고 속제

342

(俗制)를 많이 활용하였지만, 의절과 물품에서 이들의 성과를 매우 적극적으로 활용하고 있다. 이것은 서유구의 『가례』에 대한 성찰과 새로운 예식의 수립이 기호학파의 예학적 성과를 토대로 이루어진 것임을 말해 준다. 따라서 「향례지」의 '상례'와 '제례'는 17세기 기호학파의 예학적 성과를 토대로 이룩한 18세기 가례식(家禮式)으로서 한 성격을 지닌다고 할 수 있다.[64]

4. 「예규지(倪圭志)」의 경제관과 실학적 특색

1) 「예규지」의 실학사적 성격

'예규(倪圭)'는 상인의 전범이 되는 백규(伯圭)의 상술을 살핀다는, 곧 재화의 경영을 뜻한다.[65] 『임원경제지』에서 「본리지(本利志)」를 처음에, 「예규지(倪圭志)」를 마지막에 배치한 것은 농업을 중시하는 뜻을 보인 것이라고 서유구는 말한다.[66] 전체적으로 보면 재화를 생산하는 기술에서 시작하여 경영하는 방략으로 끝맺음을 하고 있다. 서유구는 수입 안에서 경영하는 것을 원칙으로 삼는데, 이것은 생산과 경영이 지속 가능한 순환구조를 이루게 하는 관점에서 『임원경제지』를 구성하였음을 보여 준다.

---

64 深衣制度에 관해 서유구는 한백겸의 方領說을 비판하고 정현의 설명을 정당한 것으로 판단한다. 한백겸의 입장은 유형원의 『반계수록』에 채택되었다. 예제에 관해 서유구가 한백겸 · 유형원 등 남인의 예와 달리하는 한 사례이다. 관련 연구로 차서연(2011), 33~40면.

65 徐有榘, 『林園經濟志』, 「倪圭志引」, "其云'倪圭', 取計倪伯圭之術也." 정명현 외 역저(2012), 1472면에서 재인용함.

66 위와 같은 책, 1472면, 「倪圭志引」, "是書也, 始於本利, 重農之道也, 終以倪圭, 爲其末而輕之也."

「예규지」에서 인용하는 자료는 중국 측 자료 11종과 조선 측 자료 7종이다.[67] 전체적으로 인용한 글을 위주로 하고, 간간이 자신의 안설(按說)을 붙인 형태이다. 편장의 구성은 재정운영의 기본방침을 다루는 '제용(制用)'과, 자산의 증식과 매매, 노복의 관리 방법을 다루는 '화식(貨殖)'의 두 부분으로 구성되어 있다. '화식'의 끝에는 전국 8도 시장의 분포와 이동거리가 수록되어 있는데, 이 부분은 오오사카(大阪)본에 없어 서유구가 나중에 추가한 것으로 판단된다.[68]

'제용(制用)'은 양입위출(量入爲出), 절생(節省), 계금(戒禁), 비예(備豫) 등 4개 절로 구성되어 있다. '양입위출'에서는 자산 운영의 기본 지침을 연별-월별-일별 운영 계획을 갖추는 형태로 구성하여 제시하였다. 육구소(陸九韶, 1128~1205)의 『거가제용(居家制用)』과 원채(元采, 1163년 進士)의 『원씨세범(袁氏世範)』을 주로 이용하고 자신의 『금화경독기(金華耕讀記)』에 기초하여 하루 단위로 계획을 세우는 일계(日計)의 지침을 제시하였다. '절생'과 '계금'은 자산 운영 시 고려해야 할 선후와 경중, 그리고 경계해야 할 주의사항을 제시한다. 이 부분에서는 예사(倪思, 1147~1220)의 『경서당잡지(經鉏堂襍誌)』, 『황제택경(黃帝宅經)』, 『원씨세범(袁氏世範)』, 나대경(羅大經, 1196~1252)의 『학림옥로(鶴林玉露)』, 진계유(陳繼儒, 1558~1639)의 『복수금서(福壽金書)』와 『암서유사(巖棲幽事)』, 정선

---

67 중국 측 자료는 다음과 같다. 『黃帝宅經』, 『陸棱山居家制用』(宋, 陸九韶), 『袁氏世範』(宋, 元采), 『經鉏堂襍誌』(宋, 倪思), 『鶴林玉露』(宋, 羅大經), 『福壽金書』(明, 陳繼儒), 『巖棲幽事』(明, 陳繼儒), 『昨非庵日纂』(明, 鄭瑄), 『饌客約』(明, 王道焜), 『恒産瑣言』(淸, 張英), 『傳家寶』, 『人事通』, 『知世事』, 『快活方』(淸, 石成金). 『人事通』, 『知世事』, 『快活方』 등은 『傳家寶』 안의 편명임.
조선 측 자료는 다음과 같다. 『輿地圖書』(英祖代 官撰), 『星湖僿說』(李瀷), 『增補山林經濟』(柳重臨), 『八域可居志』(李重煥의 『擇里志』 異稱), 『北學議』(朴齊家), 『熱河日記』(朴趾源).
68 관련 서지에 대한 분석은 정명현, 「예규지 해제」, 정명현 외 역저(2012), 1461~1465면.

(鄭瑄, 1631년 進士)의 『작비암일찬(昨非庵日纂)』, 왕도혼(王道焜, 명 대 인물)의 『찬객약(饌客約)』, 석성금(石成金, 청 대 인물)의 『전가보(傳家寶)』 등 중국 측 자료와, 유중림(柳重臨)의 『증보산림경제(增補山林經濟)』를 이용하였다. '비예(備豫)'는 미리 비축해 두어야 할 자산과 그 관리 방법을 제시하는데, 『원씨세범』과 『전가보』를 이용하였다.

'화식(貨殖)'은 무천(貿遷)·얼식(孽息)·치산(治産)·근려(勤勵)·임사(任使)·팔역물산(八域物産)·팔역장시(八域場市)·팔역정리표(八域程里表) 등 8개 절로 구성되어 있다. '무천'과 '얼식'은 재화의 증식 방법을 제시하는데, 『원씨세범』과 『전가보』(「인사통(人事通)」) 이외에 『택리지(擇里志)』, 『북학의(北學議)』, 『열하일기(熱河日記)』 등 조선 학자들의 견해를 많이 이용하였다. '치산'은 토지의 관리와 매매 방법에 대하여 제시하는데, 장영(張英, 1637~1708)의 『항산쇄언(恒産瑣言)』, 『원씨세범(袁氏世範)』을 주로 이용하였다. '근려'는 노동의 관리 방법을, '임사'는 노복 관리법을 제시하는데, 『원씨세범』과 『전가보』를 주로 이용하였다. '팔역물산'은 조선 각 지역의 산물을 제시하는데, 총론은 이익의 『성호사설(星湖僿說)』에 있는 「생재(生財)」를 가져와 수록하였고, 8도의 산물에 대해서는 『여지도서(輿地圖書)』를 이용하였다. '팔역장시'는 전국의 장시와 장시에서 거래되는 주요 상품을 제시하였는데 서유구 자신의 『금화경독기(金華耕讀記)』에 기초하였고, 이 뒤에 서울에서 각 지역에 이르는 이동거리와 각 도내 읍 사이의 이동 거리를 도표로 제시하였다.

「예규지」는 재화의 경영을 다루는 내용상의 특징으로 볼 때 『증보산림경제』의 「가정(家政)」과 서로 상응한다. 절목의 구성에서 보면, 「가정」은 가족생활의 윤리적 지침, 가례, 재화의 경영 등을 함께 포괄하고 있다. 이들 세 측면을 가범(家範)·가례(家禮)·가정(家政)의 용어로 의미를 구분해 볼 수 있다. 이를테면 선수신(先修身)·효부모(孝父母)·형제화(兄

弟和)·부부경(夫婦敬)·훈자손(訓子孫)·교여아(教女兒)·안명(安命)·
수신(修身)·제가(齊家) 등의 절목은 가족생활의 윤리적 지침, 곧 가범(家範)에 해당한다. 근상제(謹喪祭)·경제선(敬祭先)·시가취(時嫁娶)·가관례(加冠禮)·제용제물(祭用諸物) 등은 가례에 해당한다. 그 외 역농상(力農桑)·치재용(治財用)·방화재(防火災) 등 대부분은 재화의 운영 곧 가정(家政)에 속한다. 『증보산림경제』의 「가정」은 전체적으로 가범(家範) 위주여서, 가례와 가정(家政)을 다룰 때에도 가범의 차원에서 언급하는 내용이 많다.

이러한 「가정」의 체제와 비교해 볼 때, 「예규지」의 구성은 전체 내용이 재화의 경영 곧 가정(家政) 위주이다. 서유구는 사례 등 가례와 관련되는 내용을 「향례지」에 소속시켜 향음·향사의 두 예와 더불어 향약까지 포괄하는 향례의 차원에서 표준적인 의절로 제시하였다. 그리고 자산의 경영에 대한 내용을 위주로 「예규지」를 구성하였는데, 이때 윤리적 지침으로서의 가범(家範)과 관련된 내용은 줄이고, 자산의 운영과 자산의 증식 방법 등 가정(家政)과 관련된 내용을 위주로 구성하였다. 이것은 「예규지」가 『증보산림경제』의 「가정」에 비하여 경제적 측면에 초점을 두고 한층 더 진전시켰음을 보여 준다.

또한 흥미로운 점은 「예규지」가 중국 측의 자료뿐 아니라 『증보산림경제』와 더불어 이익·이중환·박지원·박제가·유중림 등 조선 학자들의 성찰을 토대로 자산의 증식 방책을 제시하는 점이다. 서유구는 재화의 관리 방법과 관련해서는 『증보산림경제』로부터 많이 수용하고, 상업을 통해 재화를 증식하는 방법과 관련해서는 이중환·박지원·박제가 등의 견해로부터 수용한다. 이를테면 곡물을 재화의 중심으로 삼으면서 소비를 건강과 연관해서 절제하는 방법들에 대하여, 화재 등 불의의 사태를 예방하는 방법과 관련하여 『증보산림경제』의 내용을 가져와 수록한다. 그리고 수레와 배 등 교통수단을 이용해서 재화의 유통을 용이하게 하고, 상업을 촉진시켜 재화를 증식시키는 방법에 대해서는 이중환·박제가·박지원 등의 견해를 수용하여 제시한다. 요컨대『증보산림경제』와『임원경제지』모두 근본적으로 농본상말의 시야에 입각해 있지만,「예규지」에서 윤리적 지침에 해당하는 가범류의 내용을 줄이고, 상업이윤을 통해 재화를 증식시키는 방법에 대하여 일정 부분 적극적으로 제시한 것은『임원경제지』가『증보산림경제』를 수용하면서도 재화를 증식하는 경제적 시야에서 한층 더 진전시켰다고 할 수 있다. 「예규지」의 '제용'과 '화식'의 장절 구성을 도표화하면 다음과 같다.

〈표 3〉「예규지」 체제 구성

章	節	目	引用書	著者
制用	量入爲出	① 十分用七	陸棱山居家制用	陸九韶(宋)
		② 豊儉異制		
		③ 貴富尤難守成	袁氏世範	元釆(宋)
		④ 歲月計		
		⑤ 日計	金華耕讀記	徐有榘
	節省	⑥ 奢儉利害	經鉏堂襍誌	倪思(宋)
		⑦ 四養	鶴林玉露, 福壽金書	羅大經(宋), 陳繼儒(明)
		⑧ 節用毋忽少	袁氏世範	元釆(宋)
		⑨ 節儉延壽	岩栖幽事, 昨非庵日纂	陳繼儒(明), 鄭瑄(明)
		⑩ 論衣食緩急	經鉏堂襍誌	倪思(宋)
		⑪ 譙饌宜從簡	王道焜饌客約	王道焜(明)
		⑫ 食時三思	經鉏堂襍誌	倪思(宋)
		⑬ 飯宜節約	增補山林經濟	柳重臨
		⑭ 食勿重肉		
		⑮ 敬惜五穀		

章	節	目	引用書	著者
		⑯ 五虛	黃帝宅經	
		⑰ 十盜	增補山林經濟	柳重臨
		⑱ 戒擧債	增補山林經濟, 袁氏世範	柳重臨, 元采(宋)
		⑲ 戒侵支國稅	袁氏世範	元采(宋)
		⑳ 戒抛財無用	增補山林經濟	柳重臨
		㉑ 破家諸兆		
		㉒ 戒營造破費	袁氏世範	元采(宋)
		㉓ 戒買玩好	巖栖幽事	陳繼儒(明)
	戒禁	㉔ 戒鄙嗇	昨非庵日纂	鄭瑄(明)
		㉕ 戒火雜法	袁氏世範, 人事通, 知世事, 增補山林經濟	元采(宋), 石成金(淸), 柳重臨
		㉖ 警盜雜法	袁氏世範, 人事通	元采(宋), 石成金(淸)
		㉗ 弭盜雜述	袁氏世範	元采(宋)
		㉘ 宅舍關防	袁氏世範, 人事通	元采(宋), 石成金(淸)
		㉙ 戒浪費	快活方	
		㉚ 戒質典		
		㉛ 戒賃屋	傳家寶	石成金(淸)
		㉜ 戒養閑漢		
		㉝ 柴米宜備足		
	備豫	㉞ 米穀儲新用舊法	知世事	
		㉟ 儲新法		
		㊱ 預謀不失時	袁氏世範	元采(宋)
貨殖	貿遷	① 治生須貿遷	八域可居志	李重煥
		② 船利	八域可居志, 北學議	李重煥, 朴齊家
		③ 車利	熱河日記, 北學議	朴趾源, 朴齊家
		④ 權貨		
		⑤ 商販妙法	人事通	石成金(淸)
		⑥ 商以公誠爲主		
		⑦ 僞賈無益	袁氏世範	元采(宋)

348

章	節	目	引用書	著者
	孳殖	⑧ 假貸取息貴得中		
		⑨ 錢穀不可多借人		
		⑩ 金寶莫閒藏		
	治產	⑪ 論田土可寶	恒產瑣言	張英(淸)
		⑫ 田產界至宜分明	袁氏世範	元采(宋)
		⑬ 置田不必膏腴	恒產瑣言	張英(淸)
		⑭ 置田五要		
		⑮ 鄰近田產宜增價買	袁氏世範	元采(宋)
		⑯ 田產不宜鬻	恒產瑣言	張英(淸)
		⑰ 違法田產不可置	袁氏世範	元采(宋)
		⑱ 交易宜著法絶後患		
		⑲ 置產當存仁心		
		⑳ 存卹佃客		
		㉑ 婢僕須宜土人		
		㉒ 雇婢僕要牙保分明		
		㉓ 買婢妾當審可否		
		㉔ 修治破塘		
		㉕ 種樹毋失時		
		㉖ 兼併用術非悠久計		
		㉗ 分析務平均		
	勤勵	㉘ 勤儉爲根本	傳家寶	石成金(淸)
		㉙ 勤惰利害	快活方	
		㉚ 每日早起	人事通	
		㉛ 勤耕織	人事通	
		㉜ 勤儉要有分別	人事通	
	任使	㉝ 幹人擇淳謹	袁氏世範	元采(宋)
		㉞ 優恤婢僕		
	八域	㉟ 總論	星湖僿說	李瀷

章	節	目	引用書	著者
	物産	㊱ 京畿	輿地圖書	官撰
		㊲ 湖西		
		㊳ 湖南		
		㊴ 嶺南		
		㊵ 關東		
		㊶ 海西		
		㊷ 關西		
		㊸ 關北		
	八域場市	㊹ 京畿	金華耕讀記	徐有榘
		㊺ 湖西		
		㊻ 湖南		
		㊼ 嶺南		
		㊽ 關東		
		㊾ 海西		
		㊿ 關西		
		(51) 關北		
	八域程里表	(52) 西北抵義州第一		徐有榘
		(53) 東北抵慶興西水羅第二		
		(54) 東抵平海第三		
		(55) 東南抵釜山第四		
		(56) 東南抵太白山第五		
		(57) 南抵統營第六		
		(58) 西抵江華第七		
		(59) 京畿列邑相距里數		
		(60) 關東列邑相距里數		
		(61) 湖西列邑相距里數		
		(62) 湖南列邑相距里數		
		(63) 嶺南列邑相距里數		
		(64) 海西列邑相距里數		
		(65) 關西列邑相距里數		
		(66) 關北列邑相距里數		

2) 「예규지」의 경제관: 예치 사회의 상자상생(相資相生)적 경제관

『증보산림경제』의 「가정(家政)」과 『임원경제지』의 「예규지(倪圭志)」는 한 가정이 경제적으로 안정적인 재생산을 지속시킬 수 있는 방법을 제시하고 있다. '가정(家政)'이라는 용어는 곧 '가(家)를 운영하는 일'을 의미하는데, 두 편의 초점은 가(家)의 영속을 위해 필요한 재화를 어떻게 확보하고 관리할 것인가에 있다. 그런 점에서 '가정(家政)'은 경제를 핵심적 의미로 담고 있다.

서유구는 가정과 관련해서 재정의 관리 방안을 '제용(制用)'으로, 재정의 확보 방안을 '화식(貨殖)'으로 나누어 편장을 구성하고 있다. '제용'은 양입위출(量入爲出) · 절생(節省) · 계금(戒禁) · 비예(備豫) 등 네 개의 작은 장으로 나누어 기술하고 있는데, 그 핵심 내용은 ① 수입의 70%를 소비하고 30%를 비축하는 형태로 재정을 운영할 것, ② 수입의 70%를 지출할 때 월별 · 일별 지출 양을 정해서 항상 범위 안에서 지출할 것, ③ 비축은 쌀로 하고 은(銀) 등 쉽게 사용할 수 있는 것으로 하지 말 것, ④ 70% 가운데 지출하고 남은 부분은 별도로 가계부를 사용하여 관리하는데, 피복 · 약재 · 가옥수리 · 문상 · 선물 등 필요에 따라 지출하고, 그러고도 남는 부분이 생기면 어려운 이웃을 구제하는 데 사용할 것, ⑤ 불사(佛事) 등 기복적 목적으로 지출하지 말 것, ⑥ 지출은 낭비와 인색의 어느 쪽에도 치우지지 않게 60% 수준에서 유지할 것 등이다.

①의 경우 풍흉에 따라 지출할 수 있는 양이 해마다 달라진다. 따라서 때로는 수입이 적어서 지출하는 것이 매우 절검하는 형태로 진행되는 경우가 발생하는데, 이 경우에도 서유구는 매일 사용하도록 정해진 양 안에서 지출하여 다른 날 지출할 양을 침범하지 않는 원칙을 잘 지켜야 한다고 말한다. 서유구는 이와 관련하여 월별로 재정지출 계획을 세

울 뿐 아니라 하루 단위로 1년의 지출 계획을 세워 하루하루가 적자 나지 않게 할 것을 소식(蘇軾)이 황주(黃州)에서 유배 생활을 할 때 절검하였던 사례를 들어 제시한다.[69]

그러나 이러한 지출 방식에서 서유구는 재정의 내핍적 긴축 운용을 권하지 않는다. 그는 정상 수입의 60~70% 지출을 균형에 맞는 것으로 보고, 이 균형 지출을 권장한다. 그는 50% 미만의 지출은 매우 인색한 것으로 여긴다. 곧 사정이 어려울 때 내핍하는 것은 중요하지만, 소비가 가능할 때 비축을 너무 많이 하여 소비에 인색하면, 나중에 도리어 사치하는 데 빠지게 되거나, 이웃으로부터 인심을 잃어 악명을 얻고 결국 피해를 당하게 된다고 본다.[70] 따라서 자신의 경제적 안정과 더불어 이웃을 위한 일정한 소비가 필요한데, 그 점을 다음과 같이 말한다.

앞서 말한 30%를 비축해 두라는 것은 풍족하여 남는 재화가 많은 이들을 위해 규정한 것이다. …… 한 달에 사용해야 할 액수를 대략 30일로 나누어 놓는 것은 반드시 그 날에 다 쓰기 위함이 아니다. 다만 매달매일의 필요한 대략을 짐작해 보고 중간에 용도에 대해서는 스스로 조정하는데, 뒤에 쓸 재정을 앞에서 침해하여 나중에 후회해도 곤란하게 돼서는 안 된다. 마땅히 앞에서 남겨 뒤에 사용할 때 인색하다는 이웃의 비난을 초래하지 말아야 한다.[71]

---

69 徐有榘, 『林園經濟志』 5책, 503면 하단, 「倪圭志」, 制用, ‘日計’. 같은 책, 502면, ‘豊儉異制’에서도 같은 방법을 제시한다.

70 위와 같은 책, 501면, ‘量入爲出’, “可餘而不可盡用, 之七分爲得中, 不及五分爲太嗇. 【蓋於所餘太多, 則家益富, 將至僭侈無度, 則入于罪矣.】”; 같은 책, 502면, ‘豊儉異制’, “夫豊餘而不用者, 疑若無害也. 然己旣豊餘, 則人望似周濟, 今乃恝然, 則失人之情矣. 旣失人之情, 則人不祐之, 惟恐無所隙, 苟有隙可乘, 則爭媒孽之, 雖其子孫, 亦懷不滿之意, 一朝入乎若決隄破防矣.”

71 위와 같은 책, 502면, ‘豊儉異制’, “前言所謂存留十之三者, 爲豊餘之多者制也. …… 以一月

흥미로운 점은 정상 수입의 70% 지출을 말한 것이 소비의 과다를 막기 위한 것이 아니라 이웃의 인심을 잃을 정도로 비축을 과다하게 하는 것을 막기 위한 것이라는 점이다. 곧 수입에서 일정한 양을 저축하여 자신의 경제를 지속 가능하게 하면서, 한편으로 이웃을 배제한 과도한 저축을 자제하고 적절한 지출을 통해 이웃의 생존을 도와야 한다고 말하는 것이다. 이러한 경제관은 육구소의 『거가제용(居家制用)』의 관점을 가져온 것으로 『증보산림경제』와 『임원경제지』가 공유하는 경제관이다. 서유구는 이웃의 빈민 구제를 위해 지출할 것을 말하고, 아울러 '빈부상자(貧富相資)'의 차원이 아닌 자신의 부를 축적하기 위해 높은 이자나 채무독촉과 같이 이웃에 경제적 압박을 가하는 행위를 억제시키고 있다.[72] 또한 이웃의 사정으로 인해 재화를 이웃으로부터 구입할 때에도 되도록 정당한 가격을 지불하고 구입해야 하며, 이자 부담을 증가시켜 겸병적 방식으로 이웃의 재화를 탈취하는 것에 대하여 경계한다.[73] 요컨대 서유구는 「예규지」를 통해 저축을 통한 부의 배타적 축적을 지양하고, 수입과 지출이 선순환될 수 있는 정도의 축적 속에서 일정한 소비를 유지하여 이웃과 공생하는 '상자상생(相資相生)'의 경제관을 지향하고 있다고 할 수 있다.

『증보산림경제』의 「가정(家政)」과 비교해 볼 때, 「예규지」는 화식(貨殖), 곧 재화의 증식 방법에 관해 상업을 이용할 것을 적극적으로 주장하는 점에서 차이를 보이는데, 국민 경제적 층위와 사대부의 가정 경제적 층위의 양면으로 나누어 이해할 필요가 있다. 먼저 국민 경제적 층위

合用之數, 約爲三十分者, 非爲必於其日用盡. 但約見每月每日之大槪, 其間用度自爲贏縮, 惟是不可先次侵過恐難追悔, 宜先餘而後用以毋貽鄙吝之議."

72 위와 같은 책, 507면, '戒客嗇'; 518면, '假貸取息貴得中'; 521면, '存卹佃客'.

73 위와 같은 책, 520면, 貨殖, 治産, '治産當存仁心'; 522면, '兼幷用術非悠久計'.

에서 보면, 서유구는 운송 수단이 취약하여 각 지역의 산물이 원활하게 유통되지 못하고, 이로 인해 전국적인 물가 조절이 이루어지지 못하여 민생에 필요한 물자들이 상자상생(相資相生)되지 못한다는 이중환·박지원·박제가의 견해를 가져와 '화식(貨殖)'의 첫머리에 배치하였다.[74] '화식' 뒤에는 8도 전국의 시장 분포와 산물, 서울을 중심으로 한 이동 경로와 거리, 8도 각 지역 읍 사이의 이동 거리를『여지도서(輿地圖書)』 등을 이용하여 자세히 정리하고 도표로 제시하였다. 이것은 서유구가 운송 수단의 개발을 통해 산물의 시장 유통을 활성화시킴으로써, 시장 물가의 자연적 조절을 유도하여 지역간의 경제적 편차를 줄이고 산물이 상자상생하게 이용되도록 하려는, 곧 이용(利用)을 통해 후생(厚生)을 도모하는 관점에서 재화의 경영을 도모하고 있음을 보여 준다.『임원경제지』전체에서 보면, 농업 생산의 본리(本利)를 우선시하면서도, 상업 유통의 이용(利用)을 활성화하여 각 지역의 민생이 상자상생되는 국민 경제를 지향하고 있다고 할 수 있겠다.

산물, 이동 거리, 개설 일시 등을 매개로 조선의 전국 시장을 네트워크화하고 도표로 제시한 것은 조선의 전 지역을 이용후생의 경제공간으로 재인식하는 실학의 새로운 학문적 시야를 보여 준다. 서울을 기준으로 하여 전국 지역을 산물과 이동 거리로 단일하게 파악하게 하고, 다시 지역별로 역내 도시 사이의 이동 거리를 하나의 도표로 제시하여 역내 도시간의 이동 시간을 전체적으로 파악하게 하는 것, 그리고 전국의 시장을 개장 일시와 주요 거래 품목을 통해 전체적으로 파악하게 하는 것이다. 여기에 전국의 도시와 시장을 이동 거리와 개설 일시로 수치화하여 제시함으로써 조선의 각 지역이 도시와 시장의 상품 유통이라는 경

---

74 위와 같은 책, 515~517면, 貨殖, 貿遷의 '治生須貿遷', '船利', '車利'.

제활동의 장으로 재인식될 수 있게 하였다.

시장의 차원에서 전국을 수치화하여 단일하게 전체적으로 파악할 수 있게 한 것은 『임원경제지』의 실학이 경제에 유용한 개별적 지식들을 집적하는 실용적 박학(博學)의 차원을 넘어서 국민 경제의 실사구시적 기획으로 나아가고 있음을 보여 준다. 곧 이익 · 이중환 · 박지원 등 조선 후기 실학자들이 가졌던 문제의식을 이어받아 상품의 유통을 전국적 단위에서 운용하여 물가와 상품의 지역간 편차를 완화하는 상자상생(相資相生)의 국민 경제를 가능하게 하려는 기획이다. 따라서 『임원경제지』가 '임원(林園)'이라는 사대부의 공간을 위주로 구성된 것이지만, 기본적으로는 국가의 수준에서 경제를 파악하고, 상품의 유통을 전국적 단위에서 운용하여, 국민 경제를 활성화하고 안정시키는 시야에서 내용들을 구성한 저작으로 재평가할 필요가 있다.

사대부의 가정 경제 층위에서 보면, 서유구 역시 사대부가 상업 이윤의 획득을 통해 재화를 증식하는 것에 대하여 근본적으로 긍정하지 않는다. 다만, 그는 관혼상제의 가례를 수행하는 데 필요한 재화를 안정적으로 갖추기 위해서 약간의 상업 이윤을 획득하는 것은 해로울 것이 없다는 입장을 취한다.[75] 또한 물가변동이나 산물의 상황 등에 대하여 살피는 상업적 시야를 가지는 것에 대하여, 적절한 이자를 취득하는 것에 대하여 재화를 경영하는 차원에서 긍정하고 있다. 전체적으로 치부(致富)를 위해 사족이 농업이라는 본업을 벗어나 상업에 종사하거나 전환

---

75 위와 같은 책, 515면, 貨殖, 貿遷, "人生於世, 養生送死, 皆需財用, 而財非天降地湧, 故必待貿遷有無. 貿遷之道, 舟利爲最, 車馬次之. 若乃富商大賈, 南通倭國, 北通中國, 積年灌輸天下之物, 或至累百萬金者, 惟漢陽多有之. 次則開城, 又次則嶺南之東萊 · 密陽, 關西之義州 · 安州 · 平壤, 皆以通南北之路, 每獲奇羨, 其利倍蓰於國內商販, 然士大夫不可爲此, 但視魚監相通處, 置船受嬴, 以備冠婚喪祭之需, 亦何害哉?"이 부분은 이중환의 『택리지』에서 인용한 것이다.

하는 것의 필요성 등 적극적인 상업론을 주장하지는 않지만, 본업을 가지고 있으면서 약간의 상업 이윤을 취득하여 가정 경제를 안정시키는 것에 대해서는 긍정하는, 달리 말하면 상업의 필요성을 인정하면서 상업을 보조적으로 사족의 가정 경제에 활용하는 관점에 있다. 이것은 재화의 증식방식에서 『증보산림경제』의 「가정」에 비하여 상업을 활용하는 측면에서 한 단계 더 적극적으로 진전하고 있음을 보여 준다.

「예규지」에서 사족이 상업 이윤을 취득하는 것을 허용하는 것은 사족의 재산증식 방법으로 제시한 것이 아니라 가례에 필요한 재화를 안정적으로 갖추는 용도를 위해서다. 이것은 동아시아 역사에서 가례의 수행이 생활과 경제의 한 중심을 차지하는 사회적 환경이 조성되면서 성립된 경제관의 한 특징이다. 『증보산림경제』의 「가정」은 가례의 의절뿐 아니라 가례에 사용되는 재화에 대하여 적절한 종류와 규모를 상세히 논하고 있다. 『임원경제지』에서는 이 둘을 「향례지」와 「예규지」로 나누어 놓았다. 「향례지」에서 사례·음사례 등 향례와 더불어 향약과 사창계를 수록하여 향촌에서의 운용 규칙을 표준화하여 제시하면서, 「예규지」에서 이들 향례의 수행이 전제된 가정 경제의 방략을 제시한다.

서유구는 수입 안에서 지출하는 경제가 지속적으로 순환되기 위해 기본적으로 절검을 중시하지만, 인륜과 예절의 영역에서 필요한 비용에 대하여 인색해서는 안 된다는 입장에 있다.[76] 그는 30%의 재화를 비축하는 것이 사정상 여의치 않을 경우엔 가능한 범위에서 비축하듯이, 상례와 혼례의 비용도 사정에 따라 조절할 필요가 있다고 본다. 그는 상례 비용을 가계의 형편에 따라 신축적으로 조정하고, 혼례 비용은 대체로

---

76 위와 같은 책, 523면, 貨殖, 勤勵, '勤儉要有分別' "儉用只是量入爲出, 不急之事莫爲, 至於 孝悌忠信, 人倫禮節之類, 應用錢財者, 亦不可鄙吝."

상례 비용에 맞추어 결정하는 형태를 제시하면서[77] '예가 폐지되지 않게 하면서도 재화가 궤핍되지 않는〔禮可不廢而財不匱〕'[78] 경제의 운영을 권장한다. 가정 경제의 이와 같은 운용은 경제적 생존과 더불어 가례와 향례 수행에 필요한 재화를 안정적으로 수급하여 이들 의례를 정상적으로 행하는 일종의 예치(禮治)경제 체제가 『임원경제지』가 추구하는 경제관임을 말해 준다.

『가례』에서 제시된 예제를 수행하는 사회는 고조 이하 4대의 자손이 하나의 친족 공동체가 된다. 향촌은 이러한 혈연적 친족 공동체들이 한편으로 혼인을 통해 친소의 관계망을 확대하고, 한편으로 직분을 통해 존비의 관계망을 형성하면서 협업적 상생을 구현하는 공간이 된다. 협업노동이 생산력과 직결되어 있는 쌀농사 지대에서 가례와 향례는 협업에 필요한 친족적 연대관념을 개인들에게 의례의 수행을 통해 안착시키는 주요한 수단이 된다. 따라서 관혼상제의 가례와 향례를 수행하는 데 필요한 재화를 안정적으로 수급하는 것은 가정 경제의 존립을 위해서뿐 아니라 친족 공동체의 상호 연대체제로서 향촌 경제의 장기지속적 존립을 위해서도 기초가 된다.

『증보산림경제』는 『산림경제』에 「가정(家政)」을 추가함으로써 재화의 생산과 더불어 경영을 포괄하는 경제서로 진전시키고 있다. 농서와 경제서가 함께 결합된 것이다. 『임원경제지』는 「가정(家政)」에 혼합되어 있던 가범(家範)·가례(家禮)·가정(家政)의 영역을 「향례지」와 「예

---

77 위와 같은 책, 502면, 制用, '豊儉異制', "『記』曰'喪用三年之防', 注謂'防, 什一也', 正今所謂留三分數. 凡喪葬所費, 其豊儉之節, 當以此爲準. 今謂人家昏禮, 當視喪禮所費, 則豊儉亦似得中, 其有貧者, 豈可復立準, 則所謂斂手足形還葬而無槨, 人豈有非之者, 則昏禮宜俱無所廢, 所謂'治其謂之'足矣."

78 위와 같은 책, 502면, 制用, '豊儉異制'.

규지」로 나누어 분할하고, 전장화된 향례를 제시하여 표준화하고, 재화의 경영을 재정 운영과 재화 증식의 두 영역으로 세분하여 전문화시켰다. 곧 『임원경제지』의 「향례지」와 「예규지」는 『증보산림경제』, 「가정」의 체제를 새롭게 진일보시킨 것이라고 할 수 있다. 이로써 농서의 차원을 넘어서 경제서로서의 성격을 더 명확히 지니게 된다. 요컨대 『임원경제지』는 조선 후기 사회가 예치 사회로 성숙해 가면서 예치적 경제관을 향촌 사회에서 구현하는 방략을 당대의 다양한 노력을 수렴하여 체계화한, 어쩌면 근대 이전 최후의 경제서라고 할 수 있다.

동아시아 유교사에서 보면, 『임원경제지』의 경제관은 몇 가지 역사적 의미를 지닌다. 첫째, 당대 농서(農書)의 성과들을 바탕으로 경제론을 수립한 점이다. 서광계의 『농정전서』는 농업을 국가 정책의 차원에서 접근하면서 당대 농업문제를 농법의 개발뿐 아니라 개간 등 제도개선과 수리시설의 확충 등을 통해 해결하려고 한다. 그러나 재화의 경영이라는 측면에서 접근하지는 않는다. 『농정전서』의 영향을 받아 쓰여진 일본의 『농업전서(農業全書)』는 아예 농정(農政)의 측면을 제외하고 순수하게 농업기술의 측면에서 접근하고 있다.[79] 반면 『임원경제지』는 농업 생산을 기술과 농정의 측면에서뿐 아니라, 재화의 경영이라는 경제의 측면에서 접근하여 사족의 가정 경제가 지속 가능한 방법을 국민 경제의 차원에서 제시하고 있다. 「예규지(倪圭志)」는 가정 경제의 확립을 위해 농업 생산을 재화 경영의 한 측면으로 다루는 시야를 제공한 점에서 이전의 농서가 지녔던 시야를 넘어서고 있다. 이것은 조선 후기 경제서의 기본 특성으로서 『임원경제지』는 그러한 조선적 특징을 잘 보여 주는 대표적 성과라고 할 수 있다.

---

[79] 韓興勇(2003).

둘째, 동아시아 유교사의 전개에서 볼 때, 가례 수행을 기반으로 영위되는 유교 경제의 모델을 제시한 점이다. 『가례』의 등장은 생활세계에서 신분적 한계와 상관없이 사족들이 유교적 정체성을 발휘할 수 있게 하였다. 또한 동아시아 사회에서 쌀농사 지대의 확대와 더불어 집약적 협업 노동이 더 광범위하게 요구되는 사회경제적 환경이 보편화되었는데, 한국과 중국에서는 가례 수행을 매개로 친족 공동체를 형성하여 상호 협업적 경제를 운영하는 방식이 발전하였다. 그러나 송 대 주자학 자체에서 보면 가범에 해당하는 『소학(小學)』과 가례의 표준서로서 『가례(家禮)』를 제시하는 데 그치고, 가례를 생활에서 실천하기 위한 경제적 방략을 제시하는 데까지는 이르지 못하였다. 더욱이 『가례』 자체가 구체적으로 실행하는 의절로 사용하기에 부적합한 점들이 많았다. 따라서 송 대 이후의 동아시아 각 지역에서는 지역적 사정에 따른 표준적인 가례서들이 만들어지고, 가례의 수행을 담보하는 가정 경제의 운영을 위한 방략들이 텍스트화된다. 이러한 역사적 흐름에서 보면, 「향례지」와 「예규지」는 가례에서 더 나아가 향례의 표준을 제시하고, 그러한 예치적 가정 경제의 경영 방략을 텍스트로 제시한 전형적 사례가 된다. 더욱이 예서와 경제가 함께 결합된 텍스트는 희소하다. 따라서 『임원경제지』는 『가례』 등장 이후 예치 사회를 구현하려는 역사적 노력의 정점에 있다고 해도 과언이 아니겠다.

셋째, 국민 경제의 안정을 추구하는 차원에서 사족의 경제적 재생산을 추구하는 정의적 경제관념을 제시한 점이다. 「예규지」에서 보여 주는 경제관은 가례 수행에 필요한 재화의 안정적 확보를 위해 상업 이윤을 다소 추구하는 것에 대하여 긍정하는 정도의 상업적 재화 증식을 경영의 한 방략으로 제시하면서, 한편으로 재화의 독점적 축적을 지양하고 이웃을 고려한 일정한 소비지출을 권장하고 유도한다. 이것은 이웃과 상자상생(相資相生)하는 형태로 사족이 자신의 가정 경제를 안정적으로 지속시킬 수 있는 경제 형태를 추구하고 있는 것으로, 경제를 사회정의의 실현 차원에서 운용하는 일종의 정의 경제 관념을 담고 있다. 이것은 자본의 축적과 이윤의 적극적 추구로 나아가는 근대 경제 관념과 상이한 길이지만, 근대 체제의 수립 과정에서 시장이라는 물리적 체제에 기반한 근대 경제 체제가 폭력적으로 작동하여 사회를 교란시키지 않는 방향으로 한국 사회에 정착하게 하는 데 소중한 기반이 되었던 것으로 생각된다. 따라서 예치 사회에 기반한 실학의 경제관은 근대 경제의 전개에서 빚어지는 빈부의 양극화를 완화시키는 정의 경제의 측면에서 그 유의미성을 재성찰할 필요가 있다.

5. 맺음말

이용후생(利用厚生)의 지식과 기술을 집적하는 박학(博學)에 머무르지 않고 경세(經世)와 치용(致用)을 중시하는 것은 조선 실학의 주요한 특징이다. 유형원의 『반계수록』 이후 조선의 경제서는 향례와 경제를 결합한 유교 사회의 경제론을 발전시켜 나아갔다. 『임원경제지』에서 「향례지」와 「예규지」를 편제하여 구성한 것은 그러한 발전의 한 정점이 된다.

서유구의 학문은 수 대를 걸쳐 형성된 가학이 바탕이 되고 있다. 조부 서명응은 서유구에게 「위사(緯史)」를 편찬하게 하였다. 이 경험은 서유구가 농서와 유사에 대해 관심을 가지는 한 바탕이 되었다. 생부 서호수는 당시 중국의 지적 성과들을 수용하고 정리하였을 뿐 아니라 수리와 천문의 영역에 대하여 조정에서 주도적으로 참여하였다. 또한 중부 서형수는 주자학을 실사구시적 차원에서 보완하고, 십삼경주소 체제에 대하여 주자 이후의 학문 발전을 반영하는 새로운 전설(傳說)의 체제로 재편하는 학문적 노력을 서유구와 함께 추진하였다. 서유구가 실사구시적 차원에서 주자학과 유학을, 또는 제도와 기술을 탐구하고 이기론(理氣論) 등 심법(心法)의 차원에서 탐구하지 않았던 학문적 배경에는 이러한 가학적 전통의 영향이 있었다.

서유구의 예학은 가학과 조정에서 활동한 경험이 바탕이 되고 있다. 증조부 서종옥(徐宗玉)은 대사례(大射禮) 의절의 제정에 참여하였고, 조부 서명응은 선친의 뜻에 따라 종묘제사의 악장을 재정비하는 일에 참여하여 『해동악장(海東樂章)』을 편찬하고 개인적으로 『아악도서(雅樂圖書)』를 편찬하였다. 또한 서명응은 정조의 명에 따라 연사례(燕射禮)의 의주를 제정하고 개찬하는 일을 주도하였다. 생부 서호수 역시 종묘제사의 악장을 정리하여 책으로 편찬하는 일에 참여하였다. 서유구는 「유예지(遊藝志)」에 이러한 선대의 가학을 활용하여 악보를 정리하였다. 서명응은 『고사촬요(考事撮要)』를 개보한 『고사신서(攷事新書)』를 편찬하면서, 사례(四禮)를 실용 위주로 자신이 직접 제정하여 추가하였고, 『국조오례의』로부터 향음·향사 두 의주를 가져와 수록하였다. 서유구가 「향례지(鄕禮志)」에서 상·제례의 의주를 자신이 직접 제정하여 추가한 것은 이러한 가학적 전통을 이은 것이다.

정조는 『향례합편』의 편찬에 서유구를 참여시키고, 서유구에게 향사례와 향음주례의 의주를 제정하게 하였지만, 수록시키지는 않았다. 서유구는 「향례지」를 구성하면서, 자신이 제정한 향음·향사의 두 의절과 더불어 상례와 제례 등 의절을 새로 제정하여 부가하였다. 곧 『향례합편』을 기반으로 보완한 것이 「향례지」이다.

향음과 향사는 동아시아 역사에서 인재 선발과 사회 안정이라는 두 목적을 위해 시행되었다. 조선 후기 실학에서 그 강조점은 상이하게 나타난다. 유형원·서명응 등의 경우 과거제의 인재 선발이 지니는 편향성을 극복하기 위한 방법으로 두 의례를 활용할 것을 주장한다. 정조는 『향례합편』의 편찬에서 사회 안정에 중점을 두고 두 의례의 유의미성을 강조하였다. 서유구의 「향례지」는 정조의 입장과 같은 맥락에서 자신이 제정한 두 의례를 배치하였다. 이러한 서유구의 입장은 안정복이나 정약용의 입장과도 같다. 서유구는 향음례 의절 가운데 사정(司正)을 세우는 절차 뒤에 규약을 읽는 독법(讀法)의 절차를 설정하였다. 이것은 『명집례(明集禮)』이래 동아시아에서 널리 공유되는 방식으로 종법윤리적 사회의식을 향인(鄕人)들에게 주지시키는 교속(矯俗)의 방법이었다. 서유구는 향음주례의 수행 주체가 관(官)이 되게 하였는데, 이것은 『임원경제지』가 국가적 차원에서 향촌 사회의 공공성을 실현하는 맥락에서 서술된 것임을 보여 준다. 따라서 『임원경제지』를 사족의 사적 영역에서 영위되는 삶을 다룬 것으로 이해하는 시야를 보정할 필요가 있다.

서유구는 상례와 제례의 절목을 '『가례』-『가례』의 본주(本註)-『상례비요』 등 서유구 자신이 보충한 주석'의 형태로 재구성하였다. 이것은 『가례』의 경문과 주자가 부가하였다고 후대에 인식한 본주(本註)를 중시하는 형태로서 양복(楊復)의 부주(附註)본 『가례』 체제를 대체하는 조선본 또는 서유구 부주본 『가례』로서 의미를 가진다. 주석의 내용에서 서유구는 『상례비요』, 『격몽요결』, 『제의초』를 주로 활용하였는데, 이것은 서유구가 예학을 기호학파의 시야에서 수립하였음을 말해 준다. 또한 『가례』에 있는 초조(初祖)와 시조(始祖)에 대한 제사 의절을 없애고, 제전(祭田) 50묘를 독립된 재정으로 설정하여 가례를 운용하도록 규정하였는데, 이것은 가례의 수행을 우선시하는 유교 사회의 가정 경제 관념을 보여 준다.

「예규지」는 재화의 경영을 다루는 점에서 『증보산림경제』의 「가정(家政)」과 서로 상응한다. 「가정(家政)」은 가범(家範)을 위주로 가례(家禮)와 가정(家政)을 혼합하여 구성하였다. 『임원경제지』는 가례는 「향례지」로, 가정은 「예규지」로 나누어 배치하였다. 또한 가정에 대하여, 재정 운용의 기본 방침을 제시한 '제용(制用)'과 재화의 증식과 관리 방법을 제시한 '화식(貨殖)'의 두 부분으로 나누어 전문화하였다. 내용상으로는 중국 측 자료뿐 아니라 이익·이중환·박지원·박제가·유중림 등 조선 학자들의 견해와 관점을 적극 반영하였다. 따라서 「예규지」의 구성은 「가정」의 체제를 더 전문화하여 발전시킨 형태로서 의미가 있다.

「예규지」에 담긴 경제관념은 국민 경제와 가정 경제 두 차원에서 함께 살펴보아야 한다. 국민 경제 차원에서 보면, 서유구는 이익·박지원 등 당시 조선 학자들의 관점을 계승하여 운송 수단의 개발과 유통의 활성화를 통해서 물가의 불균등과 재화의 지역간 편차를 해소하는 것이 중요함을 강조한다. 서유구가 이를 위해 시장을 중심으로 전국을 네트워크화하여 이동 거리와 시장 개설 일시, 주요 품목을 낱낱이 정리하고, 또 도시간의 이동 거리를 도표로 제시한 것은 실용의 차원에서뿐 아니라 학술상으로 진일보한 업적이라고 할 수 있다. 왜냐하면 서유구의 작업은 경제공간의 관계망으로 조선 전국을 파악할 수 있게 할 뿐 아니라 상품의 유통을 전국의 차원에서 운용 가능하게 하는 지적 기반을 제공하였기 때문이다.

사족의 가정 경제 차원에서 보면, 서유구는 수입의 70%를 소비하고 30%를 저축하고, 가례 수행에 필요한 재정을 확보하기 위해 상업 이윤의 획득을 일정 정도 활용하는 방식으로 가정 경제의 안정적 재생산을 도모한다. 이것은 가정 경제에서 가례의 수행을 우선시하고 부의 독점적 추구를 지양하면서 이웃을 고려하여 일정한 소비를 권장하는 상자상생(相資相生)적 경제관념을 보여 준다. 가례의 수행을 통해서 세대를 이어 종족의 화합을 도모하는 것은 협업노동이 중요하였던 쌀농사 중심의 문화가 개발한 삶의 기술이다. 가례 수행에 소요되는 재정의 안정적 확보를 우선시하는 것은 유교 사회의 경제관념을 반영한 것이다. 또한 안정적 재생산을 지속적으로 가능하게 하기 위하여 재화의 겸병적 축적을 막고, 이웃을 고려한 일정한 소비를 권장하는 것은 공생이라는 사회적 정의를 실현하는 차원에서 경제를 다루는 정의 경제적 관념을 담고 있다. 이러한 상자상생적 정의 경제의 관념은 자본의 축적과 이윤의 추구를 우선시하는 근대 시장 중심 자본주의 체제와 상이한 노선이지만, 근대 체제의 안착 과정에서 자본주의 체제의 폭력성을 억제하고 사회가 전체적으로 발전하는 문화적 자산이 되었을 것으로 생각된다. 또한 근대 체제의 수립 이후 문제되는 빈부의 양극화에 대하여 재성찰할 때에도 삶의 유의미성과 사회의 구성 방법으로서 재독할 필요가 있다.

『임원경제지』는 19세기 전반 동아시아 유교 사회가 이룩한 학술적 성취를 집적하여, 조선의 현실 조건에서 이용 가능한 방략을 제시한 유서(類書)이다. 유서(類書)의 형태로 여러 분야의 학문을 집적하는 것은 서유구 당대의 학문적 경향이었다. 서유구는 『농정전서』를 비롯하여 기존의 업적들을 망라하여 활용할 뿐 아니라, 서유구 자신이 이어받은 가학적 전통, 출사하여 참여하고 추진하였던 국정의 경험, 당대 조선 실학자들의 문제의식을 계승하고 진전시켜 다양한 분야의 지식을 박학(博學)에서 더 나아가 치용(致用)의 체계로 구성해 내고 있다. 동아시아 학술사에서 보면, 『가례』가 등장한 이래 가례의 수행을 통해서 유교적 삶을 안정적으로 구현하는 방법이 다양하게 개발되어 왔다. 『임원경제지』는 사족의 경제적 재생산 방략을 상자상생하는 정의 경제 차원에서 기획하는 방법으로서 동아시아 유교 사회의 면면한 문화적 노력이 19세기 전반기에 도달한 한 해법이다. 따라서 『임원경제지』는 조선 후기 실학의 결실로서만 아니라 동아시아 유교 사회의 문화적 결실로서 재평가할 필요가 있다.

參 考 文 獻

金長生, 『沙溪全書』, 한국고전번역원 국역본.

徐命膺, 『攷事新書』, 국립중앙도서관 소장본.

_____, 『保晩齋集』, 한국문집총간본.

徐龍輔, 『竹石館遺集』, 한국문집총간본.

徐有榘, 『楓石全集』, 한국문집총간본.

_____, 『林園經濟志』, 보경문화사 影印本.

徐有榘 等編, 『鄕禮合編』, 學善齋 影印本.

徐瀅修, 『明皐全集』, 한국문집총간본.

安鼎福, 『順菴集』, 한국문집총간본.

柳馨遠, 『磻溪隨錄』, 여강출판사 국역 영인본.

正 祖, 『弘齋全書』, 한국고전번역원 국역본.

曹 端, 『曹月川集』, 중화서국본.

朱 熹, 『儀禮經傳通解』, 사고전서본.

陳 澔, 『禮記大全』, 사고전서본.

崔鳴吉 等編, 『考事撮要』, 국립중앙도서관 소장본.

黃 佐, 『泰泉鄕禮』, 사고전서본.

박권수(2010), 「규장각 소장 『攷事新書』에 대하여」, 『규장각』 36, 서
　　　울대학교 규장각 한국문화연구원.

백민정(2014), 「정약용 經世書의 鄕禮 규정과 공동체 운영의 특징-
　　　『경세유표』 및 『목민심서』의 鄕禮 문제를 중심으로-」, 『동
　　　양철학』 41, 한국동양철학회.

이봉규(2005), 「실학의 예론-성호학파의 예론을 중심으로」, 『한국사
　　상사학』 24, 한국사상사학회.

＿＿＿(2011), 「喪禮 爭點을 통해 본 『國朝喪禮補編』의 志向」, 『동양
　　철학』 36, 한국동양철학회.

＿＿＿(2013). 「명청조와의 비교를 통해 본 조선시대 『家禮』 연구의
　　특색과 연구방향」, 『韓國思想史學』 44, 한국사상사학회.

장동우(2013), 「朝鮮時代 『家禮』 硏究의 進展」, 『泰東古典硏究』 31,
　　한림대학교 태동고전연구소.

정명현 외 역저(2012), 『임원경제지-조선 최대의 실용백과사전』, 씨
　　앗을뿌리는사람.

조창록 외 저(2014), 『풍석 서유구 연구』上, 성균관대학교 출판부.

차서연(2011), 「서유구의 복식관-「섬용지」 '服飾之具'의 분석을 중심
　　으로」, 단국대학교 석사논문.

顧永新(2006), 「從《四書輯釋》的編刻看《四書》學學術史」, 『北京大學學
　　報』(哲學社會科學版) 第43卷 第2期.

韓興勇(2003), 「《農政全書》在近世日本的影響和傳播-中日農書的比較
　　研究」, 『農業考古』 2003-1, 江西社會科學院.

| 楓 石 |

『풍석 서유구 연구(하)』
집담회

- **일 시** : 2015년 4월 11일 오후 4시~6시 30분

- **장 소** : 연희동 에스프레소하우스

- **참여자** : 김왕직, 문석윤, 송지원, 이민주, 이봉규

- **녹취와 정리** : 강민우

이봉규　연구간사로서 제가 사회를 진행하겠습니다. 1년 간 공동 연구를 통해 건축·복식·음악·양생·예학 등 다섯 가지 영역에서 풍석 서유구의 『임원경제지』에 나타난 실학의 성격을 살펴보았습니다. 오늘 집담회는 최종 연구 결과를 보고하고 마지막으로 우리의 공동 연구를 마무리하는 자리가 되겠습니다. 이미 몇 차례 공동 세미나를 통해서 서로 숙지된 상태입니다만, 선생님들께서 각자 맡은 주제의 연구 결과를 토대로 풍석 서유구의 실학이 지니는 특징을 말씀해 주시고, 이어 전체적 주제를 가지고 함께 자유롭게 토론하는 방식으로 진행하는 것이 좋을 것 같습니다. 그러면 제가 먼저 제 연구 결과를 토대로 말씀드리겠습니다.

1. 『임원경제지』를 통해 본 서유구의 예학과 경제관 : 「향례지」와 「예규지」를 중심으로

저는 서유구의 예학과 경제관을 살펴보았습니다. 연구를 진행하면서 『임원경제지』가 조선 후기 실학에 있어 경제관념의 마지막 종착지 또는 집대성적인 성격이 있다는 생각이 들었습니다. 그 개념을 가례 경제라는 개념으로 성찰해 볼 필요가 있지 않을까 생각되었습니다. 『임원경제지』는 경제와 문화를 결합시켜 생산·소비·경영 3가지 차원에서 활용 가능한 기술 및 전략들을 사대부 가정 경제 측면에서 제시한 경제서라고 말할 수 있겠습니다. 『임원경제지』의 목표는 유교적 예치 관념을 구현하는 생활방식을 안정적으로 지속 가능하게 하는 경제-문화적 방안을 제시하고 있습니다.

유학사에서 보면 남송 말기 주희의 저작으로 알려져 있지만 명확치는 않은 『가례』가 출현하면서 가례를 수행하는 공동체의 생활 방식이나 세대를 이어서 종족을 보전해 가기 위한 집단화 방법이 새롭게 개발됩니다. 이로써 동아시아 각 지역에서는 『가례』의 활용을 통해 예치(禮治)를 향촌의 생활양식 차원에서 구현하는 문화-경제의 문법이 개발되고 확산됩니다. 가례라는 의식을 수행하기 위해 경제적 측면에서 텍스트화하는 것은 조선에서 더욱 특징적으로 나타나는 것 같습니다. 중국에도 유사한 것은 많이 있지만, 물론 조사를 더 해 보아야 하겠습니다만, 가례와 경제가 함께 한 텍스트에서 결합하여 매뉴얼화된 것은 아직 발견하지 못하였습니다. 조선에서는 18세기 경제서들에 그런 결합들이 나타나고, 『임원경제지』는 그것을 가장 체계적으로 정리하여 제시하였다는 점에서 특징이 있습니다. 「향례지」와 「예규지」의 두 편이 그것입니다. 「향례지」는 가례를 향음주례와 향사례에까지 확대하여 향약·향음주례·향사례·사례(四禮) 등의 규정을 포함하고 있는데, 대부분 서유구 자신이 직접 제정하여 넣은 것입니다. 경영해서 재화를 증식하고 관리하는 방법은 「예규지」로 편제하였는데, 이처럼 예제와 경제를 함께 체계적으로 제시한 것은 미흡하지만 조사해 본 바로 동아시아에서 유일무이합니다. 다른 유사한 서적이 있지만, 사례나 향음주례·향사례 등의 규정이 제정되어 들어 있지 않습니다. 또한 『임원경제지』는 기존의 『가례』를 그대로 준용하는 수준에서 벗어나, 서유구 자신이 『가례』에 토대를 두고 조선의 사정을 고려해서 직접 제정한 것이라는 점에서 독자적인 성격이 있습니다. 저는 그 점을 중시하여 시험적으로 '가례 경제'라는 표현을 사용해 보았습니다.

「예규지」부분은 재화의 경영을 다루는 점에서 『증보산림경제』의「가정」을 발전시킨 것입니다. 「가정(家政)」편은 가범을 위주로 하여 가례와 가범을 혼합했는데, 『임원경제지』는 가례는 「향례지」로, 가정(家政)은 「예규지」로 나누어 전문화시켰고 내용을 심화했습니다. 「예규지」에서 서유구가 활용하는 것 가운데에는 송·명 대 중국의 자료뿐 아니라 이익·이중환·박지원·유중림 등 조선 실학자들의 견해를 많이 활용하고 있어, 집대성적인 성격도 있습니다. 이 부분은 향후 비교사적 시각에서 좀더 살펴보아야 하겠습니다.

『임원경제지』의 가례 경제 관념은 부국강병보다 민생안정에 중점이 두어져 있습니다. 공동체의 구성원이 상자상생하는, 이를테면 자신의 부를 증대시키는 것이 이웃과의 공존에 장애가 되지 않게 하고 이웃을 침해하지 않게 유도하려는, 빈부상자(貧富相資)의 경제관념으로 제시되어 있습니다. 이것은 실학을 연구할 때 부국강병의 층위에서 재화의 증식 방안이나, 근대 체제로 나아가는 동력으로서의 경제관념을 연구하던 것을 재고할 필요가 있음을 보여 줍니다. 조선 실학의 경제관념을 다룰 때 근대의 경제관념과 별개로 조선 실학 자체의 경제관념을 문법화하는 작업이 필요하다는 것이 제 생각입니다. 『임원경제지』를 재조명하면 이것이 어느 정도 가능할 것입니다. 『임원경제지』에서는 지나친 저축은 다른 사람에게 피해를 주기 때문에 저축을 많이 하는 것을 지양하고, 일정 부분 소비를 통한 경제 전체의 안정을 추구합니다. 또한 매매할 때 팔려고 내놓는 사람은 대부분 불가피한 사정이 있기 때문에 값을 적절히 쳐 주어 구매해야 하고 겸병적으로 매매하면 안 된다는 것을 강조합니다. 말하자면 최대한의 이윤을 남기는 것이 목적이 되지 않습니다. 상자상생의 정의 경제적 관념이 토대를 이루고 있습니다.

『임원경제지』는 19세기 전반 동아시아 유교 사회가 이룩한 학술적 성취를 집적해서 조선의 현실 속에서 이용 가능한 경제적 방략을 제시한 유서의 형태인데, 이처럼 유서 형태로 여러 분야를 집적하는 것은 서유구 당대 동아시아의 공통적 학문 경향입니다. 서유구는 『농정전서』를 비롯하여 기존의 업적들을 활용하는데, 서유구 자신이 이어받은 가학적 전통이 중요한 역할을 했고, 정조 대의 국정 경험, 당대 기호학파·북학파 위주의 실학자(박지원·유형원·이익 등)들이 제기하는 문제의식을 계승하고 그 성과를 이용하여 박학(博學) 차원에서 더 나아가 치용(致用)의 경제체제를 구성하는 데 특징이 있습니다. 이 표현을 쓴 것은 당시 청 대 실학은 박학 위주인 것과 비교할 때, 조선의 실학은 치용 위주의 경향이 더 많기 때문입니다. 제가 생각하기로 동아시아 학술사에서 가례 수행을 통해서 유교적 삶을 안정적으로 구현하는 방법이 다양하게 개발되어 왔는데, 『임원경제지』의 방략들은 사족의 경제적 재생산 방법을 상자상생하며, 자본 증식 경제라기보다는 정의 경제 차원에서 기획하는 방법으로서 동아시아 유교 사회의 면면한 문화적인 전통이 19세기 전반기에 도달한 해법이라고 생각됩니다. 『임원경제지』는 조선 실학의 결실 뿐 아니라 동아시아의 문화적 결실로 재평가할 수 있겠다는 것이 제 입장입니다.

2. 「보양지」 양생론

문석윤   저의 연구는 「보양지」에 관한 것입니다. 「보양지」의 주제는 양생론입니다만, 그에 관하여는 문외한에 가깝다고 해야 할 것이므로 「보양지」에 담겨 있는 지식을 양생론의 관점에서 평가하고 의

의를 부여하는 시도를 할 수는 없었습니다. 그래서 일단 먼저 「보양지」의 형성에 대한 검토, 즉 그것이 어떠한 서적들을 인용하여 어떤 방식으로 편집되었는가 하는 형식적인 측면에 초점을 두어 살펴보고, 이어서 그 내용에 대해서도 간략하게나마 정리하는 방식으로 논문을 구상하였습니다. 결과적으로는 내용까지 나가지는 못하고 그 형성과 관련된 형식적 특성을 살피고, 그것의 의미와 의의를 논하는 데 그치고 말았습니다. 향후 「보양지」의 내용에 대한 본격적인 연구를 위한 기초 작업으로서는 어느 정도 의의를 부여할 수 있지 않을까 합니다. 간단하게 말하면, 「보양지」에 인용된 문헌들은 어떤 것들이고 그것이 「보양지」의 편집과 내용에 어느 정도 어떻게 기여하고 있는가 하는 것을 검토했다는 것입니다.

각각의 인용 문헌들 전체의 서목들을 「보양지」의 목차에 따라 정리하여 각 인용 문헌들의 분포도와 빈도수를 계산하고, 또 그 각 문헌의 편집 형식 등을 「보양지」의 그것과 비교하는 방식을 통해 「보양지」 편성에 주요하게 참고된 문헌들을 추출하고 그 의존도를 확인하였습니다. 정리하는 과정에 재미있는 문헌 편중이 발견되었는데, 권별로 인용 빈도수가 높은 문헌들이 있었습니다. 또한 그것들 중 다수가 명(明) 호문환(胡文煥)의 『수양총서(壽養叢書)』에 수록된 것이었음을 알게 되었습니다.

「보양지」 내용의 30%에 가까운 분량이 『수양총서』로부터의 인용이었고, 이중(二重) 인용으로 추정되는 것까지를 합치면 『수양총서』에 대한 의존도가 50%에 가까운 것으로 추정할 수 있었습니다. 그러다 보니 『임원경제지』의 선구라고 할 수 있는 『산림경제』에 『수양총서』로 인용 표시된 것들, 그리고 『수양총서』에 편성된 문헌들로부터의 인용들이 많은 것 또한 눈에 띄게 되었습니다. 또한 17세기 초에 『수양총서』의 내용을 축약하여 편성한 『수양총서유집(壽養叢書類輯)』이라는 책이 출판된 것도 확인되었습니다. 결국 조선에서의 양생서 편찬에서『수양총서』라는 것이 차지하는 위상이 예사롭지 않다는 결론에 이르렀습니다.

호문환과『수양총서』에 대해서 관심을 가지고 관련 연구 논문들을 찾아 살펴보면서, 그가 유학(儒學)을 배경으로 하는 장서가(藏書家)이자 출판업자였다는 것을 알게 되었고,『수양총서』의 편성 배경에 대해서도 어느 정도 알게 되었습니다.『수양총서』는 명(明) 대의 출판 수요(需要), 곧 사대부(士大夫)들의 수요를 반영하여 편찬된 것이라 할 수 있는데, 당시 사대부들 사이에 건강에 관한 관심이 증대되었고 그들 사이에 양생서(養生書)에 대한 수요가 있었음을 보여 준다고 할 수 있습니다. 편찬자들은 대부분 유교 지식인들이었고, 명 대 사상의 한 조류이기도 한 삼교일치(三敎一致) 측면을 보이는 것도 많습니다. 양생론은 아무래도 도교 계통에서 나오던 것이 일반적이었는데, 송(宋) 대 이래로 사대부 계층이 성장하였고, 사대부들의 관심은 도덕이 기본이 되겠지만 결국 세속에서의 삶에 대한 관심이 중심이었고 그런 점에서 건강 곧 자신의 몸, 신체에 대한 관심도 배제될 수 없는 것이었습니다. 유교의 수양론이라고 하면 마음의 수양이라고 생각하기 쉽겠지만 그러한 배경에서 결코 신체의 수양이 배제될 수는 없는 것이었다고 할 수 있습니다. 명 대에 이르러 일반적인 세속문화가 발전하고, 욕망이 증대하는 상황 또한『수양총서』가 나오는 주요한 배경이라고 할 수 있겠습니다.

대체로『수양총서』는 그러한 성격을 가지고 있었고 비교적 일찍 우리나라에 들어왔습니다.『수양총서』는 1596년경 편성되었는데, 그 책을 요약한『수양총서유집』의 편찬이 1620년경이므로 조선에는『동의보감』의 편성 시기와 비슷한 1600년대 초반에 들어온 것으로 추정할 수 있습니다. 조선과 중국은 임진왜란 중에도 많은 교류가 있었고, 전쟁 중이었기 때문에 건강에 대한 요구가 더욱 많이 있었던 것으로 생각됩니다. 앞에서 언급한『수양총서유집』은 조선의 이창정(李昌庭)이란 분이 편성하였는데, 그는 그 발문에서『수양총서』가 여전히 유교적 관점에서 철저하지 못하다고 지적하기도 하였습니다.

「보양지」나『산림경제』에서 인용한『수양총서』가『수양총서유집』일 가능성도 물론 있습니다만, 「보양지」에서는 일부를 제외하고는 단지 '수양총서'라고 인용하지 않고 일일이 그 소재를 찾아서 개별 문헌을 인용하였고, 또 그 인용한 내용의 정확성이나 내용으로 미루어 볼 때『수양총서유집』이 아니라『수양총서』를 참고했을 가능성이 높다고 봅니다. 서유구는 어떤 부분에서는『수양총서』의 특정 서명이 아니라『수양총서』를 인용처로 기록하기도 하였는데, 그를 통해 서유구가『수양총서』의 존재를 분명히 알고 있었다는 것을 알 수 있습니다. 아마도『수양총서』에 속한 문헌에서 인용하였으나 정확하게 원래의 문헌에 확인하지 못한 것들을 처음에는 비워 두었다가 나중에 추가로 일괄 총서명으로 인용 표기를 한 것으로 추정할 수 있습니다. 그것은 초기의 정리본이라고 할 수 있는 대판본(大阪本)과 그를 다시 정리한 것이라 할 수 있는 고대본(高大本)을 비교하면 알 수 있습니다. 즉 대판본에는 비워져 있는 인용 표기 부분이 고대본에서는 조금 날린 글씨체로 '수양총서'라고 표기된 사례가 다수 발견되는 것입니다.

그리고 「보양지」의『수양총서』에 대한 의존은 단지 그 내용을 인용하는 데 그치는 것은 아니고 편집 체제에도 어느 정도 반영되고 있었습니다. 「보양지」는 그 형성 과정에서『수양총서』에 의지하는 바가 컸던 것으로 결론지을 수 있습니다. 하지만 서유구의 「보양지」는『수양총서』를 중심으로 하되 여타의 문헌들도 충분히 참고하면서 당대까지의 유효한 양생 지식들을 체계적으로 집성한 의의가 있습니다. 그 과정에서 그는 그러한 지식을 수용할 수 있는 형식 곧 편집 체계를 확립하고, 인용 표기를 철저히 하였으며, 문제가 되거나 추가 설명이 필요한 경우 안설(按說)을 붙여 자신의 견해를 밝혀 두었습니다. 수록한 양생 지식들의 신빙성을 높였고 그 활용도를 높인 것이라고 할 수 있습니다.

또한 전래의 양생론들이 개인적인 양생에 초점을 둔 것이라면, 유학자답게 서유구는 「보양지」에서 가족 및 향촌 공동체에 대한 기여의 측면을 강조하는 특징을 보여 주었습니다. 개인의 건강뿐 아니라 출산·육아·노인 봉양 등 유교적 가족질서를 유지하고 재생산하는 데에 있어서 유용한 지식들이 광범위하게 수록되었습니다. 또한 '도인(導引)'편에 대한 총론에서 서유구는 도인술(導引術)이 사대부 자신이 건강한 삶을 영위하는 데 도움을 줄 뿐 아니라 향촌 공동체의 성원들에게도 혜택을 줄 수 있는 것이라도 말하고 있습니다. 물론 그 향촌 공동체는 결국 사대부를 중심으로 한 전통적인 유교 사회의 모습을 지닌 것이라고 할 수 있다는 점에서 사대부 자신의 삶과 그를 중심으로 한 유교적 사회의 재생산에 중점이 있는 것 또한 사실입니다.

결국 『임원경제지』는 향촌에서 관료생활에 의존하지 않고 사대부로서의 유교적 교양을 갖추고 있으면서 독자적으로 경제생활을 영위하고 또한 향촌 공동체의 삶을 주도하는 지도적 역할을 수행할 수 있는, 사대부의 삶을 구성하고 재생산하는 데 필요한 실용적 지식들을 포괄적으로 모아 놓은 것이라고 할 수 있겠습니다. 그리고 「보양지」는 그렇게 향촌에서 사대부의 자율적 삶을 구축하는 데 있어 핵심적인 양생 지식들을 담고 있다고 할 수 있겠습니다.

동아시아 양생론사의 관점에서 말해 본다면, 송(宋) 대 이후 사대부들의 양생론들이 명 대 호문환의 『수양총서』에 이르러 결집·정리되었고, 그것이 조선에도 전해져서 영향을 주었으며, 서유구의 「보양지」에 이르러 그러한 양생론들이 본격적으로 점검되고 체계적으로 정리되어

'사대부 양생론' 혹은 '유교 양생론'의 종합적인 총결판이 제시되었다고 평가할 수 있을 듯합니다.

3. 「섬용지」를 통해 본 서유구의 건축론

김왕직　저는 『임원경제지』의 「섬용지」 중에서 중국과의 비교를 통해 한국 건축을 설명한 항목을 중심으로 논증적 관점에서 살펴보았습니다. 서유구가 건축학자는 아니지만 그의 이 책은 지금까지 발견된 건축평론 고전서로서는 가장 방대하고 구체적인 책이라고 할 수 있습니다. 당시 건축을 있는 사실만 그대로 기록으로 남긴 것이 아니라, 인문학자의 시각에서 비평적 시각으로 재해석하여 서술한 것이 큰 특징입니다. 건축에 관한 구체적인 서적으로는 영건도감(營建都監) 의궤류(儀軌類)가 있지만 의궤는 건축보고서로서 평론과 비평이 없습니다. 건축에 대한 자신의 의견이 반영된 책으로 『임원경제지』보다 앞서 발간된 『증보산림경제』가 있지만 내용이 짧고 집터를 잡는 것에 한정되어 있으며 비평적 관점은 담겨 있지 않습니다.

따라서 『임원경제지』는 건축평론을 다룬 가장 방대한 책이면서 건축기술서라는 특징이 있습니다. 전통 건축이 현대 건축과는 많이 다르지만 현대 건축을 비평하고 재평가하는 측면에서도 시사하는 점이 많다고 볼 수 있습니다. 저는 서유구가 실학자로 분류되어 있기 때문에 실학·실증학 등의 관점으로 건축 부분의 서술이 얼마나 구체적이고 실증적인가를 논증해 보는 관점에서 『임원경제지』 내용들을 분석해 보았습니다. 「섬용지」는 총 2권 20개 항목으로 구성되어 있는데 중국 건축과의 비교를 통해 한국 건축의 개선방향을 제시한 5개 항목을 대상으로 하였습니다.

배치와 평면 형식에서는 우리나라 'ㅁ'자형의 중정형 건물과 'ㄷ'자, 'ㄱ'자 등의 꺾음집에 대한 단점을 중국 사합원(四合院)과 비교하여 6가지로 제시하였습니다. 일단 'ㅁ'자형은 통풍과 채광·배연 등의 문제를 지적하였는데 우리나라에서 온전한 'ㅁ'형은 안동과 경주·양동·봉화 등지에서 나타나는 것으로 일부분이기 때문에 전체로 해석하는 것은 문제가 있습니다. 꺾음집이기 때문에 회첨골이 생겨 누수에 의한 목재의 부식은 인정되는 부분이지만 배수문제는 우리는 경사지를 이용하고 튼 'ㅁ'가 더 많기 때문에 특별히 문제가 되지 않으며 오히려 중국 사합원이 배수문제는 더 심각한데 이러한 부분은 지적하지 못하였습니다. 내화구조에서는 한국 건축은 연이어 있어 연소되기 쉽다고 했는데 오히려 건물간의 간격은 중국 사합원보다 멉니다. 하지만 중국은 벽돌을 많이 사용해 내화구조라는 측면에서 우리보다 유리한 것은 인정이 됩니다. 그러나 중국 사합원처럼 중심축이 있는 대칭배치를 주장하는 것은 비대칭성의 자유로움과 역동성을 미학으로 하는 한국 건축 조형성을 이해하지 못한 것이라고 판단됩니다.

건물의 비례에서는 건물 몸체와 지붕의 비례가 사합원은 1:1로 같아 배수가 원활하지만 한국 건축은 지붕 비례가 몸체의 2/3도 못 미칠 정도로 완만하여 누수의 문제가 있다고 하였습니다. 그러나 분석 결과 차이는 없지만 오히려 한국 건축의 지붕 비율이 중국보다 높다는 것을 알 수 있었습니다. 이 부분은 실증적으로 접근하지 못한 것으로 증명됩니다.

지붕잇기에서는 한국의 기와는 너무 크고 변형이 있어서 중국 민가의 암수 구분 없는 작은 기와가 유리하다고 하였습니다. 그러나 중국에서 작은 기와를 사용한 것은 법적 규제 때문이지 자연환경과 성능을 고려한 것이 아닙니다. 오히려 궁궐과 같은 고급 건축에서는 암수가 구분된 대형 기와를 사용한 것을 보면 이러한 주장은 설득력이 없으며 구체적이고 실증적인 주장이 아님을 알 수 있습니다. 모든 내용을 살펴보지는 못했지만 서유구는 중국을 한 번도 방문한 적이 없고 오직 책을 통해서만 정보를 습득했기 때문에 실증적이고 구체적인 논증 없이 보편적 정보를 정리해 놓은 것임을 알 수 있습니다.

온돌 제도에서는 『열하일기』에서 주장하는 6가지 결점에 6가지 해독을 덧붙여 설명하였습니다. 『열하일기』는 주로 온돌 자체의 구조적인 결점을 이야기했다면 서유구는 연료 과다 소비에 따른 산림의 황폐화와 홍수 문제, 연료를 절약하기 위해 식구들이 모여 살았을 때 다툼이 일어난다는 사회적인 문제를 제기했다는 측면에서 새로운 주장이라고 할 수 있습니다. 또 유지관리의 문제와 장판지의 과다 소비 문제를 제기한 것도 탁월한 주장입니다. 한국 온돌에 대한 결점과 해악을 주장한 것은 현실에 살면서 관찰한 것이기 때문에 설득력이 있으며 누구나 공감할 수 있는 주장입니다. 그러나 그 개선방안으로 중국의 캉(炕)을 모방할 것과 이중온돌 방식을 제안한 것은 현실적이지 못하다는 것을 보여 줍니다. 중국의 캉은 동북 지방에만 분포하는 것으로 특정 지역에 한정되어 있고 옛 고구려와 발해로 이어지는 북방문화권, 특히 한민족문화권의 특정 산물로서 중국 문화라고 보기는 어렵습니다. 온돌의 기원은 한반도이며 온돌은 북방의 쪽구들이 조선 후기에 한반도에서 전면온돌로 발달한 것으로 발전과정에서 보면 캉은 쪽구들의 한 유형입니다. 따라서 쪽구들의 단점을 개선하여 전면온돌로 발전한 것인데 다시 캉으로 돌아가자는 것은 역사를 거꾸로 돌리는 것으로 역사의식에 문제가 있다고 봅니다. 또 캉의 장점만 보고 문화 및 자연환경의 차이에 따른 특성을 고려하지 않고 캉으로 돌아가자고 하는 주장은 캉에 대한 구체적인 지식이 없었음을 나타내는 것입니다.

창호 제도에서는 중국과 한국을 특별히 비교하여 중국 창호를 사용할 것을 주장한 것은 없습니다. 다만 중국의 창호는 창살이 성글고 창호지를 밖에 발라 집이 밝다고 하였습니다. 그리고 한국에서도 근래 한옥에서는 영창(映窓) 제도가 사용되어 차이가 없다고 하였습니다. 또 대청과 방 사이의 불발기분합문은 종이로만 하지 말고 한쪽에 판재를 대서 방범에 유리하도록 하자는 주장은 매우 설득력이 있다고 하겠습니다. 또 툇마루 끝에는 장지를 달아서 단열을 보강하자는 주장은 20세기 초 근대기 한옥에서 나타나는 것으로 미래를 예견한 주장이라고 할 수 있습니다. 그러나 유리가 발견되기 이전에는 툇마루 끝에 장지를 설치하면 채광이 어렵고 비바람에 창호지가 바로 맞닿아 유지관리의 문제가 발생할 수 있다는 점을 간과하고 있습니다.

제 원고는 극히 일부분의 키워드를 가지고 정리한 것입니다. 『임원경제지』, 「섬용지」는 '영조지제' 15개 항목과 '영조지구' 5개 항목으로 구성되어 있습니다. 중국과의 비교를 통하여 장단점을 논한 것이 내용의 핵심인데 때로는 한국 건축의 개선방향을 제시하기도 합니다. 저는 그중 다섯 가지 항목에 대해 논증을 하였습니다. 한국 건축에 대한 문제점을 상세히 알고 있었고, 현실 속에서 살고 있었기 때문에 한국 건축에 대한 부분은 구체적이지만 중국 건축과 관련된 부분은 구체성도 떨어지고 역사·문화·현실성에서 빈약한 측면이 있었습니다. 이는 중국 건축에 대한 직접적인 경험이 없고 대부분 『열하일기』의 한정된 기록을 통해서 정보를 접할 수 있었기 때문에 나타나는 당시의 시대적 한계라고 보입니다. 당시 선풍적인 인기를 끌었던 『열하일기』는 답사 지역도 북방 지역으로 한정되어 있었고 전문서라기보다는 대중서를 통해 중국 건축을 이해하고 이를 이상적인 모델로 하여 개선방향을 제시한 것은 분명한 문제점으로 지적할 수밖에 없습니다. 다만 서유구도 무조건 중국 것을 모방하자는 것은 아니었다고 봅니다. 한국 건축의 반성을 중국 건축에 빗대어 좀 더 강하게 설명하고자 하는 의도가 숨어 있다고 판단됩니다. 그 과정에서 중국 건축을 강조하였을 것입니다. 또 건축학자가 아니기 때문에 구체적이고 현실적이지는 못하지만 사회를 이끄는 지도자로서의 고민들이 내용 속에서 충분히 읽혀집니다. 어떤 책보다 건축에 관한 서술이 구체적이고 방대한 것은 큰 업적이라 할 수 있습니다. 그럼에도 서유구의 생각이 당시 사회에서 보편적인 생각인지는 의심이 들었습니다. 서유구는 경화사족으로서 건축에 대해서는 전국적인 상황을 이해하지 못하지 않았을까 합니다. 첨단정보와의 접촉은 일반인들보다 많았을 테지만 몸소 직접 체험을 통한 경험은 적었다고 보입니다. 이러한 정황들을 전체적으로 살펴보았을 때 서유구를 실사구시(實事求是)와 실증을 대변하는 실학자로 분류하기에는 건축학 분야에서는 재고할 필요가 있다고 생각합니다.

4. 『임원경제지』를 통해 본 서유구의 음악 생활

송지원　　『임원경제지』에서 음악 관련 내용은 주로 「유예지」와 「이운지」에 수록되어 있습니다. 「유예지」에는 음악 외에도 여러 내용이 포함되어 있지만 음악 부분의 경우 악보를 모아 놓기만 한 것이라서 음악에 대한 논설은 이루어지지 않았습니다. 「이운지」는 음악 생활과 관련된 내용 일부가 포함되어 있습니다. 『임원경제지』자체가 향촌에 머물면서 수양에 힘쓰는 사람들의 삶을 위한 것이라는 것은 이미 연구가 되어 있는 부분이고, 사대부의 자립적인 삶에 대한 총체적인 시각을 보여 주는 책이기 때문에 음악 관련 부분에서도 향촌생활과 관련되어 음악의 차원에서 생각할 내용이 제시된 것으로 보입니다. 실용적인 내용 이외에도 사대부가 교양필수로 갖추어야 할 육예(六藝)에 대한 내용, 문화사 전반에 걸치는 백과사전적 지식 등도 포함되어 있기 때문에, 향촌에서 수양하면서 살 때 어떤 문화 활동이 필요하고 그 의미가 무엇인지 알려 주는 책이라는 생각이 듭니다. 학문에만 종사했던 문인들이 향촌에서 살아가면서 실제 생활의 현장에서 필요한 내용이라 할 만한 것들을 제시하고 있습니다.

음악 부분은 「유예지」와 「이운지」에 포함되어 있는데, 「유예지」에는 음악 이외에도 독서, 활쏘는 법, 산법, 서법 등에 관한 내용이 들어 있습니다. 또 「이운지」에는 은거지에 살면서 은거지를 어떻게 꾸밀 것인가, 휴식에 필요한 도구에 어떤 것이 있는가 하는 등 다양한 내용이 포함되어 있는데, 차·향·악기·골동·여행·정원 가꾸기·서재 꾸미기 등의 내용까지 수록되어 있습니다. 서유구 당시 18~19세기 지식인이 임원에서 살면서 어떠한 문화적인 삶을 누리고자 했는가를 보여 주는 책입니다.

제가 맡은 글은 음악을 위주로 논의하는 것이라서 먼저 실내에서 연주할 수 있는 음악의 악보를 수록해 놓은 「유예지」의 방중악보(房中樂譜) 부분에 대해 살펴보았습니다. 방중악보에서는 실내에서 연주할 수 있는 4가지 악기인 거문고·금(琴)·양금·생황을 위한 악보를 기록해 놓았습니다. 이 악기 중에서 우리 고유의 것은 거문고 하나입니다. 금은 중국의 악기이고, 양금도 조선 후기에 중국에서 전래되었고, 생황도 삼국시대에 우리나라에 들어와 있던 외래 악기입니다. 서유구 당시 문인 지식층이 관심을 가졌던 4가지 악기의 악보를 방중악보 부분에 수록했고, 악기의 구조, 특징, 지법의 변화를 통한 연주법, 운지법, 악기도설까지 수록하여 이들 악기로 음악을 연주할 때 필요한 여러 내용을 연주자들이 활용할 수 있도록 한 것입니다.

또 「이운지」에서는 시골에서 살면서 삶을 한적하게 즐기기 위한 악기에 대하여 말합니다. 금(琴)·피리·생황·종(鐘)·경(磬) 등을 언급하면서 악기의 재료와 제조법까지 논의하여 음악을 즐기는 법은 물론이고 실용적인 지식까지 수록하였습니다. 『임원경제지』의 「유예지」, 「이운지」는 서유구가 제시한 음악의 악보와 악기, 음악 생활에 관한 내용 전반에 대하여 수록해 놓은 자료라는 가치가 있습니다. 「유예지」를 통해서는 19세기 당시 문인들이 주로 연주했던 악기와 음악이 무엇인지, 「이운지」를 통해서는 당시 문인들이 추구한 음악 생활의 면면이 어떠했는지를 볼 수 있는데, 이러한 내용이 서유구를 비롯한 18~19세기 문인들의 음악 생활에 대하여 설명할 수 있는 근거가 됩니다. 그리고 사대부의 교양필수 악기였던 거문고 외에도 금·양금·생황 등의 외래 악기가 서유구의 주된 관심 악기로 제시된 것이 어떤 의미가 있는지 생각해 볼 수 있고, 향촌에 노출된 문인들의 음악 환경과, 그들이 추구하고자 하는 음악 환경이 어떤 것이었는지, 더 나아가서 서유구와 같은 조선 후기 문인 지식층의 음악 이상은 무엇인지를 살펴볼 수 있게 되었습니다.

「유예지」와 「이운지」에서 제시한 음악 환경을 객관적으로 이해하고자 한다면 조선 후기 문인 지식층 중에서 특히 서유구로 이어지는 북학파(北學派) 음악 활동에 대한 이해가 선행되어야 할 것이기 때문에 그와 관련된 내용을 일부 논의했습니다. 그러나 서유구가 남긴 음악 관련 기록은 그 이전 시기에 논의된 음악 관련 내용과 비교해 본다면 음악사적 측면에서 그 중요도가 감소되는 듯합니다. 그렇지만 조선 후기 상황에서 문인 사대부가 향촌에 거주하면서 실제로 필요한 실용적인 지식, 그리고 문화적인 면에서 교양의 실제에 관하여 기록한 것이기 때문에 생활인으로서의 문인 지식층이 자신의 삶을 좀 더 풍요롭게 살기 위하여 어떠한 음악 활동을 했는지를 알 수 있어서 주목할 만하다고 생각합니다. 특히 「유예지」의 방중악보에 수록한 악보들인 영산회상·가곡·보허사·시조 등은 조선 후기에 큰 발달을 보이는 음악입니다. 서유구 당시에 민간 지식층들이 즐겨 연주했던 음악 가운데에서 인기가 있었던 음악이 무엇이었는지, 이들 음악을 통해 잘 파악할 수 있습니다.

「유예지」에서는 독서·사(射, 활쏘기)·산(算)·서법(書法)·화(畫)·악(樂) 등의 여섯 범주에 대해 논한 것인데, 이 중에 권6의 '방중악보'에 거문고·금·양금·생황 등 네 악기의 악보를 수록해 놓았습니다. 「유예지」에서 서유구는 '육예(六藝)'를 생각하고 '유예(遊藝)'의 개념을 가져온 것인데, 육예 가운데 논의되는 '예(禮)'와 '악(樂)'은 서유구의 논의 대상에 포함되어 있지 않았습니다. 그 이유가 바로 서문 부분에 나오는데요, "예악의 조목이 번잡하고 조목도 많으며, 당시에 대악은 사라지거나 변형된 지 오래되어 되살릴 수 없기 때문"에 제외했다고 설명하고 있습니다. 이것이 바로 서유구가 생각하는 실용적인 측면이라고 생각합니다. 조선 후기는 이미 많은 학자들에 의해 예와 악에 대한 담론이 이루어졌고, 특히 서유구의 조부 서명응이 시(詩)·악(樂)·예에 이르는 깊이 있는 논의를 통해 학술적인 진전을 시켰기 때문에, 서유구가 향촌에서 살면서 생활의 필요에 의해 만드는 책에 굳이 심오한 예악사상을 논의하지 않아도 되었을 것이라고 판단합니다. 이런 측면에서 서유구의 『임원경제지』에 대한 태도도 일부 볼 수 있습니다. 그러니까 실용서의 성격이 강한 책이기 때문에 예악사상은 제외했다고 생각해도 무리는 없을 것입니다.

악기와 악보에 대해 기록한 「유예지」에는 거문고·금·양금·생황의 도설(圖說)은 물론이고 악기를 연주하기 위해 필요한 지식, 악기를 위한 악보 등 실용성을 강조하는 부분들을 수록하였습니다. 악기에 대하여 설명할 때는 악기의 구조, 특징, 기호, 설명, 수법의 부호, 지법의 변화를 통한 연주법, 각 줄의 악기 명칭이 무엇인지, 구음(口音)에 대한 설명을 총체적으로 수록해서, 책을 보면 연주자들이 바로 활용할 수 있게 했습니다. 마치 교본처럼 제시를 하고 있기 때문에 실용적인 측면이 강조된 서술이라고 보입니다. 이런 악보들을 통해서 당시 문인들이 연주했던 악기와 음악 생활의 일면을 알 수 있는데, 당시 지식층들이 연주했던 악기와 음악, 혹은 연주하고자 했던 악기가 무엇이었는지 보여 주는 것이라 봅니다. 그것을 정리해 보니 서유구 당시에 문인 지식층들이 즐겨 연주했던 거문고 음악으로는 가곡, 영산회상, 현악기 중심의 보허사 등이 포함되어 있습니다. 중국 금의 경우 당시에 활발한 연주를 했던 악기는 아니지만, 이미 오래전에 중국으로부터 유입되어 들어와 있던 악기가 19세기가 되어서야 비로소 문인 지식층에게 큰 관심을 끌기 시작한 것이기 때문에 이것도 새로운 현상으로 기록할 수 있는 내용입니다. 서유구의 관심 이후 19세기 후반으로 가면 문인 지식층에서 금에 대한 악보를 만듭니다. 서유구가 금에 대하여 지식층 사이에서 어필할 수 있는 악기로 제시한 이후, 사람들이 금에 더 많이 관심을 갖게 되었고, 금으로 연주할 수 있는 음악 목록들이 19세기 후반에 나오게 되는데 아마도 이러한 일련의 현상이 서유구가 기울였던 노력과 일정 정도 관련이 있을 것이라 생각됩니다.

서유구의 음악 취미는 18~19세기 당시 서울 지식인들이 가졌던 음악에 대한 관심의 향방과 맥락을 같이한다고 생각됩니다. 조선 후기 서울 지역은 줄풍류 문화가 무르익었던 곳입니다. 당시 서울 문인들 가운데 문화적인 면의 새로운 분위기를 조성했던 사람들은 박지원을 필두로 한 연암그룹 등이 대표적 집단이었습니다. 이들 구성원은 대개 악기 하나씩을 가지고 있었고, 모이면 합주를 할 수 있을 정도의 실력을 갖추었는데, 이러한 실력이 조선 후기 줄풍류 발달에 큰 기여를 했습니다. 또 이러한 줄풍류 문화가 서울 지역 지식인들의 취미 영역으로 자리잡게 되었고, 이런 맥락이 서유구에까지 이어졌고, 서유구의 악보에도 조선 후기에 융성했던 음악 악보들이 수록된 것으로 해석했습니다. 현재까지 많은 음악인들이 연주하는 현악 영산회상 같은 줄풍류 음악이 융성하게 된 것도 그러한 전통의 연속선상에 놓인 것입니다.

서유구가 제시한 향촌에 사는 문인들의 음악 생활은 과거의 예악사상의 이념적 틀과 차이가 있는 부분이 보입니다. 무게를 좀 더 가볍게 덜어 놓아 예악사상의 틀에서 이념적 논의를 하기보다는 실생활에서 몸소 행할 수 있는 음악과 관련된 내용을 서유구가 모은 것이라 생각됩니다. 다만 「이운지」에 나오는 여러 내용들을 보면, 송·명 대의 중국 사대부들이 취미 생활을 하기 위해서 썼던 책들, 『문슬신화(捫虱新話)』나 『동천청록(洞天淸錄)』, 『동천금록(洞天琴錄)』, 『준생팔전(遵生八牋)』, 『동파지림(東坡志林)』 등의 내용을 인용해서 사대부들이 취미 활동을 하면서 그것을 좀 더 멋스럽게 하기 위해 모색한 방안들에 대하여도 많이 인용해 왔습니다. 예를 들면 음향을 크게 하기 위해서 동원한 장치를 소개하고 있는데, 금(琴)을 연주할 때 금 밑에 항아리를 놓고 그 안에 종을 매달아 놓고 그 위에서 연주하면 금의 소리가 훨씬 더 크게 울린다는 것과 같은 실험, 이미 송·명 대 지식인들이 했던 실험과 같은 내용들을 소개합니다. 음악을 좀 더 세련되고 멋스럽게 누릴 수 있는 방법들을 중국의 문헌을 인용해서 소개한 내용이 상당히 많습니다. 서유구 자신만의 독자적인 생각을 소개한 부분도 있지만 대개는 송·명 대의 문헌에서 인용했습니다. 「유예지」 서문에서 논의한 내용을 보면 서유구가 음악을 둘러싼 논의를 실용적이면서 생활 속에서 다소 가볍게 즐기고자 하는 차원으로 전환시키려 하는 의도가 보입니다. 이것은 음악 행위를 현실생활의 일부에서 수행하고자 노력했다는 점에서 주목할 부분이라고 생각합니다. 음악은 닦는 것이라는 화두에서 나아가, 일상생활에서 생활의 일부로 즐기며 하는 것이라는 인식의 전환이라고 생각합니다. 음악을 관념적 차원이 아닌 현실적 차원으로 끌어올리고자 한 측면에서 서유구의 음악 관련 기록을 생각해 보아야 할 것이며, 나아가 18~19세기 문인들에게 음악이란 무엇인가를 생각하게 하는 계기를 마련해 주고 있습니다.

5. 서유구의 복식 분류와 '향거양지'

이민주　『임원경제지』의 복식 관련 내용은 「섬용지」와 「전공지」, 「향례지」에 있는데 제가 주목하는 곳은 「섬용지」입니다. 특히 서유구는 복식 관련 자료를 '복식지구'와 '관즐지구'로 구분해 놓고 있습니다. 서유구 이전에도 복식에 대한 자료를 모으고 분류한 학자는 홍만선·조재삼·이익 등이 있습니다. 그러나 서유구는 기존의 학자들과는 다른 복식 분류를 하고 있습니다. 이에 본 연구에서는 그가 추구한 '향거양지'와 어떤 관계가 있는지 밝혀 보고자 합니다.

19세기 사회적 분위기는 서울을 떠나면 다시는 돌아올 수 없다는 인식이 팽배했습니다. 조그만 벼슬이라도 했던 사대부라면 서울을 떠나지 않고자 발버둥쳤습니다. 서유구의 집안은 경화사족으로서 당대 최고의 관료학자 집안입니다. 그럼에도 아버지 서호수를 비롯하여 서유구는 시골에서의 여유로운 삶을 희망했습니다.

발제자 역시 은퇴하면 시골에 가서 살고자 하는 희망이 있습니다. 그러다 보니 서유구가 향촌에서의 삶을 실천하고자 했을 때 무엇을 가장 중요하게 생각하고 준비하고자 했을까 하는 데 관심이 모아졌습니다. 특히 사대부로서 몸과 마음을 가다듬는 데 가장 중요한 것이 의관이라고 믿었던 당대인들에게, 무엇을 입을 것이며 어떻게 입을 것인가 하는 문제는 실질적이면서 가장 중요한 문제였을 것입니다. 따라서 서유구가 복식 관련 자료를 단순히 모으고 정리하던 선대 학자들의 분류에서 벗어나 복식지구와 관즐지구로 구분 짓는 동인이 되었던 것도 그러한 연유에서 출발한 것이 아닌가 생각합니다.

서유구가 분류한 복식지구에는 단지 36가지 항목만이 수록되어 있습니다. 그러나 거기에는 복식의 종류를 관건·의구·대구·잡식으로 분류하고 머리에서 발끝까지 사대부가 갖추어야 할 복식을 일목요연하게 정리해 놓았습니다.

또한 머리손질에 필요한 '관즐지구'를 복식지구와는 별도로 구분해 놓고 있다는 점이 서유구의 복식 분류 방법 중 가장 특징적인 것이라고 할 수 있습니다. 특히 관즐지구에는 머리손질과 관련된 다양한 기구들을 소개하고 있습니다. 이는 의관 정제의 범위를 복식을 갖추는 데 그치지 않고 얼굴과 머리 관리 및 차림새에 이르기까지 의생활 전반에 걸쳐 확대시키고자 했으며, 그러한 것들을 제대로 갖추었을 때 시골에서의 삶이 풍요로울 수 있다고 생각하였습니다. 그러나 향촌에서 사대부의 삶은 도시에서의 삶보다는 훨씬 어렵습니다. 그렇기 때문에 실질적으로는 기본적인 복식과 도구들을 어떻게 절용할 수 있는가에 대한 관심으로 집약되었습니다. 그 결과 복식 분류의 내용 아래에 반드시 복식 관리하는 방법을 수록해 놓았다는 점이 이를 방증합니다.

결국 서유구가 향촌에서의 삶을 꿈꾸었을 때 여유로움 속에서 삶의 질을 높일 수 있는 방법이 무엇일까 고민하였으며, 복식지구와 관즐지구를 통해 그가 추구하고자 한 '향거양지'의 내용을 정리하면 다음과 같습니다.

첫째, 서유구는 위생에 눈을 떴습니다. 사대부 남성에게 있어 의관을 정제하는 것은 먹고사는 것 이상으로 중요했으며, 그중에서도 망건과 갓이 중요한 물품이었습니다. 망건은 관모나 갓을 멋지게 쓰기 위한 전제조건으로, 늘 착용해야 하는 망건에서 가장 중요한 것은 청결이었습니다. 따라서 관·건 아래 바로 오염이나 때를 벗겨 내는 방법을 수록해 놓았으며, 이를 향촌에 사는 사대부들과 공유하고자 『임원경제지』에 수록한 것으로 보입니다.

둘째, 서유구는 자신뿐 아니라 향촌의 사대부들을 위하여 지식을 전달해 주는 메신저 역할을 하고자 했던 것으로 파악됩니다. 시골에 사는 사대부들에게 필요한 것은 관복이 아니라 편복입니다. 특히 무엇을 쓰고, 무엇을 입고, 무엇을 신고, 무엇으로 장식하는 것이 향촌에 사는 사대부들의 품위를 지킬 수 있는 것인지 그에 대한 정보를 제공하고자 하였습니다. 그렇기 때문에 옷차림을 더욱 돋보이게 할 수 있는 패도·초설·주머니·부채 등 잡식에 대한 상세한 기록과 함께 그것들을 어떻게 패용할 것인가를 빠짐없이 수록한 것입니다. 또 망건이나 갓과 같은 관모류는 품질이 좋은 생산지를 소개하고 있습니다. 이러한 점이 바로 사대부의 품위와 멋을 동시에 지킬 수 있는 매뉴얼과 같은 것이 아니었을까 생각합니다. 한편 서유구는 사대부의 편복에 대하여 품위도 중요하지만 불편하거나 잘못된 점이 있다면 과감하게 개선할 것도 주장하였습니다.

셋째, 서유구는 관리가 최선의 절약임을 강조합니다. 시골에서의 삶은 풍족함과는 거리가 있습니다. 물건을 소중히 다루어야 하는 것은 기본이고, 이를 위한 최선의 방법은 보관이라고 생각했던 것 같습니다. 서유구는 보관하는 데 있어 품목에 따라 특징을 달리하였으며 특히 벌레가 생기지 않는 보관법을 제시함으로써 최고의 절용은 보관에서 나온다는 사실을 향촌의 사대부들과 공유하고자 했습니다.

넷째, 서유구는 옷맵시를 살리기 위해서는 길쌈에서부터 다림질까지가 중요하다는 인식을 갖고 있었습니다. 조선시대 사대부들이 의관의 중요성은 인식하고 있었지만 옷이 완성되기까지의 길쌈·마름질·재봉·세탁·다림질 등은 여성의 일이라고 생각했습니다. 그러나 서유구는 재봉도구, 옷 만들기 및 옷 입기의 중요성을 인식함은 물론이려니와 이를 위하여 바느질에서 가장 중요한 바늘 제작법, 바늘 관리법, 다듬이질 등에 집중하고 있는 것으로 보아 남성일지라도 옷맵시를 살릴 수 있는 정확한 방법을 알아야 한다고 생각하고 이에 대한 중요성을 인식하였습니다.

다섯째, 세수를 하고 머리 빗는 일은 사대부의 기본적인 몸가짐입니다. 그러나 이에 대한 자세한 문헌 기록은 찾을 수 없습니다. 『임원경제지』에는 머리손질을 위한 빗에서부터 비치개와 족집게뿐 아니라 분·연지·비누·양치용 소금·육향고 등과 화장품을 넣을 수 있는 소갑, 거울에 이르기까지 다양한 정보를 제공하고 있습니다. 이러한 정보의 공유는 결국 사대부의 삶의 질을 높이기 위한 기술입니다.

끝으로 서유구는 외국 문물을 받아들이는 것에 대해서도 열린 마음을 갖고 있었습니다. 중국이나 일본이 앞선 기술을 가지고 있다면 배워야 한다고 생각했습니다. 세숫대야·목욕통과 같이 일상에서 필요한 물건은 생활에서 차지하는 비중이 크기 때문에 더욱 위생적으로 사용할 수 있는 방법을 배우고 실천할 수 있도록 적극적인 수용을 강조하였습니다.

이러한 것들을 토대로 '향거양지'를 꿈꾸며 시골에서의 이상적인 삶을 꾸리고자 했던 서유구는 비록 향촌에서의 삶이 물질적으로 풍요롭지는 않다 할지라도 사대부로서의 풍요와 멋을 지키기 위한 다양한 방법을 기록함으로써 향촌에 사는 사대부들의 삶을 한 단계 높이고자 했으며, 그 노력의 결과가 『임원경제지』라고 생각합니다. 따라서 복식에 있어서는 당대 최고의 실용백과사전인 동시에 패션 잡지로서의 역할을 충실히 했다고 봅니다.

주제 1 • 지식과 삶의 기술로서 가지는 『임원경제지』의 성격 – 근대성과 관련하여

이봉규　이제 『임원경제지』에 기술된 각 분야, 그러니까 우리들이 연
　　　　구한 분야의 지식이 지니는 성격, 이를테면 지식의 수준과 의
미에 대하여 함께 논의해 보면 좋겠습니다. 가령 복식 제작의 경우는 매
일 입는 것이라 친숙했겠지만, 음악이나 연주법에 대하여는 잘 몰랐을
것 같기도 한데요. 사정이 어떻습니까?

송지원　조선시대 문인들에게 음악은 교양필수와 같은 것이었습니다.
　　　　특히 거문고와 같은 악기는 문인 지식층이라면 대부분 연주
를 했습니다. 심지어 자신이 직접 나무를 구해 거문고를 만들어 타는
것이 꿈인 사람도 있었는데, 15세기 문인 김일손의 경우 자신이 직접
구한 나무로 탁영금(濯纓琴)을 제작해서 연주하기도 했습니다. 김일손
외에도 조선시대의 수많은 유학자들이 거문고 연주를 잘했습니다. 거문
고를 배워 익히는 행위 자체가 수양이 되고, 그것을 통해 정서적으로
안정되는 효과가 그 어느 것에 비해 크기 때문에 악기 연주 행위가 문
인들의 생활 속에 깊이 들어와 있었던 것이지요.

문석윤　유학은 관념화된 이론 체계를 물론 가지고 있지만, 그것 이상
　　　　으로 삶의 구체성과 밀접하게 결합되어 있었고 그만큼 우리의

실제적인 삶을 지배하는 성격을 가지고 있었다고 해야 할 것 같습니다. 그것은 유학의 이론 자체에 내재된 요구였다고 할 수도 있겠습니다. 현대인들은 유학에 대하여 고고한 도덕주의라는 시각을 가지고 있는데 실제로는 복식·음악·경제·양생·건축·의학 등 모든 분야에서 삶을 구축하는 것에 닿아 있었습니다. 도덕이라고 해도 그러한 제 측면과 밀접하게 결합된 것으로서, 그것은 단순히 이른바 도덕적 차원에 머무는 것이 아니었습니다. 『임원경제지』는 유학의 그러한 측면 즉, 삶의 기술이라고 하는 측면에서의 유학을, 당시의 지식의 증가를 반영해서 종합적으로 구현해 낸 훌륭한 성과물이라 이해할 수 있을 것입니다. 그런 점에서 『임원경제지』에 담긴 지식의 성격은 대체로 그러한 삶과의 연관성 곧 실용성을 기본적인 것으로 담고 있는 것이었고 그만큼 유학의 본질 혹은 정신에 충실한 것이었다고 할 수 있겠습니다. 『임원경제지』 혹은 그에 담긴 지식의 실학적 성격을 논한다면 바로 그러한 점을 고려하지 않을 수 없을 듯합니다. 즉 그것은 유학적 삶의 지식의 최대치라고 볼 수는 있겠지만, 그것을 넘어선 어떤 성격을 부여하기는 쉽지 않다는 것입니다. 거기에서 실학, 혹은 근대성의 문제를 어떻게 읽어 낼 수 있을지 고민해야 합니다.

송지원　『임원경제지』가 바로 다양한 분야의 관심을 확산시켜 삶을 구축하는 내용을 적극적으로 기술한 책이 될 텐데, 이 백과사전적 저술을 보면 김육의 『유원총보(類苑叢寶)』나 이익의 『성호사설(星湖僿說)』, 서명응의 『보만재총서(保晚齋叢書)』, 『보만재집(保晚齋集)』 등으로 이어집니다. 이런 흐름을 따져 보면, 진정 유학이 수양론만이 아닌, 실생활에서 필요한 지식들에 대해 조선의 유학자들은 우리가 생각했던 것보다 더 방대한 면에서 다양하게 생각한 것이 있었다는 것을 알 수 있습니다. 그러나 우리는 그 내용 가운데 일부만을 유학적인 이념으로 내세우고 거기에 대해 학문적으로 접근하는 경향이 있으므로 오히려 유서류에 대한 관심을 좀 더 학술적으로 깊게 심화시켜야 할 필요가 있습니다. 이를 통해 유학·성리학의 허학적(虛學的)인 측면에 반대되는 지점에서의 '실학(實學)'을 극명하게 드러낼 수 있는데, 이것을 서유구에만 한정지어 생각할 때 서유구 자신이 심화된 깊이의 경지를 가진 내용들이 있는가 하면 어떤 것들은 기존 중국 서적에 나온 몇 가지, 예를 들면 중국 사대부의 취미 생활 정도, 어떤 건 지나치게 방만한 내용까지 다 끌어온 것도 있고, 또 서유구만의 독창적인 경제이론을 제시한 부분도 나옵니다. 또 반대로 「보양지」나 음악·복식 부분의 내용에서도 중국 책에 있는 것을 그대로 베껴서 정리한 것도 있습니다. 물론 당시의 책 편찬 태도가 중국 서적의 내용을 베껴서 사용하는 것을 이상하게 여기지 않았던 경향이 있기도 했지만 그런 추이는 여전히 존재합니다. 건축에서도 매우 자신 있게 논의한 부분이 있는가 하면, 황당하거나 받아들이기 어려운 내용을 기록한 것이 있습니다. 바로 그것이 당시 유서류의 특징인 것 같습니다.

문석윤   유학의 이념은 삶의 구체적인 곳으로 들어가는 측면이 있습니다. 주로 대학에서 유학에 대해 학술적 접근을 하고 있는 우리로서는 그 구체적인 내용이 배제되어 있고, 그런 점에서 유학 혹은 유교의 전체상에 대해 무지하다고 할 수 있습니다. 『임원경제지』 등의 유서들은 그러한 무지의 관점에서는 색다르게 보이지만 따지고 보면 유학 이념에서 벗어난 다른 지향을 보여 주는 것은 아니라고 생각됩니다. 유학 이념의 본래성이 포착된 것이지 이전과는 다른 새로운 것은 아니라는 것입니다. 실학이라고 할 때 실학을 유학의 이면으로 보는 견해가 있을 수 있고, 또 한편으로는 유학과는 다른 새로운 어떤 것으로 나아가는 것이라고 할 수도 있습니다. 『임원경제지』의 경우는 유학의 이면으로 들어갔다는 층위에서 의의가 크다고 생각합니다. 삶에 충실한 철학으로서 유학이 가지고 있는 새로운 의미를 포착할 수 있을 것입니다. 근대성을 논의할 때에도 그러한 측면에서 유학을 재평가하고 그 내부의 진보적인 측면을 보아야 합니다. 『임원경제지』에서 구현된 실용적 지식의 집합과 그를 통해 표현된 삶의 다양성을 그 이전과 비교하여 전혀 새로운 것으로 볼 수는 없으나, 그것들 속에서 관점의 변화나 저자의 독창적인 요소들을 발견해 내려는 노력이 필요할 것입니다. 깊이 있게 그것들을 구성하고 있는 함의들을 해석하는 노력들이 필요합니다.

이봉규 　김왕직 선생님과 이민주 선생님의 말씀을 들어 보니, 건축에 대하여는 문헌적 지식에 의존한 것이 깊고, 복식은 실용적으로 접근한 것이 깊다는 생각이 들었습니다. 두 가지 방면에서 차별이 있는 것 같습니다. 건축에 대한 지식은 기술에 대한 과학적 이해가 필요하며, 문헌보다 더 나아가야 하는 전문적 영역이 당시에도 있었을 것입니다. 거기까지는 서유구가 경험이 없었기 때문에, 그것이 지식으로서 어떤 한계를 보여 주는 것 같습니다.

김왕직 　전체적인 느낌으로는 한 사람이 이렇게 방대한 분야에 대해 구체적인 지식을 가질 수 있었을까 하는 측면에서 부러웠습니다. 현대 사회에서는 전문가라면 자기 분야에 한정되어 어떻게 보면 편협된 지식을 갖고 있는 것이 일반적인데, 서유구처럼 다양하고 종합적인 지식을 갖고 있다면 훨씬 더 삶이 풍요로웠을 것입니다. 풍요로운 지식적 삶이 가능한 이유는 사회구조적 문제도 있을 것입니다. 서유구의 사회적 지위와 역할이 그것을 가능하게 하였을 것입니다. 현대적인 관점에서 본다면 조선시대 18세기의 사회구조 내의 혜택이 서유구에게는 있었다고 판단됩니다. 『임원경제지』내용에 대한 분석도 중요하지만, 당시 사회 속에서 서유구의 위치와 그만이 가지고 있는 상황에 대한 고찰이 이것을 해석하는 데 필요하다고 생각됩니다. 서민 등 다른 계층들이 가지는 한계도 있었을 것이기 때문에 그들과의 비교도 필요할 것입니다.

건축은 논증적이지 못하고 단편적 지식으로 전체를 아우르는 관점이 없었다고 볼 수 있으나, 이는 당시에 참고할 만한 자료가 없고 직접 답사를 가 보지 않는 한 보기 어려운 것이었을 것입니다. 특히 중국 건축에 대해서는 기초자료가 약해서 그런 측면이 있고, 만약 기초자료가 탄탄했다면 구체적이고 논증적인 비교가 가능했을 것입니다. 서유구를 실용·실증·고증·실학의 차원에서 전반적으로 평가할 수 있는 분야는 아니지만, 건축의 분야에서 보면 실증을 기반으로 하는 실학자로 보기는 어렵다고 판단됩니다.

이봉규 중요한 지적인 것 같습니다. 서유구를 평가할 때 선진성에 중점을 둡니다. 선진성에는 지식의 실용성, 활용 가능성, 규모 등을 가지고 말하는데 상당 부분이 문헌적 지식이라면, 학문의 발달과는 상관없는 기호적이고 취미적인 문인들의 생활방식이므로 구분되어야 한다고 봅니다. 오히려 이런 것은 자극이 될 수 있어도 학문을 발전시키는 데에는 장애가 될 수도 있습니다.

송지원 그런데 서유구 이전에도 방대한 문헌을 가질 수 있는 능력을 지닌 어떤 가문들, 그 가문의 혜택의 결과로서 나올 수 있는 작품이라는 사실도 인정을 해야 할 겁니다. 바로 그 자체에 대한 평가도 필요합니다. 여러 문헌들을 서유구가 모으고 편집해서, 자신의 방식으로 서술할 수 있었던 것도 그 당시의 혜택 중 하나라 할 수 있지요. 서유구는 바로 그 점을 최대로 활용한 것입니다. 송·명 대 사대부들이 취미 생활을 멋지게 하기 위해 저술해 놓은 책들을 가지고 와서 활용한 것 자체도 하나의 능력이라고 생각합니다. 실제 최한기와 같은 사람의 경우도 노골적으로 서울을 떠나지 않으려 한 것이 그 방대한 자료를 가지고자 하는, 정보에 대한 소유욕에서 온 것입니다. 지금도 정보화 시대이기 때문에 머리 싸매고 열심히 해탈하는 차원이 아닌, 방대한 자료를 가지고 있으면서 그것을 잘 활용하는 것이 학자로서 더 인정받는 경향이 있는데, 그런 점에서 서유구가 『임원경제지』를 편찬한 당시의 문인지식층이 가지고 있던 태도와 만나는 점이 있었고, 서유구는 그것의 최대치를 발휘해서 『임원경제지』를 편찬할 수 있었기 때문에, 바로 그러한 상황에 대하여 이것의 가치가 떨어진다고 하는 방식으로 가는 것은 경계할 부분이 있다고 생각합니다.

문석윤 김왕직 선생님과 이봉규 선생님의 지적과 관련하여, 미국의 레벤슨(J. Levenson)이라는 학자가 중국 또는 동아시아 유학 전통을 지배하는 정신을 아마추어리즘으로 규정했던 것을 상기해 볼 필요가 있겠습니다. 과학으로 상징되는 전문적인 지식의 구축이 근대를 형성하는 중요한 힘이며 표지였습니다. 서유구의 작업은 외견으로는 전문적인 것으로 보이지만 실제로는 아마추어리즘의 한계치라고 보입니다. 그런 의미에서 유학이 가지고 있는 아마추어리즘을 지향하는 성격이 있고, 삶을 구성하고 형성하는 것은 근대의 과학 정신과는 구별된다는 것입니다. 이런 점에서 서유구에게 그러한 전문성을 요구하는 것은 어려운 일입니다. 서유구는 전통적인 아마추어리즘을 자신에게 유리한 위치를 배경으로 하면서 극도로 발현한 것으로 볼 수 있습니다. 우리는 그것에서 새로운 것을 볼 수 있지만 완결성·전체성으로 볼 때에는 아마추어리즘의 요소이지, 그 너머 다른 전문성을 지향한 것은 아니었다고 보입니다. 실용성은 유학에서 전통적인 것이었고 그 자체는 근대의 지표가 될 수는 없습니다. 어떤 점에서는 근대성을 잠식하고 대립하는 위치에 있다고도 볼 수 있습니다. 물론 서유구가 도달한 극점에서 새로운 진전이 이루어질 수 있는 계기들이 마련될 수 있는가를 물어볼 필요가 있습니다.

이봉규 　근대로 나아가는 측면에서 생기는 문제입니다. 서구의 학자들, 레벤슨부터 대표되어 언급되는 부분인데, 유교의 학문을 근대에서 보면 아마추어리즘에 불과하다고 평가할 수도 있겠습니다. 그렇지만 인류사적 시야에서 인간의 삶의 한 방법으로 보면 건강한 측면도 풍부하다고 생각됩니다. 물론 유교의 방법론이 과학적 지식으로서 발전시켜 가는 데 과연 적절한 학문방식인가에 대해서는 의문이지만, 생활양식에서 보면 과학성과 별개로 인문성이 강해서 문화적·미학적 제 측면으로 삶을 고양시키고 향유하는 방법과 관련해서, 실생활에서의 전반적 성찰을 많이 가지고 있습니다.

이민주 　복식은 생활과 밀접한 영역입니다. 서유구가 『임원경제지』에 수록해 놓은 내용 중 어떤 분야는 경험해 보거나 검증되지 않은 내용을 기록해 놓은 부분도 분명 있을 것입니다. 그러나 복식은 선진 문물을 접한 혜택자로서 노블리스 오블리제를 실천하고자 했던 측면이 강했다고 생각합니다. 특히 청결과 위생의 개념을 복식에 도입하고 관리했다는 실천적인 면은 높이 평가해도 지나치지 않다고 생각합니다.

1890년대 후반에 출간된 독립신문에서 비로소 길거리에 늘어진 오물을 지적하고 위생의 중요성을 말하고 있습니다. 이미 복식에서의 위생을 실천하고자 했던 서유구야말로 옷이 인체에 미치는 다양한 영향을 이해하고 몸의 중요성을 인식한 선진적인 개념의 선구자였다고 판단합니다.

송지원 아마추어리즘의 개념이 서양에서 생각하는 아마추어리즘이라고 하면, 폄하가 되는 느낌이 있습니다. 따라서 그것보다는 '형이상'과 '형이하'의 차원에서, 예전에는 형이상의 관념으로 많은 사고체계와 지식체계, 학문체계의 경향이 편중되어 있었지만 18~19세기로 오면서 형이하의 차원에서 논의할 수 있는 것들의 최대치를 열고자 하는 태도로 옮겨 갔다고 생각합니다. 소학의 쇄소응대하는 것 등은, 같은 유학이라도 기본적으로 형이하의 차원인 몸으로 움직여 할 수 있는 차원에 대한 것들입니다. 이처럼 이미 있어 왔지만, 어떤 학문의 가치체계에서 높고 낮음에 대한 질서를 매기는 습관에 따라서 기존에는 균형을 잃었던 것이 이런 유서류에서 좀 더 지식을 확산시키는 차원으로 나온 결과가 일반인들에게 형이하의 차원에서도 체계적으로 인식을 할 수 있도록 도와주었다고 봅니다. 그런 측면에서 생각해 보아야 할 지점이 있습니다.

이봉규 부연하자면 서유구는 확실히 그것을 의도했다고 봅니다. 서유구는 이기론 같은 형이상학적 주제에 관해서는 전혀 논의하지 않습니다. 구체적인 예제나 가례 수행에서는 체계적이고 심도 있는 차원에서 논의를 하는데, 심성론과 수양 이론 차원의 것, 예를 들면 인물성론·사단칠정론 등에 대해서는 남긴 저작들 속에서 전혀 발견할 수 없습니다.

문석윤 「보양지」의 경우, 다른 지(志)에서와 마찬가지로 일일이 출전을 다 밝힙니다. 또한 그렇게 많지는 않지만 고증적인 성격을 가진 안설(按說)도 다수 있습니다. 양생론에 관한 지식이 매우 높은 수준에 있었던 것은 분명히 아닌 것으로 보이지만, 자신이 할 수 있었던 모든 것은 다 모으고 편리하게 이용할 수 있도록 정리했으며, 출처를 밝혔습니다. 단지 실용적으로 사용하는 것만이 아니라 지식에 관하여 좀 열려 있고 공유되는 것을 생각한 것이 아닌가 싶습니다. 실제 생활에서 확인되고 진전되어 가는 것을 기대했을 것이라 생각됩니다. 이런 태도는 전문적인 학문성과는 별개의 진보성을 가지고 있으며 그 독자적인 의의를 생각해 볼 필요가 있습니다. 아마추어리즘 자체의 성격이나 가치에 대해서도 재평가할 여지는 있다고 봅니다.

주제 2 • 동아시아 유교사와 인류사의 측면에서 『임원경제지』가 가지는 의의

이봉규 동아시아 유교 사회의 삶의 기술과 수준의 측면에서, 19세기의 『임원경제지』에서 그려지는 삶의 기술은 조선에서 구현되고 있는 것입니다. 동아시아 당시 사대부들이 추구한 삶의 기술이라는 좀 더 넓은 차원에서 볼 때, 인간의 삶에 대한 양식으로서 인류사적으로 어떤 의미를 가질까 하는 문제에 대하여 논의해 보면 좋겠습니다.

송지원 서양의 상황과 비교하면, 서양의 계몽주의는 주체적인 입장에서 볼 때 무지몽매함을 계도해야 한다는 사명감, 책임감을 가진 명칭이기도 합니다. 당시 우리의 유서 편찬과 계몽주의 시대의 백

과사전을 비교해서 이야기하는데, 서양의 백과사전류는 계몽이라는 것을 분명히 밝히고 목적이 확실히 있습니다. 서유구의 경우 실생활에 사대부가 향촌 은거하면서 필요한 것을 이야기하겠다는 차원이기 때문에 이는 계몽과 비교해 보면 목적이 약해 보입니다. 그러니까 무지몽매함을 깨우친다는 의미의 계몽은 건방져 보이나 의도가 확실합니다. 우리의 경우에는, 그렇다면 내가 아는 것을 총체적으로 모아서 어떻게 할 것인가 하는 것은, 의도의 부분에서 교통정리가 필요할 것입니다. 이미 『유원총보』나 여러 총서들에 잡다한 지식들을 모아 놓았는데, 그러면 그것을 누구를 위해 왜 펴냈는가에 대한 고찰도 필요합니다. 서유구의 경우 빗·화장 도구 등을 어떻게 쓰는가를 기록했는데, 화장 도구에 대한 기록을 여성들이 보도록 하기 위함인가, 아니면 잡다한 지식을 그저 모아 놓기만 한 것인가 하는 것에는 의문이 생깁니다. 그렇다면 『임원경제지』는 단순히 모아 놓은 것에 지나지 않을 수가 있습니다. 그렇기 때문에 이런 차원에서 층위를 나누고 의미부여를 할 때 그런 지점들도 생각해 보아야 합니다.

이봉규 그 부분은 지식 수준과도 연관이 있습니다. 18~19세기 계몽으로 나아가는 시기에 『임원경제지』 등의 유서는 계몽에 초점이 있는 것이 아니라 향유에 초점이 있다고 생각합니다. 18세기 인문 지식인들이 서양에서는 계몽으로 나아갈 때 조선에서는 향유로 나아갔습니다. 이는 유교적 질서의 재생산을 지향했을 것입니다.

문석윤 그런 부분이 일부 연구자들에 의해 서유구의 한계로 지적되고 있는 것 같기도 합니다. 당시는 기존의 질서에 대한 반성과 그에 대한 개혁적 추구를 특징으로 하는 실학의 시기였고 새로운 민중적 세력이 성장하고 있던 시기였다고 한다면, 서유구가 그러한 부면에 대한 인식이 부족하고 제도론적 측면에서의 개혁과 관련해서도 그다지 제안한 것이 없다는 점은 그의 한계로 볼 수 있다는 것입니다. 즉 그가 사대부의 특권 및 기득권을 반성하는 데에는 조금 소홀히 하지 않았나 하는 것입니다. 이러한 것들은 관점에 따라서 충분히 이야기할 수 있는 부분이라고 생각됩니다.

송지원　서유구가 그것을 몰라서 안 했을까 하는 생각도 할 수 있을 것입니다.

문석윤　서유구가 사대부의 중심성을 결코 부정하지 않았지만, 그의 지향점은 어디까지나 향촌 공동체에 있었고, 그의 운영과 관련된 유교적 모델을 가지고 있었습니다. 향촌의 자율적 측면에서 본다면 유교의 이상세계를 구축하고자 하는 시도라고 볼 수 있는 면도 있고, 한계는 있을 것이나 원칙적으로는 사대부도 생산 활동에 종사하는 만큼 사대부라는 것이 폐쇄된 신분적 명칭이 아니라 누구에게나 개방된 것일 수 있습니다. 생산계층도 교양활동에 관여할 수 있다면, 향촌에서 생산하는 교양인들의 집단을 구성할 수 있을 것입니다. 이전의 것을 반복한 것이 아닌 새로운 비전을 가지고 있었던 측면도 읽어 낼 수 있을 것입니다. 이것은 새롭게 서유구 내부에서 읽어 가야 하는 것입니다.

김왕직　서유구는 사대부들이 자신의 생활을 담을 수 있는 최소한의 건축 면적을 제시한 부분도 있는데 지금으로 환산하면 약 300평 정도 됩니다. 이 정도라면 서민들은 상상할 수 없는 면적이지요. 대문의 위치를 고려하고 방위에 따라 나무를 가려 심고, 사랑채와 안채를 명확히 구분하며 접객을 위한 건축물까지 갖추는 것은 서민들에게는 있을 수 없는 일일 것입니다. 따라서 서유구의 건축론은 사대부 중심이라고 하는 분명한 계층이 있는 것입니다. 사회적인 틀은 그대로 둔 상태에서 자신의 주변에 대한 성찰이라고 볼 수 있으며 정치적 관점에서 사회가 지향해야 할 방향을 제시하고 있지는 않습니다. 이런 차원에서 서양의 정치적 변혁을 추구하는 계몽주의와는 다르다고 할 수 있습니다.

이봉규 향유에 중점이 있다는 것은 유교 사회의 발전 수준으로 보아야 합니다. 일본은 유교 사회가 없었고, 사대부 대신 무사들이 살아가는 방식에 따라 나름의 패턴이 나타납니다. 중국은 명·청 교체 이후 만주족 생활문화가 섞이는 중국 나름의 사대부들 생활방식이 있습니다. 동아시아 유교 사회의 역사적 관점에서 보면 서유구의 『임원경제지』가 표현하는 부분은 조선 유교 사회의 발전 수준을 보여 주는 것입니다. 조심스럽지만 조선 사회가 동아시아에서 유교를 가지고 개인의 삶부터 향촌의 삶에 이르기까지 보편화시켜 온 수준과 그 역량을 담고 있다고 하는 점에서 근대를 떠나서 유교사 발전 속에서 큰 의미가 있다는 생각이 듭니다. 그런 점은 평가를 해서 건강성이 있다면 다시 읽어주어야 할 것입니다.

문석윤 근대성 문제를 떠나서 서유구의 삶과 지금 근대적인 세계에 살고 있는 우리의 삶을 비교했을 때 어떤 삶이 더 풍성하고 바람직한 삶이냐를 생각해 보면, 서유구의 삶이 더 좋은 것이 아니었을까 합니다. 물론 오늘날과 같이 복잡하고 발전된 지식세계 속에서 그것을 구상하는 것 자체가 불가능한 꿈일 수도 있습니다. 오늘날에도 서유구의 구상, 나아가서 유학적 삶의 철학이, 우리에게 어떤 의미를 가질 수 있는가 하는 것을 물어야 하겠습니다.

이봉규 문 선생님의 마지막 말씀은 『임원경제지』, 실학, 그리고 유교에 관하여 우리가 향후 연구해 가야 할 큰 방향과 관련됩니다. 이번 우리의 공동 연구도 그 시야를 공유하면서 여러 세부적 분야에서 재성찰하는 즐거운 학문적 경험이었던 것 같습니다. 매우 아쉽습니다만, 이제 이 장소를 예약한 시간이 많이 지나서, 또 식사 시간도 너무 늦어져서 오늘 집담회는 여기에서 마쳐야 할 것 같습니다. 다음에 언제 기회가 될지 모르겠지만, 오늘 논의한 내용을 더 깊이 성찰하는 기회가 있으면 좋겠습니다. 수고하셨습니다.

부록

·

찾아보기

집필진(원고 게재 순)

김왕직 · 명지대학교 건축대학 교수
이민주 · 한국학중앙연구원 연구원
송지원 · 국립국악원 국악연구실장
문석윤 · 경희대학교 철학과 교수
이봉규 · 인하대학교 철학과 교수

실시학사 실학연구총서 10

풍석 서유구 연구(下)

1판 1쇄 인쇄 2015년 11월 25일
1판 1쇄 발행 2015년 11월 30일

편집인 | 재단법인 실시학사
집필진 | 김왕직 · 이민주 · 송지원 · 문석윤 · 이봉규

펴낸이 | 정규상
펴낸곳 | 성균관대학교 출판부 · 사람의무늬
등록 | 1975년 5월 21일 제1975-9호
주소 | 110-745 서울특별시 종로구 성균관로 25-2
전화 | 02)760-1252~4 팩스 | 02)762-7452
홈페이지 | http://press.skku.edu

ⓒ 2015, 재단법인 실시학사
ISBN 979-11-5550-137-5 94150
        978-89-7986-923-1 (세트)
값 25,000원